多媒体技术基础及应用实验教程

主　编　赵声攀　玄文启
副主编　胡　丹　何　锋
主　审　杨　棣

科学出版社
北　京

内 容 简 介

本书共分为图形图像处理——Adobe Photoshop CC 的应用、平面动画制作——Adobe Flash CC 的应用、音频处理——Adobe Audition CC 的应用、视频处理——爱剪辑的应用，以及多媒体技术与虚拟现实实验五部分。

本书是《多媒体技术基础及应用教程》的配套实验教材，本书结构清晰、实例丰富、图文并茂、易于教学。

本书可作为高等院校计算机基础课程的教材，也可作为多媒体技术基础及应用方面的参考用书。

图书在版编目（CIP）数据

多媒体技术基础及应用教程：含实验教程 / 李莉平等主编. —北京：科学出版社，2014.2

ISBN 978-7-03-039659-4

Ⅰ. ①多…　Ⅱ. ①李…　Ⅲ. ①多媒体技术-高等学校-教材　Ⅳ. ①TP37

中国版本图书馆 CIP 数据核字（2014）第 017775 号

责任编辑：李淑丽 / 责任校对：何艳萍

责任印制：张　伟 / 封面设计：华路天然工作室

科学出版社 出版

北京东黄城根北街 16 号

邮政编码：100717

http://www.sciencep.com

北京九州迅驰传媒文化有限公司印刷

科学出版社发行　各地新华书店经销

*

2014 年 2 月第　一　版　开本：787 × 1092　1/16

2025 年 1 月第十三次印刷　印张：20 3/4

字数：492 000

定价：75.00 元(全套)

（如有印装质量问题，我社负责调换）

前　　言

本书是《多媒体技术基础及应用教程》的配套实验教材，适用于大学计算机类课程，有助于提高学生的计算机多媒体应用能力。

与上一个版本的教材相比较，本套教材中涉及的两个主要软件 Adobe Photoshop 和 Adobe Flash 由原来的 CS6 版改为 CC 版，音频和视频部分也有较大调整，并增加了虚拟现实技术的内容，所以本书的内容编排也相应有了很多变化，包括 Adobe Photoshop CC 的应用、Adobe Flash CC 的应用、Adobe Audition CC 的应用、爱剪辑的应用和 Unity3D 的基础。

本书的编者均为我校教学经验丰富的一线教师，多年的教学心得和丰富的教学经验使得本书易学易用且能启发读者思维。本书的特点为：①紧密结合理论教程内容，为每一章节提供了操作实例供学生练习，以便学生能较好地掌握软件操作技巧。②实例对教学内容的涵盖度较高，也有较好的实用性和趣味性。③每个实例提供了详细的步骤讲解，具有良好的可操作性。

本书第一部分由李莉平编写，第二部分由赵声攀编写，第三部分由马冯编写，第四部分由胡丹编写，第五部分由玄文启编写，全书由赵声攀统稿。

本书的编写得到了云南财经大学各级领导的关心，也得到了云南财经大学信息学院各领导的大力支持与帮助，以及老师们的热心相助，在此表示深切的谢意！

由于时间仓促和编者水平有限，书中难免有疏漏之处，恳请专家和广大读者批评指正！

编　者

2020 年 7 月

目　录

第一部分

图形图像处理——Adobe Photoshop CC的应用

第 1 单元　选取工具的使用

实验　使用选取工具

1. 实验目的

(1) 掌握选取工具的使用方法。
(2) 能够熟练运用选取工具和进行简单图像的合成及处理。

2. 实验内容

本实验使用选取工具，利用实验素材“1-1.jpg”“1-2.jpg”“1-3.jpg”“1-4.jpg”合成图像，效果见实验素材“1-1(完成).jpg”。

选取工具分为两类：一类基于形状建立选区，如选框、套索；另一类基于颜色建立选区，如“魔棒工具”“色彩范围”命令。我们要根据图像特点及实际需要来使用不同的选取工具。若要建立不规则的选区，我们可以使用“套索工具”；要选取单色背景的图像，我们可以使用“魔棒工具”，先选择背景后再反选，则可精确选择对象；若要选择颜色相似的多片花瓣，可使用“色彩范围”命令，此方法直观且方便。

3. 实验步骤及操作指导

(1) 打开实验素材“1-1-1.jpg”，如图 1-1 所示。(实验素材扫描封底二维码获取，下同)
(2) 使用工具箱中的“快速选择工具”，建立小熊的粗略选区，如图 1-2 所示。

图 1-1　素材图

图 1-2　建立粗略选区

(3) 放大图像，首先选择“魔棒工具”“套索工具”，在其属性栏上设置合适的容差(1～10)，然后对选区进行多次修改(使用“添加到选区”“从选区减去”模式)，对小熊右手的选区进行调整，效果如图 1-3 所示。

(4) 用步骤(3)的方法调整其他地方不精确的选区，形成的效果如图 1-4 所示。

图 1-3　调整选区效果

图 1-4　小熊选区

(5) 单击“套索工具”属性栏的“选择并遮住”按钮，弹出“调整边缘”对话框，在“视图”中选择“白底”，半径设置为 10 像素，选择“净化颜色”。确定后的效果如图 1-5 所示。

(6) 新建图像(宽为 30cm，高为 40cm，分辨率为 100 像素/英寸①)，使用“移动工具”拖动小熊到新图像上。

(7) 打开实验素材“1-1-3.jpg”。

(8) 在工具箱中选择“磁性套索工具”，选择圣诞老人的帽子。注意：在选择过程中按住 Alt 键再单击时，当前的磁性套索会变成多边形套索；放开 Alt 键再单击时，又恢复为磁性套索。

(9) 单击“套索工具”属性栏的“选择并遮住”按钮，弹出“调整边缘”对话框，在“视图”中选择“白底”，半径设置为 5 像素，平滑设置为 10 像素，选择帽子的效果如图 1-6 所示。

图 1-5　调整边缘效果

图 1-6　选择帽子的效果

(10) 把选择的帽子移动到小熊头上，效果如图 1-7 所示。

(11) 打开实验素材“1-1-2.jpg”。

(12) 选择“魔棒工具”，设置其容差为 20，在白色背景上单击选择背景，选择“选择”|“反选”菜单项，这时就选择了眼镜，如图 1-8 所示。

① 1 英寸=2.54 厘米。

图 1-7　小熊戴帽效果

图 1-8　选择眼镜

(13) 使用“移动工具”把选择的眼镜移到小熊的脸上，执行“编辑”|“变换”|“缩放”命令，调整眼镜的大小，再用工具箱中的“橡皮擦工具”擦去镜架，效果如图 1-9 所示。

图 1-9　小熊戴眼镜效果

(14) 打开实验素材“1-1-4.jpg”。

(15) 选择“选择”|“色彩范围”菜单项，在弹出的对话框中设置容差为 40，然后选择该对话框中的“吸管工具”后，在花瓣任意处单击，接着选择该对话框中的“添加到取样”(带加号的吸管)后，在花瓣的其他地方多次单击，最后选择花瓣，效果如图 1-10 所示。

图 1-10　粗略选择花瓣

(16) 使用“套索工具”对选区进行多次修改(使用“添加到选区”“从选区减去”模式)，直至选择整朵花，效果如图 1-11 所示。

(17) 使用“移动工具”把花朵移到小熊图上，保存图像为 JPG 格式，效果如图 1-12 所示，完成图见实验素材“1-1-1(完成).jpg”。

图 1-11　选择整朵花

图 1-12　完成效果(一)

4. 练习与思考

1) 选择题

① _____格式是 Photoshop 的专用图像文件格式。

A. PSD　　B. PDF　　C. JPG　　D. BMP

② 在 Photoshop 中，按_____键时可以进行添加选区操作。

A. Ctrl　　B. Alt　　C. Shift　　D. Teb

③ 在 Photoshop 中，按_____键时可以进行减去选区操作。

A. Ctrl　　B. Alt　　C. Shift　　D. Teb

参考答案：①A　②C　③B

2) 问答题

① 选取工具有什么作用?

② 如何建立选区？可以使用什么工具?

③ 建立选区后，如何进行选区的变换操作?

④ “羽化”命令有什么作用?

⑤ Photoshop 界面中包括几项内容？分别是什么?

⑥ 简述矢量图像与位图图像的区别。

⑦ 图像有哪些常用格式?

⑧ 什么是图像的分辨率？分辨率有什么作用?

⑨ 如何新建一个图像文件？做好一个图像后如何进行保存?

第 2 单元　基本绘制工具的使用

实验　使用基本绘制工具

1. 实验目的

(1) 掌握“渐变工具”的使用。
(2) 掌握“历史记录画笔”的使用。
(3) 掌握动态画笔的使用。

2. 实验内容

本实验使用“渐变工具”、“橡皮擦”和“画笔”等为图像进行艺术化处理。用“渐变工具”填充图像；用“历史记录画笔”恢复图像；用动态画笔为图像做点缀。基本绘制工具的图像处理既快捷又美观。

3. 实验步骤及操作指导

(1) 打开实验素材“2-2-1.jpg”，如图 1-13 所示。

图 1-13　图像素材(一)

(2) 在工具箱中选择“渐变工具”，单击其属性栏上的按钮，打开渐变编辑器，设置渐变条左边为白色，右边为浅蓝色(146,197,250)，设置渐变类型为线性渐变，模式为正常，不透明度为 100%，在图像上自左至右拖动，渐变效果如图 1-14 所示。

(3) 在工具箱中选择“历史记录画笔”，在其属性栏上设置画笔形状为柔边圆，大小为 300 像素，模式为正常，不透明度为 30%，在图像上拖动，绘制效果如图 1-15 所示。注意要使图像看起来自然。

(4) 把“历史记录画笔”的不透明度设置为 50%、100%，多次在图像上需要突出的地方拖动，使图像出现层次感(绘制期间可以使用不同透明度的画笔多次涂抹)，绘制效果如图 1-16 所示。

图 1-14　渐变效果

图 1-15　第一次使用“历史记录画笔”后的效果

图 1-16　第二次使用“历史记录画笔”后的效果

(5) 在工具箱中选择“画笔工具”，打开其属性栏上的“画笔预设”菜单，单击该菜单右上角的 按钮，弹出菜单后在其中选择“旧版画笔”。该菜单如图 1-17 所示。

(6) 在“画笔预设”菜单中选择“旧版画笔”|“混合画笔”|“交叉排线 1”菜单项，然后单击“画笔工具”属性栏上的“切换画笔设置面板”按钮，弹出“画笔设置”对话框。其中，“形状动态”参数设置如图 1-18 所示，“散布”参数设置如图 1-19 所示，“画笔笔尖形状”参数设置如图 1-20 所示。

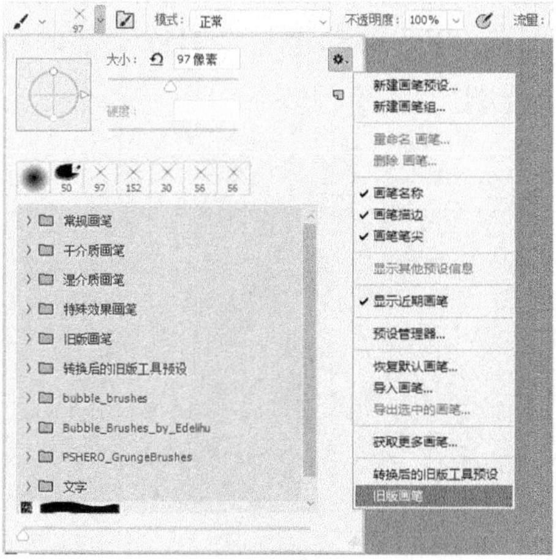

图 1-17　“画笔预设”菜单

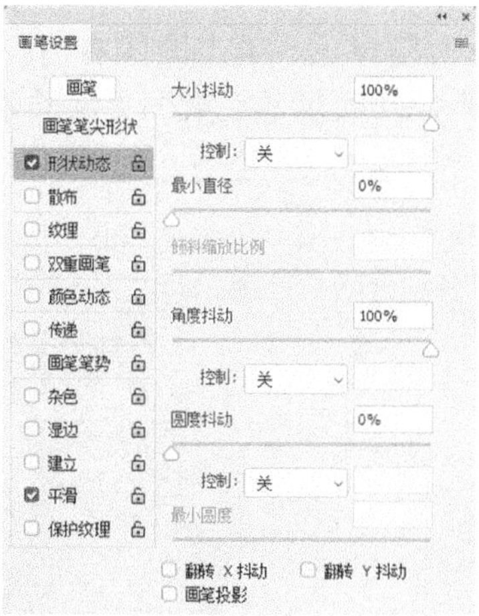

图 1-18　“形状动态”参数设置

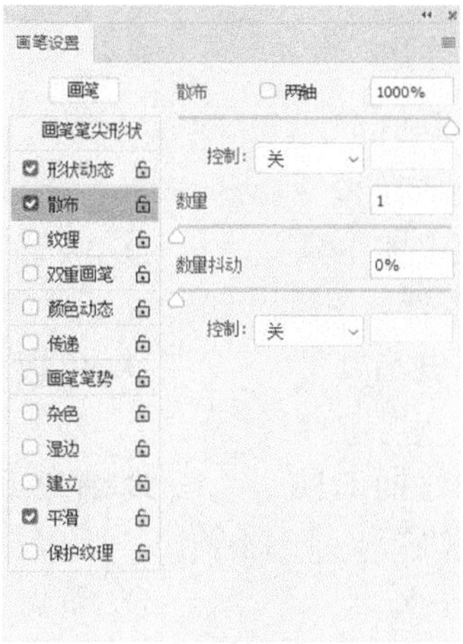

图 1-19　“散布”参数设置

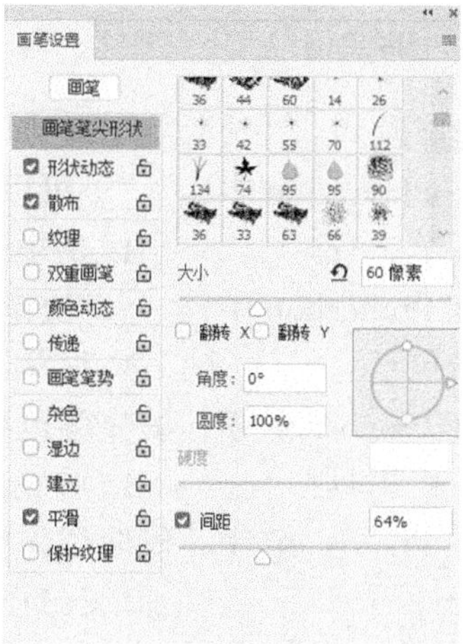

图 1-20　“画笔笔尖形状”参数设置

(7) 设置前景色为金黄色，然后选择“画笔工具”，在荷花上拖动，效果如图 1-21 所示。

图 1-21　“画笔工具”绘制的效果

(8) 在工具箱中选择“直排文字工具”，在其属性栏上设置字体为华文行楷，大小为 200 点，颜色为墨绿色，单击图像右边，输入文字“乡情”，用“移动工具”调整文字的位置，效果如图 1-22 所示，完成图见实验素材“2-2-1(完成).jpg”

图 1-22　完成效果(二)

4. 练习与思考

1) 选择题

① 在 Photoshop 中，_____可以直接吸取图像区域的颜色。

A. 画笔工具　　B. 历史记录画笔　　C. 橡皮擦工具　　D. 吸管工具

② 在 Photoshop 中，_____决定着笔画效果的许多特性。

A. 拾色器　　B. 画笔工具　　C. 历史工具　　D. 色板

③ 在 Photoshop 中，填充颜色相似区域的工具是_____。

A. 历史工具　　B. 画笔工具　　C. 油漆桶工具　　D 渐变工具

④ 在 Photoshop 中，仅取消先前的一步操作，应该执行_____命令。

A. Ctrl　　B. Ctrl+Shift+Z　　C. Ctrl+Z　　D. 重做

参考答案：①D　②B　③C　④C

2) 问答题

① 使用“画笔工具”可以做什么效果？

② 擦除工具组中包括几种工具？分别是什么？

③ 什么是自定义画笔？如何进行自定义操作？

④ 什么是渐变？“渐变工具”的作用是什么？

⑤ 如何使用“画笔预设”面板？

第 3 单元　图像的编辑与变换

实验 1　旋转图像的绘制

1. 实验目的

(1) 掌握图像旋转复制的方法。
(2) 掌握图像变形的方法。
(3) 能够熟练运用图像编辑与变换工具进行图像变换及处理。

2. 实验内容

实验内容包括建立选区、描边选区、旋转变换图像。我们可以首先对图像做一次旋转和变换，然后多次旋转并复制图像，就得到按一定规律变化的图像。Photoshop 中有很多命令快捷键，记住并灵活使用这些快捷键可以提高工作效率。

3. 实验步骤及操作指导

(1) 新建一个图像文件。
(2) 在图像上建立一个椭圆形选区，如图 1-23 所示。
(3) 设置前景色为红色，背景色为白色，执行“编辑”|“填充”命令对选区进行填充，“填充”对话框参数设置如图 1-24 所示，效果如图 1-25 所示。

图 1-23　建立选区(一)

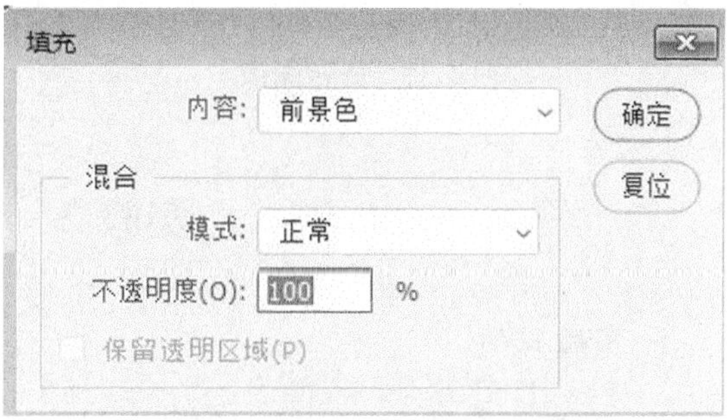

图 1-24　“填充”对话框参数设置

图 1-25　填充选区

(4) 执行“编辑”|“变换”|“变形”命令，改变图像形状，如图 1-26 所示。

(5) 执行“编辑”|“变换”|“旋转”命令，按住 Alt 键，拖动旋转中心至变形框底部中点，然后在属性栏上设置旋转角度为 15°，按回车键确定，效果如图 1-27 所示。

(6) 多次按 Shift + Alt + Ctrl + T 键，效果如图 1-28 所示。完成图见实验素材“3-1-1(完成).jpg”。

图 1-26　变形图像

图 1-27　旋转图像

图 1-28　完成效果(三)

实验 2　盒子的绘制

1. 实验目的

(1) 掌握“缩放”“旋转”“斜切”“扭曲”等命令的用法。
(2) 掌握立体图像绘制的方法。
(3) 熟练运用图像编辑与变换工具进行图像变换及处理。

2. 实验内容

实验内容包括绘制图像、变形图像、拼合图像。我们可以执行“图像变形”命令，按照物体的透视规律，建立物体的三个面，体现其三个维度(高度、宽度、厚度)的特征，利用二维图像编辑工具绘制三维效果的物体。

3. 实验步骤及操作指导

(1) 新建一个图像文件，取名为“盒子.jpg”(宽度为 20cm，高度为 15cm)。

(2) 使用“渐变工具”做一个由白到蓝的线性渐变，效果如图 1-29 所示。

(3) 新建一个图像文件，取名为“平面.jpg”(宽度为 5cm，高度为 5cm)。设置前景色为黄色，并执行“编辑”|“填充”命令把图像背景色填充为黄色，效果如图 1-30 所示。

图 1-29　渐变填充效果

图 1-30　填充黄色效果

(4) 使用“移动工具”，把“平面.jpg”的整个图像移动到“盒子.jpg”图像中。效果如图 1-31 所示。

(5) 执行“编辑”|“变换”|“缩放”、“编辑”|“变换”|“斜切”和“编辑”|“变换”|“扭曲”等命令，改变黄色正方形的形状，如图 1-32 所示。

图 1-31　移动黄色正方形到“盒子.jpg”中

图 1-32　变形正方形

(6) 第二次使用“移动工具”，把“平面.jpg”的整个图像移动到“盒子.jpg”图像中，效果如图 1-33 所示。

(7) 执行“编辑”|“变换”|“缩放”、“编辑”|“变换”|“斜切”和“编辑”|“变换”|“扭曲”等命令，改变第二个黄色正方形的形状，如图 1-34 所示。

(8) 执行“图像”|“调整”|“亮度/对比度”命令，在“亮度/对比度”对话框中，把亮度值设为–60，效果如图 1-35 所示。

(9) 第三次使用“移动工具”，把“平面.jpg”的整个图像移动到“盒子.jpg”图像中，效果如图 1-36 所示。

(10) 执行“编辑”|“变换”|“缩放”、“编辑”|“变换”|“斜切”和“编辑”|“变换”|“扭曲”等命令，改变第三个黄色正方形的形状，如图 1-37 所示。

(11) 执行“图像”|“调整”|“亮度/对比度”命令，在“亮度/对比度”对话框中，把亮度值设为–15，完成效果如图 1-38 所示。完成图见实验素材“3-2-1(完成).jpg”。

图 1-33　移入第二个黄色正方形

图 1-34　变形第二个黄色正方形

图 1-35　调节侧面亮度

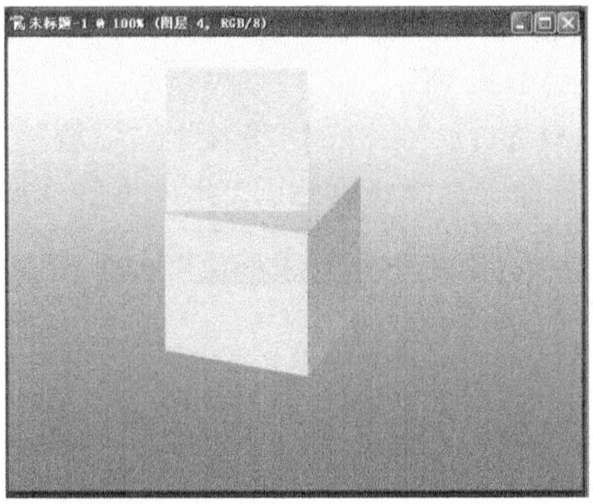

图 1-36　移入第三个黄色正方形

图 1-37　变形第三个黄色正方形

图 1-38　完成效果(四)

4. 练习与思考

1) 选择题

① 在 Photoshop 中，如果要移动图层中的图像，可以通过_____工具来进行操作。

A. 变换　B. 拖动　C. 选取　D. 移动

② 在 Photoshop 中，对整个图像的旋转和翻转操作可以通过_____子菜单中的命令来完成。

A. “编辑”|“自由变换”　B. “编辑”|“变换”

C. “图像”|“旋转画布”　D. “图像”|“调整”

③ 在 Photoshop 中，自由变换的快捷键是_____。

A. Ctrl+T　B.Alt+T　C.Shift+T　D.Ctrl+Z

④ 在 Photoshop 中，旋转复制的快捷键是_____。

A. Ctrl+T　B.Alt+Ctrl+T　C.Shift+Alt+Ctrl+T　D.Ctrl+Z

⑤ 在 Photoshop 中，变形图像时按住_____键，可使控制点在同一水平线或垂直线上移动。

A. Ctrl　B. Shift　C. Alt　D. Tab

参考答案：①D　②C　③A　④C　⑤B

2) 问答题

① 如何对图像进行编辑？常用的有哪些命令？

② 如何进行图像的二维变换？

③ 如何对图像进行扭曲操作？

第 4 单元　图像的修复和修整

实验 1　去除衣服上的污渍

1. 实验目的

(1) 掌握图像修复的基本工具和用法。
(2) 掌握图像局部修整的方法。

2. 实验内容

本实验利用“修补工具”、“仿制图章工具”、“修复画笔工具”和“污点修复画笔工具”去除图像上的污点、瑕疵，还原图像的本来面目。在使用图像修复工具时，需注意每种工具的用法区别及特点。

3. 实验步骤及操作指导

(1) 打开实验素材 “4-1-1.jpg”，如图 1-39 所示。
(2) 选择工具箱中的“修补工具”，并在其属性栏上选择“源”。
(3) 把衣服上的污渍圈起来，如图 1-40 所示，然后把鼠标指针移到选区内，拖动选区到没有污渍的地方放开鼠标左键，然后取消选区，接着使用工具箱中的“模糊工具”和“涂抹工具”调整衣服的褶皱，使其看起来自然，效果如图 1-41 所示。
(4) 使用“放大工具”放大图像显示，然后选择工具箱中的“修补工具”，并在其属性栏上选择“源”，把裙子上的污渍圈起来，如图 1-42 所示，然后把鼠标指针移到选区内，拖动选区到没有污渍的地方放开鼠标左键(拖动的时候注意尽量对齐裙子的褶皱)，然后取消选区，效果如图 1-43 所示。
(5) 使用工具箱中的“仿制图章工具”、“模糊工具”和“涂抹工具”在其属性栏上设置合适的形状、大小、不透明度、流量，调整裙子的褶皱，尽量保持其细节，恢复原图像的纹理，并且看起来自然，效果如图 1-44 所示。

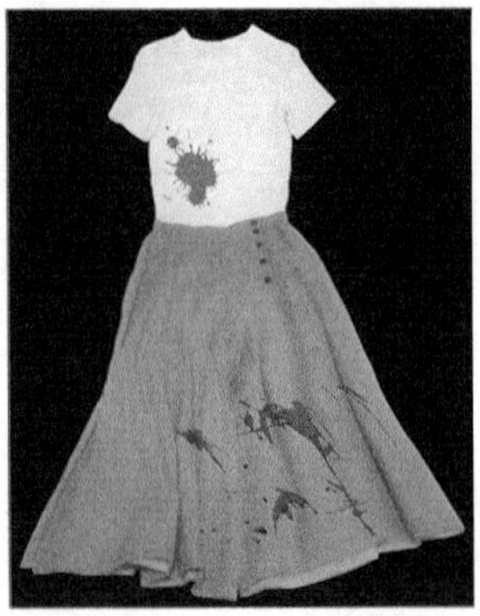

图 1-39　图像素材(二)

图 1-40　用“修补工具”圈选污渍(一)

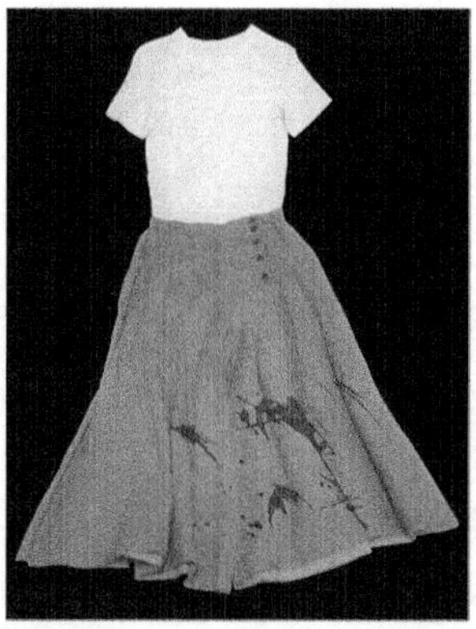

图 1-41　去除衣服上的污渍

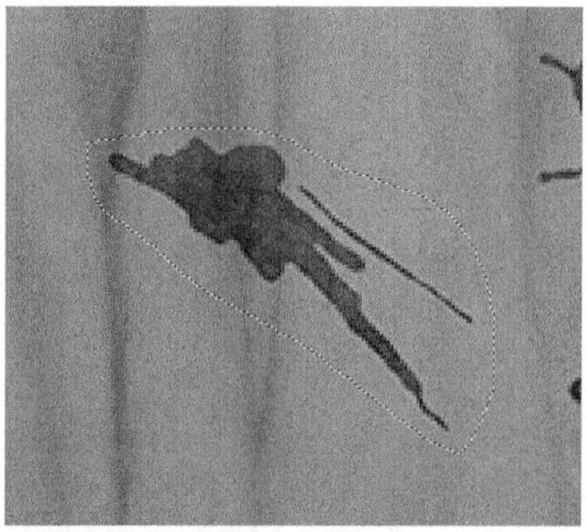

图 1-42　用“修补工具”圈选污渍(二)

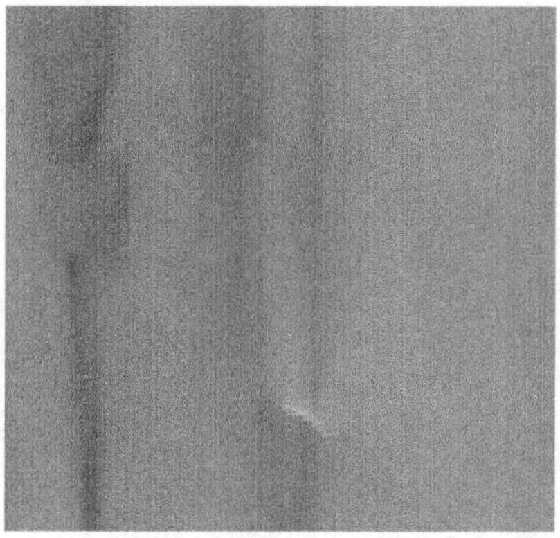

图 1-43　初步去除污渍

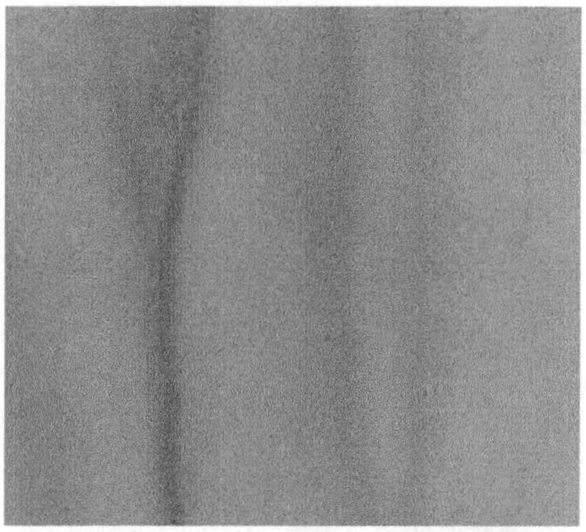

图 1-44　整理细节及褶皱

(6) 参考前面的做法，选择适当的工具(如“修复画笔工具”、“污点修复画笔工具”和“修补工具”等)并设置合适的形状、大小、不透明度、流量，直至把所有污渍去除，尽量保持图像细节，恢复原图像的纹理，最终使图像看起来自然，效果如图 1-45 所示。完成图见实验素材“4-1-1(完成).jpg”。

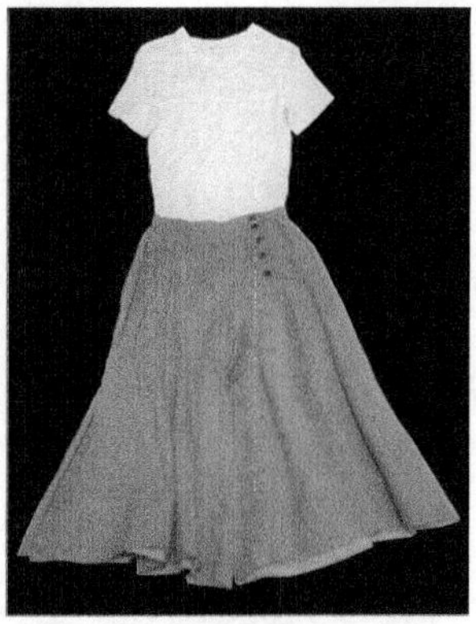

图 1-45　完成效果(五)

实验 2　人物面部美化

1. 实验目的

掌握图像局部修整的方法。

2. 实验内容

本实验使用“模糊工具”、“涂抹工具”、“锐化工具”、“加深工具”和“海绵工具”，我们可对图像做局部修整，如对人物面部进行美化，使图像呈现更加完美的效果。在使用局部修整工具时，要控制好每种工具的强度和范围。

3. 实验步骤及操作指导

(1) 打开实验素材“4-2-1.jpg”，如图 1-46 所示。

(2) 使用“修补工具”和“污点修复画笔工具”去除脸部的痘和痣，效果如图 1-47 所示。

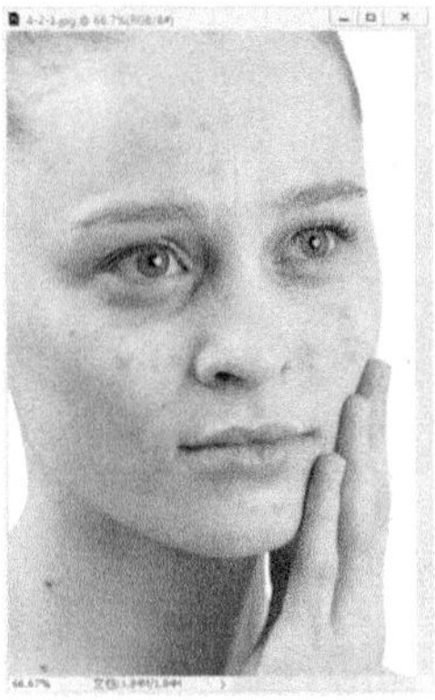

图 1-46　人物面部素材

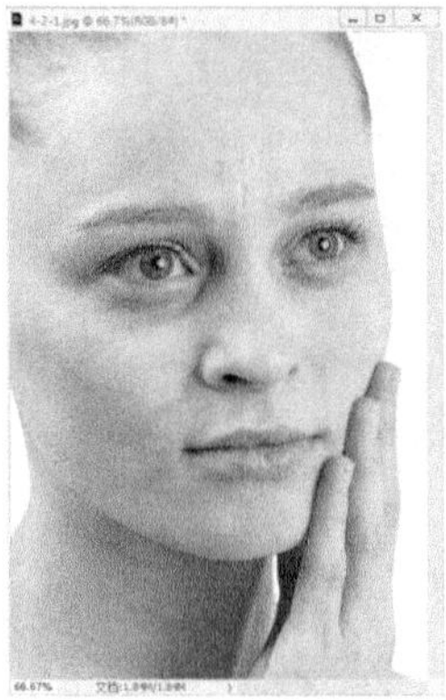

图 1-47　去除痘和痣

(3) 使用“多边形套索工具”，在其属性栏上设置“添加到选区”模式建立选区，如图 1-48 所示。

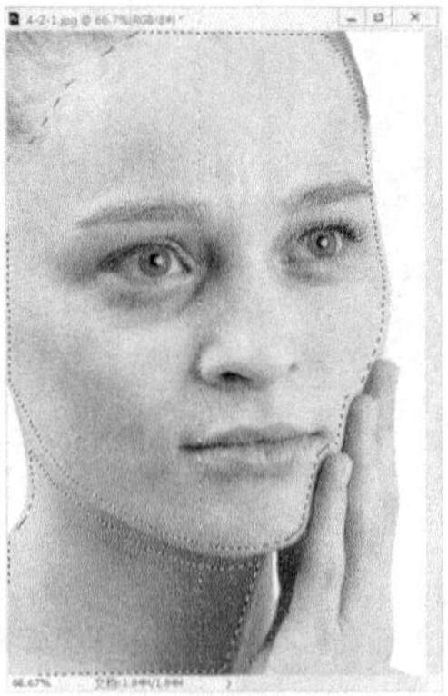

图 1-48　建立选区(二)

(4) 在“多边形套索工具”的属性栏上设置“从选区减去”模式，减去眼、鼻、口处，建立选区如图 1-49 所示。

(5) 选择“选择”|“修改”|“羽化”菜单项，设置羽化半径为 5。

(6) 选择“滤镜”|“模糊”|“高斯模糊”菜单项，设置模糊半径为 10，取消选区，这一步使皮肤光滑，效果如图 1-50 所示。

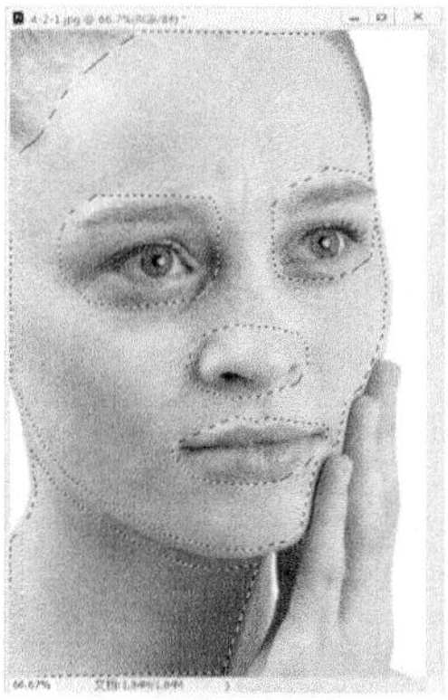

图 1-49　减少选区

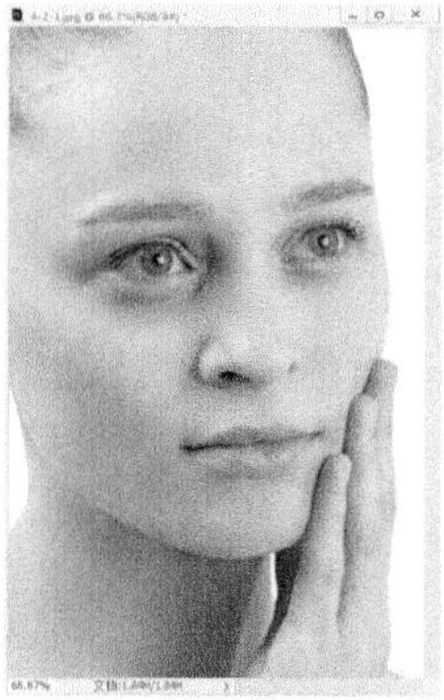

图 1-50　光滑皮肤

(7) 在工具箱中选择“模糊工具”，设置合适的大小，然后对一些细节部分做模糊处理，如眼皮、嘴角、下颌等，使整个脸部的皮肤纹理均匀，效果如图 1-51 所示。

(8) 在工具箱中选择“加深工具”，在属性栏上“范围”选择“阴影”，然后在眉毛处涂抹，使人物的眉毛颜色变深，在眼眶和瞳孔处涂抹，加强眼部细节。

(9) 在工具箱中选择“涂抹工具”，设置合适的强度，然后在眉毛处涂抹，使人物的眉毛变长。

(10) 在工具箱中使用“海绵工具”在嘴唇处涂抹，使人物的唇色鲜艳，效果如图 1-52 所示。

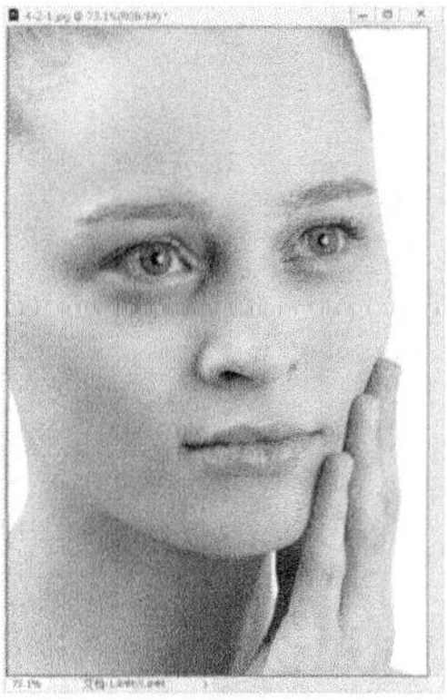

图 1-51　均匀皮肤

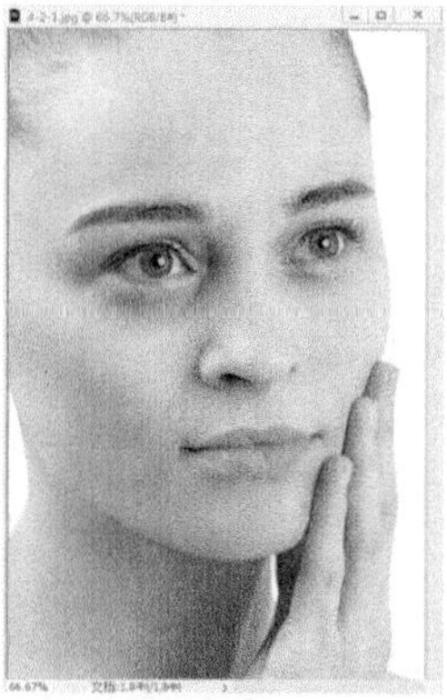

图 1-52　完成效果(六)

4. 练习与思考

1) 选择题

① 在 Photoshop 中，_____工具可以改善图像的曝光效果，加亮图像的某一部分。

A. 模糊　　B. 减淡　　C. 锐化　　D. 涂抹

② 在 Photoshop 中，_____工具可模拟在湿颜料中拖移手指的动作。

A. 模糊　　B. 海绵　　C. 涂抹　　D. 修补

③ 在 Photoshop 中，_____是图像中明暗程度的平衡，它决定了明暗色调的强度。

A. 色相　　B. 亮度　　C．饱和度　　D．色阶

④ 在 Photoshop 中，_____指一种颜色的浓烈或鲜艳程度，其值越高，颜色中的灰色组分就越低，浓度越高。

A. 色相　　B. 亮度　　C．饱和度　　D．色阶

参考答案：①B　②C　③B　④C

2) 问答题

① “仿制图章工具”的作用是什么？在什么情况下可以使用?

② 如何进行色调的调整?

第 5 单元　图像色调和色彩的调节

实验　调节图像色调色彩

1. 实验目的

(1) 掌握色调调节的方法。
(2) 掌握色彩调节的方法。

2. 实验内容

本实验通过执行色调调节命令(如“色阶”和“亮度/对比度”命令)和色彩调节命令(如“色相/饱和度”和“色彩平衡”命令)等，对图像的明暗或色彩进行修改，得到满意的图像效果。

3. 实验步骤及操作指导

(1) 打开实验素材“5-1-1.jpg”，如图 1-53 所示。
(2) 选择“图像”|“调整”|“曲线”菜单项，“曲线”对话框如图 1-54 所示。

图 1-53　素材图像

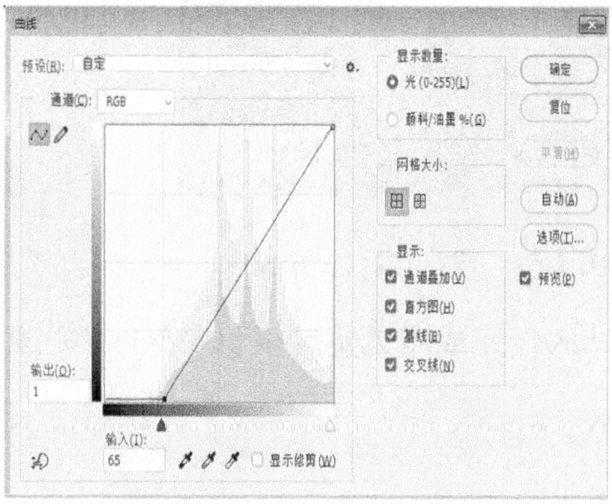

图 1-54　“曲线”对话框

(3) 选择“图像”|“调整”|“色相/饱和度”菜单项，增加蓝色的饱和度，“色相/饱和度”对话框如图 1-55 所示。

(4) 选择“图像”|“调整”|“可选颜色”菜单项，在“颜色”下拉列表框中选择“洋红”，设置各颜色分量值如图 1-56 所示。

(5) 在图像上建立选区，选择“选择”|“修改”|“羽化”菜单项，设置羽化值为 5，建立选区如图 1-57 所示。

(6) 选择“图像”|“调整”|“替换颜色”菜单项，在“替换颜色”对话框中设置颜色容差为 10，用“替换颜色”对话框中的“吸管工具”在蓝花楹的花瓣上单击，然后单击“替换颜色”对话框上的“添加到取样吸管”，重复多次在蓝花楹的花瓣上单击，以尽可能多地选择蓝

花楹的花瓣，设置“替换颜色”对话框数值如图 1-58 所示。这一步的作用是增加所选花瓣的饱和度。

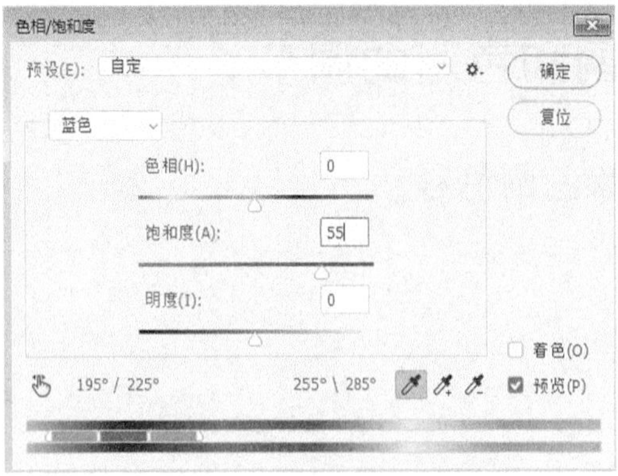

图 1-55　“色相/饱和度”对话框

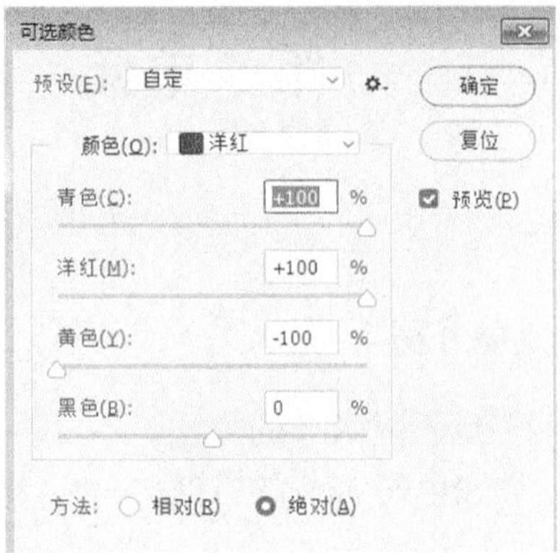

图 1-56　“可选颜色”对话框

图 1-57　建立选区(三)

图 1-58　“替换颜色”对话框

(7) 取消选区，完成图见实验素材“5-1-1(完成).jpg”。

4. 练习与思考

1) 选择题

① 在 Photoshop 中，有一种色调控制方式，功能和“色阶”相似的是_____命令。

A. 色阶　　B. 去色　　C. 阈值　　D. 曲线

② 在 Photoshop 中，_____用图形表示图像的每个颜色亮度级别的像素数量，展示像素在图像中的分布情况。

A. 色阶　　B. 直方图　　C. 阈值　　D. 色调

③ 在 Photoshop 中，去除图像中的饱和色彩的命令是_____。

A. 去色　　B. 色相/饱和度　　C. 色彩平衡　　D. 图片过滤器

④ 在 Photoshop 中，_____命令可以通过调整图像的暗调、中间调和高光等强度级别，校正图像的色调范围。

A. 亮度/对比度　　B. 色相/饱和度　　C. 色彩平衡　　D. 色阶

⑤ 在 Photoshop 中，_____也叫色值，也就是颜色的名称，如红色、黄色、蓝色等。

A. 色相(色度)　　B. 亮度　　C. 饱和度　　D. 色阶

参考答案：①D　②B　③A　④D　⑤A

2) 问答题

① “色阶”命令的作用是什么？什么时候可以用到？

② 如何使用曲线来进行图像的调整？

③ “变化”命令的作用有哪些？主要用于怎样的操作？

④ “色调分离”命令的主要功能有哪些？

第 6 单元　图层的应用

实验 1　五环的绘制

1. 实验目的

(1) 掌握图层的概念和用途。
(2) 掌握图层的基本操作。
(3) 掌握“样式”面板的使用。
(4) 掌握“图层样式”对话框的使用。
(5) 能够熟练运用图层进行图像编辑、处理及创作。

2. 实验内容

实验内容包括绘制圆环、制作圆环相套的效果。我们可以利用基本绘制工具绘制圆环，并且把每个圆环放在单独的图层中，这样就可以方便地移动或编辑每一个圆环了。只要去除两个圆环相互重叠的地方即可使圆环相套，去除的方法有多种，本实验仅提供一种去除方法，我们可以尝试更多的方法。

3. 实验步骤及操作指导

(1) 执行“文件” | “新建”命令，新建一个图像(25cm×15cm，分辨率为 100 像素/ 英寸)。
(2) 打开“图层”面板，单击“创建新图层”按钮，建立新图层，命名为图层 1。
(3) 设图层 1 为当前图层，在工具箱中选择“椭圆形选框工具”，按住 Shift 键的同时在图像上拖动，建立一个圆形选区，如图 1-59 所示。
(4) 选择前景色为蓝色，执行“编辑” | “填充”命令，效果如图 1-60 所示。

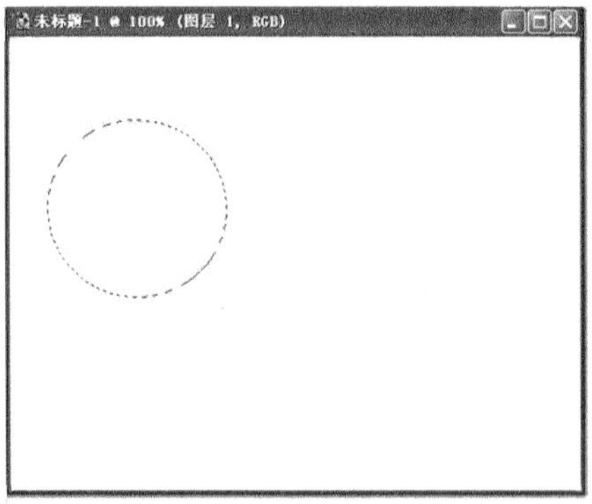

图 1-59　建立圆形选区

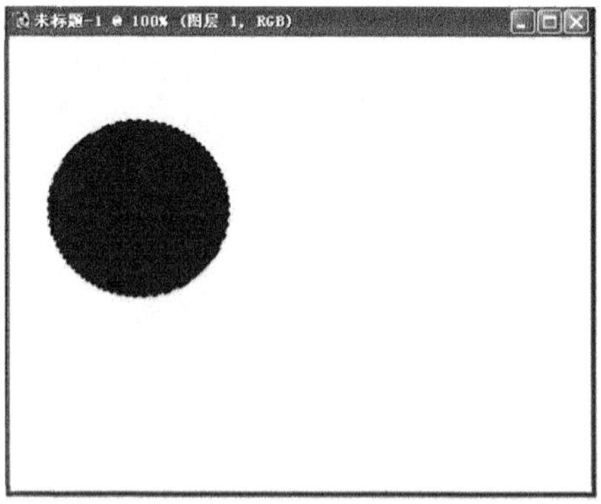

图 1-60　填充圆形选区

(5) 保持选区，选择“选择” | “变换选区”菜单项，然后按住 Shift+Alt 键拖动变形框，缩小选区后按回车键确定，效果如图 1-61 所示。

(6) 按 Delete 键删除选区中的图像，效果如图 1-62 所示。

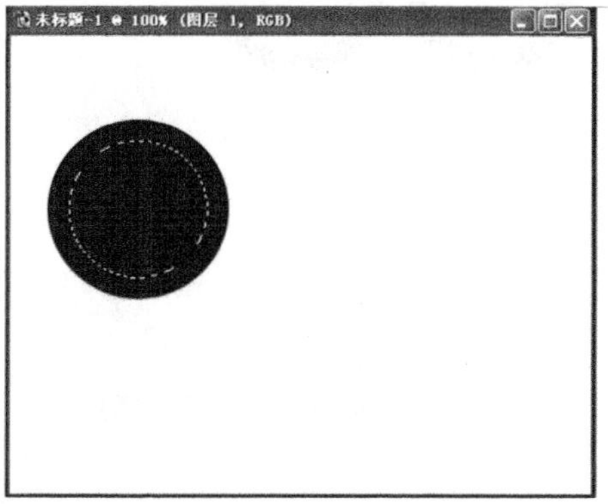

图 1-61 缩小选区

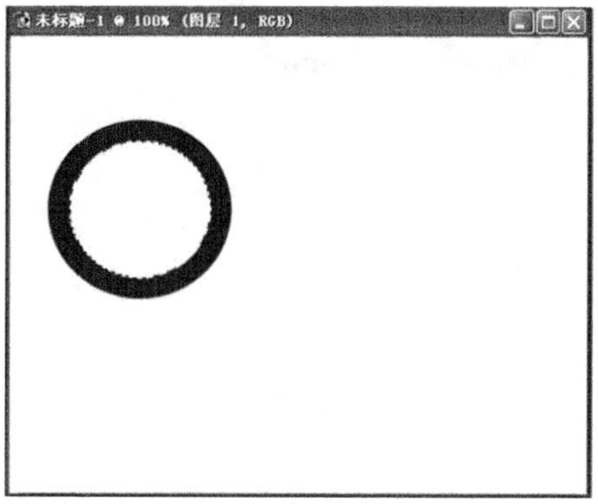

图 1-62 删除选区图像

(7) 按 Ctrl+D 键取消选区。

(8) 选择“移动工具”，按住 Alt 键的同时拖动，复制蓝色圆环，效果如图 1-63 所示。双击图层 1 副本的图层名位置，将图层改名为图层 2，如图 1-64 所示。

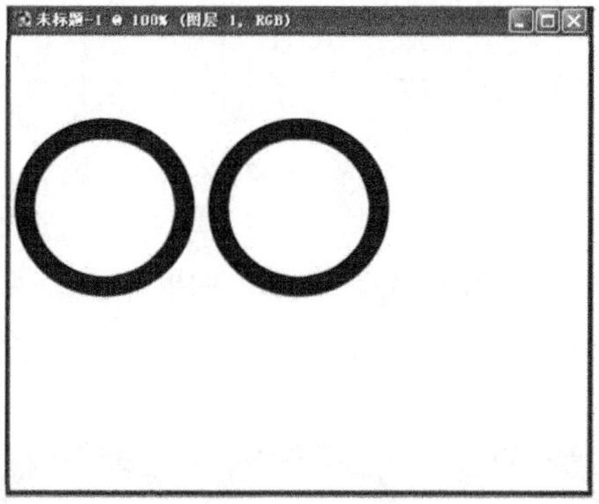

图 1-63 复制圆环

图 1-64 “图层”面板(一)

(9) 按住 Ctrl 键，单击图层 2 的缩略图，选择第二个圆环，效果如图 1-65 所示。

(10) 设置图层 2 为当前图层，前景色为灰色，执行“编辑” | “填充”命令，这时第二个圆环被填充成了黑色，效果如图 1-66 所示。

(11) 按照相同的方法绘制其他颜色的圆环(参考步骤(7)～(10)，前景色根据需要设置)，五个环的效果如图 1-67 所示，相应的“图层”面板如图 1-68 所示。

(12) 选择图层 4(黄色圆环)为当前图层，然后按住 Ctrl 键同时单击图层 1 的缩略图，建立蓝色圆环的选区，效果如图 1-69 所示。

(13) 确认当前图层为图层 4(黄色圆环)，在工具箱中选择“橡皮擦工具”，在蓝色圆环与黄色圆环的一个相交处(靠上的相交处)拖动擦除黄色圆环，使蓝色圆环和黄色圆环套接，效果如图 1-70 所示。

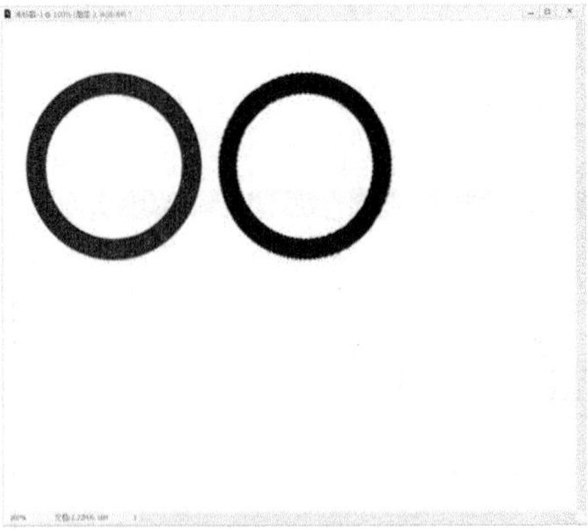

图 1-65　选择第二个圆环

图 1-66　填充第二个圆环为黑色

图 1-67　五个圆环效果

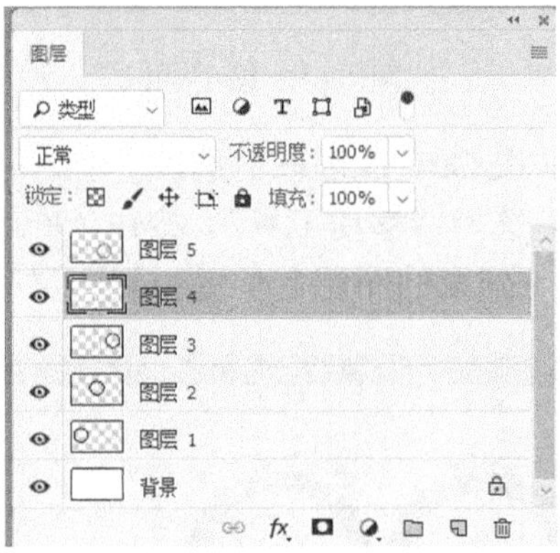

图 1-68　“图层”面板(二)

图 1-69　建立蓝色圆环的选区

图 1-70　蓝色圆环和黄色圆环套接

(14) 按照相似的做法擦除圆环间其他相交的部分，使五环相互套接，效果如图 1-71 所示。

(15) 执行“文件”|“存储为”命令，将图像存为“五环效果.jpg”。完成图见实验素材“6-1-1(完成).jpg”。

图 1-71　五环相互套接效果

实验 2　立体字的制作

1. 实验目的

(1) 掌握图层的复制方法。
(2) 掌握图层的粘贴方法。
(3) 掌握图层样式的应用。

2. 实验内容

实验内容包括输入文字、复制粘贴选区中的图像、应用图层样式。利用“文字蒙版工具”建立文字选区，把文字选区中的天空复制后，粘贴到新图层中，这时文字和天空背景完全重合，并且看不到文字，我们为文字图层添加斜面浮雕及光泽效果，文字奇迹般地再现。

3. 实验步骤及操作指导

(1) 打开实验素材“6-2-1.jpg”。
(2) 在工具箱中选择“横排文字工具”，在其属性栏上设置字体为华文琥珀，大小为 200 点，颜色为白色，然后输入文字“PHOTOSHOP”，如图 1-72 所示。

图 1-72　输入文字

(3) 选择“图层”|“栅格化”|“文字”菜单项，把文字图层转换为普通图层。

(4) 执行“编辑”|“变换”|“缩放”和“编辑”|“变换”|“透视”命令使文字变形，效果如图 1-73 所示。

图 1-73　文字变形效果

(5) 按住 Ctrl 键的同时单击文字图层的缩略图建立文字选区,选择背景图层为当前图层。

(6) 先执行“编辑”|“复制”命令，再执行“编辑”|“粘贴”命令，在“图层”面板上删除 PHOTOSHOP 图层，“图层”面板如图 1-74 所示。此时文字看不见，图像效果如图 1-75 所示。

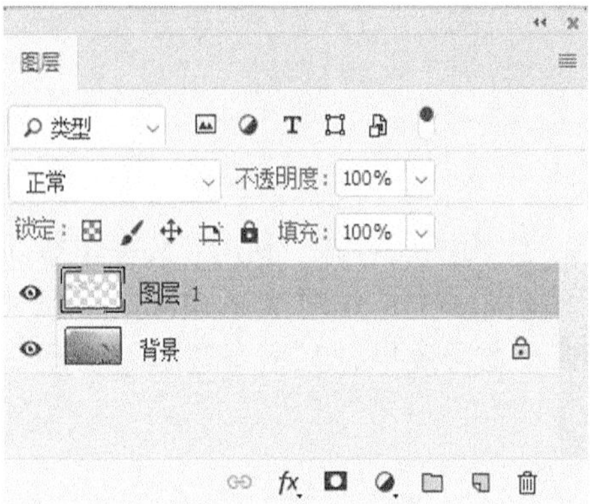

图 1-74　“图层”面板(三)

图 1-75　看不见文字的图像效果

(7) 双击“图层 1”右边空白区域，弹出“图层样式”对话框，在“样式”下拉列表框中选择“斜面和浮雕”和“外发光”，设置合适的参数值，效果如图 1-76 所示。完成图见实验素材“6-2-1(完成).jpg”。

图 1-76　立体字完成效果(一)

4. 练习与思考

1) 选择题

① 在 Photoshop 中，栅格化可以将文字图层转换为_____。

A. 普通图层　B. 图形　C. 蒙版图层　D. 段落格式

② 在 Photoshop 中，按_____键同时单击图层缩略图，可以快速选择该图层上的图像。

A. Shift　B. Ctrl　C. Alt　D.Ctrl+Alt

③ 在 Photoshop 中，弹出“图层样式”对话框的方法为双击_____。

A.“眼睛”图标　B. 图层缩略图　C. 图层名　D. 图层名右边区域

④ 在 Photoshop 中，单击“图层”面板上_____可以显示或隐藏图层上的图像。

A.“眼睛”按钮　B.“编辑”按钮　C.“移动”按钮　D.“锁定”按钮

⑤ 在 Photoshop 中，_____不可以调整堆叠顺序。

A. 链接图层　B. 可见图层　C. 背景图层　D.文字图层

参考答案：①A　②B　③D　④A　⑤C

2) 问答题

① 如何进行图层的锁定操作？

② 合并图层的方法有几种？分别是什么？

③ 如何进行图层效果的设置？

④ 如何进行图层的移动、复制和擦除的操作？

⑤ 进行图层的链接与合并有什么作用？

第 7 单元　路　　径

实验　制作霓虹灯

1. 实验目的

(1) 掌握路径的概念。
(2) 掌握路径的用法。
(3) 能够熟练运用路径进行图像的编辑、处理及创作。

2. 实验内容

实验内容包括绘制路径、描边路径、制作霓虹灯效果。我们首先绘制路径，路径好比霓虹灯的电线；然后用圆形画笔对路径描边，好比在电线上串联灯泡；最后为了将灯泡变成彩色的，我们可以选择这些灯泡，对它们填充彩色渐变，霓虹灯即制作成功。

3. 实验步骤及操作指导

(1) 打开实验素材“7-1-1.jpg”。
(2) 选择“钢笔工具”，建立路径如图 1-77 所示。注意：按住 Ctrl 键同时在路径外任意处单击可建立新的路径，和上一路径无关联。
(3) 在工具箱中选择“画笔工具”，在其属性栏上设置形状为柔边圆，不透明度为 100%，然后单击其属性栏上的“切换画笔设置面板”按钮，在打开的对话框中，单击“画笔笔尖形状”，设置画笔大小为 5 像素，间距为 80%。
(4) 执行“窗口”|“图层”命令，打开“图层”面板，新建一个图层，命名为图层 1，并且设置图层 1 为当前图层。
(5) 执行“窗口”|“路径”命令，打开“路径”面板，在“路径”面板的空白处单击可隐藏路径，再次单击“工作路径”则可选择整条路径。“路径”面板如图 1-78 所示。

图 1-77　建立路径

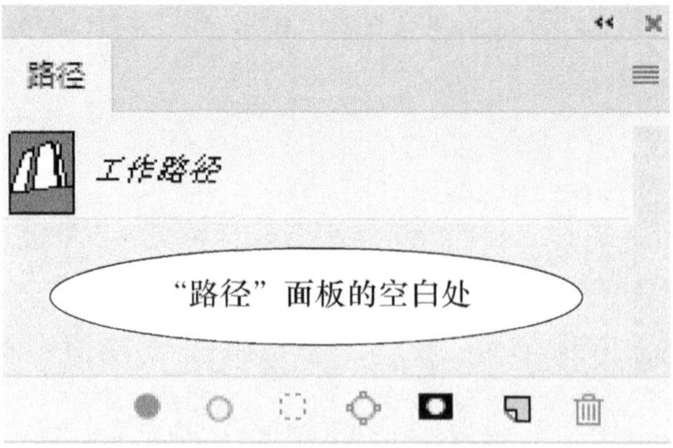

图 1-78　“路径”面板

(6) 设置白色为前景色，单击“路径”面板上的“工作路径”，选择整条路径，右击“工作路径”，在弹出的菜单中选择“描边路径”，描边工具选择“画笔工具”，描边完成后隐藏路径，效果如图 1-79 所示。

(7) 打开“图层”面板，在按住 Ctrl 键的同时单击图层 1 的缩略图，选择灯光的区域，如图 1-80 所示。

图 1-79 描边路径

图 1-80 选择灯光的区域

(8) 在“图层”面板上新建图层 2 并将其设置为当前图层，选择“渐变工具”，设置渐变类型为线性渐变，在渐变编辑器中，设置颜色为色谱，不透明度为 80%，然后在图像上拖动，这时可以看到霓虹灯效果，取消选区，效果如图 1-81 所示。

(9) 打开“图层”面板，隐藏背景图层，然后单击“图层”面板右上角的按钮，在其菜单中选择“合并可见图层”，这时图层 1 和图层 2 被合并到一起。

(10) 使用工具箱中的“橡皮擦工具”擦除多余的灯光，效果如图 1-82 所示。完成图见实验素材“7-1-1（完成）.jpg”。

图 1-81 霓虹灯效果

图 1-82 完成效果（七）

4. 练习与思考

1) 选择题

① 在 Photoshop 中，_____是建立路径的基本工具，使用该工具可创建直线路径和曲线

路径。

A. 钢笔工具　B. 路径工具　C. 铅笔工具　D. 矩形工具

② 在 Photoshop 中，路径锚点的类型为_____。

A. 顶点和端点　B. 平滑点和角点　C. 顶点和平滑点　D. 端点和平滑点

③ 在 Photoshop 中，路径的_____两边曲线的弯曲方向相同。

A. 平滑点　B. 角点　C. 顶点　D. 端点

参考答案：①A　②B　③B

2) 问答题

① 什么是路径？路径有什么作用？

② 绘制路径的工具有哪些？

③ “钢笔工具”中包含多少个工具？分别是什么？

④ 如何进行锚点的添加和删除？

⑤ 如何使用形状工具组中的工具？

第 8 单元　通道和蒙版的应用

实验 1　利用通道制作立体文字

1. 实验目的

(1) 掌握将选区保存在通道的方法。
(2) 掌握将通道作为选区载入的方法。

2. 实验内容

本实验将选区保存在通道、在通道中使用浮雕效果、执行“曲线”命令设置黑场、将通道作为选区载入、执行“亮度/对比度”命令调整图像明暗，从而产生立体字效果。本实验中，通道成为和图层进行交流的桥梁。我们创建两个通道：一个用来建立文字的亮部区域；另一个用来建立文字的暗部区域，这样一亮一暗形成对比，立体字效果呈现出来。

3. 实验步骤及操作指导

(1) 打开实验素材“8-1-1.jpg”。
(2) 打开图像“8-1-1.jpg”的“通道”面板，单击该面板底部倒数第二个“新建通道”按钮，建立一个新的通道 Alpha 1。
(3) 打开实验素材“8-1-2.jpg”。
(4) 首先按 Ctrl+A 键全选文字图像；然后按 Ctrl+C 键复制文字图像，选择“8-1-1.jpg”的 Alpha 1 通道；再按 Ctrl+V 键把文字图像复制到 Alpha 1 通道中；接着移动文字到合适的位置，取消选区；最后复制 Alpha 1 通道为 Alpha 1 复制，此时的图像效果如图 1-83 所示，“通道”面板如图 1-84 所示。

图 1-83　图像效果

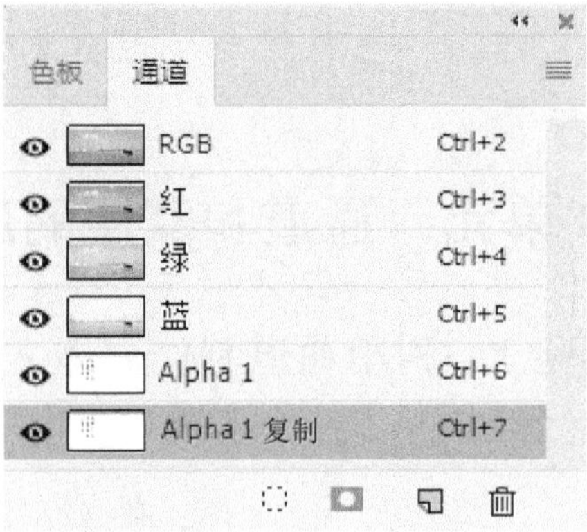

图 1-84　“通道”面板

(5) 设置 Alpha 1 复制通道为当前通道，并设置为可见，其余通道设置为不可见。选择“滤镜”|“风格化”|“浮雕效果”菜单项，在打开的对话框中设置角度为–60°，高度为 1，效果如图 1-85 所示。使用“油漆桶工具”，设置前景色为黑色，在灰色部分单击，把灰色填充为黑色，效果如图 1-86 所示。

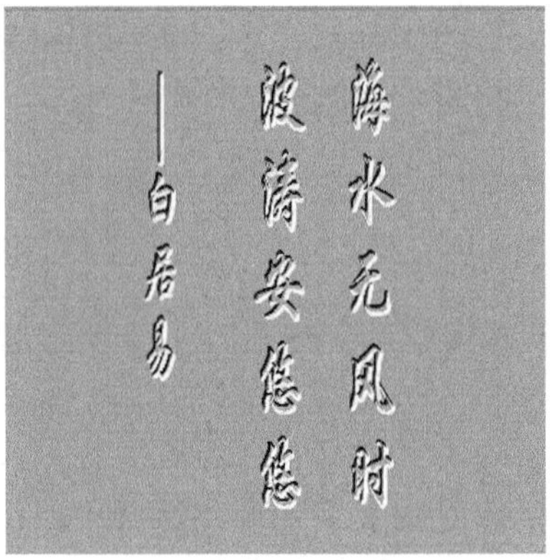

图 1-85　通道中的浮雕效果（一）

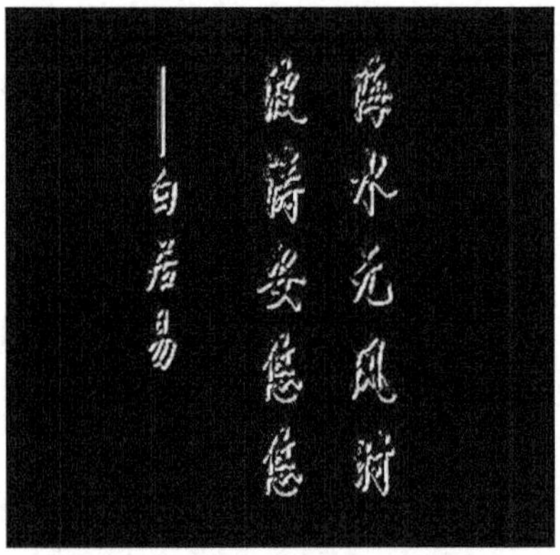

图 1-86　通道填充黑色（一）

(6) 设置 Alpha 1 通道为当前通道，并设置为可见，其余通道设置为不可见。选择“滤镜”|“风格化”|“浮雕效果”菜单项，在打开的对话框中设置角度为 120°，高度为 1，效果如图 1-87 所示。使用“油漆桶工具”，设置前景色为黑色，在灰色部分单击，把灰色填充为黑色，效果如图 1-88 所示。

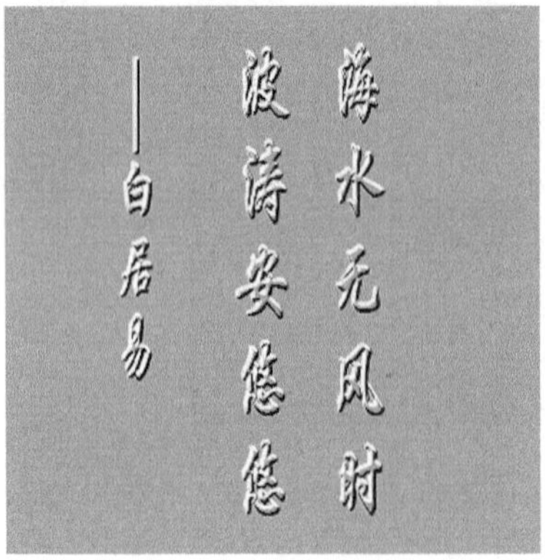

图 1-87　通道中的浮雕效果(二)

图 1-88　通道填充黑色(二)

(7) 在“通道”面板上选择 Alpha 1 通道，单击“通道”面板底部“将通道作为选区载入”按钮，接着选择“选择”|“反选”菜单项，然后单击 RGB 通道，选择“图像”|“调整”|“亮度”|“对比度”菜单项，选择“使用旧版”，再把亮度调至最低，取消选区，效果如图 1-89 所示。

(8) 在“通道”调板上选择通道“Alpha 1 复制”，单击“通道”面板底部“将通道作为选区载入”按钮，选择“选择”|“反选”菜单项，单击 RGB 通道，选择“图像”|“调整”|“亮度”|“对比度”菜单项，选择“使用旧版”，再把亮度调至最高，取消选区，效果如图 1-90 所示。

图 1-89　亮度调至最低

图 1-90　亮度调至最高

(9) 完成效果如图 1-91 所示，完成图见实验素材“8-1-1（完成）.jpg”。

(10) 将图像存储为 JPG 格式。

图 1-91　立体字完成效果（二）

实验 2　利用蒙版制作拼图效果

1. 实验目的

(1) 理解蒙版的作用。

(2) 掌握剪贴蒙版的使用方法。

2. 实验内容

实验内容包括建立路径、分割图形、应用剪贴蒙版制作拼图效果。我们通过对多个图层应用剪贴蒙版实现图像组合，并且可以随意移动和调节拼图中的图片。

3. 实验步骤及操作指导

(1) 新建图像文件，大小为 20cm × 20cm，分辨率为 100 像素/英寸。

(2) 在工具箱中选择形状工具组里的“自定义形状工具”，在其属性栏中设置像素，“形状”下拉列表框中选择“红心”(如果没有此形状，则先单击“形状”菜单右上角的齿轮按钮，在打开的列表中选择“全部”以添加所有形状)。

(3) 在“图层”面板上新建一个图层，命名为红心，并设置为当前图层，设置前景色为红色，拖动绘制心形如图 1-92 所示。

(4) 在工具箱中选择形状工具组里的“直线工具”，在其属性栏中设置像素，取消箭头设置，粗细为 3 像素，前景色设置为白色。

(5) 按住 Ctrl 键，同时单击红心图层的缩略图以建立红心的选区，拖动绘制线条，然后取消选区，效果如图 1-93 所示。

图 1-92　绘制心形

图 1-93　绘制线条

(6) 设置红心图层为当前图层，在工具箱中选择“魔棒工具”，选择红心上的一个分块，如图 1-94 所示。

(7) 按 Ctrl+J 键复制粘贴选区中的图像。

(8) 设置红心图层为当前图层，在工具箱中选择“魔棒工具”，选择红心上的另一分块，按 Ctrl+J 键复制粘贴选区中的图像，重复这一步骤，直到把红心上的所有分块都复制粘贴到单独的图层上。此时的“图层”面板如图 1-95 所示。

(9) 打开实验素材“8-2-1.jpg”，按 Ctrl+A 键全选图像，然后使用工具箱中的“移动工具”把整个图像拖动到红心图像中，图层名为图层 1，调节大小，效果如图 1-96 所示。

(10) 对图层 1 进行六次复制，产生“图层 1 复制 1～6”，共计七个图层，分别重命名为图层 1～7，然后把图层 1～7 分别放置在每一个分块图层的上方，部分“图层”面板如图 1-97 所示。

图 1-94　选择一块个分区

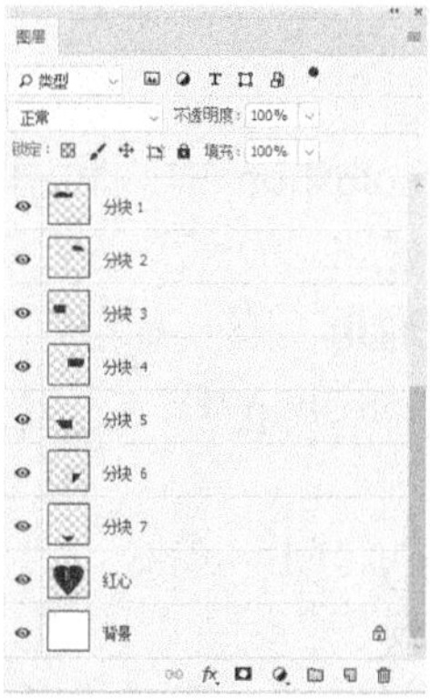

图 1-95　“图层”面板(四)

图 1-96　移入菜品图像

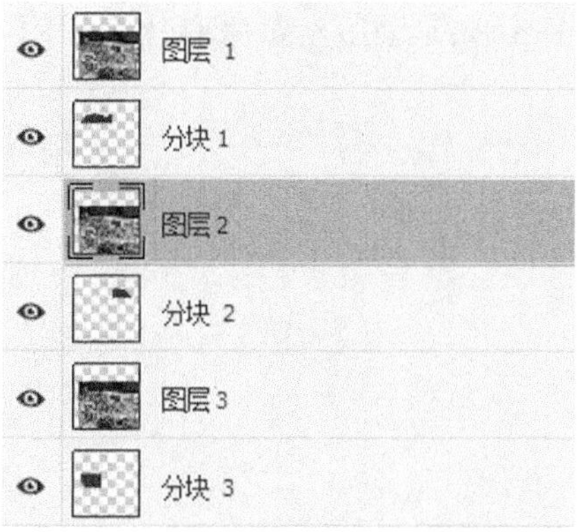

图 1-97　部分“图层”面板(一)

(11) 分别右击图层 1～7，在弹出的菜单中选择“创建剪贴蒙版”，然后依次调节图层 1～7 的位置、大小，效果如图 1-98 所示，部分“图层”面板如图 1-99 所示。完成图见实验素材“8-2-1（完成）.jpg”。

图 1-98　拼图完成效果

图 1-99　部分“图层”面板(二)

4. 练习与思考

1) 选择题

① 在 Photoshop 中，利用“通道”调板的_____命令，可以将一个图像中的各个通道分离出来。

A. 删除通道　　B. 分离通道　　C. 新建通道　　D. 通道选项

② 在 Photoshop 中，_____可以对图像的某个部分进行遮蔽或选取。

A. 通道　　B. 选取工具　　C. 蒙版　　D. 钢笔工具

参考答案：①B　②C

2) 问答题

① 什么是通道？通道有什么作用？

② 通道分为几种类型？分别是什么？

③ 如何进行通道的计算？

④ 什么是蒙版？蒙版有什么作用？

第 9 单元　滤　　镜

实验 1　制作燃烧字

1. 实验目的

(1) 掌握滤镜的种类。
(2) 掌握常用滤镜的使用方法。
(3) 能够熟练运用滤镜进行图像的编辑、处理及创作。

2. 实验内容

实验内容包括使用“风”滤镜、“波纹”滤镜、“高斯模糊”滤镜和图像模式的转换。本实验利用“风”“波纹”“高斯模糊”滤镜制作火苗的形状，再把图像经过三次模式的转换，形成火焰的颜色。

3. 实验步骤及操作指导

(1) 执行“文件”|“新建”命令，建立一个新图像（大小为 25cm×15cm，分辨率为 100 像素/英寸），设置背景色为黑色。

(2) 在工具箱中选择“横排文字工具”，在其属性栏中，设置字体为华文行楷，大小为 130 点，颜色为白色，输入文字效果如图 1-100 所示。

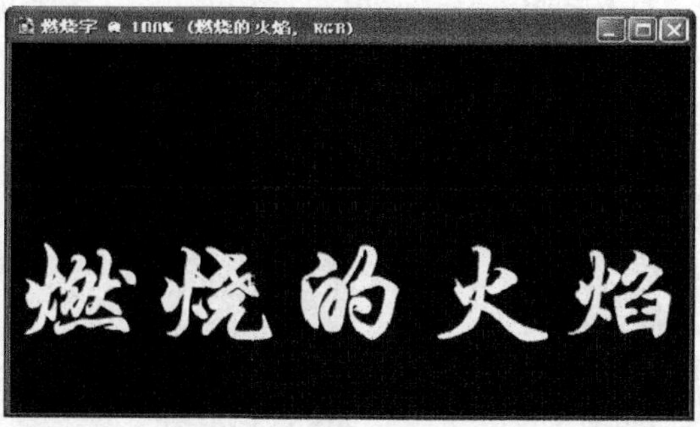

图 1-100　输入文字效果

(3) 打开“图层”面板，在“图层”面板的菜单中，选择“拼合图像”，如图 1-101 所示。
(4) 执行“图像”|“图像旋转”|“90 度（逆时针）”命令，旋转画布效果如图 1-102 所示。
(5) 执行“滤镜”|“风格化”|“风”命令，“风”对话框如图 1-103 所示。“风”效果如图 1-104 所示。

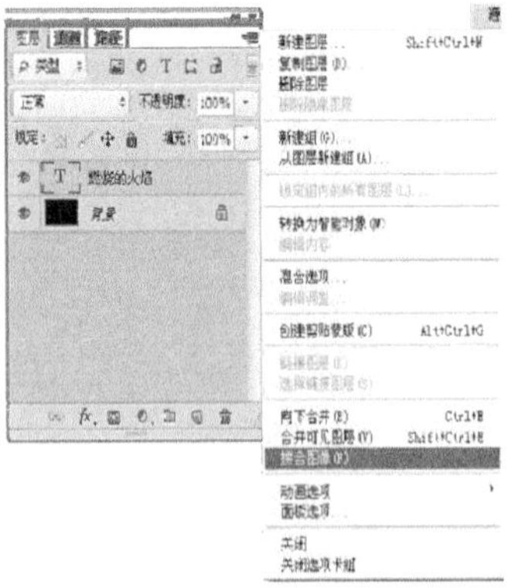

图 1-101　选择“拼合图像”

图 1-102　旋转画布效果(一)

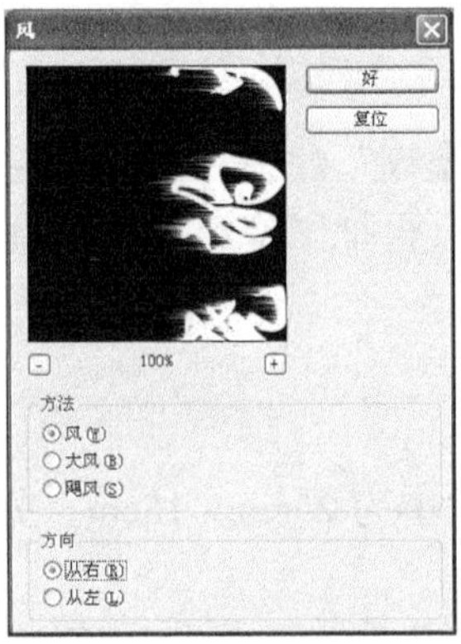

图 1-103“风”对话框

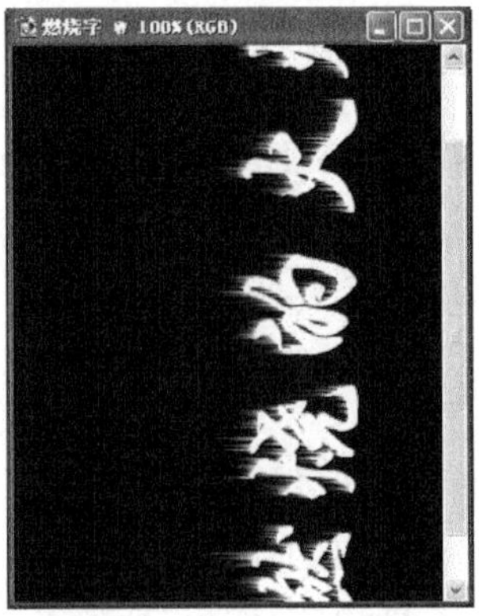

图 1-104“风”效果

(6) 按两次 Ctrl+F 键，使用两次“风”滤镜，效果如图 1-105 所示。

(7) 执行“图像”|“图像旋转”|“90 度（顺时针）”命令，旋转画布效果如图 1-106 所示。

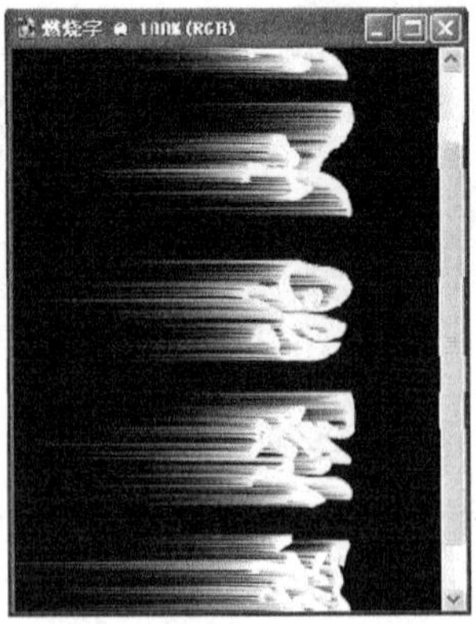

图 1-105　使用两次“风”滤镜效果

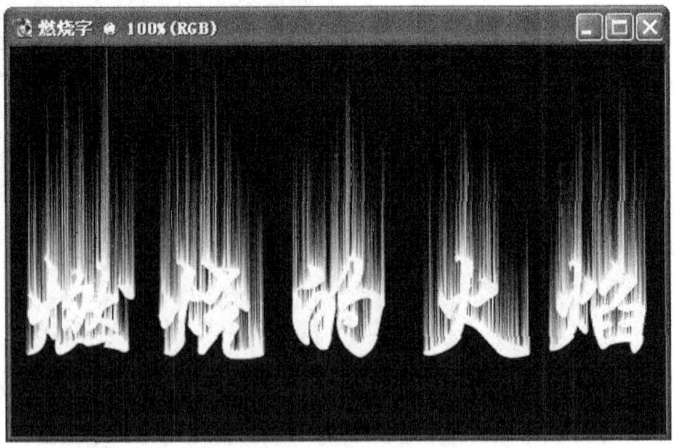

图 1-106　旋转画布效果(二)

(8) 执行“滤镜”|“扭曲”|“波纹”命令，“波纹”对话框如图 1-107 所示。“波纹”效果如图 1-108 所示。

图 1-107 “波纹”对话框

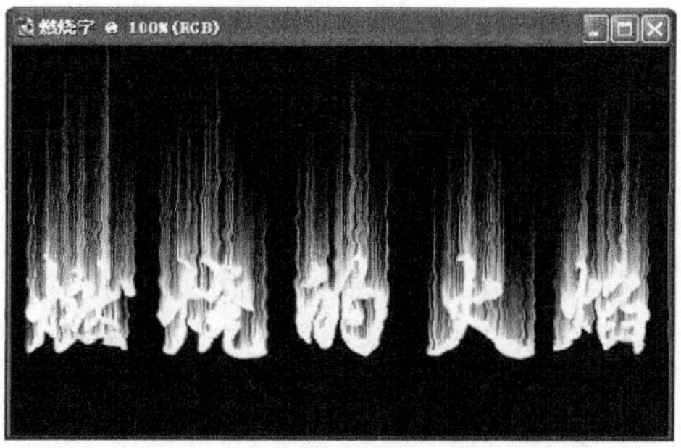

图 1-108 “波纹”效果

(9) 执行“滤镜”|“模糊”|“高斯模糊”命令，“高斯模糊”对话框如图 1-109 所示。“高斯模糊”效果如图 1-110 所示。

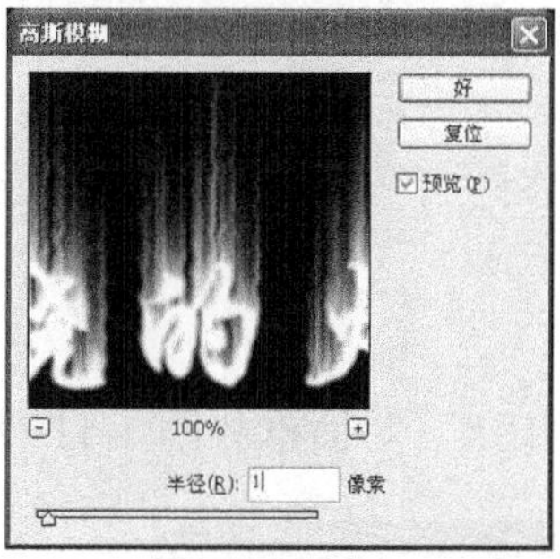

图 1-109 “高斯模糊”对话框(一)

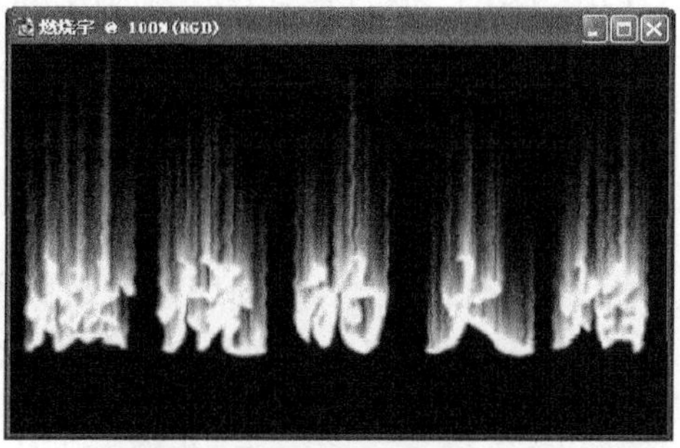

图 1-110 “高斯模糊”效果

(10) 执行“图像”|“模式”|“灰度”命令。

(11) 执行“图像”|“模式”|“索引颜色”命令。

(12) 执行“图像”|“模式”|“颜色表”命令，在“颜色表”下拉菜单中选择“黑体”，完成效果如图 1-111 所示，完成图见实验素材“2-9-1（完成）.jpg”。

(13) 保存图像为 JPG 格式。

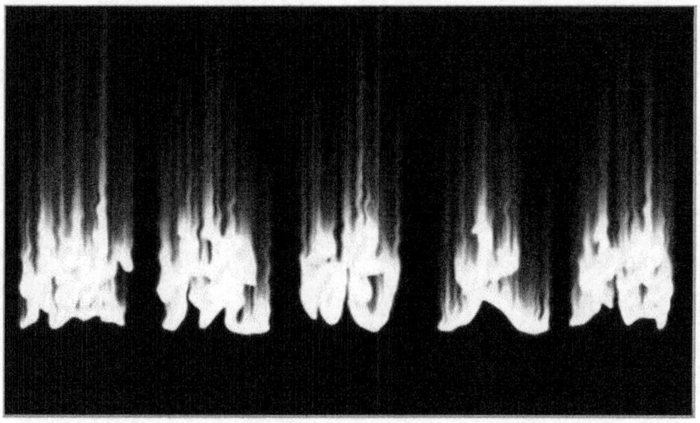

图 1-111　完成效果(八)

实验 2　制作下雪效果

1. 实验目的

(1) 掌握滤镜的种类。
(2) 掌握常用滤镜的使用方法。
(3) 能够熟练运用滤镜进行图像的编辑、处理及创作。

2. 实验内容

实验内容包括使用“点状化”滤镜、执行“阈值”命令、图层混合模式的应用。要使雪花看起来自然，我们使用“点状化”滤镜，产生形状不一的雪花，为了使雪花清晰，执行“阈值”命令，我们还可使用“动感模糊”滤镜，再加上“高斯模糊”滤镜，使雪花更加蓬松，最后使用“滤色”混合模式使雪花图层和背景混合（任何颜色与黑色进行屏幕运算保持不变，与白色运算结果为白色），下雪效果完成。

3. 实验步骤及操作指导

(1) 打开实验素材“9-2-1.jpg”，如图 1-112 所示。
(2) 新建图层 1，并在图层 1 上填充黑色。
(3) 执行“滤镜”|“像素化”|“点状化”命令。“点状化”对话框如图 1-113 所示。

图 1-112　打开图像

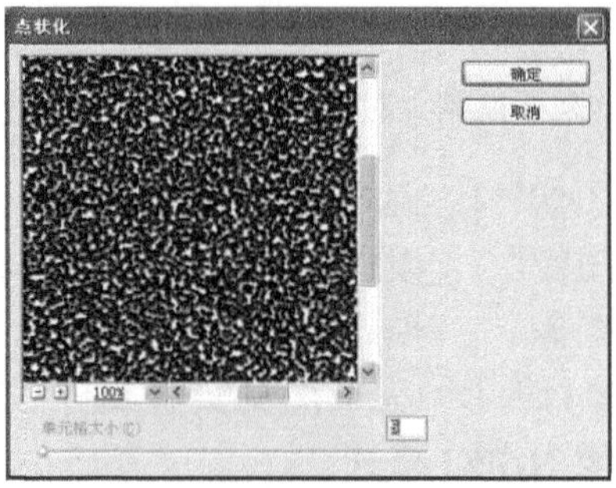

图 1-113　“点状化”对话框

(4) 执行“图像”|“调整”|“阈值”命令。“阈值”对话框如图 1-114 所示，调整阈值效果如图 1-115 所示。

(5) 执行“滤镜”|“模糊”|“动感模糊”命令。“动感模糊”对话框如图 1-116 所示，“动感模糊”效果如图 1-117 所示。

(6) 执行“滤镜”|“模糊”|“高斯模糊”命令。“高斯模糊”对话框如图 1-118 所示，“高斯模糊”效果如图 1-119 所示。

(7) 设置图层 1 的混合模式为滤色，完成效果如图 1-120 所示。

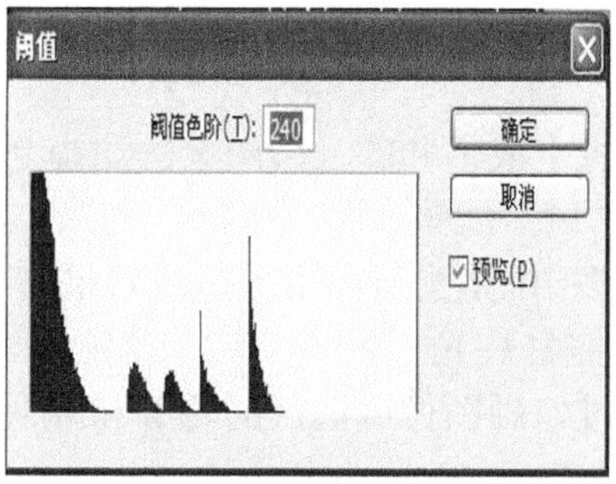

图 1-114“阈值”对话框

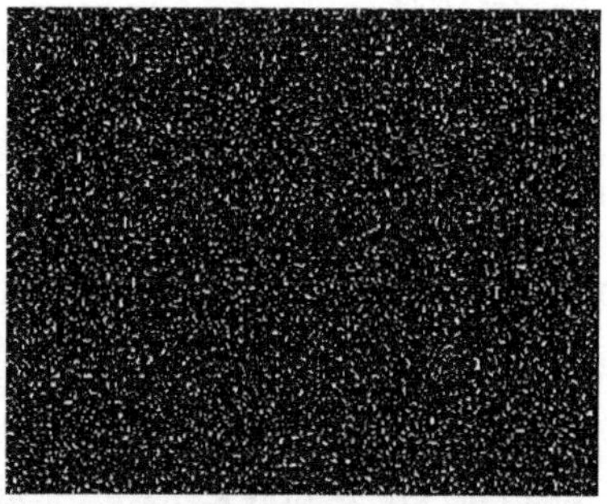

图 1-115　调整阈值效果

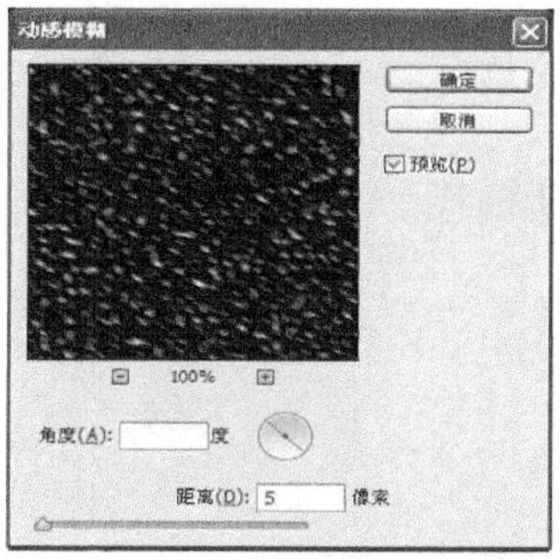

图 1-116“动感模糊”对话框(二)

图 1-117“动感模糊”效果

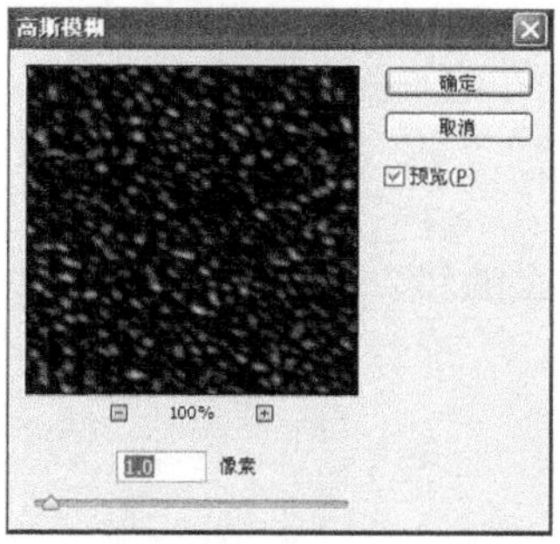

图 1-118“高斯模糊”对话框

图 1-119“高斯模糊”效果

图 1-120　下雪完成效果

4. 练习与思考

1) **选择题**

① 在 Photoshop 中，用图像的前景色和背景色随机生成柔和的云彩图案的滤镜是_____。

A. “水彩”滤镜　　B. “云彩”滤镜　　C. “风”滤镜　　D. “光晕”滤镜

② 在 Photoshop 中，_____滤镜可以模拟亮光在照相机镜头所产生的折射效果。

A. 镜头光晕　　B. 扩散亮光　　C. 霓虹灯光　　D. 彩块化

③ 在 Photoshop 中，主要用来产生浮雕效果，通过勾画图像或选区的轮廓和降低周围色值来产生浮凸的效果的滤镜是_____滤镜。

A. 凸出　　B. 浮雕效果　　C. 等高线　　D. 查找边缘

④ 在 Photoshop 中，_____滤镜可以产生像素朝一个方向扩散的效果。

A. 添加杂色　　B. 风　　C. 点状化　　D. 彩块化

⑤ 在 Photoshop 中，_____滤镜可以产生扭曲效果。

A. 波纹　　B.添加杂色　　C. 高斯模糊　　D. 风

参考答案：①B　②A　③B　④B　⑤A

2) **问答题**

① 什么是滤镜？滤镜的作用是什么？

② 如何使用扭曲滤镜组对图像进行修改？

③ 渲染滤镜组的主要功能是什么？会做出什么样的效果？

④ 如何使用“镜头光晕”滤镜进行效果制作？

⑤ 模糊滤镜组中包含多少个滤镜？分别是什么？

⑥ 画笔描边滤镜组的主要功能是什么？

⑦ 艺术效果滤镜组中包含多少个滤镜？

⑧ 如何使用锐化滤镜组中的滤镜？

⑨ 如果想为图像进行浮雕效果的设置，可以使用什么滤镜？

第 10 单元　综合实验

实验 1　图书效果制作

1. 实验目的

(1) 体会作品构思和设计的过程。
(2) 实现作品。
(3) 熟练、灵活运用各种图像编辑工具进行图像的编辑、处理及创作。

2. 实验内容

实验内容包括图书封面与侧面设计、图书封面效果制作、图书侧面效果制作、图书整体效果制作。本实验分为设计与实现两部分。对于一个优秀的作品，前期的构思与设计起到了关键的作用，如确定主题、甄选内容、体现创意，还有色彩、构图、风格等。有了好的构思与设计，下一步就是如何实现的问题了，这就要求我们在熟练了 Photoshop 的各种工具和命令的前提下，综合地、灵活地应用知识。本实验要求大家首先设计好图书的封面及侧面；然后制作平面图；最后利用 Photoshop 的各种图像编辑工具和命令制作三维立体图书效果图。

3. 实验步骤及操作指导

(1) 打开实验素材“10-1-1.jpg”。
(2) 选择“图像”|“调整”|“色相/饱和度”菜单项，调节图像的亮度和饱和度，“色相/饱和度”对话框参数设置如图 1-121 所示。
(3) 打开实验素材 “10-1-2.jpg”，使用工具箱中的“多边形套索工具”建立如图 1-122 所示选区。

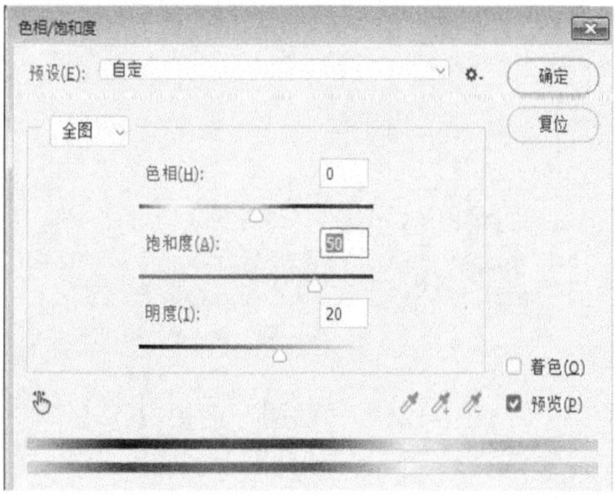

图 1-121　“色相/饱和度”对话框参数设置

图 1-122　建立选区(四)

(4) 使用工具箱中的“移动工具”把选区中的图像移到“10-1-1.jpg”中，调整大小，图层名改为主楼，效果如图 1-123 所示。
(5) 在“图层”面板上把主楼图层的混合模式改为柔光。

(6) 选择“图层” | “图层蒙版” | “显示全部”菜单项，然后选择工具箱中的“画笔工具”，设置形状为柔边圆，设置合适的大小和不透明度，设置前景色为黑色，单击“图层”面板上主楼图层的图层蒙版缩略图，然后拖动在主楼的四周涂抹添加图层蒙版。注意，如果蒙版不合适，可以设置前景色为白色进行涂抹，以去除蒙版，效果如图 1-124 所示。

图 1-123　移动图像至天空图中

图 1-124　改变图层混合模式，添加图层蒙版

(7) 打开实验素材 “10-1-3.jpg”，使用工具箱中的“多边形套索工具”建立选区。

(8) 使用工具箱中的“移动工具”把选区中的图像移到“10-1-1.jpg”中，调整大小，图层名改为楼 1，同样使用步骤(6)的方法为楼 1 添加图层蒙版。

(9) 打开实验素材 “10-1-4.jpg”，使用工具箱中的“多边形套索工具”选择建筑物，再使用工具箱中的“移动工具”把选区中的图像移到“10-1-1.jpg”中，调整大小，图层名改为楼 2，同样使用步骤(6)的方法为楼 2 添加图层蒙版，效果如图 1-125 所示，“图层”面板如图 1-126 所示。

图 1-125　图像效果

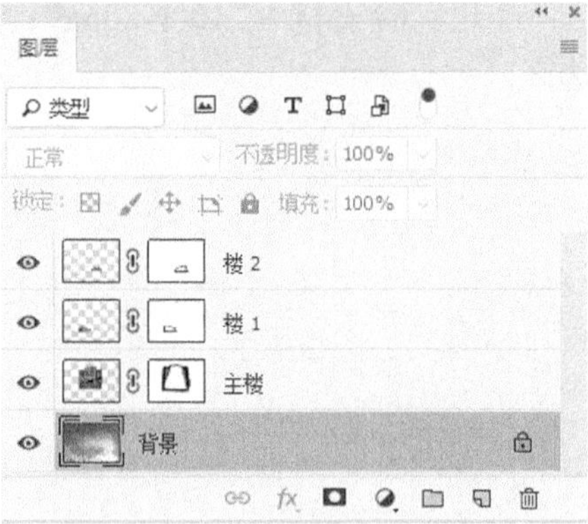

图 1-126　“图层”面板(五)

(10) 适当调节楼 1、楼 2 的色调，使其看起来自然。

(11) 设置楼 2 为当前图层，然后在工具箱中使用“直排文字工具”，设置合适的字体、大小、颜色后在图像上写入“云财记忆”。

(12) 选择“图层” | “栅格化” | “文字”菜单项，把文字图层变为普通图层，然后选择部分文字，移动其位置。

(13) 在“图层”面板上双击“云财记忆”图层右边空白打开“图层样式”对话框，为文字添加“投影”样式（设置合适的大小和距离），效果如图 1-127 所示。

(14) 以同样的方法添加作者和出版社，然后在“图层”面板的菜单上选择“合并所有图层”，保存图像为“封面. jpg”，至此图书封面制作完成，效果如图 1-128 所示。

图 1-127　添加文字（书名）

图 1-128　图书封面效果

(15) 新建文件“图书. jpg”（大小为 10cm × 15cm，分辨率为 72 像素/英寸）。

(16) 使用“渐变工具”，在其属性栏上打开渐变编辑器设置渐变色（白到蓝），方式为线性渐变，不透明度为 100%，在背景图层上拖动由白到蓝的渐变，效果如图 1-129 所示。

(17) 选择“滤镜”|“扭曲”|“水波”菜单项，设置合适的数量、起伏和样式，效果如图 1-130 所示。

图 1-129　线性渐变效果

图 1-130　“水波”滤镜效果

(18) 把“封面. jpg”移动到“图书.jpg”中。

(19) 执行“编辑”|“变换”菜单项下的“缩放”、“旋转”、“斜切”和“扭曲”等命令变形封面，效果如图 1-131 所示。

(20) 在“封面. jpg”上使用“矩形选框工具”选择一块矩形区域，然后把选区中的图像拖动到“图书. jpg”上，图层名取为侧面 1，然后添加书名、作者、出版社信息，合并侧面的背景和文字，效果如图 1-132 所示。

图 1-131　变形封面效果

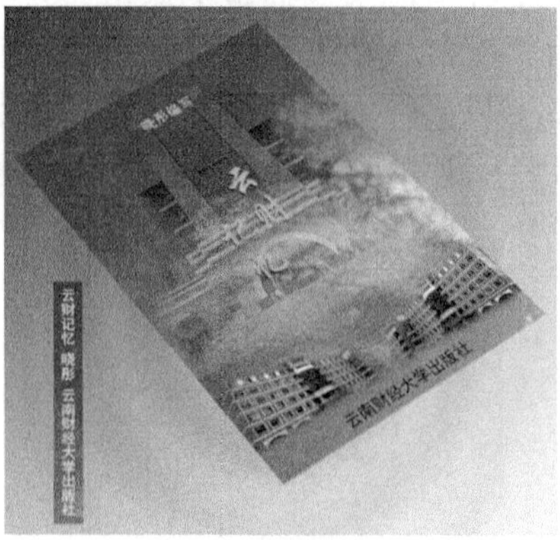

图 1-132　侧面 1 文字和背景

(21) 执行“编辑” | “变换”菜单项下的“缩放”、“旋转”、“斜切”和“扭曲”等命令变形侧面 1，然后适当降低亮度，效果如图 1-133 所示。

(22) 新建图层，取名为侧面 2，使用“多边形套索工具”，建立一个多边形选区，选择前景色为白色，执行菜单“编辑” | “填充”命令，填充选区为白色。

(23) 使用工具箱中的“直线工具”，其属性栏设置为像素，颜色设为深色，在选区中拖动绘制线条，效果如图 1-134 所示。

图 1-133　侧面 1 变形效果

图 1-134　侧面 2 的效果

(24) 建立一个新图层，将其命名为底面，使用“多边形套索工具”，建立一个多边形选区，选择前景色为黑色，执行“编辑” | “填充”命令，填充选区为黑色，效果如图 1-135 所示。

(25) 调整图层顺序如图 1-136 所示。

(26) 选择侧面 2 为当前图层，建立椭圆形选区如图 1-137 所示。

(27) 删除选区中的内容，这步使书页边缘出现弧形。

(28) 图书完成效果如图 1-138 所示，完成图见实验素材“10-1-1（完成）.jpg”。

(29) 保存图像为 JPG 格式。

图 1-135　填充底面

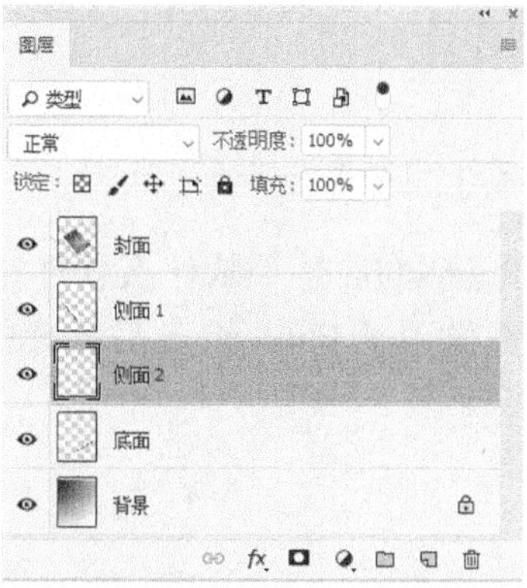

图 1-136　调整图层顺序

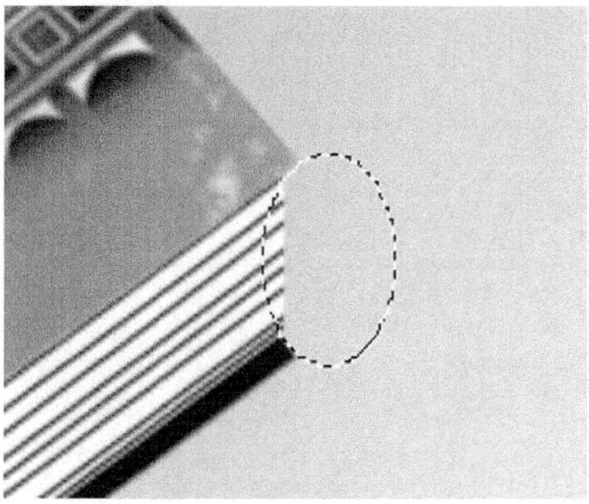

图 1-137　建立椭圆形选区

图 1-138　图书完成效果

实验 2　包装盒效果制作

1. 实验目的

(1) 体会作品构思和设计的过程。
(2) 实现作品。
(3) 熟练、灵活运用各种图像编辑工具进行图像的编辑、处理及创作。

2. 实验内容

设计并制作一组包装盒效果图，要求一幅图里包含多个包装盒（如一套化妆品、一套茶叶、一套小食品、一套酒等）。我们要做好前期的构思与设计，如确定主题、甄选内容、确定色彩、构图、风格等，要注意创意性的体现。在效果图的实现过程中，我们需综合地、灵活地应用知识。

3. 实验步骤及操作指导

略。

4. 练习与思考

① Photoshop 是一款什么软件？它的功能和用途是什么？
② 在学习了 Photoshop 后，你的感受和收获是什么？

第二部分

平面动画制作——
Adobe Flash CC 的应用

第 1 单元　基本操作与图形绘制

实验 1　数字显示动画

1. 实验目的

(1) 了解动画的原理，掌握动画制作的基本流程。
(2) 熟悉时间线上帧的操作。
(3) 掌握绘图工具的使用和色彩应用。

2. 实验内容

(1) 在 Flash 中，制作数字从 0～9 循环显示的动画效果。

(2) 每个数字并不是用“文本工具”来输入的，而是用多个图形拼成电子钟表的数字形式。要注意的是，本例中的所有图形都在对象绘制模式下绘制，这样有助于图形不相互干扰。

(3) 编辑关键帧来实现数字的更替。恰当设置帧频和帧，让每个数字显示 1s 的时间。

(4) 测试动画，保存并导出动画文件。

3. 实验步骤及操作指导

(1) 在 Flash 中新建一个 ActionScript 3.0 文件，将帧频设置为 12 帧/秒。

(2) 选择“矩形工具”，在工具栏下方单击“对象绘制”按钮，切换到对象绘制模式。在“属性”面板中设置笔触为 5.00，笔触颜色为黑色，填充色为灰色，然后在矩形选项中将矩形边角半径都设置为 20.00，如图 2-1 所示。用设置好的工具在舞台上绘制一个圆角矩形，然后在“属性”面板中将其设置为宽 150.00，高 270.00。

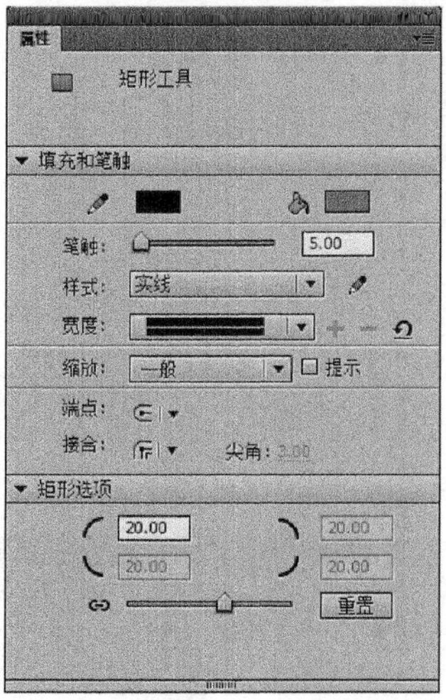

图 2-1　“矩形工具”设置

(3) 用“选择工具”选择刚才绘制的圆角矩形，打开“颜色”面板对它进行色彩调整。单击“颜色”面板中的“笔触”，将笔触模式设置为线性渐变，然后在下方的渐变编辑器中设置渐变色为灰色到黑色，如图 2-2(a)所示。单击“颜色”面板中的“填充”，将填充模式设置为线性渐变，在渐变编辑器中将渐变色设定为从深灰色到黑色，如图 2-2(b)所示。

(4) 选择工具栏中的“渐变变形工具”，将圆角矩形笔触部分的渐变方向调整为从左上到右下，将填充部分的渐变方向调整为从右下到左上。此时的圆角矩形如图 2-2(c)所示，它将作为显示数字的面板。

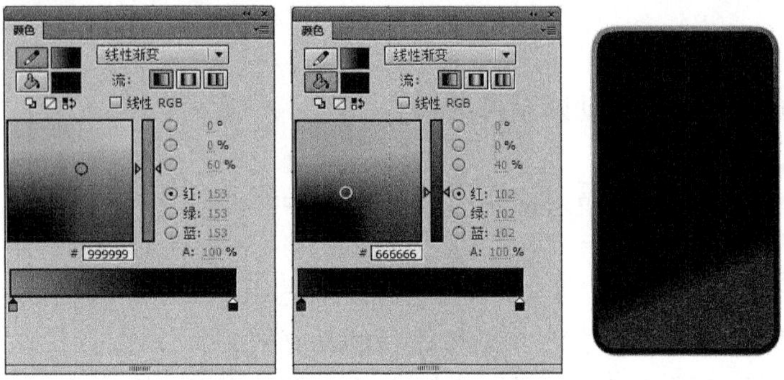

(a)　　(b)　　(c)

图 2-2　绘制圆角矩形

(5) 在工具栏中选择“多角星形工具”，在“属性”面板中单击“选项”按钮，按照图 2-3(a)所示，设置为六边形。将笔触设置为无，填充色设置为亮橙色，在对象绘制模式下绘制一个六边形，如图 2-3(b)所示。用“部分选取工具”，单击六边形，显示出六个锚点，单击锚点，用键盘上的方向键进行调整，调整为一个较扁的六边形，然后在“属性”面板中将其宽高分别设置为 75.00 和 10.00(取消锁定就可以分别设置宽和高)，如图 2-3(c)所示。

(6) 将调整好的六边形复制六份。将其中四个旋转 90°，然后组合成一个“8”字形状，放置到显示板中间，如图 2-3(d)所示。

(a)　　(b)　　(c)　　(d)

图 2-3　绘制六边形

(7) 分别在时间线的第 13、25、37、49、61、73、85、97、109 帧上执行“插入关键帧”命令，然后在第 120 帧上执行“插入帧”命令，如图 2-4 所示。每个关键帧将显示一个数字，在 12 的帧频下，每个数字显示 1s 的时间。

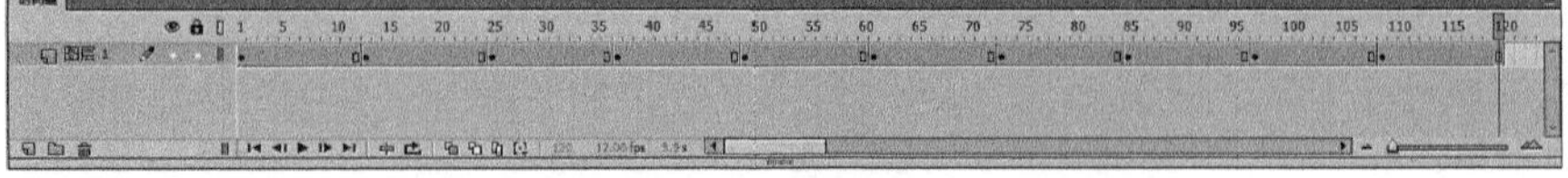

图 2-4　建立表示 10 个数字的关键帧

(8) 选择第 1 帧，用“选择工具”，单击“8”字中间的一横，将其选择，然后在“颜色”面板中将填充项中的 A(Alpha 值)调整为 15%，如图 2-5(a)所示。此时舞台上的数字呈现出“0”的外观，如图 2-5(b)所示。

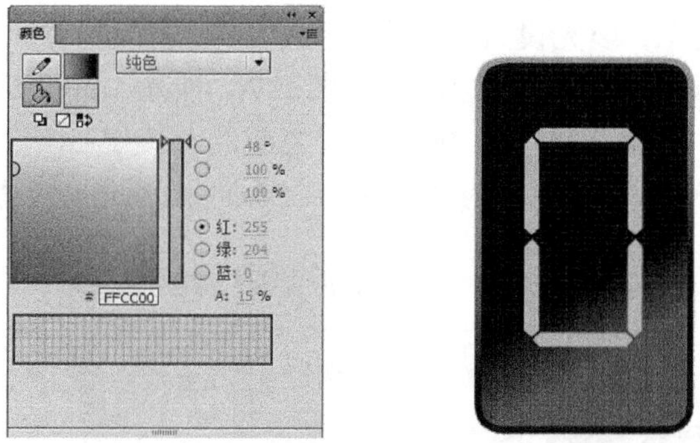

(a)　　(b)

图 2-5　在第 1 帧中设置数字“0”的外观

(9) 按照上一步的方法，依次进入每一个关键帧，分别设置数字“1”、“2”、“3”、“4”、“5”、“6”、“7”和“9”的外观效果(第 8 帧当然就不需要设置了)，如图 2-6 所示。设置时可以用“选择工具”，按住 Shift 键，同时选择需要变淡的笔画，然后在“颜色”面板中调整。

(a)　(b)　(c)　(d)　(e)　(f)　(g)　(h)

图 2-6　设置所有数字的外观效果

(10) 执行“控制”|“测试”命令，可以测试动画的播放效果。面板中将依次显示 0～9 的数字，每个数字显示 1s。如果执行“文件”|“保存”命令，可以将文件存储为.fla 源文件。而执行“文件”|“导出”|“导出为影片”命令，可以将动画导出为.swf 影片文件。

实验 2　绘 制 齿 轮

1. 实验目的

(1) 练习 Flash 中的绘图工具的使用。
(2) 熟练使用“颜色”面板。
(3) 利用形状的特点，实现图形的融合与切割。

2. 实验内容

(1) 利用“多角星形工具”和“变形”面板绘制齿轮的外轮廓。
(2) 利用“颜色”面板编辑笔触和填充色，产生一定的立体效果。

3. 实验步骤及操作指导

(1) 在 Flash 中新建一个 ActionScript 3.0 文件。我们将齿轮绘制在舞台上。

(2) 选择“多角星形工具”，在“属性”面板中单击“选项”按钮，将多边形的边数设置为 6。然后将笔触设置为无，填充设置为灰色，确认当前是在非对象绘制模式下(“对象绘制”按钮未按下)，在舞台上绘制一个正六边形，如图 2-7(a)所示。用“选择工具”选择该六边形，在“属性”面板中单击“位置和大小”中“宽”之前的“锁链标记”，使其变为图 2-7(b)所示的解锁标记，然后将宽和高分别设置为 40.00 和 250.00。此时的六边形如图 2-7(c)所示。

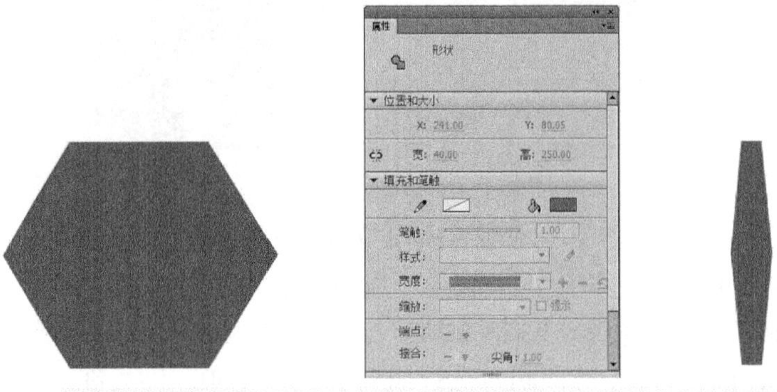

(a)　(b)　(c)

图 2-7　绘制六边形要件

(3) 取消对六边形的选择。再次用“选择工具”选择它(以保证下一步的变形中缩放值是 100%)。打开“变形”面板，在“旋转”文本框中输入 20，如图 2-8(a)所示。然后连续单击该面板下方的“重制选区和变形”，则六边形会在旋转 20°后，复制一份，再旋转 20°，直到产生图 2-8(b)所示的图形。

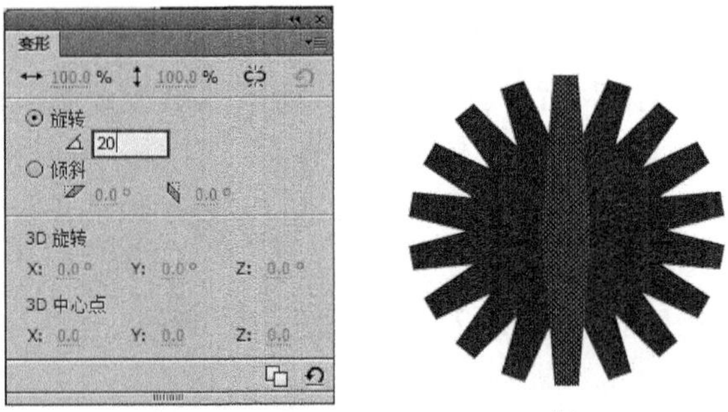

(a)　(b)

图 2-8　利用六边形产生轮齿

(4) 用“椭圆工具”在非对象绘制模式下绘制一个直径为 220、无笔触的同色正圆，注意不要和刚才的轮齿重叠，如图 2-9(a)所示。用“选择工具”同时选择两个图形，打开“对齐”面板，单击“垂直中齐”，然后单击“水平中齐”，则两个图形叠合到一起，如图 2-9(b)所示。

(5) 执行“修改” | “文档”命令，在“文档设置”对话框中将背景色设置为蓝色(#006699)。然后用“选择工具”选择齿轮，在“颜色”面板中将填充设置为线性渐变，颜色从浅灰色(#999999)

到白色，如图 2-10(a)所示。用“渐变变形工具”单击齿轮，调整应用线性渐变的方向和范围，如图 2-10(b)所示，将齿轮的颜色设置为从左上到右下的白色到浅灰色的渐变。

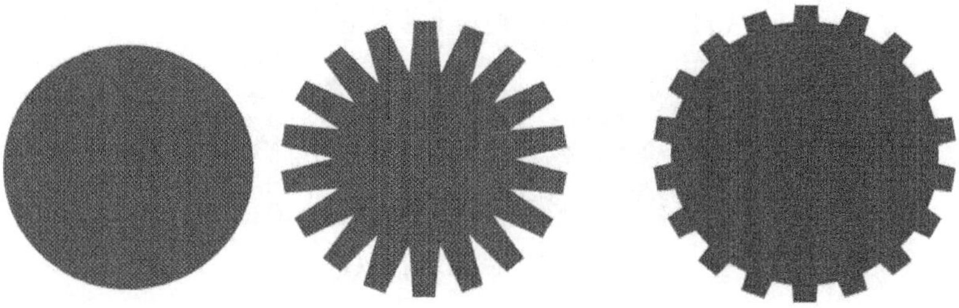

(a) (b) (c)

图 2-9 添加圆形轮盘

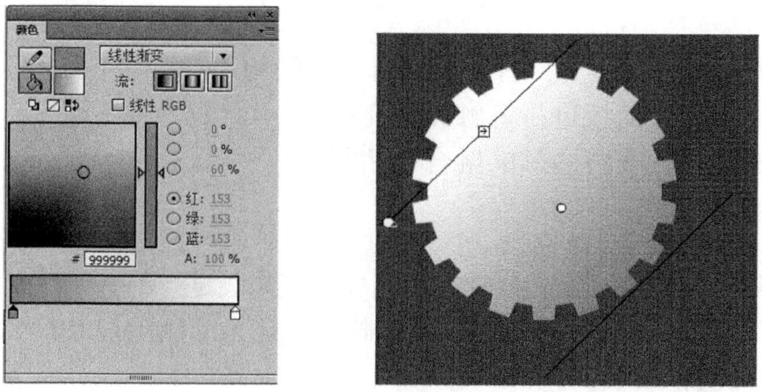

(a) (b)

图 2-10 对齿轮进行渐变色设置

(6) 选择“椭圆工具”，笔触颜色为黑色，填充设置为无，在“属性”面板中设置笔触高度为 4，然后在齿轮旁边绘制一个直径为 160 的正圆。用“选择工具”拖动这个圆到齿轮中心对齐，如图 2-11(a)所示。用“选择工具”单击中心部分的圆，用 Delete 键删除，如图 2-11(b)所示。选择中间的黑色圆圈，在“颜色”面板中将笔触模式设置为线性渐变，从灰色(#666666)渐变到白色。然后用“渐变变形工具”将圆圈的渐变调整为从左上到右下的灰色到白色的渐变，效果如图 2-11(c)所示。

(a) (b) (c)

图 2-11 完成齿轮的绘制

(7) 可以将绘制好的齿轮复制一份，调整大小进行组合，如图 2-12 所示。

图 2-12　齿轮组合效果

实验 3　绘制动画背景

1. 实验目的

(1) 练习 Flash 中铅笔、刷子、图形等绘图工具的使用。

(2) 熟练使用“颜色”面板进行笔触和填充设置。

(3) 利用形状的特点，实现图形的融合与切割。

2. 实验内容

动画的制作通常需要漂亮的背景，在本实验中，我们来尝试绘制一个月夜背景。

(1) 利用“钢笔工具”、“铅笔工具”和“刷子工具”绘制山坡和树木，并用“颜色”面板设置色彩效果。

(2) 利用“椭圆工具”和“多角星形工具”绘制月亮和星星，并用“颜色”面板设置填充效果。

3. 实验步骤及操作指导

(1) 在 Flash 中新建一个 ActionScript 3.0 文件，在“属性”面板中将舞台背景色设置为暗蓝色(#002255)。

(2) 选择“钢笔工具”，在工具栏下方单击“对象绘制”按钮，进入对象绘制模式。在舞台上绘制一个山坡形状，如图 2-13(a)所示。用“选择工具”选择山坡图形，打开“颜色”面板，设置笔触为无，填充为线性渐变。渐变色从左边的(#99CC66，Alpha 值为 75%)到右边的(#99CC99，Alpha 值为 0%)，如图 2-13(b)所示。

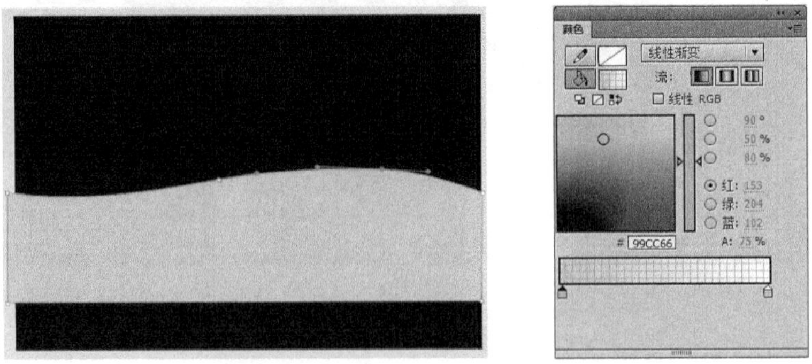

(a)　　(b)

图 2-13　绘制山坡并设置颜色

(3) 用“渐变变形工具”选择山坡图形，将渐变方向调整为从上到下，并将渐变范围调整为山坡的高度，如图 2-14(a)所示。将山坡图形复制一份，执行“修改”|“变形”|“水平翻转”命令，然后适当调整两个山坡图形的位置，得到图 2-14(b)的效果。

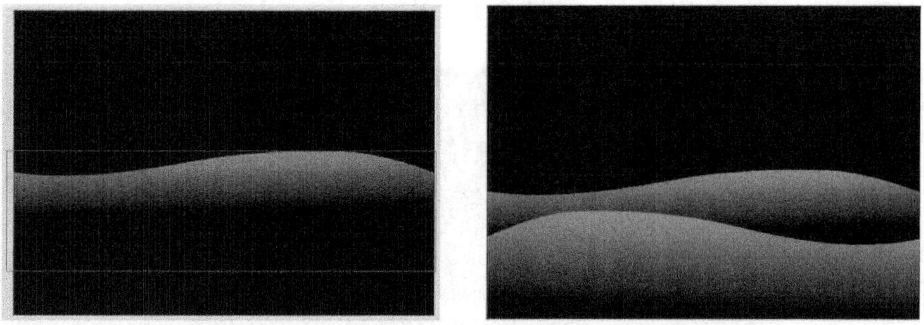

(a)　　(b)

图 2-14　完成山坡的绘制

(4) 新建图层 2，在该图层中绘制树木。选择“铅笔工具”，退出对象绘制模式。在工具栏下方的铅笔模式中设置为平滑，在“属性”面板中将笔触颜色设置为#99CC99，笔触高度设置为 4.00，如图 2-15(a)所示。用设置好的“铅笔工具”绘制一条树干。在“属性”面板中将笔触高度修改为 3.00，宽度设置为宽度配置文件 4，如图 2-15(b)所示。然后按照从下向上的方向绘制一些树枝，如图 2-16(a)所示。继续将笔触高度修改为 2.00，再添加一些稍细的树枝，如图 2-16(b)所示。再修改笔触高度为 1.00，添加一些很细的树枝，如图 2-16(c)所示。用“橡皮擦工具”将树冠边缘做适当擦除，再用“选择工具”对树干做适当调整，得到图 2-16(d)的树木。

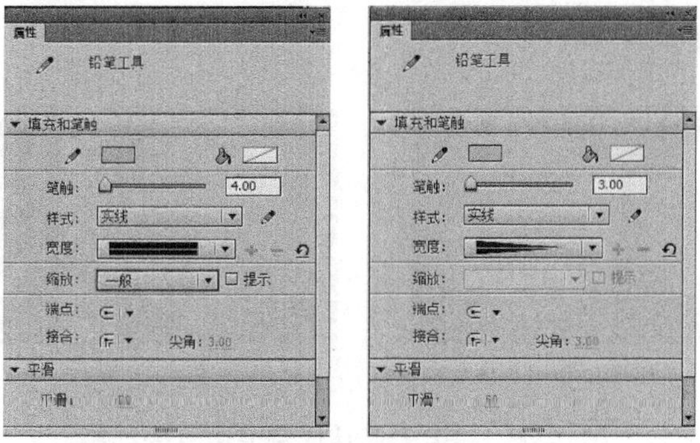

(a)　　(b)

图 2-15　设置用来绘制树木的“铅笔工具”

(a)　　(b)　　(c)　　(d)

图 2-16　树木的绘制过程

(5) 用“选择工具”选择树干，在“颜色”面板中将笔触颜色设置为线性渐变，渐变色从左边的#99CC66 到右边的#002255，两个颜色的 Alpha 值都为 100%，如图 2-17(a)所示。再选择“渐变变形工具”，将树干的渐变方向修改为从上到下，范围和树干高度匹配。用“选择工具”选择整棵树，移动到山坡上，如图 2-17(b)所示。

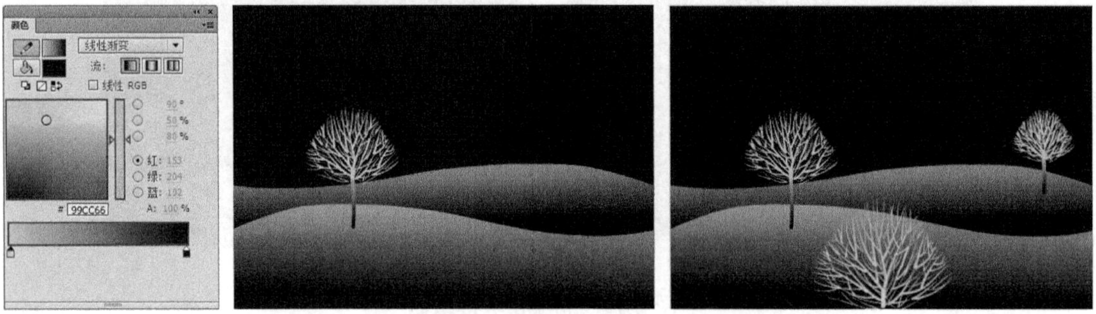

(a)　(b)　(c)

图 2-17　完成树木的绘制

(6) 将整棵树复制两份，适当调整尺寸和位置，得到图 2-17(c)所示的效果。

(7) 现在我们来绘制夜空中的弦月。新建图层 3，用“椭圆工具”在非对象绘制模式下绘制两个正圆，如图 2-18(a)所示。左边的圆为浅黄色，Alpha 值为 90%，直径为 104。右边的圆直径为 100，颜色为任意不同色。将右边的圆拖动到左边的圆上，如图 2-18(b)所示。首先选择“选择工具”，在空白处单击，取消对圆的选择，然后重新选择上方的圆，按 Delete 键删除，则得到图 2-18(c)所示的弦月。

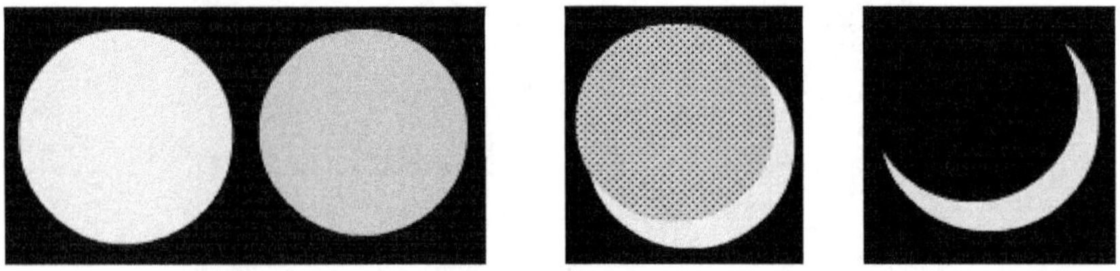

(a)　(b)　(c)

图 2-18　利用图形特征完成弦月的绘制

(8) 我们在图层 3 中继续绘制一些星星。选择“多角星形工具”，在“属性”面板中单击“选项”按钮，将边数设置为 8，星形顶点大小设置为 0.20，如图 2-19(a)所示。在“颜色”面板中将笔触设置为无，填充设置为径向渐变，渐变色为左边白色(#FFFFFF，Alpha 值为 70%)，中间浅蓝色(#99FFFF，Alpha 值为 10%)，右边浅蓝色(#99FFFF，Alpha 值为 0%)，如图 2-19(b)所示。在工具栏下方单击“对象绘制”按钮，采用对象绘制模式，在舞台上拖动出一颗星星，如图 2-19(c)所示。

(9) 复制绘制出的星星，不断进行粘贴，产生多个副本。然后分别调整每个副本的尺寸和位置。最后用“刷子工具”在非对象绘制模式下，用“圆形笔尖形状”绘制多个不同尺寸和色彩的圆点，则星空绘制完毕，如图 2-20 所示。

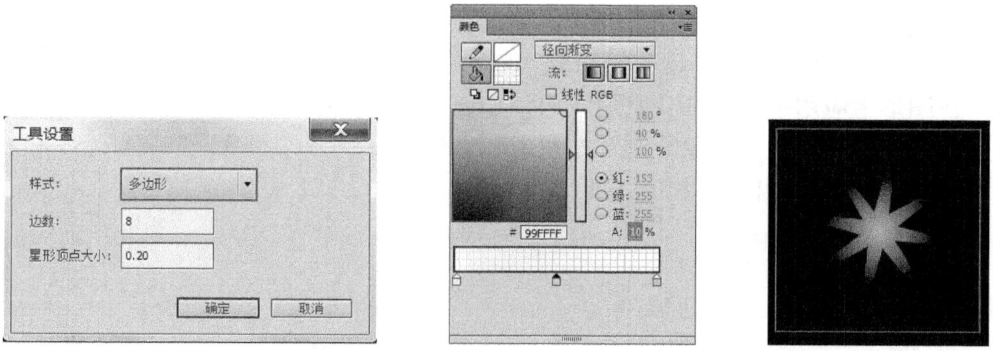

(a)　(b)　(c)

图 2-19　绘制星星

图 2-20　绘制星空

4. 练习与思考

1) 选择题

① 在 Flash 中，利用“颜色”面板来设置填充类型时，_____不是可选项。

A. 无　B. 线性渐变　C. 对称渐变　D. 径向渐变

② _____不是“铅笔工具”能选择的模式。

A. 抖动　B. 伸直　C. 平滑　D. 墨水

③ 使用“椭圆工具”时，将_____设置为正整数可以绘制圆环。

A. 缩放　B. 开始角度　C. 结束角度　D. 内径

④ 使用“刷子工具”时，_____可以将绘制限制在闭合曲线内。

A. 标准模式　B. 内部绘画　C. 后面绘画　D. 颜料填充

⑤ 如果要绘制标准五角星，则应该将“多角星形工具”的星形顶点大小设置为_____。

A. 0.2　B. 0.25　C. 0.5　D. 1.0

⑥ 如果要将动画保存为源文件格式，那么文件扩展名是_____。

A. .fla　B. .html　C. .swf　D. .mov

⑦ 如果想在第 20 帧的位置清空舞台上的内容，那么在第 20 帧上执行_____比较合适。

A. 插入帧　B. 插入关键帧　C. 插入空白关键帧　D. 清除帧

参考答案：①C　②A　③D　④B　⑤C　⑥A　⑦C

2) 问答题

① 简述 Flash 中“选择工具”的功能。

② 在图形上应用了径向渐变之后，应该如何修改渐变应用？

③ 绘制图形时单击“对象绘制”按钮有什么作用？

④ Flash 动画能导出为哪些形式的文件？

第 2 单元　元件的创建和编辑

实验 1　创建图形元件

1. 实验目的

(1) 掌握位图图像的导入和编辑。
(2) 掌握创建图形元件的基本过程。
(3) 掌握填充工具的使用。

2. 实验内容

(1) 新建图形元件并编辑内容。
(2) 导入线稿图像，转换矢量图，然后在 Flash 中上色，从而完成图形元件的编辑。

3. 实验步骤及操作指导

(1) 在 Flash 中新建一个 ActionScript 3.0 文件。

(2) 执行“文件”|“导入”|“导入到库”命令，将素材文件夹中的角色线稿图像“九尾狐.jpg”导入库中。

(3) 在“库”面板上单击“创建新元件”按钮，在弹出的“创建新元件”对话框中做如图 2-21 所示的设置。然后单击“确定”按钮，进入九尾狐元件的编辑窗口。

(4) 在元件编辑窗口中拖入九尾狐元件，创建一个实例，并在属性面板中将其宽度设置为 500.00。此时的实例如图 2-23(a)所示。选择实例，执行“修改”|“位图”|“转换位图为矢量图”命令，在“转换位图为矢量图”对话框中进行如图 2-22 所示的设置，将位图转换为矢量图，效果如图 2-23(b)所示。此时的图像上呈现网点，说明是可编辑的图形。

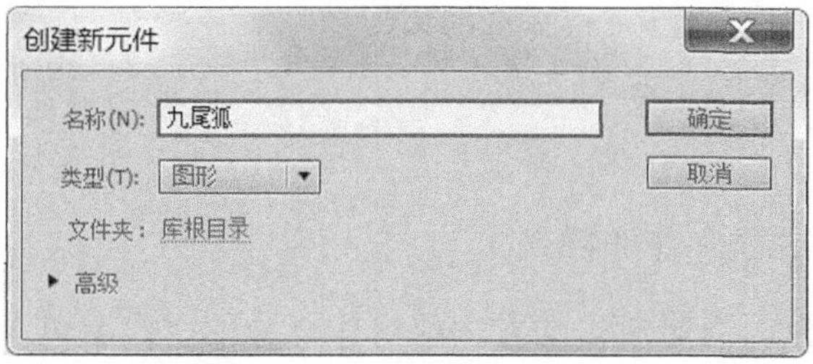

图 2-21　“创建新元件”对话框

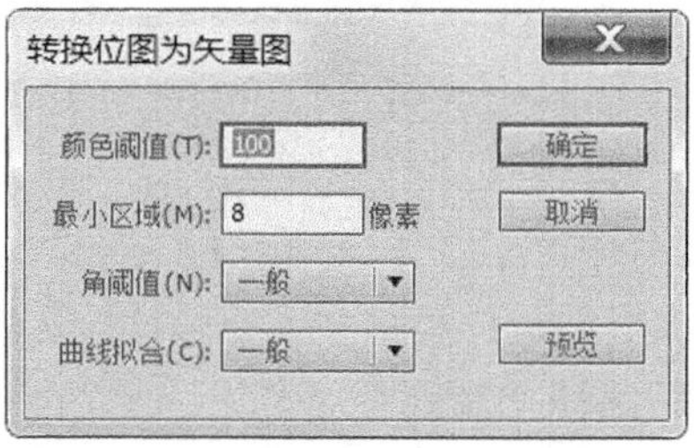

图 2-22　转换位图为矢量图

(5) 用“选择工具”选择矢量图中灰色的部分删除，只留下黑色的部分。处理结果如图 2-23(c)所示。

(a)

(b)

(c)

图 2-23　将图像转换为矢量图

(6) 在“颜色”面板中将填充设置为径向渐变，渐变色为蓝色(#6699FF)到白色，如图 2-24(a)所示。然后用“颜料桶”工具单击九尾狐的尾部空白进行填充。接着用“渐变变形工具”对填充方式进行调整，如图 2-24(b)所示。可以用同样的方法给其面部上色。

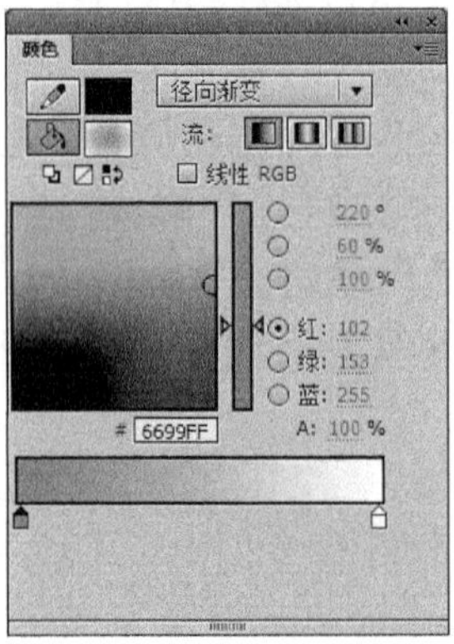

(a)

(b)

图 2-24　用径向渐变填充尾部和面部

(7) 选择“颜料桶工具”，填充色设置为金色，通过单击的方法给身体部分的空白上色。

(8) 选择“颜料桶工具”，在“颜色”面板中设置填充为线性渐变，颜色过渡从白(Alpha 值为 0%)到白(Alpha 值为 30%)，再到浅灰最后到灰，如图 2-25(a)所示。用“颜料桶工具”单击腿部，然后用“渐变变形工具”进行调整。对四条腿和耳朵部分都按相同方法进行处理，得到图 2-25(b)所示的最终效果。

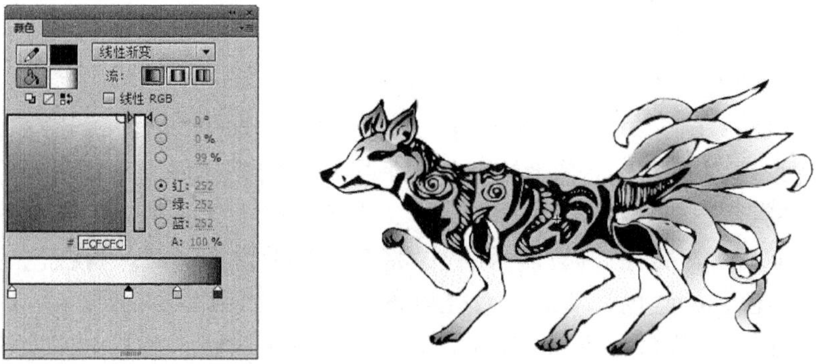

(a)　(b)

图 2-25　完成上色

(9) 退出九尾狐元件的编辑窗口，回到舞台，则可以看到九尾狐元件出现在“库”面板列表中。我们可以在舞台上创建该元件的多个实例，并分别调整其尺寸和色彩属性，如图 2-26 所示。

(a)　(b)

图 2-26　创建元件的多个实例

实验 2　创建动态按钮

1. 实验目的

(1) 掌握按钮元件的一般创建方法，了解按钮中各帧的作用。
(2) 掌握影片剪辑元件的创建方法。
(3) 能够正确地在元件中引用其他元件。

2. 实验内容

(1) 新建一个按钮元件，并准备编辑各帧内容。
(2) 新建两个影片剪辑元件：一个用来表示按钮外观；另一个用来逐字显示链接文字。然后在编辑按钮元件的关键帧时，调用影片剪辑元件，从而创建出动态效果更显著的按钮。要注意的是，Flash 不允许在元件中调用自身。

3. 实验步骤及操作指导

(1) 在 Flash 中新建一个 ActionScript 3.0 文件。

(2) 在“库”面板下方单击“新建元件”按钮，在弹出的“创建新元件”对话框中做如图 2-27(a)所示的设置，创建一个名为按钮外观的影片剪辑类元件。

(3) 进入元件编辑窗口。选择“椭圆工具”，设置笔触为无，填充为红色，在非对象绘制模式下绘制一个正圆，然后在“属性”面板中将其直径设置为 120。将红色的圆复制一份，修改为其他某个颜色，如蓝色，然后将直径设置为 100，如图 2-27(b)所示。选择红色圆，在“对齐”面板中选择“与舞台对齐”，然后单击“垂直中齐”和“水平中齐”。选择蓝色的圆，也做相同的对齐操作，得到图 2-27(c)所示的效果。取消选择，然后重新选择蓝色的圆，拖动该圆到红色圆的右侧。

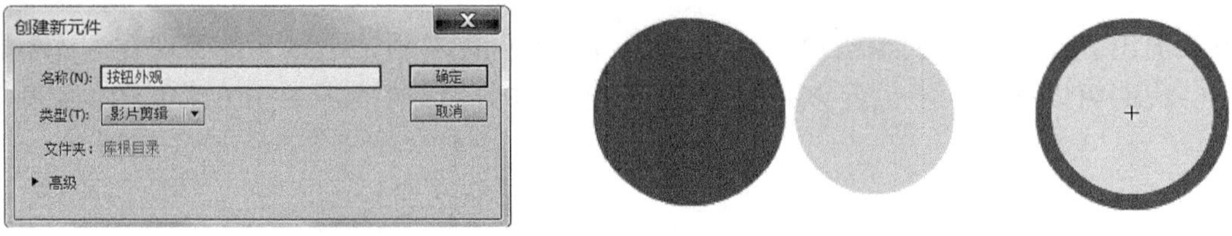

(a)　(b)　(c)

图 2-27　新建元件并编辑

(4) 将蓝色的圆设置为 90 直径，然后复制一份到右侧，将颜色修改为橙色，直径设置为 80，如图 2-28(a)所示。选择蓝色圆和橙色圆，在“对齐”面板中取消“与舞台对齐”，然后执行“垂直中齐”和“水平中齐”命令，得到图 2-28(b)所示的图形。取消选择后，重新选择橙色的圆并删除，得到蓝色圆环，如图 2-28(c)所示。

(a)　(b)　(c)

图 2-28　继续编辑元件内容

(5) 在蓝色圆环上用“直线工具”绘制一根黑色水平线，如图 2-29(a)所示。用“选择工具”单击黑线下方的蓝环部分并删除，然后将黑线删除，如图 2-29(b)所示。选择“矩形工具”，将笔触设置为无，设置填充色为同样的蓝，绘制一个宽 64.00、高 5.00 矩形，如图 2-29(c)所示。用选择工具将这个矩形上移到蓝色弧线下缘，因为颜色相同，两个图形会融合，如图 2-29(d)所示。

(a)　(b)　(c)　(d)

图 2-29　绘制蓝色弓形

(6) 将上一步绘制的蓝色弓形设置为红色，移动到红色圆环中，如图 2-30(a)所示。用“直线工具”绘制如图 2-30(b)所示的两条黑线，交点在注册点处。然后用“选择工具”删除两线之间的红色圆弧，再删除黑线，如图 2-30(c)所示。如图 2-30(d)所示，绘制一个宽 5.00、高 20.00 的蓝色矩形。选择蓝色矩形和所连接的红色部分，复制一份，并执行“修改”|“变形”|“垂直翻转”命令，移动到圆环下端，如图 2-30(e)所示。最后，将蓝色部分也改成红色，就得到了一个中国风的按钮外观，如图 2-30(f)所示。退出按钮外观元件编辑窗口。

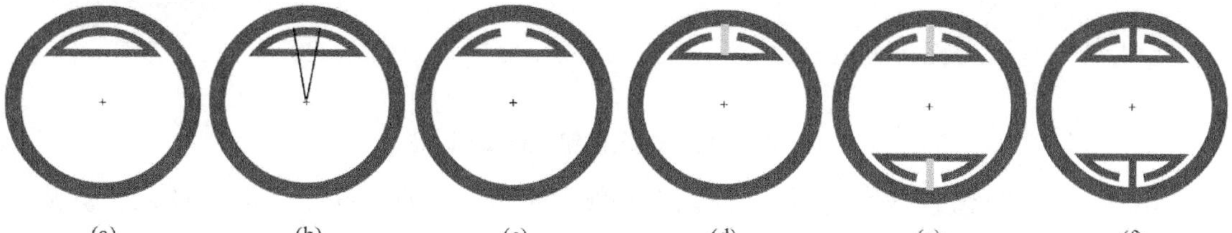

(a)　(b)　(c)　(d)　(e)　(f)

图 2-30　完成按钮外观编辑

(7) 再新建一个元件，类型为影片剪辑，名称为文字变换，进入其编辑窗口。选择“文字工具”，在“属性”面板的“字符”中进行如图 2-31(a)所示的设置，大小为 45.0 磅，颜色为灰色，然后在第 1 帧中输入一个文字“财”，并打开“对齐”面板，选择“与舞台对齐”，执行“垂直中齐”和“水平中齐”，如图 2-30(b)所示。在时间线(注意，这里的时间线是元件内部时间线，而非主时间线)第 11 帧上插入关键帧，将舞台上的“财”字用“文本工具”替换为“经”。在第 21 帧插入关键帧，将文字替换为“要”。在第 31 帧插入关键帧，将文字替换为“闻”，然后在第 40 帧执行“插入帧”命令。此时的时间线如图 2-31(c)所示，每个字将显示 10 帧的时间。退出元件编辑窗口，回到舞台。

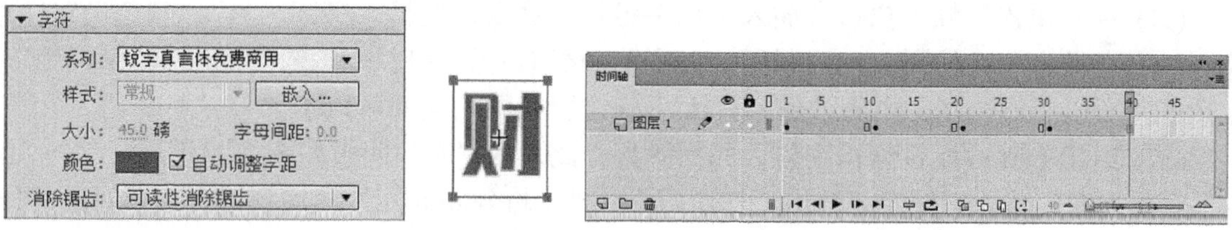

(a)　(b)　(c)

图 2-31　编辑文字变换元件

(8) 在“库”面板下方单击“新建元件”，在弹出的“创建新元件”对话框中做如图 2-32(a)所示的设置，然后进入 button 按钮元件的编辑窗口。在“弹起”帧中，将“库”面板中的按钮外观元件拖动到窗口中，并用“对齐”面板中的“垂直中齐”和“水平中齐”将其中心对齐到注册点。选择该实例，在“属性”面板中打开“滤镜”，单击“+”按钮，添加“投影”滤镜，在该滤镜中进行如图 2-32(b)所示的设置，得到的按钮效果如图 2-32(c)所示。

(9) 选择“文本工具”，输入一个“财”字，字体设置和图 2-31(a)相同，然后在“对齐”面板中对文字进行垂直中齐和水平中齐操作，则按钮元件的“弹起”帧编辑完毕，很明显，这一帧的内容是静态的。

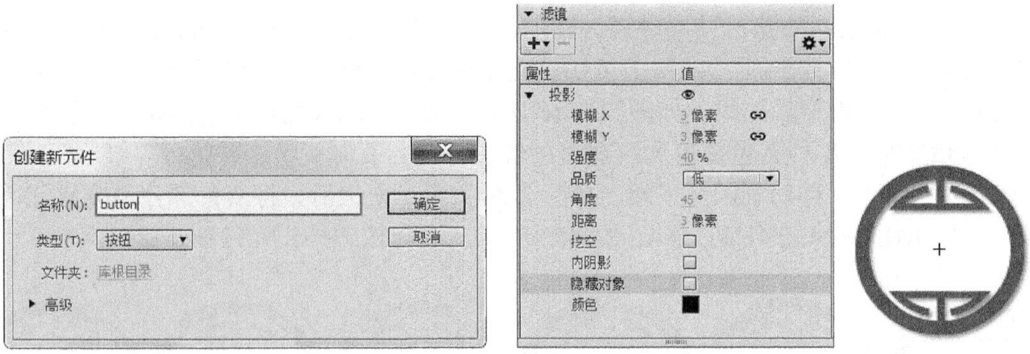

(a)　　(b)　　(c)

图 2-32　进入按钮元件编辑

(10) 在“指针经过”帧上执行“插入关键帧”命令，再在“按下”帧上插入关键帧。回到“指针经过”帧，删除“财”字，从“库”面板中将文字变换元件拖动到中心，再次用“对齐”面板进行居中对齐，如图 2-33(a)所示。因为在“指针经过”帧上插入了包含动画的影片剪辑实例，所以按钮的指针经过状态会显示动画效果。选择“按下”帧，将“财”字修改为橙色，如图 2-33(b)所示。

(a)　　(b)　　(c)

图 2-33　编辑按钮的各帧

(11) 在“单击”帧上执行“插入空白关键帧”命令，选择“椭圆工具”，颜色设置任意，绘制一个直径为 120 的圆，然后利用“对齐”面板对齐到窗口中心。因为这一帧仅仅用来指定热区，所以我们绘制一个和按钮一样大小且位置相同的圆就可以了。

(12) 退出 button 元件编辑窗口，回到舞台，此时的“库”面板如图 2-34 所示。三个元件的关系是：在 button 元件内部调用了其他两个元件。将 button 元件拖动到舞台上，创建一个实例，调整大小(一般来说按钮不宜过大)。测试动画，按钮将显示“弹起”帧的外观；如果鼠标指针移动到按钮上，则在按钮内部依次变换“财经要闻”四个字；单击按钮，文字变成橙色。

图 2-34　“库”面板示意

(13) 注意，在本实验的操作过程中，我们多次用“对齐”面板来定位，这是为了保证不同状态帧中的图形和文字在相同位置上，以免发生跳跃，影响按钮动态效果。

4. 练习与思考

1) 选择题

① 下列_____不是 Flash 的内部元件类型。

A. 位图　B. 图形　C. 按钮　D. 影片剪辑

② _____的位图是 Flash 不能够导入使用的。

A. PSD　B. GIF　C. JPG　D. PDF

③ 编辑按钮元件时，_____帧的内容是不可见的。

A. 弹起　B. 指针经过　C. 按下　D. 点击

④ 下列_____可以将声音指定为流式声音。

A. 事件　B. 数据流　C. 开始　D. 停止

⑤ _____元件实例可以被命名。

A. 声音　B. 图形元件　C. 影片剪辑元件　D. 位图元件

参考答案：①A　②D　③D　④B　⑤C

2) 问答题

① 简述 Flash 内部元件和外部导入元件的区别。

② 简述按钮元件各个帧的作用。

③ 简述元件和实例之间的关系。

第 3 单元　基本动画的创建

实验 1　创建书法动画

1. 实验目的

(1) 掌握逐帧动画的概念。
(2) 掌握在动画中导入位图文字并编辑的方法。
(3) 掌握“翻转帧”命令的使用。

2. 实验内容

(1) 在 Flash 中创建一个书写“永”字的动画。
(2) 在动画中导入位图文字之后，可以将其转换为矢量图形以便编辑。
(3) 可以先创建文字被擦除的过程，然后通过执行“翻转帧”命令将其变为书写过程。

3. 实验步骤及操作指导

(1) 在 Flash 中新建一个 ActionScript 3.0 文件，在“属性”面板中将舞台背景设置为浅褐色(#CC9966)。

(2) 执行“文件”|“导入”|“导入到库”命令，选择素材文件夹中的“永.gif”和“书法图.jpg”，导入“库”面板中。其中，“永.gif”是一个透明背景的图。

(3) 在图层 1 的第 1 帧中创建“书法图”的一个实例。选择“选择工具”，右击该实例，执行菜单中的“转换为元件”命令，在对话框中选择类型为图形，名称为书法背景，则将导入的外部位图转化为了内部图形元件。此时的“库”面板如图 2-35(a)所示，舞台上的情景如图 2-35(b)所示。

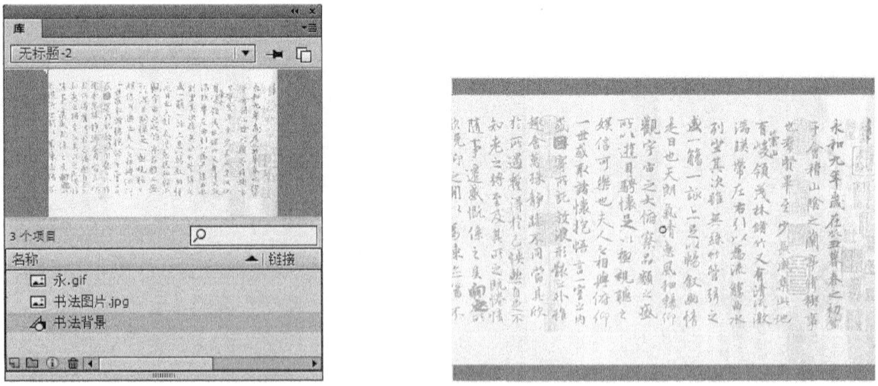

(a)　　(b)

图 2-35　插入背景图像

(4) 用“选择工具”单击“书法背景”，在“属性”面板中单击“色彩效果”下“样式”下拉列表中的 Alpha 选项，在 Alpha 滑动条中将 Alpha 设置为 80%，如图 2-36(a)所示，则舞台上的位图背景呈现出一定的半透明效果，如图 2-36(b)所示。

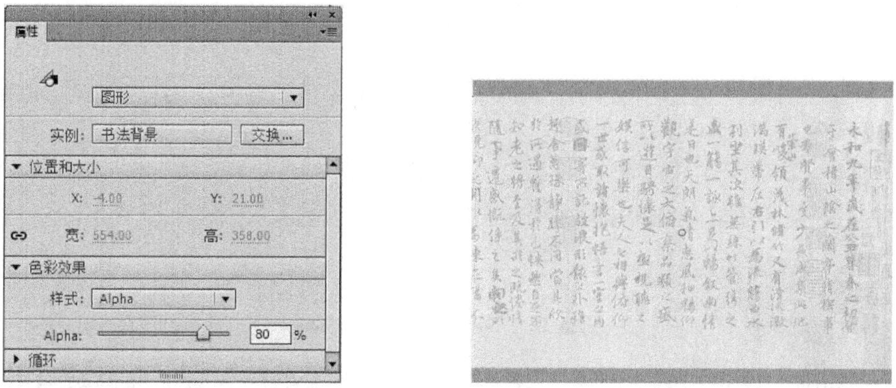

(a)　　(b)

图 2-36　将位图背景设置为半透明的

(5) 新建图层 2，在其第 1 帧中创建“永”图的一个实例，执行“修改”|“位图”|“转化位图为矢量图”命令，将其从实例转换为可编辑的图形，如图 2-37(a)所示。此时如果选择“选择工具”并单击“永”字，会出现网点。

(a)　　(b)　　(c)　　(d)

图 2-37　对矢量文字进行擦除

(6) 在图层 2 第 2 帧的位置插入一个关键帧，用“橡皮擦工具”将“永”字最后一捺擦除一点点。这里要注意，我们擦除的顺序是和书写顺序相反的。然后在第 3 帧上插入关键帧，继续擦除一点点。擦除的过程越细致，动画效果就越细腻。图 2-37(b)是第 10 帧的画面；图 2-37(c)是第 30 帧的画面；而图 2-37(d)是第 55 帧的画面。在第 75 帧上，整个文字擦除完毕。此时的时间线如图 2-38(a)所示。擦除的动作用关键帧序列来实现，这是典型的逐帧动画方法。

(7) 用“选择工具”单击图层 2 第 1 帧，然后按住 Shift 键，单击最后一帧，就选择了图层 2 的所有帧。右击该帧，执行弹出菜单中的“翻转帧”命令，将帧的次序颠倒过来。然后在图层 2 和图层 1 的第 90 帧上都执行“插入帧”命令。此时的时间线如图 2-38(b)所示。

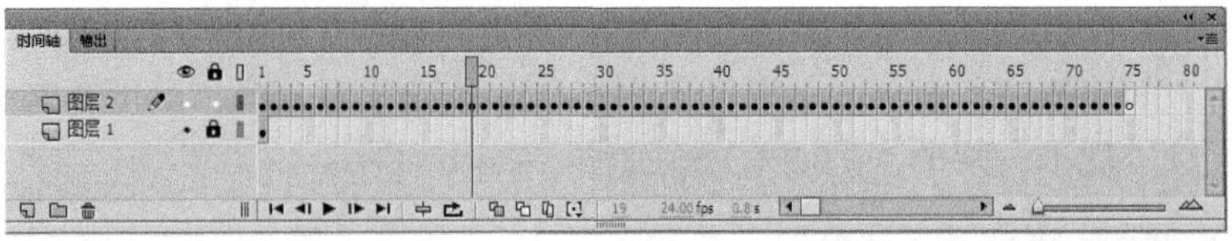

(a)

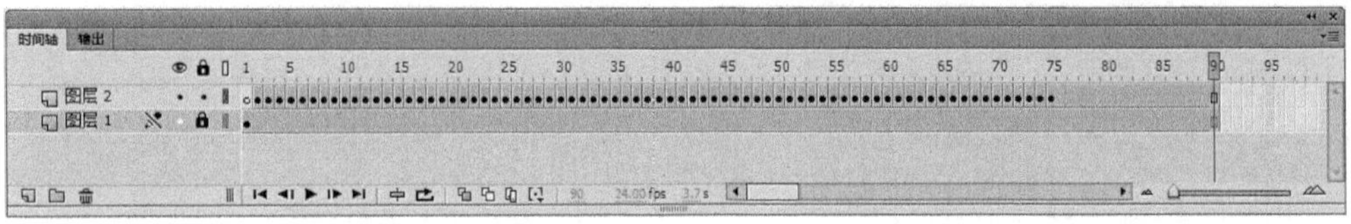

(b)

图 2-38　执行“翻转帧”命令

(8) 测试动画，就可以看到“永”字在《兰亭集序》书法背景上慢慢被写出来的效果，如图 2-39 所示。

(a)

(b)

图 2-39　动画测试效果

实验 2　风 车 动 画

1. 实验目的

(1) 掌握创建补间动画的方法。

(2) 掌握动画补间能产生的动作类型，如移动、旋转、缩放、变色等。

2. 实验内容

(1) 绘制动画背景。

(2) 制作扇叶在转动的风车影片剪辑。

(3) 在舞台上创建多个风车实例。

3. 实验步骤及操作指导

(1) 在 Flash 中新建一个 ActionScript 3.0 文件。

(2) 选择“矩形工具”，在图层 1 第 1 帧绘制一个表示天空的矩形，设置笔触为无，填充为线性渐变，渐变色为蓝色到浅蓝色，如图 2-40(a)所示。再绘制一个表示地面的矩形，设置笔触为无，填充为灰白色。

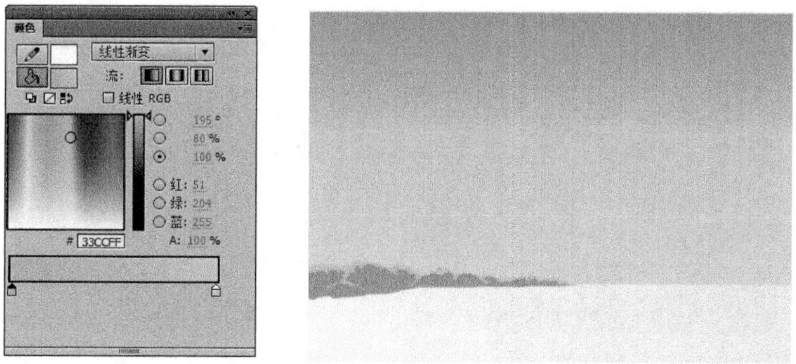

(a)　(b)

图 2-40　绘制动画背景

(3) 新建图层 2，在其第 1 帧中用“刷子工具”的非对象绘制模式绘制深绿和浅绿相杂的树丛，此时的背景如图 2-40(b)所示。

(4) 在“库”面板下方单击“新建元件”，设置元件名称为风车，类型为“影片剪辑”，单击“确定”后进入风车元件的编辑窗口。因为风车是白色的，所以我们可以执行“修改”|“文档”命令，然后将舞台颜色设置为一个深一些的颜色，否则很难在白色背景上绘制白色的对象。选择“矩形工具”，设置笔触为无，在图层 1 第 1 帧中绘制一个宽 8 像素、高 140 像素的矩形作为风车的柱体。选择填充部分，在“颜色”面板中将填充设置为线性渐变，渐变色从白(Alpha 值为 0%)到白(Alpha 值为 30%)再到灰，如图 2-41(a)所示。用选择工具将矩形的上端稍微缩窄，如图 2-41(b)所示。

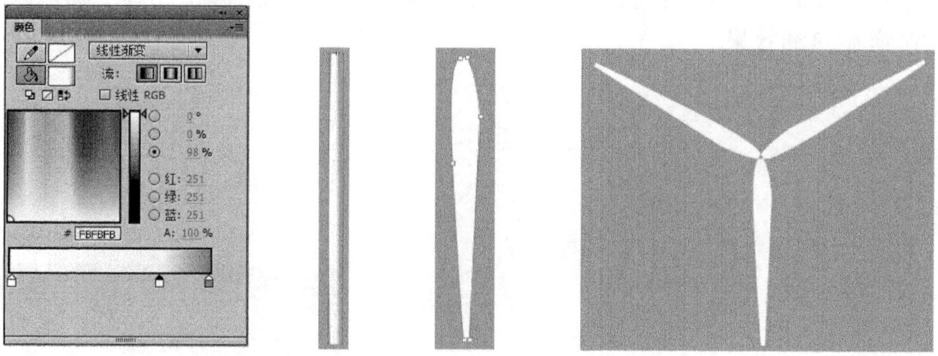

(a)　(b)　(c)　(d)

图 2-41　绘制风车

(5) 在元件时间线中，新建图层 2，在其第 1 帧中用“多角星形工具”绘制一个没有笔触的白色六边形，然后用“部分选取工具”拖动锚点，并用“选择工具”调整边缘弧度，得到如图 2-41(c)所示的扇叶图形。将扇叶复制两份，分别旋转 120°和 240°，然后将三片扇叶拼成整架风车的扇叶，如图 2-41(d)所示。

(6) 将三个扇叶全部选择，右击并执行弹出菜单中的“转换为元件”命令，在弹出的对话框中设置名称为扇叶，类型为图形，单击“确定”，则扇叶成为元件实例。此时要用“任意变形工具”单击实例，将白色圆圈表示的实例中心移动到三片扇叶的交点，因为实例的旋转要以该点为中心，如图 2-42(a)所示。然后将扇叶移动到柱体上端，并适当调整角度。

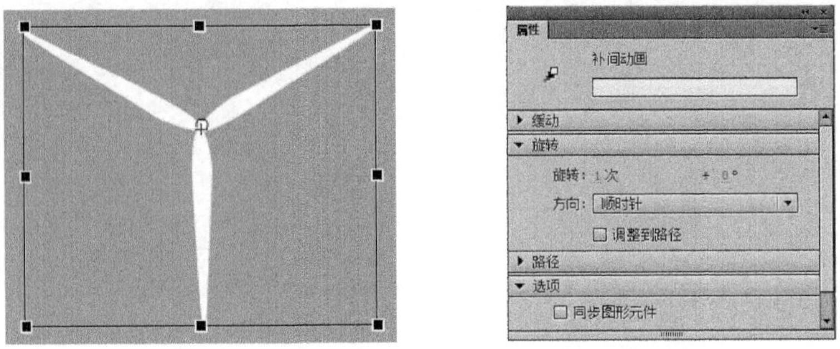

(a)　　(b)

图 2-42　设置旋转中心和补间动画

(7) 右击图层 2 第 1 帧，执行“创建补间动画”命令。用“选择工具”拖动蓝色帧区间的右端到其第 150 帧。然后单击其第 150 帧，在“属性”面板的“旋转”中设置旋转 1 次，方向为顺时针，如图 2-42(b)所示。此时风车元件的内部时间线如图 2-43 所示。

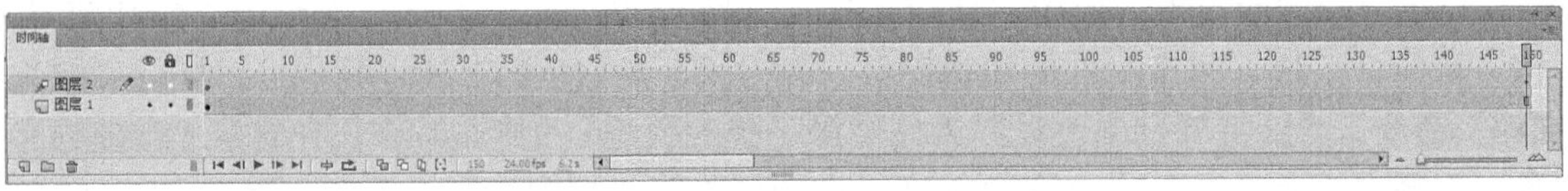

图 2-43　元件内部时间线

(8) 退出元件窗口，回到舞台。在主时间线上新建图层 3，在其第 1 帧创建风车元件的 4 个实例，并分别调整尺寸和位置，得到的效果如图 2-44(a)所示。将主时间线的图层按照实际内容修改名称，此时的“主时间线”面板如图 2-44(b)所示。如果测试动画，则可以看到四架风车同时缓慢旋转的效果。

(a)　　(b)

图 2-44　舞台和主时间线

实验 3 汽 车 动 画

1. 实验目的

(1) 掌握创建动画补间的两种方法：传统补间和补间动画。
(2) 掌握动画补间能产生的动作类型，如移动、转动、缩放、变色等。
(3) 对于动画中的复杂动作，学习如何恰当地组织动画元素来实现。

2. 实验内容

(1) 将静态的汽车制作成车轮能转动的汽车影片剪辑。
(2) 在舞台上用补间动画控制汽车的移动，产生行驶效果。

3. 实验步骤及操作指导

(1) 在 Flash 中打开上一个例子中的风车动画文件。

(2) 单击“库”面板左下角的“新建元件”按钮，在弹出的“转换为元件”对话框中做如图 2-45(a)所示的设置，创建一个名为汽车的影片剪辑类元件，单击“确定”按钮。

(3) 在汽车元件的编辑窗口中，在图层 1 的第 1 帧中绘制如图 2-45(b)所示的汽车车身。绘制可以使用“铅笔工具”、“颜料桶工具”和“颜色”面板等完成，此处不再赘述。

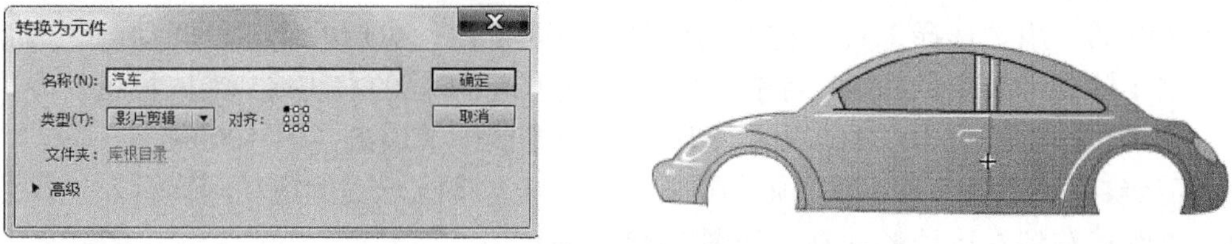

(a) (b)

图 2-45 创建汽车影片剪辑类元件

(4) 新建图层 2，在其第 1 帧中绘制如图 2-46(a)所示的车轮，其大小和图层 1 中的汽车匹配。用“选择工具”选择整个车轮，右击，执行弹出菜单中的“转换为元件”命令，按照图 2-46(b)设置“转换为元件”对话框，将车轮转换为图形元件的实例。这是为了能够用补间动画的方法创建车轮旋转的动画。将车轮移动到汽车前轮处。

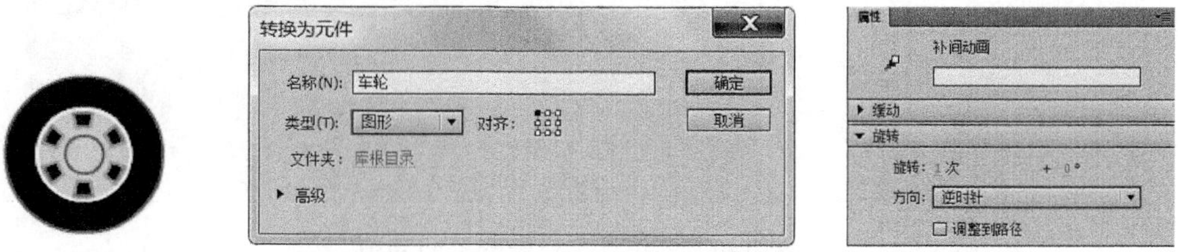

(a) (b) (c)

图 2-46 绘制车轮并转换为图形元件

(5) 新建图层 3，在其第 1 帧中也创建车轮元件的一个实例，放到汽车后轮处。

(6) 在图层 2 的第 1 帧上右击，执行弹出菜单中的“创建补间动画”元件，则其第 1～24 帧变为补间区间。确认播放头在其第 24 帧上，在“属性”面板的“旋转”中设置旋转 1 次，方向为逆时针，如图 2-46(c)所示。在图层 3 的第 1 帧上做相同的操作，创建车轮逆时针旋转 1 次的补间动画。右击图层 1 的第 24 帧，执行“插入帧”命令。此时的界面如图 2-47 所示。“库”面板中列出了当前的所有元件，请注意“时间线”面板中的情形。

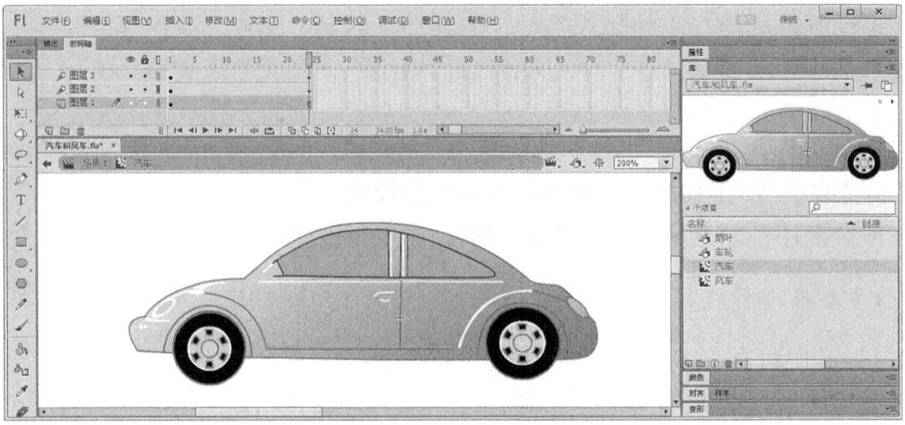

图 2-47　创建汽车元件内部动画

(7) 退出汽车元件的编辑，回到舞台。在最上方新建一个图层，重命名为汽车。在该图层的第 1 帧中创建汽车元件的一个实例，放到舞台右边缘之外，并在“属性”面板中将实例宽设置为 200.00。用“选择工具”右击汽车图层的第 1 帧，执行“创建补间动画”命令。此时其第 1～24 帧变为浅蓝色底色。将鼠标指针移动到其 24 帧的右边缘，当鼠标指针变为双向箭头时，单击，拖动到第 100 帧，表示这段补间动画区间扩展到了第 100 帧。

(8) 确认红色播放头在第 100 帧，用“选择工具”将汽车实例拖动到舞台左边缘之外，则创建了实例从右到左运动的动画，如图 2-48 所示。

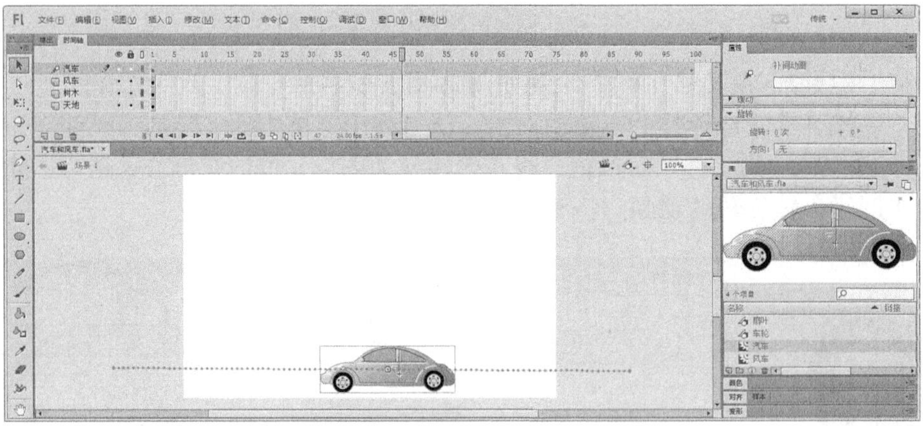

图 2-48　创建汽车行驶的补间动画

(9) 在风车、树木和天地三个图层的第 100 帧处分别执行“插入帧”命令，如图 2-49 所示。测试动画，可以看到汽车在风车背景下行驶的动画效果。

图 2-49　完成动画

4. 练习与思考

1) 选择题

① 在 Flash 中，如果要对文字进行图形编辑，需要先对文字执行_____命令。

A. 组合　B. 分离　C. 转换为元件　D. 变形

② 下列_____动画效果是补间动画不能实现的。

A. 轮廓变化　B. 色调变化　C. 位置变化　D. 亮度变化

③ 下列_____对象不能用来创建补间动画。

A. 组合对象　B. 元件实例　C. 文字　D. 形状

④ 补间形状不能支持下列_____变化效果。

A. 轮廓变化　B. 亮度变化　C. 位置变化　D. 色彩变化

参考答案：①B　②A　③D　④B

2) 问答题

① 简述逐帧动画的特点。

② 简述补间动画和补间形状的区别。

③ 简述传统补间和补间动画的异同。

④ 简述形状提示的使用方法。

第 4 单元　高级动画创建

实验 1　蝴蝶飞舞动画

1. 实验目的

(1) 掌握在传统补间动画中使用引导动画的方法。
(2) 掌握将静态蝴蝶图形转换为动态元件的方法。

2. 实验内容

(1) 在 Flash 中将静态的蝴蝶图形转换为翅膀扇动的影片剪辑元件。
(2) 制作蝴蝶元件移动的传统补间动画。
(3) 为传统补间添加运动引导层，使得蝴蝶按照复杂路线飞舞。

3. 实验步骤及操作指导

(1) 在 Flash 中新建一个 ActionScript 3.0 文件，在舞台上输入“Flash CC”字样，字体为 Eras Bold ITC，大小为 80 点，如图 2-50(a)所示。用“选择工具”在文字上右击，执行“分离”命令，则将文字分离为单个字符，如图 2-50(b)所示。再执行一次“分离”，将字符分离为形状，如图 2-50(c)所示。将字符设置为不同的色彩，如图 2-50(d)所示。

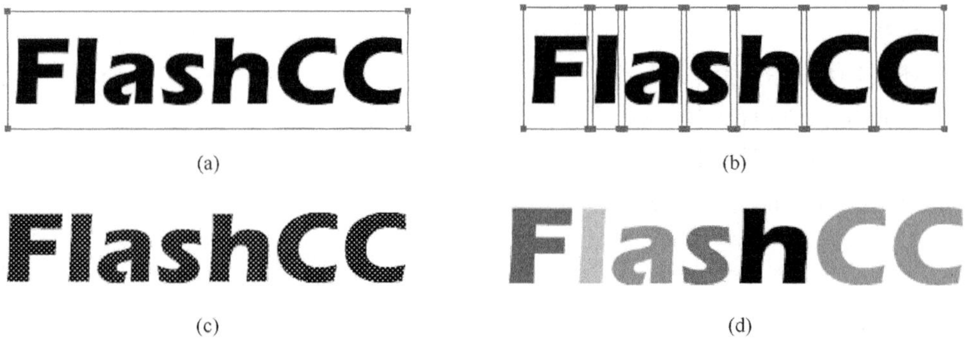

图 2-50　输入背景文字

(2) 单击“库”面板左下角的“新建元件”按钮，创建一个名为蝴蝶的影片剪辑元件，进入元件编辑窗口。将配套理论教材 3.2.5 节绘制的蝴蝶图形粘贴到编辑窗口中，如图 2-51(a)所示。此处也可以直接导入蝴蝶照片，转换为矢量图形，则能获得更真实的效果。用“选择工具”选择蝴蝶身体部分并将其脱离出来，并删除左边的翅膀，如图 2-51(b)所示。用“选择工具”选择右边翅膀，右击，执行“转换为元件”命令，在对话框中设置名称为翅膀，类型为图形，则翅膀变成了图形元件的实例。

(3) 新建图层 2，将图层 1 中的翅膀实例剪切，粘贴到图层 2 的第 1 帧中。再新建图层 3，

在其第 1 帧中再次粘贴一个翅膀实例，如图 2-51(c)所示。用“选择工具”单击图层 3 中的翅膀实例，执行“修改”|“变形”|“水平翻转”命令。然后用“选择工具”调整三个图层中的图形位置，重新拼成完整的蝴蝶，如图 2-51(d)所示。

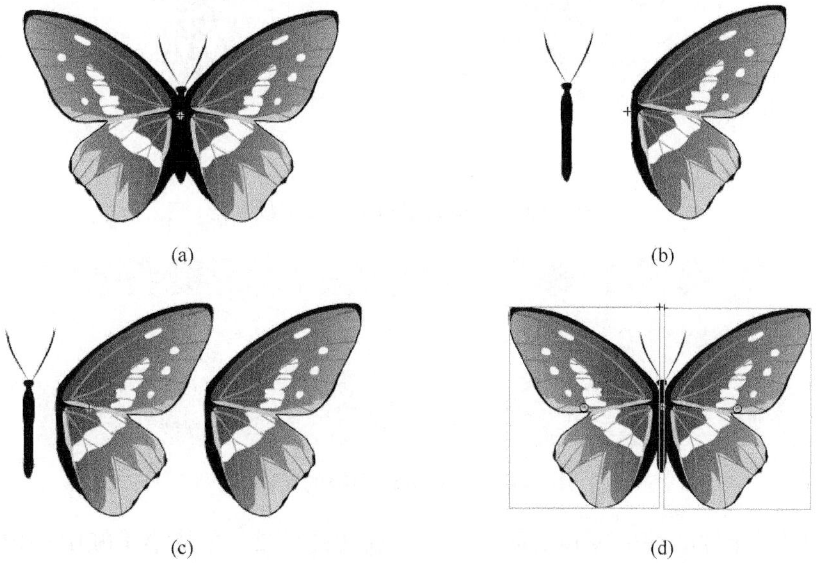

图 2-51　将蝴蝶分离到三个图层中

(4) 用“任意变形工具”单击图层 3 中的蝴蝶实例，可以看到实例中心出现一个白色圆，这是变形参考点，如图 2-52(a)所示。用“任意变形工具”将该点拖动到左边翅膀的右侧中心，如图 2-52(b)所示。对图层 2 中右边的翅膀也做相同操作，将变形参考点拖动到右边翅膀的左边缘中心。这么做的目的是让翅膀在变形过程中与身体相接的边缘保持不动。

图 2-52　修改变形参考点的位置

(5) 在图层 2 的第 4 帧上插入关键帧，再在其第 7 帧上插入关键帧。对图层 3 也做相同操作。选择图层 2 的第 4 帧，用“任意变形工具”对右侧翅膀进行缩放和倾斜变换，如图 2-53(a)所示。选择图层 3 的第 4 帧，进行相同操作，如图 2-53(b)所示。

(6) 在时间线上图层 2 的第 1～4 帧、第 4～7 帧和图层 3 的第 1～4 帧、第 4～7 帧上分别右击，执行“创建传统补间”命令，则创建了四段传统补间动画，元件中的蝴蝶产生了扇动翅膀的效果。在图层 1 的第 7 帧上执行“插入帧”命令。此时的时间线如图 2-54 所示。

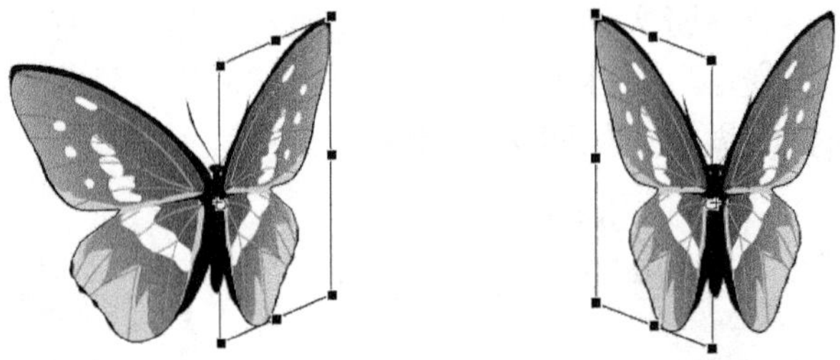

(a)　　(b)

图 2-53　对蝴蝶翅膀进行关键帧变形

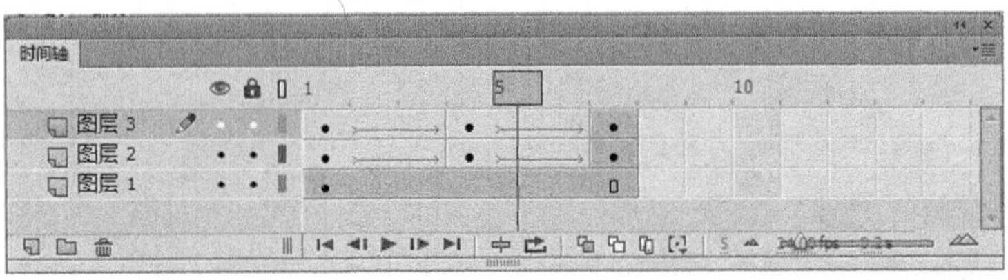

图 2-54　蝴蝶元件内部的时间线

(7) 退出蝴蝶元件的编辑窗口，回到舞台。新建图层 2，在其第 1 帧中创建蝴蝶元件的一个实例，在“属性”面板中锁定宽高比，设置宽为 100.00。用“任意变形工具”将蝴蝶实例稍做旋转，并放到适当的位置，如图 2-55(a)所示。

(8) 在图层 2 的第 20 帧和第 100 帧上执行“插入关键帧”命令，然后在第 20～100 帧上执行“创建传统补间”命令。右击“图层”面板的“图层 2”，执行“添加传统运动引导层”命令。选择引导层，用“铅笔工具”绘制蝴蝶飞行路线，如图 2-55(b)所示。注意路线的起点是蝴蝶当前所在的位置。

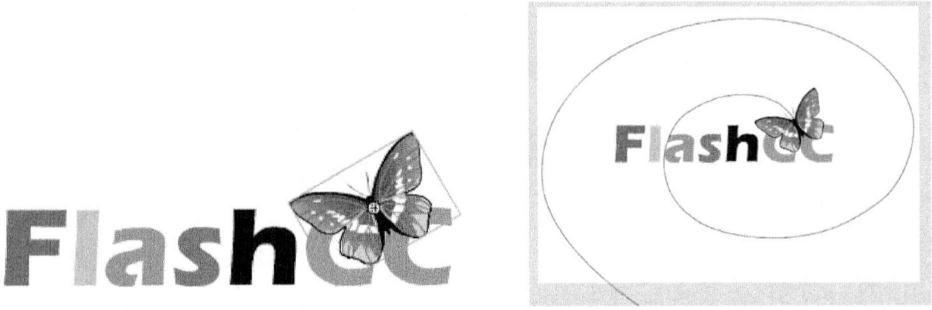

(a)　　(b)

图 2-55　创建传统补间

(9) 锁定引导层，选择图层 2 的第 20 帧，用“选择工具”将蝴蝶对齐到路线的起点。在其第 100 帧上将蝴蝶对齐到路线的终点。单击图层 2 时间线的传统补间，在“属性”面板的“补间”中设定缓动为–60，旋转为无，并选择“调整到路径”选项。此时的界面如图 2-56 所示。

(10) 测试动画，则可以看到蝴蝶沿着路线飞舞的效果，如图 2-57 所示。

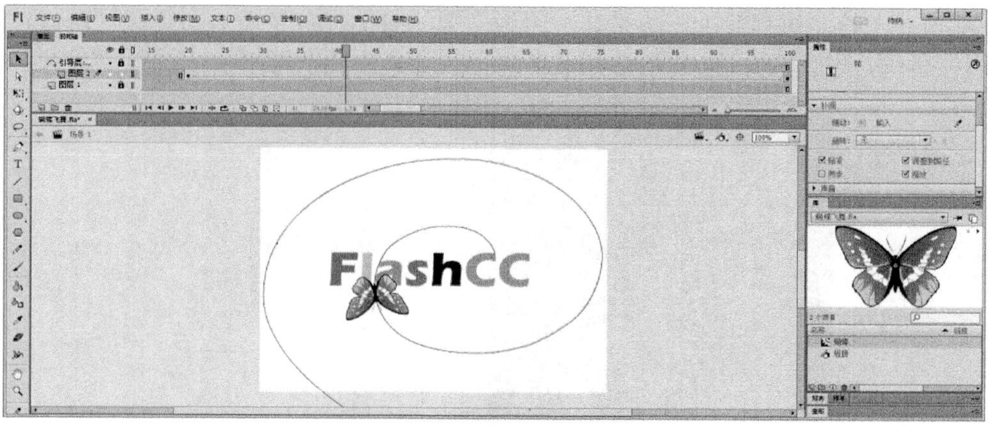

图 2-56　完成引导动画设置

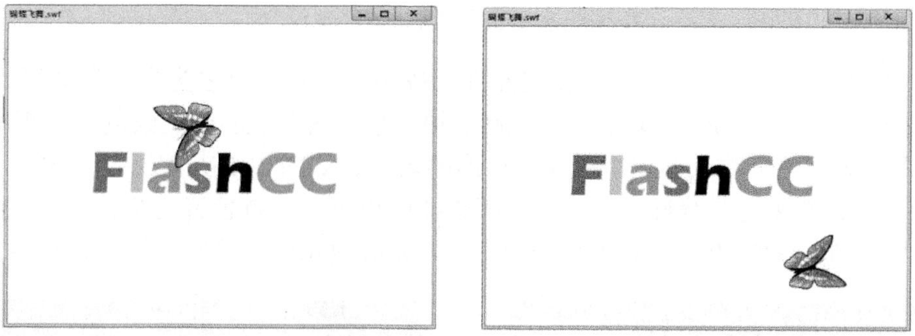

(a)　(b)

图 2-57　蝴蝶飞舞动画效果

实验 2　激光刻图动画

1. 实验目的

(1) 掌握在传统补间动画中使用引导动画的方法。
(2) 掌握将补间动画和逐帧动画相结合的设计方法。
(3) 复习绘图工具和“颜色”面板的使用。

2. 实验内容

(1) 在 Flash 中绘制要用激光雕刻的图形。
(2) 创建激光束元件，并为元件实例创建传统补间动画。
(3) 为激光束添加运动引导层，其路径和要雕刻的图形一致。
(4) 添加逐帧动画，创建图形逐渐出现的效果，并和激光束的运动同步。

3. 实验步骤及操作指导

(1) 在 Flash 中新建一个 ActionScript 3.0 文件，将舞台背景色设置为黑色。用“钢笔工具”或者其他工具绘制要刻画的飞鹰图形，设置笔触为 2 像素、金黄色(#FFCC00)、无填充，如

图 2-58(a)所示。绘制过程此处不再赘述，因为飞鹰的身体部分是左右对称的，所以在绘制时可绘制其中一半，然后通过复制粘贴并水平翻转的方法得到另一半。

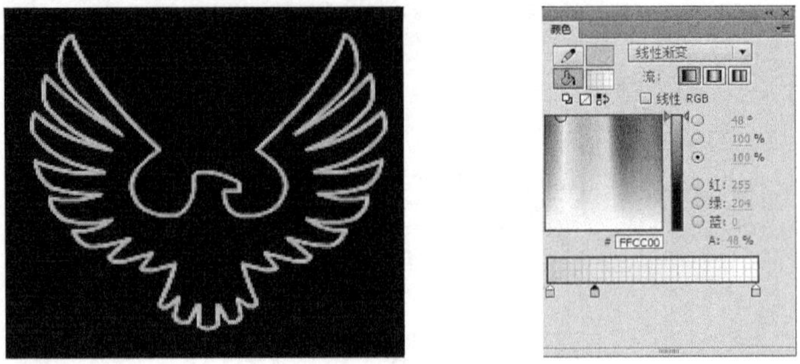

(a)　(b)

图 2-58　绘制图形

(2) 单击“库”面板左下方的“新建元件”按钮，创建一个名为激光的图形元件。进入元件编辑窗口，选择“矩形工具”，取消笔触，填充色设置为金黄色，绘制一个矩形。用“选择工具”将左边的两个端点移拢，形成三角形的效果，如图 2-59(a)所示。选择“图形”，在“颜色”面板中设置填充为线性渐变，渐变编辑器中设置三个颜色皆为金黄色，Alpha 值从左到右分别为 90%、48%、0%，如图 2-58(b)所示，完成激光束的绘制，效果如图 2-59(b)所示。

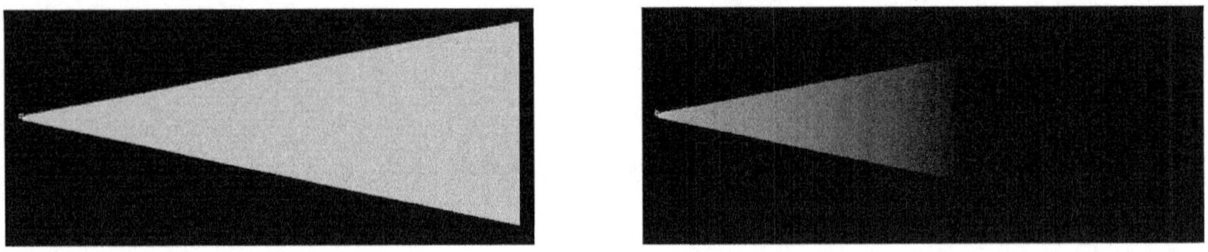

(a)　(b)

图 2-59　绘制激光元件

(3) 退出激光元件编辑窗口，回到舞台。新建图层 2，在其第 1 帧中创建激光元件的一个实例。用“任意变形工具”单击实例，如图 2-60(a)所示，变形参考点在激光束的靠右位置。用“任意变形工具”将该圆拖动到左端中心，即激光束的尖端位置，如图 2-60(b)所示。这样有利于在引导动画中对激光进行定位。

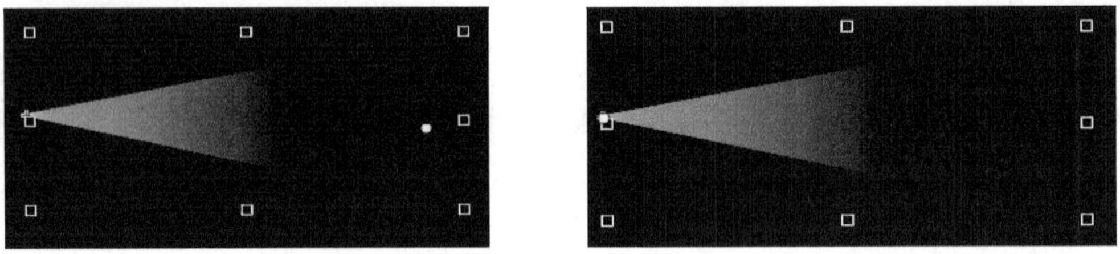

(a)　(b)

图 2-60　修改激光实例的变形参考点

(4) 在图层 2 的第 50 帧上插入关键帧，并在第 1～50 帧上执行“创建传统补间”命令。

右击“图层”面板的图层 2，执行“添加传统运动引导层”命令，然后将图层 1 中的飞鹰图形复制粘贴到引导层中，调整位置使得两个图层的图形完全重合。为了方便操作，此时可以隐藏图层 1。在引导层中用“橡皮擦工具”将飞鹰左翅尖擦除一小段，如图 2-61(a)所示。这是为了将闭合路径转换为开放路径，便于控制引导方向。

(5) 锁定引导层，用“选择工具”选择图层 2 的第 1 帧，将激光实例对齐到引导路径缺口右侧的位置。在其第 50 帧上将实例对齐到缺口左侧的位置，完成引导动画。

(6) 隐藏引导层，显示图层 1。我们将在图层 1 中用一个逐帧动画来配合激光的运动。从图层 1 的第 2 帧开始依次插入关键帧，在每个新的关键帧中，用“橡皮擦工具”擦除激光束移过的部分，如图 2-61(b)、(c)所示。

(a) (b) (c)

图 2-61 编辑逐帧动画

(7) 在第 50 帧上，图层 1 的图形擦除完毕，此时的时间线如图 2-62(a)所示。选择三个图层的所有帧，右击，执行弹出菜单中的“翻转帧”命令，则所有帧的次序被颠倒，此时的时间线如图 2-62(b)所示。

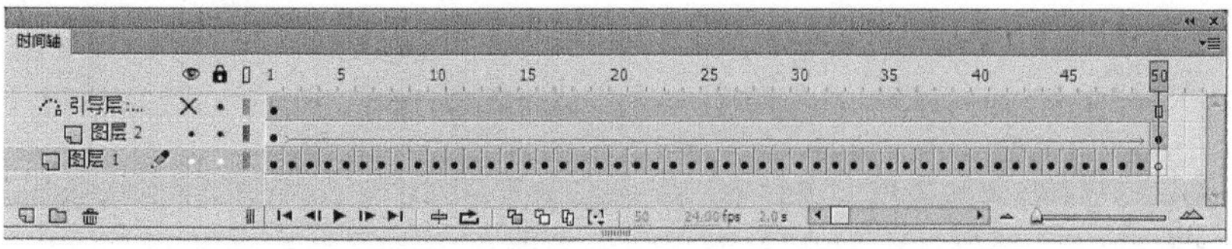

(a)

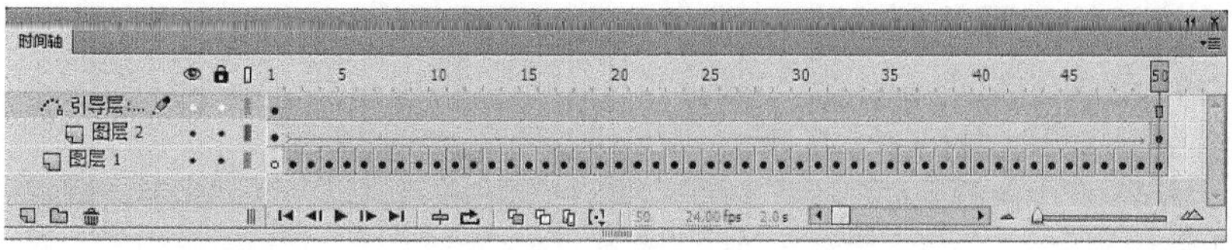

(b)

图 2-62 翻转时间线上的所有帧

(8) 在图层 1 的第 80 帧上执行“插入帧”命令。单击图层 2 的传统补间，在“属性”面板的“补间”中选择“调整到路径”选项。此时的 Flash 界面如图 2-63 所示，可以看到时间线、舞台、“属性”面板和“库”面板中的情形。

(9) 测试动画，可以看到随着激光束的移动，飞鹰图形被刻画出来的效果，如图 2-64 所示。

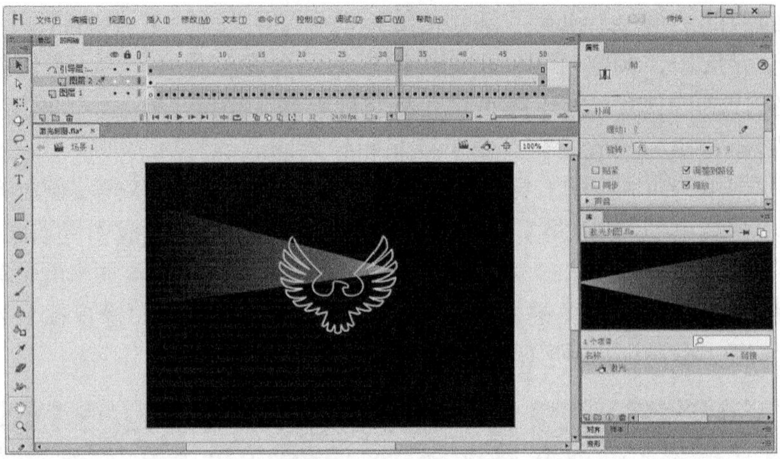

图 2-63　激光动画完成状态

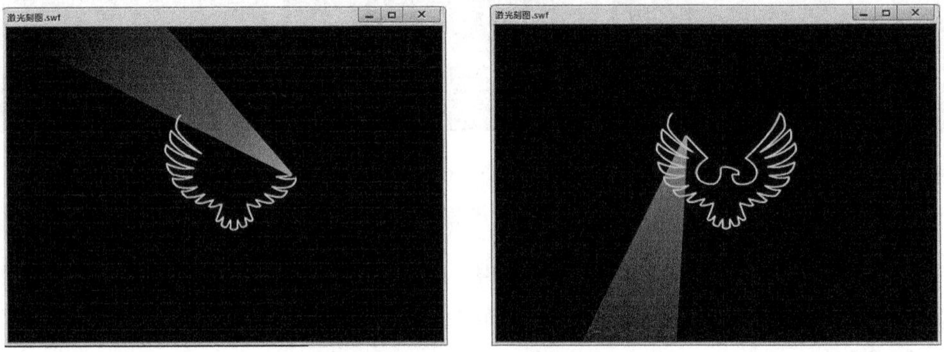

图 2-64　激光刻图动画效果

实验 3　放大镜动画

1. 实验目的

(1) 复习传统补间动画的创建。
(2) 掌握遮罩动画的原理和创建方法。
(3) 将遮罩动画和补间动画结合使用，创建复杂的动画效果。

2. 实验内容

(1) 在 Flash 中导入要用放大镜观看的图像，并将其编辑为较小较模糊和较大较清晰的两张不同效果的图像。

(2) 创建放大镜元件，并用补间动画控制其实例的移动。

(3) 创建圆形图形元件，用补间动画控制其实例和放大镜同步移动，并将其指定为遮罩。

3. 实验步骤及操作指导

(1) 在 Flash 中新建一个 ActionScript 3.0 文件。执行“文件”|“导入”|“导入到库”命令，将素材文件夹中的“古籍.jpg”图像导入。

(2) 在图层 1 的第 1 帧中创建古籍图像的实例，并在“属性”面板中锁定宽高比，将宽设置为 600.00，对齐到舞台中心，如图 2-65(a)所示。右击图像，执行弹出菜单中的“转换为元件”命令，在对话框中设置名称为模糊，类型为影片剪辑，则该图像转换为影片剪辑元件的实例。

(3) 选择模糊实例，在“属性”面板的“滤镜”中单击“+”按钮添加“模糊”滤镜，设置模糊 *X* 和 *Y* 为 3 像素，品质为高，如图 2-65(b)所示，此时的图像产生一定的模糊效果，如图 2-65(c)所示。

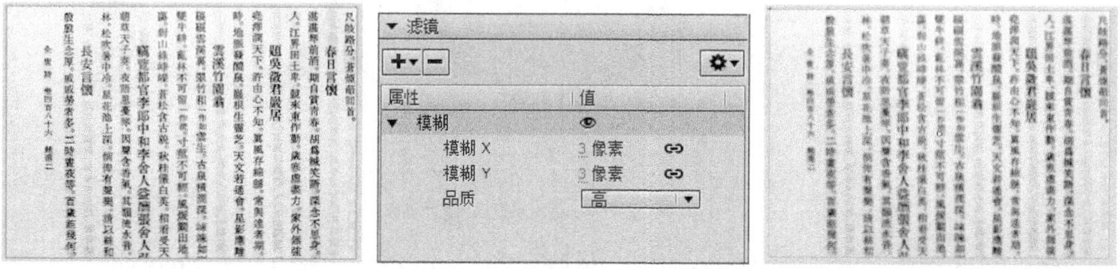

(a)　(b)　(c)

图 2-65　设置模糊图像

(4) 新建图层 2，在其第 1 帧中拖入库中的“古籍.jpg”。在“属性”面板中将宽设置为 650.00，对齐到舞台中心。这里的图像是清晰的，且比模糊图像稍大。

(5) 单击“库”面板左下角“新建元件”按钮，创建名为放大镜的图形元件，进入元件编辑窗口。选择“椭圆工具”，设置笔触为无，绘制一个直径为 120 的正圆，然后在“颜色”面板中将填充设置为线性渐变，渐变色由灰色到黑色。用“渐变变形工具”将渐变方向调整为从左上到右下，如图 2-66(a)所示。用“对齐”面板将圆对齐到舞台中心。

(6) 选择’椭圆工具，设置笔触为 4，填充为无，绘制一个直径为 100 的圆框，用“对齐”面板对齐到舞台中心。在“颜色”面板中将圆框的笔触模式设置为线性渐变，颜色为灰色到黑色，然后用“渐变变形工具”将渐变方向调整为从右下到左上，效果如图 2-66(b)所示。

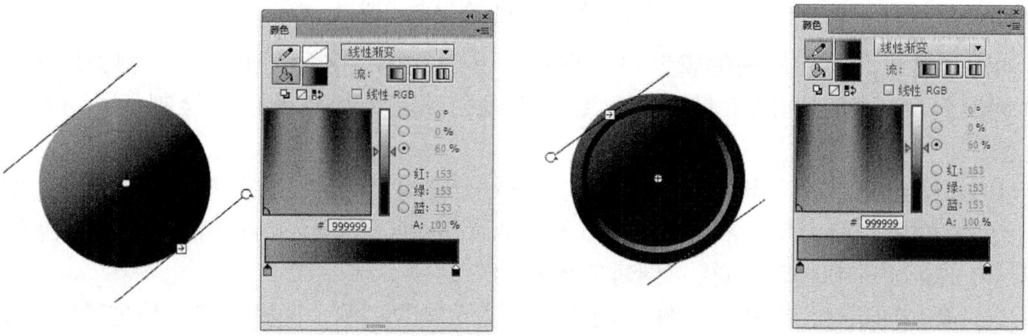

(a)　(b)

图 2-66　绘制放大镜外框

(7) 暂时将舞台背景色设置为灰色。用“选择工具”单击圆框中间的圆，在“颜色”面板中将填充设置为径向渐变，渐变色从白色（Alpha 值为 0%）到白色（Alpha 值为 30%），如图 2-67(a)所示。用“渐变变形工具”将渐变中心向左上角挪动一小段距离，效果如图 2-67(b)所示。在放大镜玻璃部分的左上部用“刷子工具”绘制一道白色高光，效果如图 2-67(c)所示。

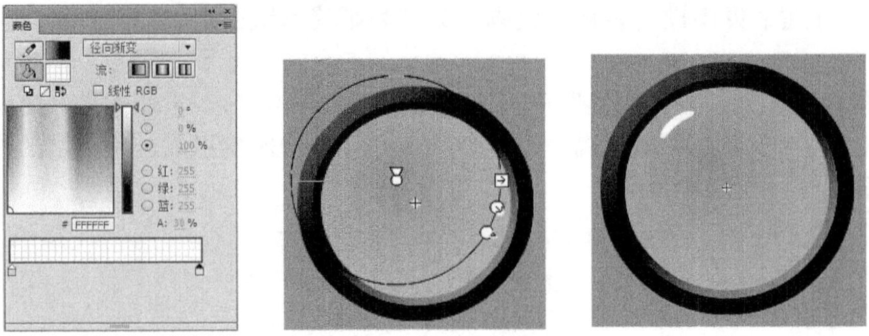

(a)　　(b)　　(c)

图 2-67　绘制放大镜玻璃

(8) 将“矩形工具”设置笔触为无，绘制一个高 70 像素、宽 16 像素的矩形，在“颜色”面板中设置填充为线性渐变，渐变色为灰到黑再到深灰，然后用“选择工具”将上下边缘稍微调整为弧形，作为放大镜的手柄，如图 2-68(a)所示。将手柄旋转 45°，连接到放大镜上，效果如图 2-68(b)所示。

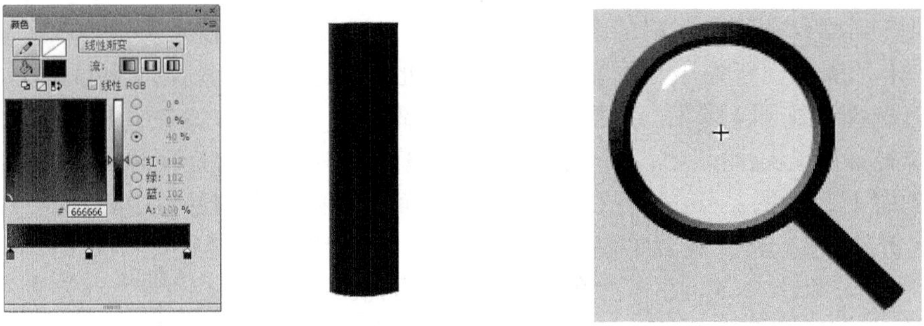

(a)　　(b)

图 2-68　绘制放大镜的手柄

(9) 退出放大镜元件的编辑窗口。再新建一个元件，名称为遮罩，类型为图形。进入元件编辑窗口，用“椭圆工具”设置笔触为无，填充为任意颜色，绘制一个直径为 100 的正圆。

(10) 退出遮罩元件编辑窗口，回到主时间线。新建图层 3，在其第 1 帧中创建遮罩元件的实例，并放置到舞台左上部。在第 100 帧插入关键帧，将遮罩元件实例移动到舞台右下部。在图层 3 的第 1～100 帧上执行“创建传统补间”命令。

(11) 新建图层 4，在其第 1 帧中创建放大镜元件的实例，调整位置，使玻璃镜片部分与遮罩元件实例完全重合。在第 100 帧上插入关键帧，同样移动到舞台右下方和遮罩元件实例重合的位置。在图层 4 的第 1～100 帧上执行“创建传统补间”命令。此时的界面如图 2-69 所示。

(12) 右击“图层”面板的“图层 3”，执行“遮罩层”命令，则遮罩元件实例隐藏，但其内部的图层 2 内容得到显示，遮罩效果建立。此时的界面如图 2-70 所示。

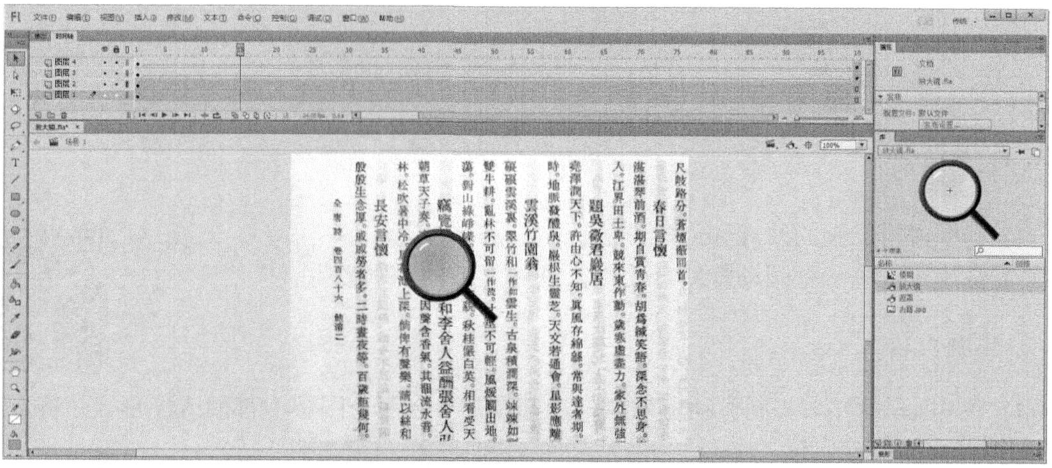

图 2-69 创建遮罩和放大镜同步移动的两个图层

图 2-70 设置遮罩图层

(13) 测试动画，可以看到随着放大镜的移动，镜框内的清晰图像同步显示，而放大镜外部的图像则是模糊不清的，效果如图 2-71 所示。

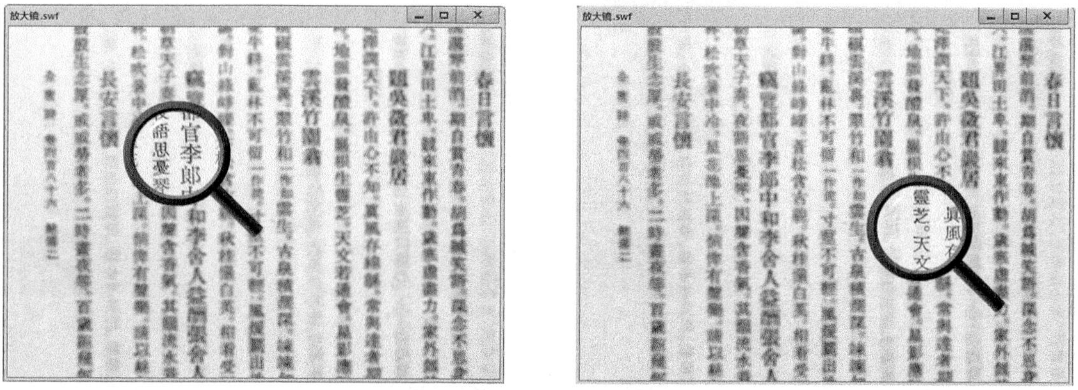

图 2-71 放大镜动画效果

实验 4　动态瀑布动画

1. 实验目的

(1) 掌握遮罩动画的原理和创建方法。
(2) 将遮罩动画和补间动画结合使用，创建复杂的动画效果。

2. 实验内容

(1) 在 Flash 中导入要制作动态效果的瀑布图形，在两个图层中都插入图形，并将位于上方的图形分离后擦除水体。

(2) 创建栅条状遮罩元件，并用补间动画控制遮罩的移动。

(3) 为水体创建遮罩元件，完成动态瀑布效果。本实验如果细节控制得不好，最后的测试效果很可能不理想。可以重新调整动画创建过程中的某些参数来改善效果，这些可调参数已在实验步骤中标注。

3. 实验步骤及操作指导

(1) 在 Flash 中新建一个 ActionScript 3.0 文件。执行“文件”|“导入”|“导入到库”命令，将素材文件夹中的“瀑布.jpg”图像导入。

(2) 在图层 1 的第 1 帧中拖入“瀑布”图像，在“对齐”面板中选择“与舞台对齐”，然后执行“匹配宽与高”“水平中齐”和“垂直中齐”命令，则图形和舞台完全匹配对齐，如图 2-72(a)所示。将图层 1 重新命名为原图。在“图层”面板中，将原图拖动到下方的“新建图层”按钮上，则复制“原图复制”图层，将其命名为水体。

(3) 隐藏原图，在水体图层中选择瀑布图，右击，执行“分离”命令，将图形打散。然后用“橡皮擦工具”将图形中水体之外的部分擦除，注意要擦除得精细一些，水流之间的岩壁和其他不希望有动态效果的部分也要擦除。擦除后的效果如图 2-72(b)所示。

(a)　　(b)

图 2-72　瀑布图层和水体图层

(4) 选择整个水体图层，用方向键将其下移 2 像素，左移 1 像素，和瀑布原图错开一点位置。如果最后测试动画的时候效果不佳，可以调整这个错开的距离。

(5) 新建图形类型的遮罩元件，并进入元件编辑窗口。选择“矩形工具”，设置笔触为无，绘制一个高 4 像素、宽 550 像素的长条矩形，并通过复制粘贴得到一系列长条矩形，控制上下两条的距离为 2 像素，如图 2-73(a)所示。最后整个遮罩元件的高度需要达到 800 像素，如图 2-73(b)所示。

(a)　(b)

图 2-73　新建遮罩元件

(6) 退出遮罩元件的编辑，再插入一个影片剪辑类型的遮罩移动元件，并进入元件编辑窗口。在图层 1 的第 1 帧中插入遮罩元件的实例，然后在其第 60 帧（若测试效果不佳，可以调整）上插入关键帧，并将该实例下移 400 像素（也可微调）。在其第 1～60 帧上执行“创建传统补间”命令。此时的界面如图 2-74 所示。

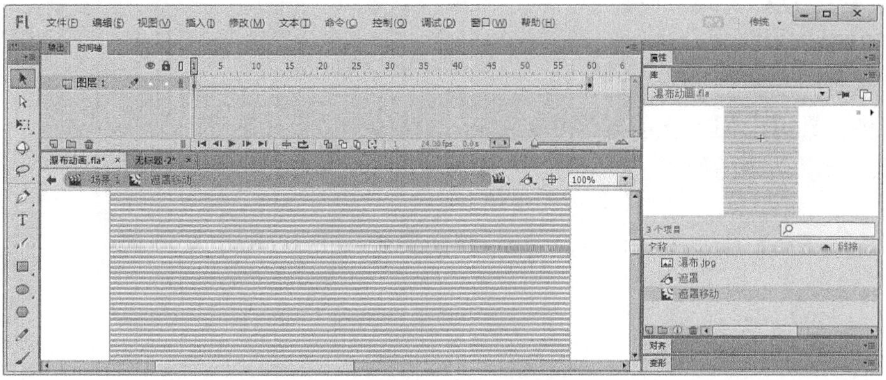

图 2-74　创建遮罩移动元件中的传统补间动画

(7) 退出遮罩移动元件的编辑窗口。在水体图层的上方新建一个图层，命名为遮罩。在其第 1 帧中插入遮罩移动元件的一个实例。用“任意变形工具”将实例轻微向右旋转（具体角度可视动画效果来调节），并让遮罩图层的下边缘刚好遮住水体图层的下边缘。右击遮罩图层，执行“遮罩层”命令。此时的界面如图 2-75 所示。

(8) 测试动画，则可以看到瀑布向下流泻，潭水荡漾的动画效果。如果效果不佳，可以重新调整以上步骤中标注的可调参数部分。

图 2-75　创建遮罩效果

4. 练习与思考

1) 选择题

① 在 Flash 中，引导层对以下_____类型的动画可以有引导作用。

A. 补间动画　　B. 传统补间　　C. 逐帧动画　　D. 补间形状

② 下列_____补间选项可以使得对象沿着引导路径偏转。

A.调整到路径　　B. 贴紧　　C. 同步　　D. 缩放

③ 遮罩层中图形的_____属性在播放时是可辨的。

A. 色彩　　B. 亮度　　C. Alpha　　D. 外形

参考答案：①B　②A　③D

2) 问答题

① 简述引导动画的创建过程。

② 哪些工具可以用来在引导层中绘制运动路径？

③ 简述遮罩动画的原理。

第 5 单元　脚本动画创建

实验 1　时 钟 动 画

1. 实验目的

(1) 掌握“动作”面板的使用方法。

(2) 掌握影片剪辑元件的实例创建和命名，以及影片剪辑类的常见属性。

(3) 了解 Date 类及其属性。

(4) 掌握事件处理函数的编写方法。

2. 实验内容

(1) 导入图像作为挂钟钟面。

(2) 创建时针、分针、秒针三个影片剪辑及实例。

(3) 添加脚本，根据 Date 类中获取的时间来设置时针、分针、秒针实际的旋转角度。

3. 实验步骤及操作指导

(1) 在 Flash 中新建一个 ActionScript 3.0 文件。新建一个图形类型的 clock 元件，进入其编辑窗口。用绘图工具绘制一个直径为 320 像素的挂钟钟面，如图 2-76(a)所示。具体绘制过程此处不再赘述，也可以直接导入一个钟面图像来使用。

(2) 依次新建三个影片剪辑类型的元件 h、m 和 s，在其编辑窗口中分别绘制时针、分针和秒针，如图 2-76(b)所示。时针、分针和秒针的高度分别为 90 像素、112 像素、136 像素。再新建一个图形类型的 center 元件，如图 2-76(c)所示，其直径为 24 像素。

(a)　　(b)　　(c)

图 2-76　创建钟面、时针、分针和秒针元件

(3) 退出元件编辑，回到舞台主时间线。将图层 1 重命名为 clock，插入 clock 元件的实例。再继续建立 hour、minute、second 和 center 图层，在其中分别创建 h、m、s 和 center 元件的实例，并调整到合适的位置，如图 2-77 所示。图中也可以观察到“库”面板中的情形。

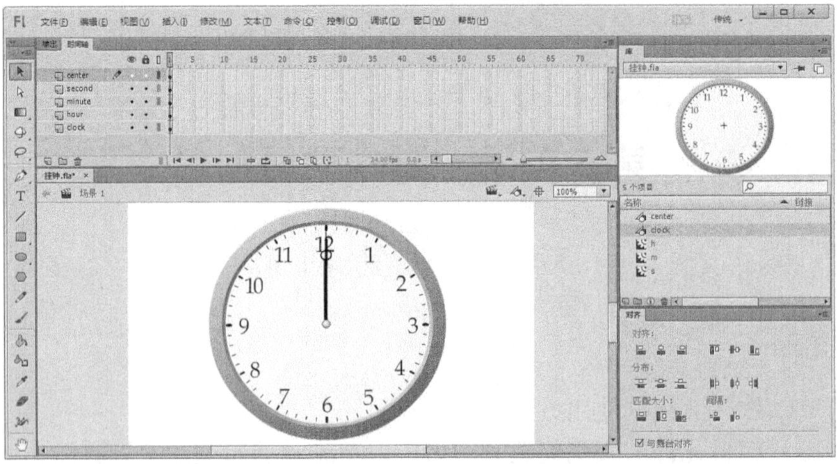

图 2-77　在图层中分别插入 h、m、s 和 center 元件的实例

(4) 分别选中 h、m 和 s 元件的实例（可以锁定或隐藏其他图层，以便选择当前图层中的对象），在“属性”面板中的文本框内将三个实例分别命名为 hourHand、minuteHand 和 secondHand，如图 2-78 所示。

(a)　　(b)　　(c)

图 2-78　为 h、m、s 元件的实例命名

(5) 用“任意变形工具”选择 h 元件的实例，可以看到此时白色圆表示的变形参考点（也就是旋转中心）位于时针中心，如图 2-79(a)所示。将其拖动到时针下端中点处，如图 2-79(b)所示，使得时针的旋转以下方端点为中心。对 m 和 s 元件的实例也做相同处理。

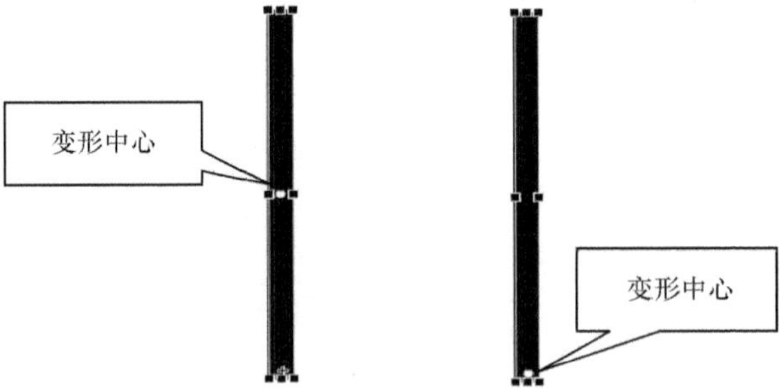

(a)　　(b)

图 2-79　修改变形中心

(6) 在“图层”面板最上方新建图层 action，选择其第 1 帧，打开“动作”面板，在脚本编辑窗口中输入代码，如图 2-80 所示。代码的注释也已在图中给出，代码的功能可以简述为：每次进入该帧，建立新的 Date 类对象 myDate 获取当前时间，并分别将小时、分钟和秒赋值给变量 h、m 和 s，然后通过计算得到时针、分针和秒针应该有的旋转角度，最后将角度值赋

给影片剪辑实例的 rotation 属性。

```
var h:Number=0;                                  //定义用于存储小时数的变量；
var m:Number=0;                                  //定义用于存储分钟数的变量；
var s:Number=0;                                  //定义用于存储秒数的变量；
var myDate=new Date();                           //定义时间日期对象；

addEventListener(Event.ENTER_FRAME,clock);       //为进入关键帧动作添加事件侦听器
function clock(e:Event){                         //定义事件处理函数clock
    myDate=new Date();                           //获取当前时间到myDate对象中；
    h=myDate.getHours();                         //将当前的小时数放到变量h中；
    m=myDate.getMinutes();                       //将当前的分钟数放到变量m中；
    s=myDate.getSeconds();                       //将当前的秒数放到变量s中；

    hourHand.rotation=30*(h+m/60);               //设置hourHand的旋转角度；
    minuteHand.rotation=6*(m+s/60);              //设置minuteHand的旋转角度；
    secondHand.rotation=s*6;                     //设置secondHand的旋转角度；
}
```

图 2-80　在“动作”面板中输入代码

(7) 测试动画，可以看到时针按照当前时间走起来的效果，如图 2-81 所示。

图 2-81　时钟动画效果

实验 2　下 雪 动 画

1. 实验目的

(1) 掌握“动作”面板的使用方法和 ActionScript 3.0 的脚本添加方法。

(2) 掌握将影片剪辑指定自定义类的方法，了解在脚本中创建影片剪辑对象，并指定对象属性的代码。

(3) 掌握事件处理函数的编写方法。

2. 实验内容

(1) 导入或创建下雪背景。

(2) 创建雪花影片剪辑元件，并指定自定义类。

(3) 添加脚本，不断创建雪花实例，并随机设定其属性。

3. 实验步骤及操作指导

(1) 在 Flash 中新建一个 ActionScript 3.0 文件，将舞台背景色设置为较深的蓝色。在图层 1 的第 1 帧中绘制一个简单的背景，如图 2-82(a)所示。

(2) 新建一个图形类型的雪花元件，进入其编辑窗口。选择“椭圆工具”，设置笔触为无，绘制一个直径为 20 的正圆。在“颜色”面板中将其填充设置为径向渐变，渐变色从白色（Alpha 值为 100%）到白色（Alpha 值为 0%），如图 2-82(b)所示。

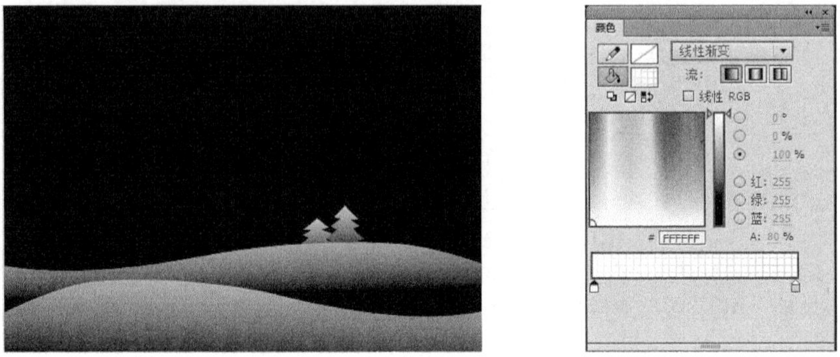

(a)　　(b)

图 2-82　绘制背景以及设置雪花填充色

(3) 此时的雪花效果如图 2-83(a)所示。如果觉得不够精致，可以像 2-83(b)那样绘制成六瓣雪花，还可以像 2-83(c)那样把两种效果叠加起来。

(a)　　(b)　　(c)

图 2-83　雪花的绘制效果比较

(4) 退出雪花元件的编辑，再新建一个元件，类型为影片剪辑，名称为雪落，进入元件编辑窗口。在图层 1 的第 1 帧中创建雪花元件的一个实例，将其对齐到舞台中心。在其第 100 帧处插入关键帧，在其第 1～100 帧上执行“创建传统补间”命令，并在“属性”面板的“补间”中将缓动设置为–20，旋转设置为顺时针旋转 1 次。

(5) 右击图层 1，执行“添加传统运动引导层”命令，然后在引导层中用“铅笔工具”绘制一条雪花的运动曲线，注意尽量绘制得长一些，在本例中可以绘制到 1000 像素左右的高度，如图 2-85(a)所示。锁定引导层，在图层 1 的第 1 帧和第 100 帧上分别将雪花实例对齐到路径的起点和终点。此时的时间线如图 2-84 所示。

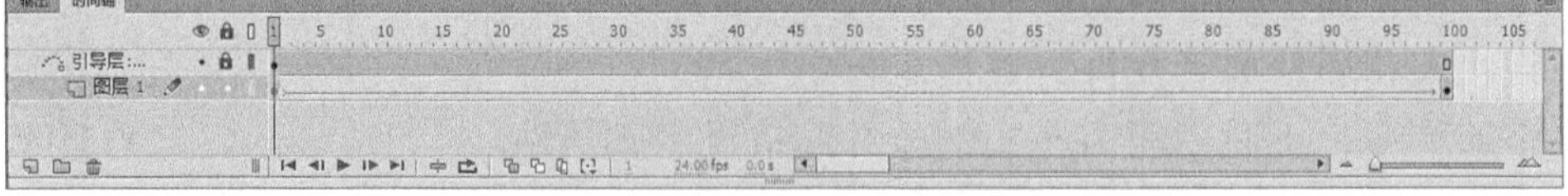

图 2-84　引导动画的时间线

(6) 退出雪落元件的编辑窗口。右击“库”面板中的雪落元件，单击菜单中的“属性”菜单项，弹出“元件属性”对话框、选择“高级”选项，在“类”文本框输入 snowflake，如图 2-85(b)所示。单击该文本框右边的勾号按钮，然后单击“确定”，则为雪落元件定义了 snowflake 类。此时的“库”面板如图 2-85(c)所示。

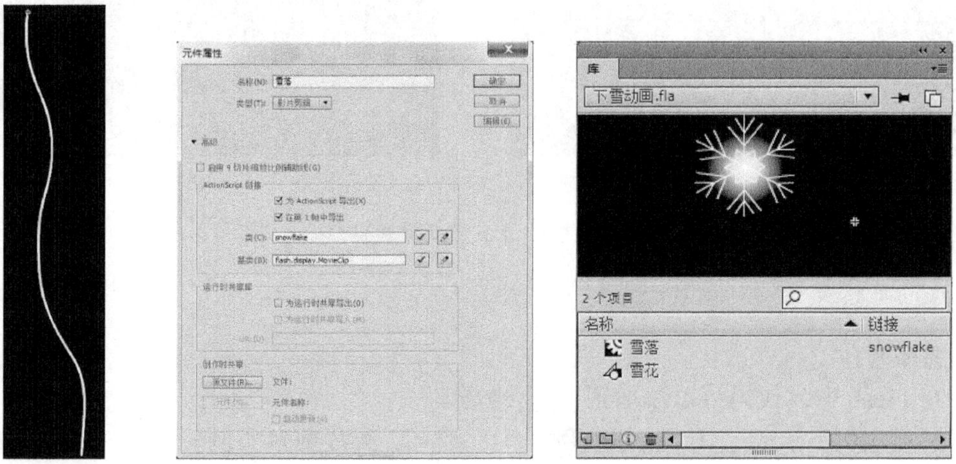

(a)　(b)　(c)

图 2-85　为元件定义类

(7) 将图层 1 命名为 background，新建图层 2，命名为 action，单击图层 2 的第 1 帧，打开“动作”面板，输入代码，如图 2-86 所示。代码的作用是一旦播放头进入关键帧，就产生一片雪花，并随机指定雪花的属性。如果雪花数量超过 300，则开始删除最早产生的雪花。

其中 snow.scaleX=0.5*Math.random()+0.3;代码的作用是将雪花的水平缩放比设置为 0.3～0.8 的随机值，使得雪花不至于太大或者太小。

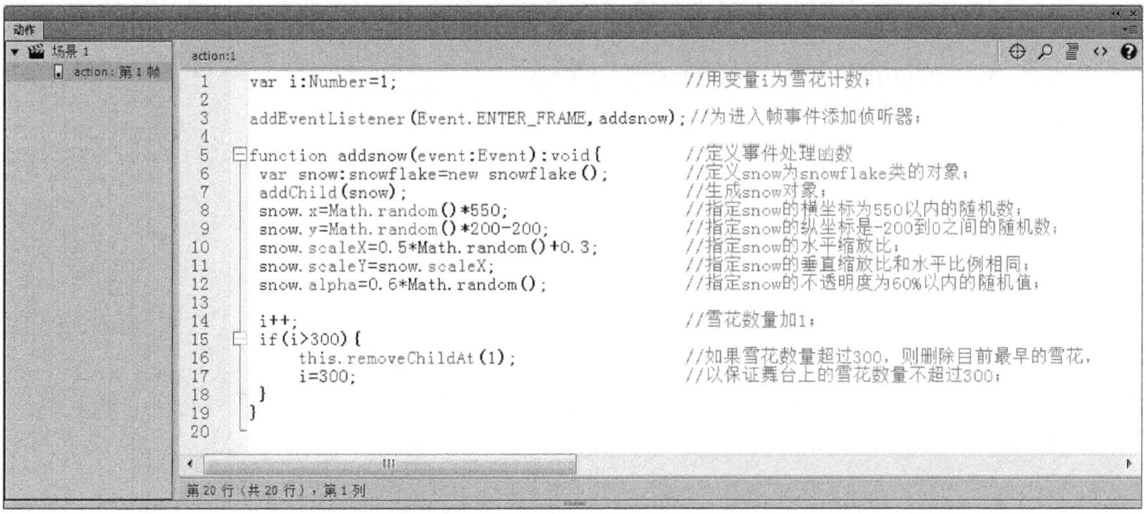

图 2-86　在“动作”面板中输入代码

(8) 测试动画，则可以看到片片雪花飘落的效果，如图 2-87 所示。

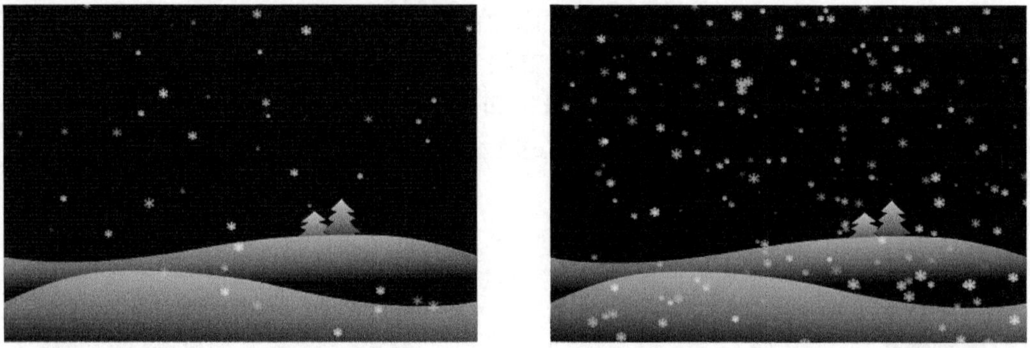

(a)　　(b)

图 2-87　下雪动画效果

4. 练习与思考

1) 选择题

① 在 Flash 中，代码可以添加到_____地方。

A. 图形实例　　B. 按钮实例　　C. 影片剪辑实例　　D. 关键帧

② _____对象可以获取日期时间。

A.Date　　B. Movieclip　　C. Textfiled　　D. Time

③ 添加了代码的关键帧上会出现_____标记。

A. 无标记　　B.变为红色　　C. “a”标记　　D. “s”标记

④ addEventListener 的第 2 个参数是_____。

A.事件名　　B. 处理函数名　　C. 关键帧名称　　D. 无

参考答案：①D　②A　③C　④B

2) 问答题

① 简述 ActionScript 3.0 的事件处理机制。

② 简述在 ActionScript 3.0 中自定义 MovieClip 类的方法。

③ 在 ActionScript 3.0 中应该如何添加注释？

第三部分

音频处理——
Adobe Audition CC的应用

单元　音频编辑实验

实验 1　更改 Windows 操作系统登录声音

1. 实验目的

(1) 从特定音频中裁剪出一段内容。
(2) 将裁剪出的音乐设定为 Windows 操作系统的登录声音。

2. 实验内容

本实验的重点是要灵活运用配套理论教材上 4.3.2 节的主要操作，同时要配合 Windows 操作系统中部分功能的设置(如设置系统的登录声音等)，将两者有机结合后方能顺利完成此实验，目的在于培养学生积极思考问题、分析问题和综合运用各种知识解决问题的计算思维能力。

3. 实验步骤及操作指导

(1) 选择“文件”|“打开”菜单项，打开“电脑开机声音.mp3”文件(图 3-1)。

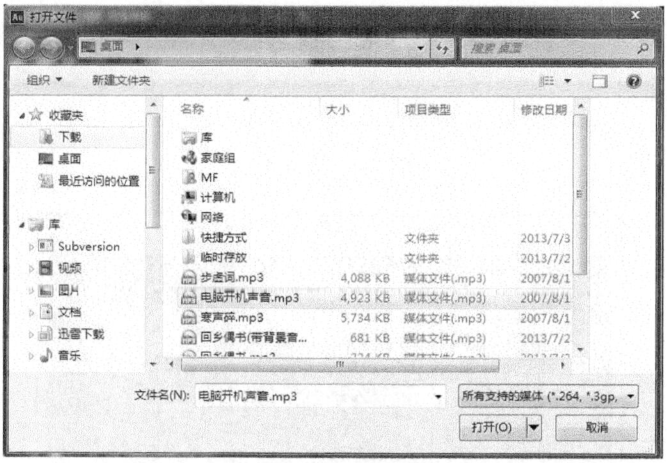

图 3-1　打开文件

(2) 在“编辑器”标签中，选取自己觉得比较合适的音频部分，单击右键菜单“裁剪”。图 3-2 为裁剪前。图 3-3 为裁剪后。

(3) 选择“文件”|“另存为”菜单项，在弹出的“存储为”对话框中，将格式修改为 Wave PCM(*.wav,*.bwf)，文件名修改为电脑开机声音(裁剪后).wav。图 3-4 表示将文件另存为。

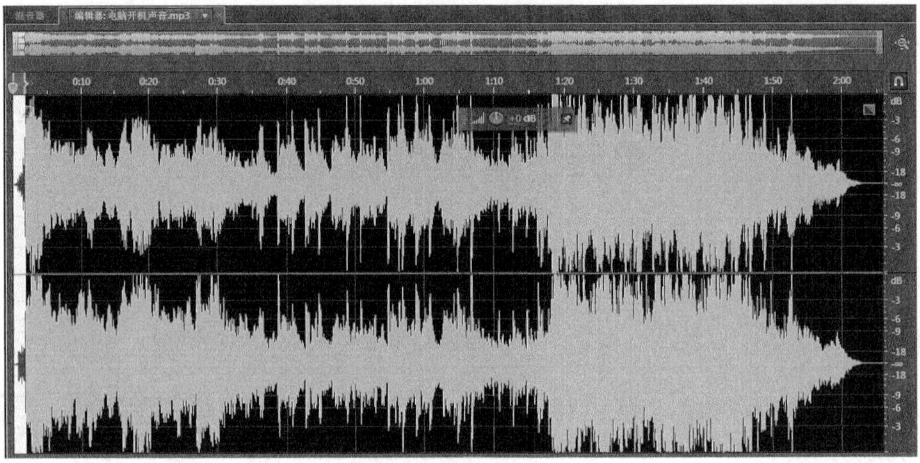

图 3-2　裁剪前

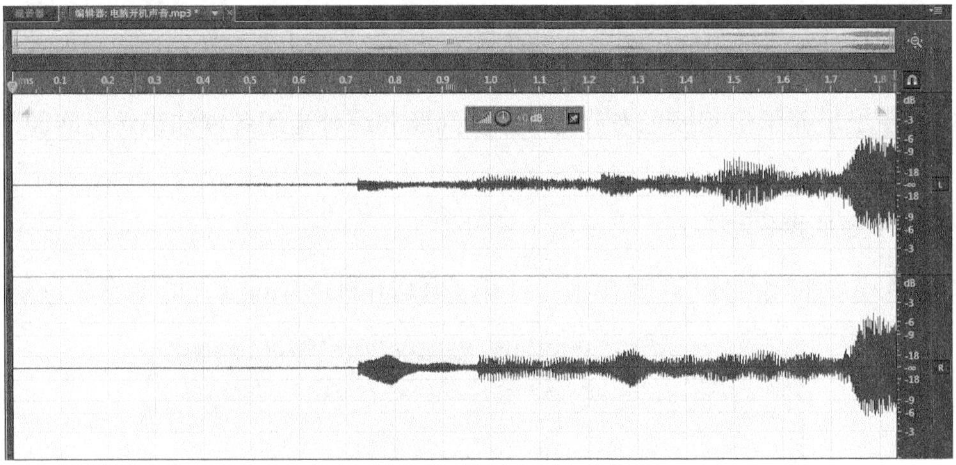

图 3-3　裁剪后

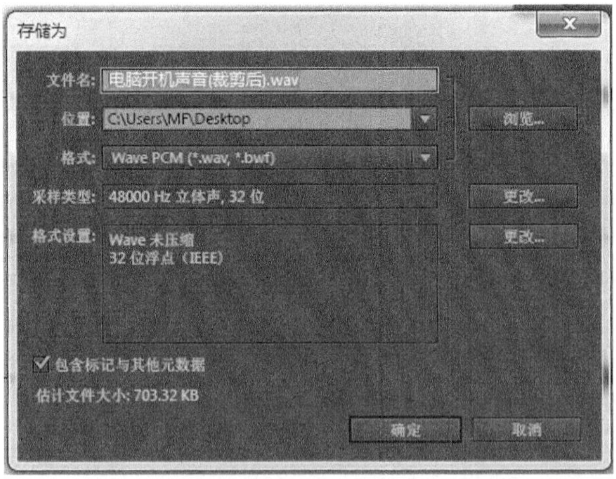

图 3-4　将文件另存为

(4) 在 Windows 操作系统中，打开“控制”面板，执行“硬件和声音”|“更改系统声音”

命令。在窗口中选择 Windows 登录，并单击“声音”面板下方的“浏览”按钮，选择刚刚保存的“电脑开机声音(裁剪后).wav”文件(图 3-5)。

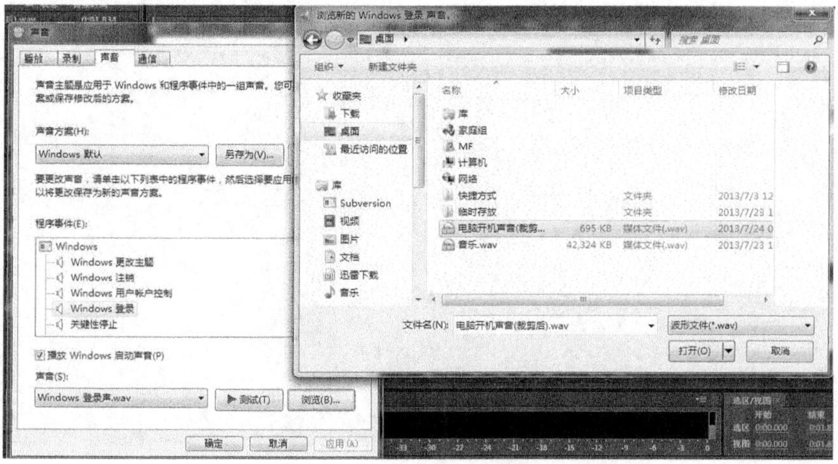

图 3-5　更换 Windows 操作系统的登录声音

(5) 单击“确定”按钮后，即可设置完成。如果条件允许，可以重新登录一次当前的 Windows 操作系统，来测试登录声音是否发生了变化。

实验 2　消 除 人 声

1. 实验目的

(1) 将常见音频文件中的人声部分予以消除。

(2) 了解 Adobe Audition 的中置声道提取参数调节的方法。

2. 实验内容

本实验主要是通过对现有音频中，中置频率和中置声道电平值的调节，来抑制人声的出现。其效果会根据每个歌曲的不同而不同，原则上并不能完全无损地消除音乐中的人声。本实验的目的在于培养学生积极思考问题、分析问题和综合运用各种知识解决问题的计算思维能力。

3. 实验步骤及操作指导

消除人声有很多种方法，此处介绍一种利用中置声道参数调节的方法，来消除人声。其效果会根据每首歌曲的不同而不同，原则上并不能完全无损地消除音乐中的人声。

(1) 选择“文件” | “打开”菜单项，打开“千里之外.mp3”文件。

(2) 选择“效果” | “立体声声像” | “中置声道提取”菜单项，在弹出的“效果-中置声道提取”对话框中，留意该对话框下方与右方的“中置频率”和“中置声道电平”参数。图 3-6 为中置声道提取。

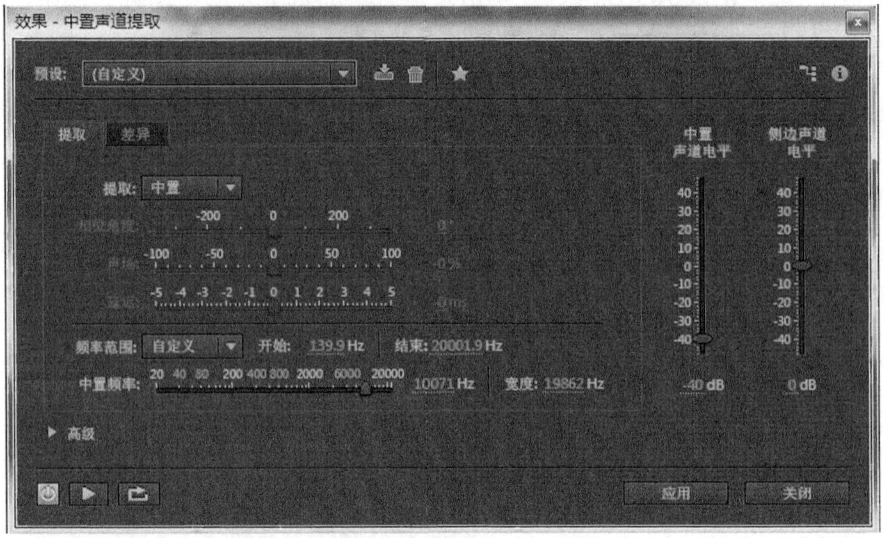

图 3-6　中置声道提取

(3) 单击图 3-6 上的三角形“播放”按钮，音乐开始播放。在播放到人声的地方，一边调整“中置频率”和“中置声道电平”的参数值(一般是将“中置频率”向左调，“中置声道电平”向下调)，一边听调整后的效果，直至自己觉得满意。

(4) 单击图 3-6 上的“应用”按钮，系统会自动将刚刚设置好的参数应用于当前文件。

(5) 选择“文件” | “另存为”菜单项，将编辑后的文件重新保存成一个文件，从而完成人声消除的操作。

另外，也可以通过执行 Adobe Audition 中的“收藏夹” | “移除人声”命令来快速实现人声消除的过程，其原理是调用系统预先设置好的中置声道参数，并将其应用于当前文件。与之前介绍的方法相比，其优点在于操作简单；缺点在于方法不够灵活，对不同的音乐效果差别可能会很大。

实验 3　降 噪 处 理

1. 实验目的

从带有噪声的音频文件中，将噪声消除，以获取尽量清晰的音频文件。

2. 实验内容

本实验的重点是要学生理解降噪处理的一般原理是：为系统先选取相应的噪声样本后(图 3-7)，系统再根据它来从当前音频文件中，抹去波纹相匹配的部分，从而实现降噪的功能。其目的在于培养学生积极思考问题、分析问题和综合运用各种知识解决问题的计算思维能力。

3. 实验步骤及操作指导

(1) 选择“文件” | “打开”菜单项，打开“再别康桥(带噪声).mp3”文件。

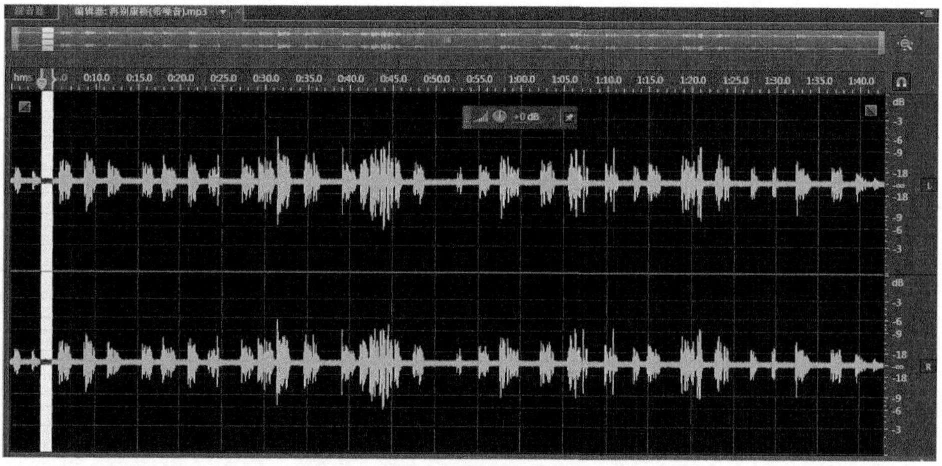

图 3-7　选取噪声样本

(2) 在“编辑器”面板中，选取一段仅有噪声而没有其他声音的音频范围，右击，在弹出的菜单中选择“捕捉噪声样本”选项。

(3) 在“编辑器”标签双击，选择“全部音频”。选择“效果”|“降噪”|“降噪处理”菜单项，在弹出的菜单中选择“应用”选项。

(4) 试听降噪后的效果。如果觉得满意，选择“文件”|“另存为”菜单项，将编辑后的文件重新保存成一个文件，从而完成降噪处理的操作。

4. 练习与思考

1) 选择题

① 数字音频在生活中的应用非常广泛，以下______不能涉及。

A. 唱片制作　　B. 多媒体教学　　C. 手机铃声制作　　D. 影视制作

② 对声卡进行设置，一般情况下只需设置______项目即可进行正常的声音播放。

A. 波形输入　　B. MIDI 输入　　C. 波形输出　　D. 外部控制器

③ 以下不属于录音途径的是______。

A. 麦克风录音　　B. 线性输入录音　　C. 数字录音机录音　　D. 计算机光驱录音

④ 通常情况下对一新建声音文件的采样率的选择为______。

A. 32000　　B. 44100　　C. 64000　　D. 88200

⑤ 在声音压缩方面，模拟音频技术在尽量不损失音质的情况下，最多可以实现的压缩比率为______。

A. 1∶1　　B. 1∶2　　C. 1∶3　　D. 1∶4

参考答案：①D　②C　③C　④B　⑤B

2) 问答题

① 如何利用所学知识更改 Windows 操作系统的关机声音？

② 如何利用所学知识制作歌曲串烧的效果？

第四部分

视频处理——爱剪辑的应用

单元　视频作品制作实验

实验 1　使用爱剪辑快速剪辑视频

1. 实验目的

(1) 了解爱剪辑软件的操作界面。
(2) 掌握快速剪辑视频的方法。
(3) 掌握各种特效的设置方法。

2. 实验内容

(1) 使用爱剪辑快速剪辑视频。
(2) 使用爱剪辑制作电子相册。

3. 实验步骤及操作指导

(1) 双击 “爱剪辑”图标，打开如图 4-1 所示的操作界面，在“新建”对话框中新建工程文件，单击“确定”按钮。图 4-2 为新建工程文件。

(2) 在软件主界面顶部单击“视频”选项卡，在视频片段上方单击“添加视频”按钮，或者双击 “已添加片段”列表的“双击此处添加视频”，在弹出的文件选择框，对要添加的视频进行预览，然后选择打开。

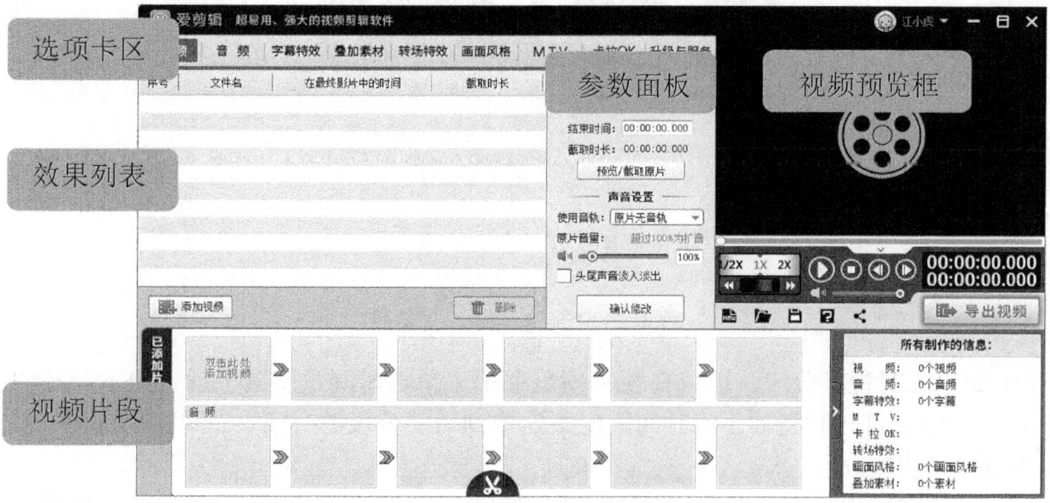

图 4-1　爱剪辑操作界面

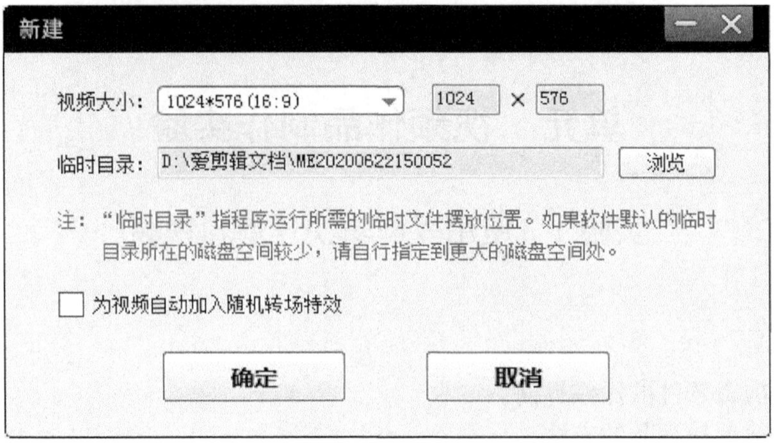

图 4-2　新建工程文件

(3) 选择了要添加的视频之后，会弹出“预览/截取”对话框(图 4-3)，在该对话框中用带左箭头的“拾取”按钮，快速拾取当前视频的开始时间和结束时间，可截取视频片段，然后导入。还可以选择“魔术功能”标签，对视频施加快进、慢动作和定格画面效果。

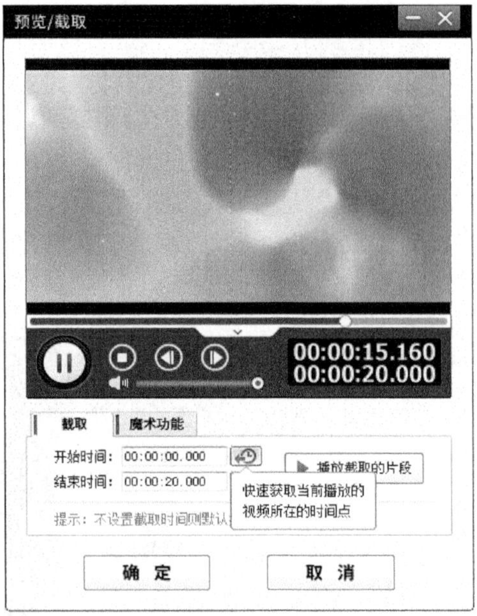

图 4-3　“预览/截取”对话框

(4) 如果要对视频分段，可以在视频预览框中，单击时间进度条上的“向下”按钮，或者按 Ctrl+E 键，打开时间轴，将时间进度条定位到需要分段的时间点，单击“剪刀”按钮，就可以将视频快速分段。

分割后的多段视频，出现在“已添加片段”视频列表，选择要删除片段的缩略图，单击片段缩略图右上角的“叉”，将不需要的片段删除，即可实现视频剪辑。

(5) 在“音频”选项卡中单击“添加音频”按钮，在弹出的下拉列表中，根据自己的需要选择添加音效或添加背景音乐，即可快速为要剪辑的视频配上音效或背景音乐。图 4-4 为截取音频片段。

图 4-4　截取音频片段

(6) 在“字幕特效”选项卡右上角视频预览框中，将时间进度条定位到要添加字幕的时间点，双击视频预览框，在弹出的对话框中输入字幕内容，然后在左侧字幕特效列表中，选择喜欢的字幕特效，如图 4-5 所示。

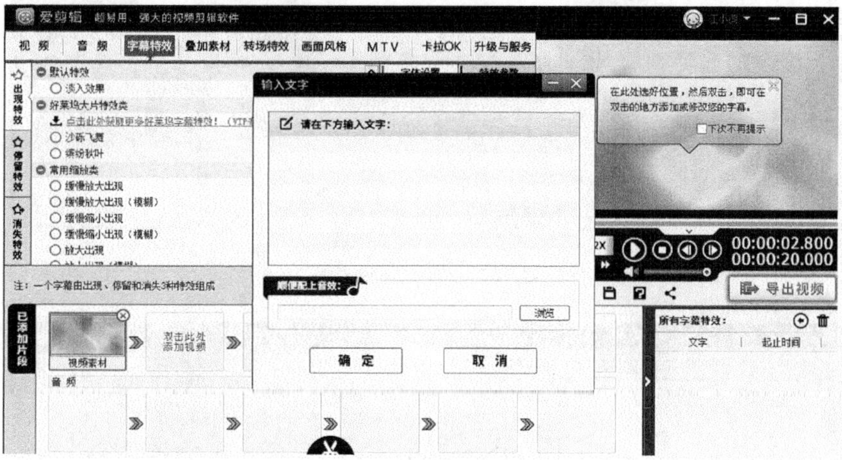

图 4-5　为视频加字幕

(7) 单击“叠加素材”选项卡的“加贴图”标签，单击“添加贴图”按钮，在弹出的“选择贴图”对话框中选择要叠加的贴图，如图 4-6 所示，然后在特效列表中选择要使用的特效，在视频预览框中观看效果。

(8) 单击“叠加素材”选项卡的“加相框”标签，单击“添加相框效果”按钮，选择为当前片段还是指定时间段添加相框，在视频预览框中观看效果，如图 4-7 所示。

(9) 单击“叠加素材”选项卡的“去水印”标签，单击“添加去水印区域”按钮，选择为当前片段还是指定时间段去水印，在“参数”面板选择“去除方式”，在视频预览框中观看效果，如图 4-8 所示。

图 4-6　为视频加贴图

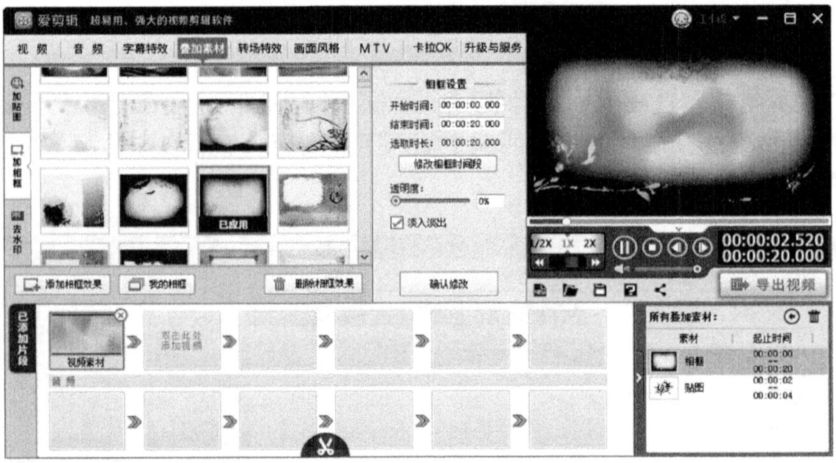

图 4-7　为视频加相框

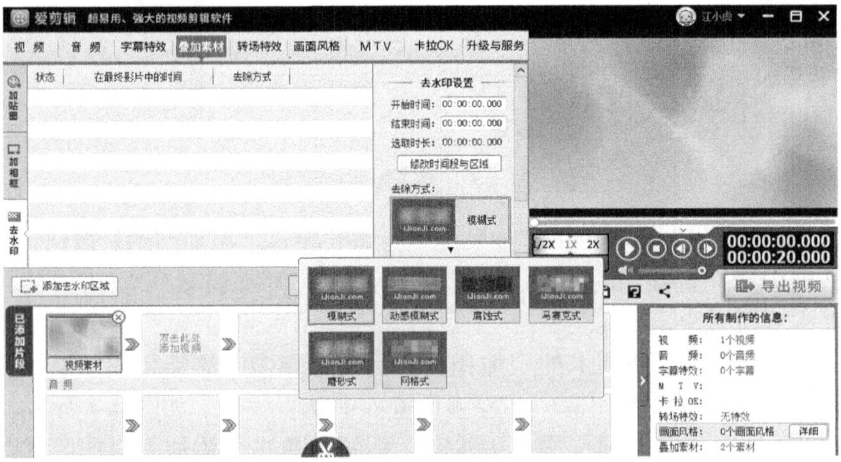

图 4-8　为视频去水印

(10) 在“已添加片段”列表中，选择要添加转场特效的视频片段缩略图，在“转场特效”选项卡的特效列表中，选择要添加的转场特效，然后单击“应用/修改”按钮即可，如图 4-9 所示。

图 4-9　在视频片段间添加转场特效

(11) 在“画面风格”选项卡的“画面风格”列表中，选择需要添加的画面风格，在“画面风格”列表左下方单击“添加风格效果”按钮，选择为当前片段还是指定时间段添加画面风格。图 4-10 为使用画面风格中滤镜功能中的漩涡。

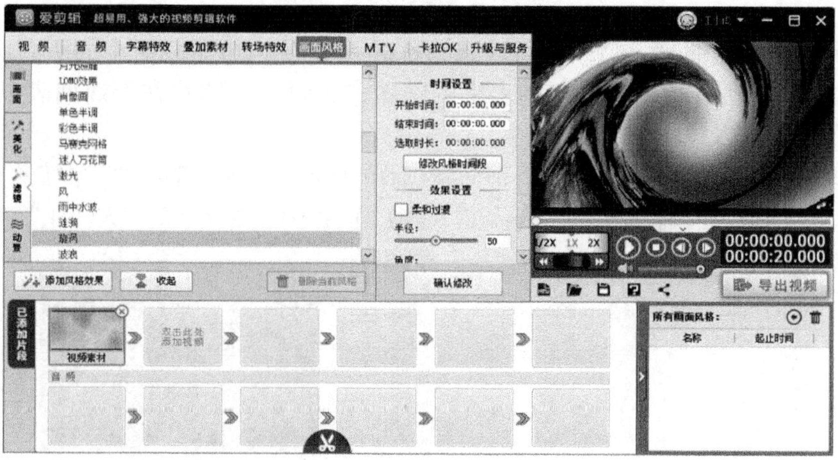

图 4-10　使用画面风格中滤镜功能中的漩涡

(12) 单击“保存所有设置”(快捷键为 Ctrl+S)按钮，将我们的所有的设置保存为扩展名为. mep 的工程文件，下次通过打开“打开已有制作”按钮，加载保存好的. mep 文件，即可继续视频剪辑，或在此基础上修改视频剪辑设置。

(13) 视频剪辑完毕后，单击视频预览框右下角的“导出视频”按钮。

实验 2　使用爱剪辑制作电子相册

(1) 单击爱剪辑主界面左下角的“添加视频”按钮，选择添加素材中的黑幕视频。

(2) 单击爱剪辑主界面顶部的“音频”选项卡，单击“添加音频”按钮，为电子相册添加背景音乐，然后在弹出的子菜单中选择“添加背景音乐”。如果视频长度和音频长度不一致，可以截取一段，然后单击“确定”按钮。

(3) 下面开始添加照片。单击其主界面顶部的“叠加素材”选项卡，在特效列表处单击“加贴图”标签，单击左下角的“添加贴图”按钮。在“选择贴图”对话框中向下拉动滚动条，找到“自定义贴图”，单击“添加贴图到列表”按钮，然后选择想要制作成电子相册的照片，这时就可以向电子相册添加第一张照片(图 4-11)。

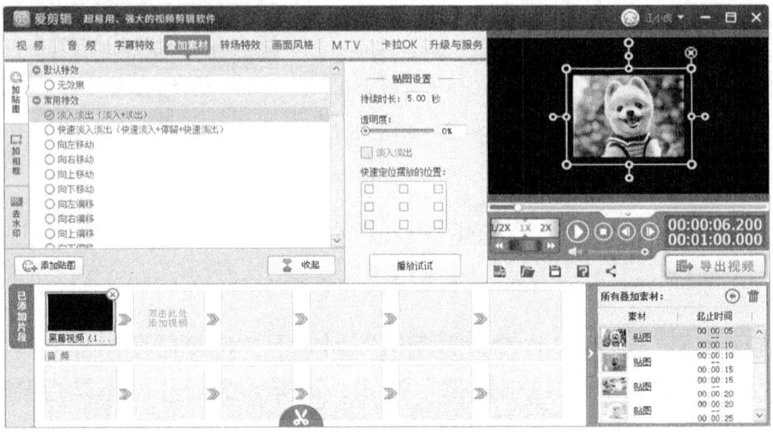

图 4-11　“叠加素材”面板

(4) 每 5s 添加一张照片，持续时长设置为 5.00 秒，导入电子相册中的所有照片。

(5) 依次单击“所有叠加素材”列表中的贴图，为每一张照片在特效列表里选择一个你喜欢的入场或者出场方式。

(6) 下面来添加字幕。选择片头的时间点，然后单击该主界面顶部的“字幕特效”选项卡。双击视频，在弹出的文本框中输入文字，然后在“参数”面板中设置文字的“人性化”选项(图 4-12)。

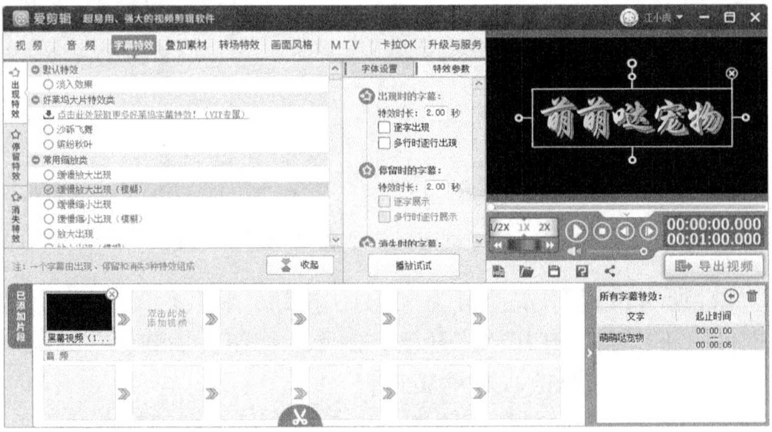

图 4-12　“字幕特效”面板

(7) 单击该主界面顶部的“叠加素材”选项卡，在特效列表处单击“加相框”标签，为当前视频添加一个你喜欢的相框。

(8) 最后单击该主界面右下方的“导出视频”按钮，选择你想要导出的位置，我们的电子相册就做好了。

第五部分

多媒体技术与虚拟现实实验

单元　虚拟现实实验

实验 1　Unity3D 软件基本操作

1. 实验目的

(1) 掌握 Unity3D 软件的界面、菜单项构成。
(2) 掌握 Unity3D 软件的视图及常用工具。
(3) 应用 Unity3D 软件使用资源、创建场景和发布方法。

2. 实验内容

(1) 启动 Unity3D 软件的方法与启动过程。
(2) Unity3D 软件视图(View)结构与相关任务实现。
(3) Unity3D 软件常用工具与鼠标导航基本应用方法。

3. 实验步骤及操作指导

(1) 启动 Unity3D 软件，双击 Application|>Unity 中的 Unity 图标，即可启动(图 5-1)。

(2) 启动软件后，在主窗口中的每一个部分均称为视图。在 Unity3D 软件中有多种类型的视图(图 5-2)，并且，不同的布局模式 (Layout Modes)所包含的视图是不相同的。

图 5-1　Unity3D 软件的启动界面

图 5-2　Unity3D 软件视图

具体操作方法：通过单击“布局下拉”控件来选择不同的布局，该控件位于窗口的右上角。

① “布局模式选择”下拉列表：单击“布局模式选择”，并单击 Animation，切换到动画布局 (Animation Layout)。

② 选择 Window|>Layouts|>Animation 菜单项来切换。动画布局包含所有的视图，通过视图左上角的名称可以迅速地识别相关的视图，主要分为：

场景视图(Scene View)——用于放置物体；

游戏视图(Game View)——用于表示游戏处于运行中；

外观层次视图(Hierarchy View)——用于显示当前场景中的游戏物体列表；

工程视图(Project View)——用于显示当前打开工程中所有可用的物体与资源；

检视视图(Inspector View)——用于显示当前选择物体的细节与相关属性；

时间线(Timeline)——用于为当前选择物体创建基本的时间线动画。

(3) 在 Unity 3D 布局工具栏(图 5-3)中，位于左侧的四个按钮可用来在视图中导航并操纵物体；中间的两个用来控制选择的物体轴心如何显示；左边的第一个 View Tool 将在以后说明。

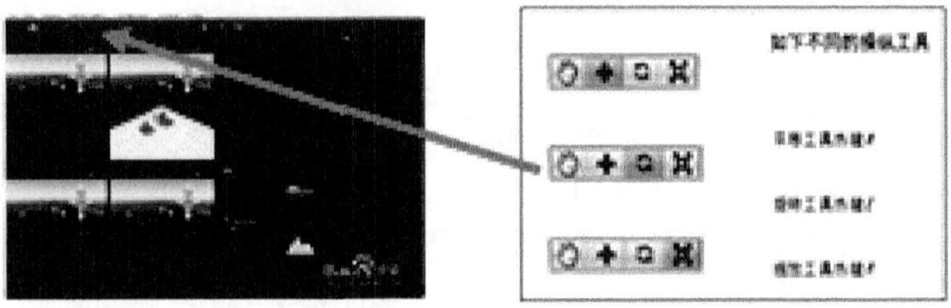

图 5-3　Unity3D 布局工具栏

操纵工具(Manipulation Tools)分析如下。

“手柄位置工具”(Handle Position Tool)　选择任何操纵工具可实现交互时移动、旋转或缩放物体。

① 当选择了一个工具时，可在场景视图中单击任何一个物体选择它，按 F 键使得该物体居中显示。

② 当选择一个物体时，可看到 Gizmo 坐标，每一个工具有不同的 Gizmo 坐标形式，主要实现平移、 旋转、缩放物体。

(4) 在场景视图中导航根据操控鼠标的不同，有很多不同的方式可以在视图中导航(图 5-4、图 5-5、图 5-6)。

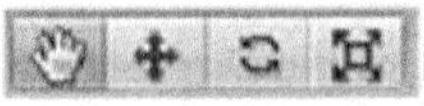

图 5-4　拖动模式

图 5-5　旋转模式

图 5-6　缩放模式

① 使用三键鼠标按住 Option 按钮并拖动鼠标左键可以使用旋转模式 (Orbit Mode)

② 使用三键鼠标按住 Option 按钮并拖动鼠标中键可以使用拖动模式 (Drag Mode)

③ 使用三键鼠标按住 Option 按钮并拖动鼠标右键可以使用缩放模式 (Zoom Mode)。

④ 使用鼠标滚轮来实现缩放视图工具模式

⑤ 使用快捷键 Q，实现视图工具的拖动模式。在拖动模式下，场景视图中可通过拖动实现上下左右移动视图。

(5) “手柄位置工具”操作可用于控制物体的轴心显示位置。其中，选择中心(Center)可实现使用当前所选所有物体的共同轴心； 选择轴心 (Pivot) 可实现使用各个物体的实际轴心。图 5-7 为“手柄位置工具”。

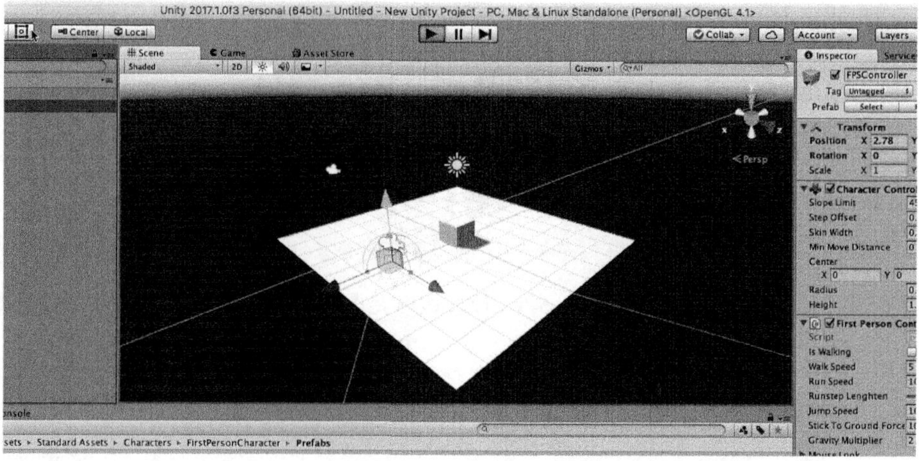

图 5-7　手柄位置工具

实验 2　设计制作一个地形场景并发布

1. 实验目的

(1) 掌握 Unity3D 软件的操作方法，理解 Unity3D 的基本结构与开发流程。
(2) 掌握一个地形场景基本制作流程过程。

2. 实验内容

(1) 创建 Unity3D 工程。
(2) 设计 Unity3D 场景，并添加具体的地形、树木、花草、人物、天空等贴图。
(3) 实现 Unity3D 作品发布。

3. 实验步骤及操作指导

(1) 创建工程文件。启动 Unity3D 软件，单击 New，创建一个工程文件。

(2) 新建场景。选择工程文件，单击 Create Project，将新建场景命名为 My_Project1(注意：不能用中文进行命名)。

(3) 创建地形(图 5-8)。启动 Hierarchy 面板(层次视图)，选择 Create | 3D Object | Terrain 菜单项。

(4) 设置地形大小(图 5-9)。进入 Inspector 面板(属性视图)，在 Terrain 中选择第 7 个地形工具，设置其地形的长、宽、高，如分别设置为 500、500、600。

(5) 创建山和湖(图 5-10)。在 Terrain 中选择第 2 个地形工具，设置 high 为 200(表示具体的地形与最低处相差高度)，并单击 Flatten 按钮设置地形高度。选择 Brushes， 选择第 1 个工具建湖，按 Shift 键，鼠标点击图形使地形产生下陷效果。

(6) 添加底层贴图资源(图 5-11)。在 Terrain 选择第 4 个地形工具，进行地形贴图，并在 Project 面板中，单击右下角的 Import 按钮导入相关的资源。

(7) 添加山峰\草地\小路(图 5-12)。在 Terrain 中选择第 4 项，选择地形工具山峰\草地\小路，依次选择 Edit textures | Add Terrain textures | Seclect 菜单项，单击 Add 按钮，选择并实现

添加山峰\草地\小路的相关贴图。

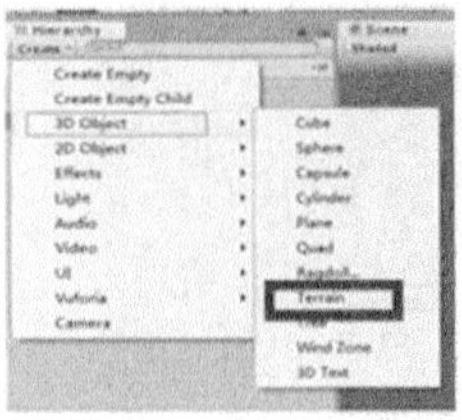

图 5-8　创建地形

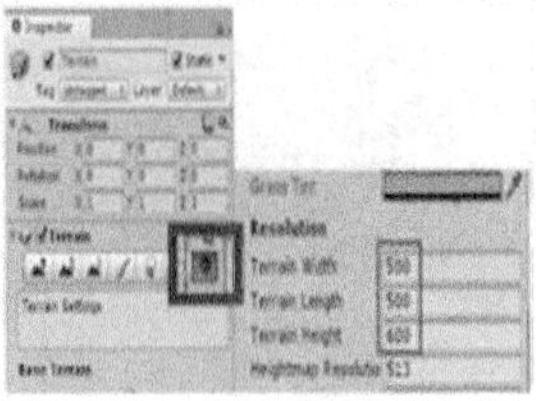

图 5-9　设置地形大小

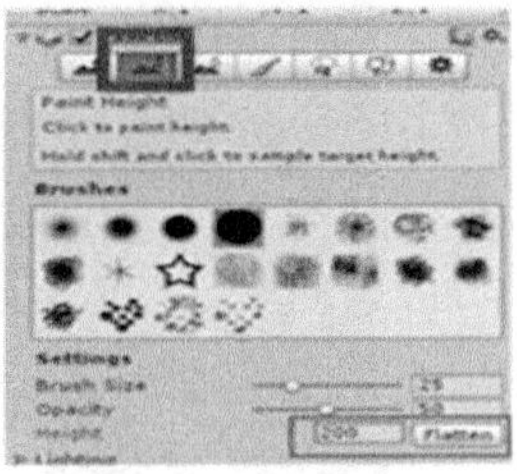

图 5-10　创建山和湖

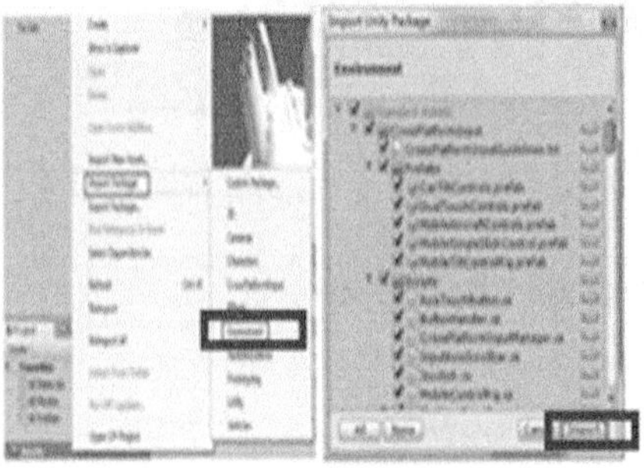

图 5-11　添加底层贴图资源

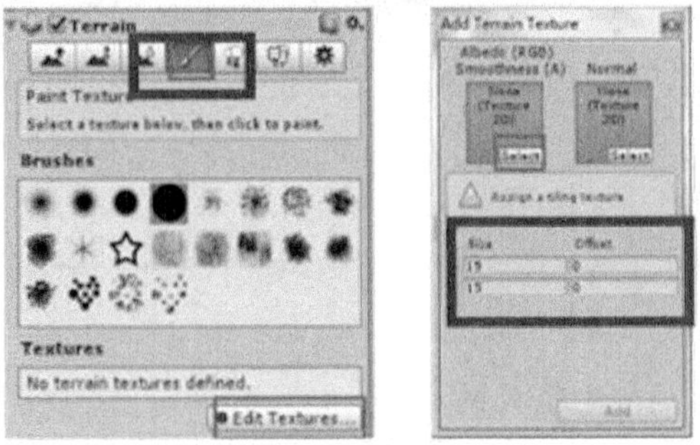

图 5-12　添加山峰\草地\小路

(8) 添加树木(图 5-13)。在 Terrain 中选择第 5 个地形工具，选择 Edit Tree | Add Tree | Seclect 菜单项，在选定树木模型后，还可设置具体的树木参数如树木种类、弯曲度、密度等具体参数(图 5-14)。

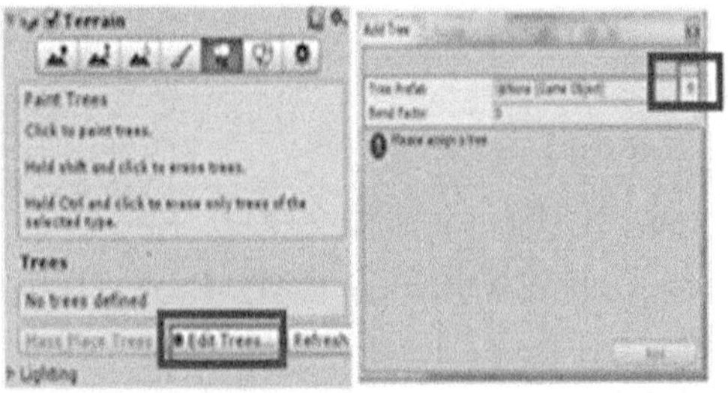

图 5-13　添加树木

图 5-14　设置树木参数

(9) 添加草丛(图 5-15)。在 Terrain 中选择第 6 个地形工具，选择“Edit Details| Add Grass Texture”菜单项，选定草丛模型后，还可设置草丛参数(图 5-16)。

(10) 添加湖水(图 5-17)。进入 Project 面板，选择 Water | Water4 | Prefabs |Water4 Simple 菜单项，将 Water4 Simple 水面对象拖动到视图中，并利用“缩放工具”调整大小，设置水面对象(图 5-18)。

(11) 添加天空盒(图 5-19)。右击 Assets，选择 Import Package | Custom Package 菜单项，然后导入资源文件 Skyboxes_18，在 Inspector 面板中找到 Skyboxes，单击 Add Component 即实现添加天空盒。

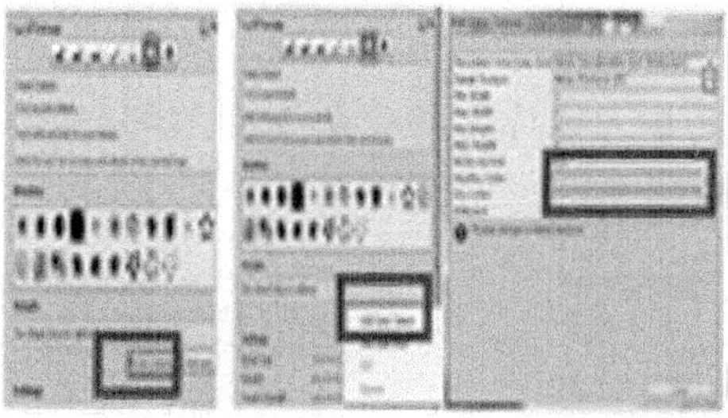

图 5-15　添加草丛

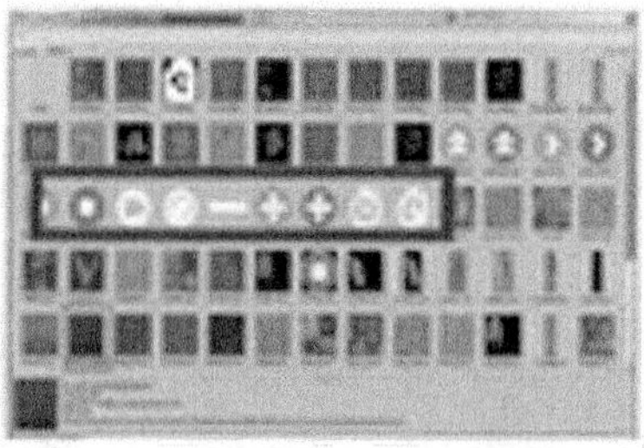

图 5-16　设置草丛参数

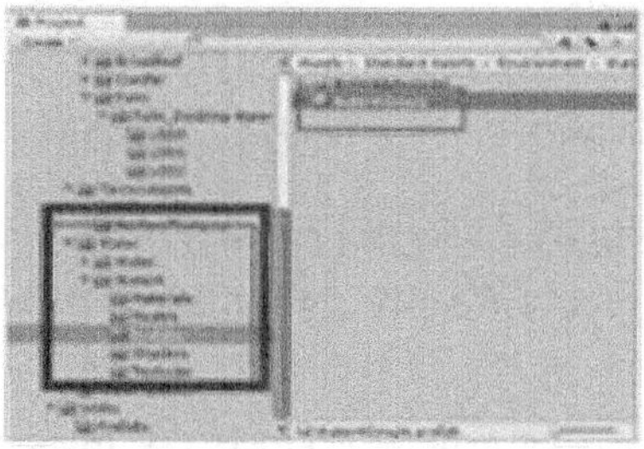

图 5-17　添加湖水

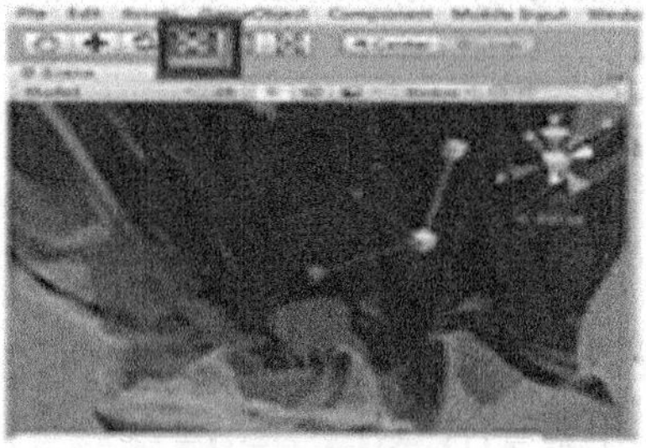

图 5-18　设置水面对象

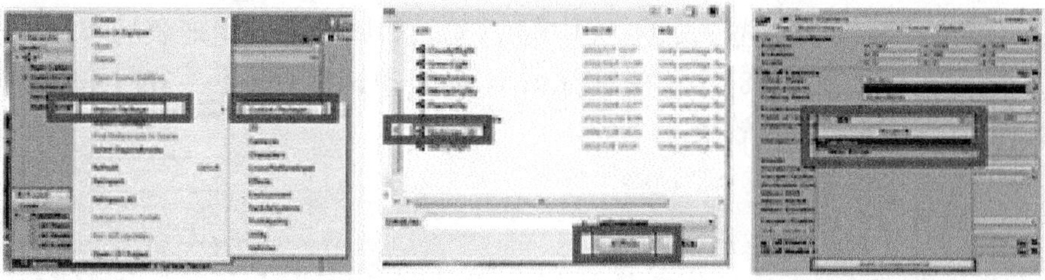

(a)　(b)　(c)

图 5-19　添加天空盒的三步骤

(12) 添加外围海水(图 5-20)。将 Water4 中的 Water4Advanced 拖动到场景视图，利用“缩放工具”调整大小，并利用地形工具实现海岸线修饰(图 5-21)。

图 5-20　添加外围海水

图 5-21　地形工具修饰海岸线

(13) 添加第一人称视角(图 5-22)。技术实现时，可通过导入资源包 Characters，在 Assets

目录下选择 FirstPersonCharacter | Prefabs | RigidBodyFPSController 菜单项，并将其拖动到场景视图即可。

(14) 添加不可见阻隔物(图 5-23)。为实现产生防止人物掉入湖水或海水中的具体效果，可通过设置 Cube 位置，将其放在湖周围与岛屿周围(图 5-24)。

图 5-22　添加第一人称视角

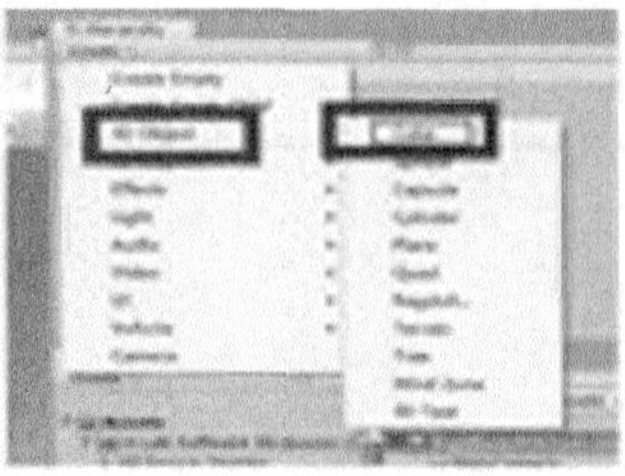

图 5-23　添加阻隔物 Cube

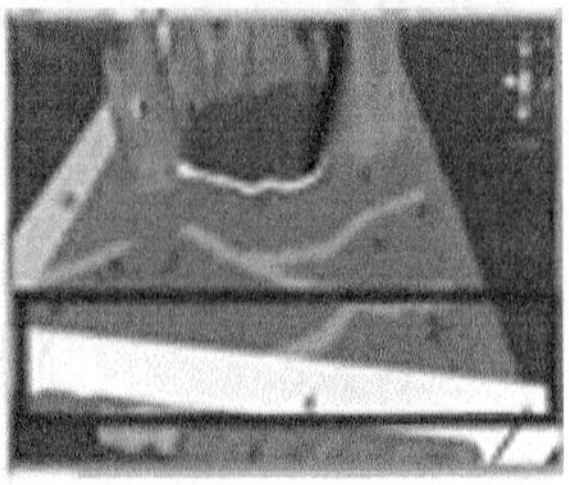

图 5-24　设置 Cube 位置

(15) 添加光晕效果(图 5-25)。基本操作是：选择 Import Package | Effects 菜单项后，导入资源文件包，在 Assets 目录下选择 Assets | Standard Assets | Effects | Light Flares 菜单项，并具体设置相关的角度、颜色、亮度等参数。

(16) 添加特效(图 5-26)。下载资源包后，选择 Import 导入资源文件包，在 Inspector 面板中调节 Bloom 参数，从而实现增加景深和增加体积光。

(17) 添加雾气效果(图 5-27)。操作时可选择 Windows | Lighting | Other Settings 菜单项，即可设置参数。就技术而言，须选择 Skybox 中的 FOG，否则不会产生形象的雾气效果。

(18) 添加风向效果(图 5-28)。可在 Hierarchy 面板中选择 Create | 3D Object | Wind Zone 菜单项，实现具体添加风向的效果。

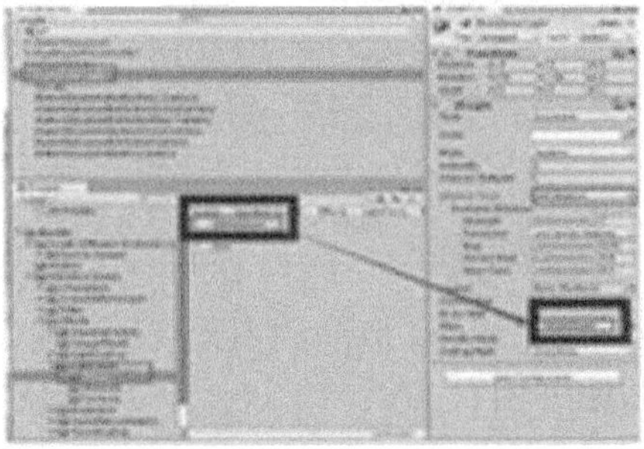

图 5-25　添加光晕效果

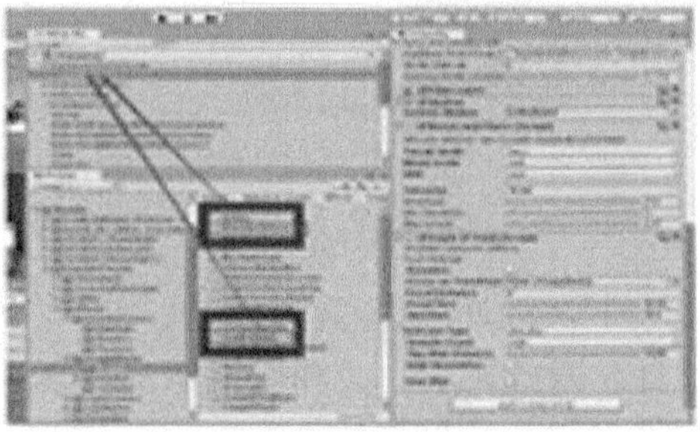

图 5-26　添加特效

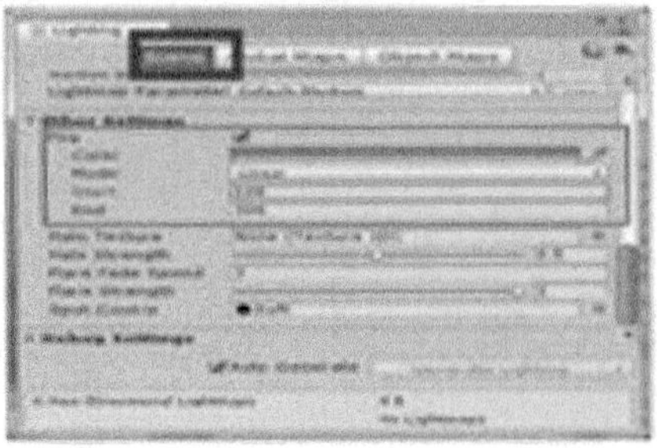

图 5-27　添加雾气效果

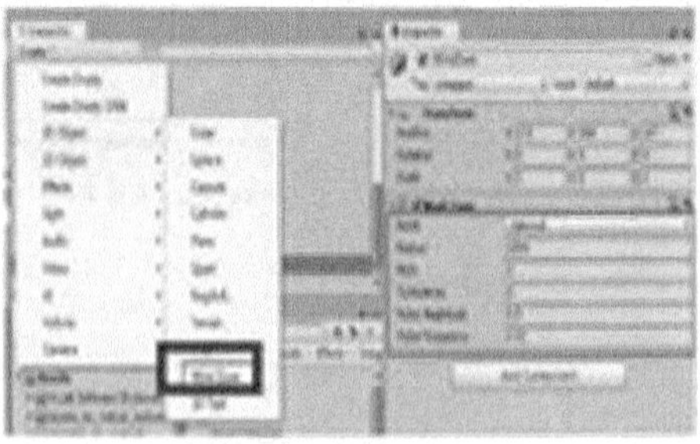

图 5-28　添加风向效果

(19) 导出地形等高贴图(图 5-29)。可通过选择地形对象，在“场景”面板(Inspector)中选择第 7 个按钮，单击 Export Raw，在 Export Heihgt Map 窗口中选择 16bit 和 Windows 操作系统后，即可导出格式为 RAW 的等高贴图。

(20) 导入地形等高贴图。新建一个新场景，选择地形对象，在“场景”面板中选择第 7 个按钮，单击 Import Raw，即可将刚导出的等高贴图贴到新的地形上。

(21) 作品发布(图 5-30)。上述操作完成后，可选择 File | Build Setting 菜单项，然后选择发布平台，单击 Add Open Scenes，添加发布场景后，单击 Build 按钮即可实现具体的 Unity3D 作品发布。

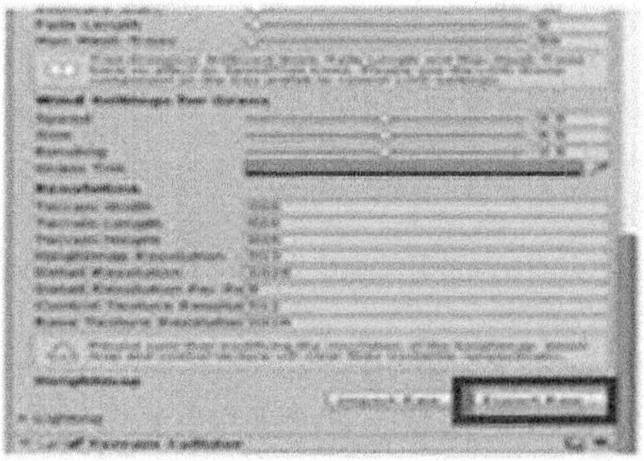

图 5-29　导出地形等高贴图

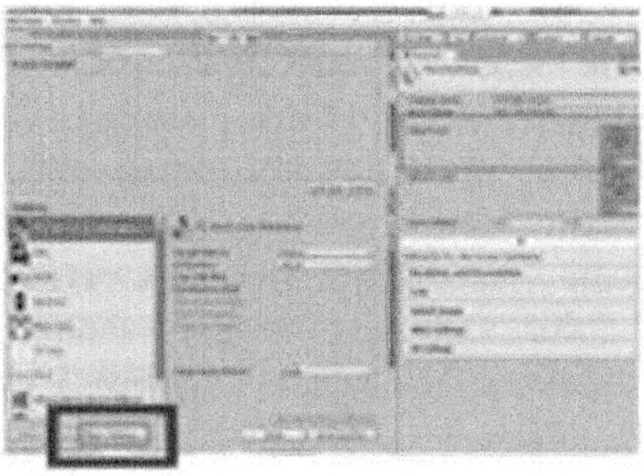

图 5-30　作品发布

参 考 文 献

安德鲁 · 福克纳, 康拉德 · 查韦斯, 2020. Adobe Photoshop CC 2019 经典教程(彩色版)[M]. 董俊霞, 译. 北京: 人民邮电出版社.

安继芳, 侯爽, 2019. 多媒体技术与应用(微课版)[M]. 北京: 清华大学出版社.

李薇, 倪世一, 2017. Photoshop CC 自学魔法书[M]. 北京: 人民邮电出版社.

刘玉红, 侯永岗, 2016. Flash CC 动画制作与设计实战从入门到精通(视频教学版)[M]. 北京: 清华大学出版社.

吕云, 王海泉, 孙伟, 2019. 虚拟现实——理论、技术、开发与应用[M]. 北京: 清华大学出版社.

马克西姆 · 亚戈, 2020. Adobe Audition CC 经典教程[M]. 2 版. 赵阳光, 译. 北京: 人民邮电出版社.

史创明, 秦雪, 彭雪, 2018. Adobe Audition 音频编辑案例教学经典教程(微课版)[M]. 北京: 清华大学出版社.

王贤坤, 2018. 虚拟现实技术与应用[M]. 北京: 清华大学出版社.

张泊平, 2017. 虚拟现实理论与实践[M]. 北京: 清华大学出版社.

张伟, 2016. 不能说的秘密: Photoshop 人像摄影后期高端修饰与调色圣经[M]. 2 版. 北京: 电子工业出版社.

赵娟, 王晓卓, 2018. Flash 动画设计与制作[M]. 北京: 清华大学出版社.

赵阳光, 2017. Adobe Audition 声音后期处理实战手册[M]. 北京: 电子工业出版社.

周玉姣, 2018. Audition CC 全面精通——录音剪辑+消音变调+配音制作+唱歌后期+案例实战[M]. 北京: 清华大学出版社.

朱治国, 缪亮, 陈艳丽, 2020. Flash Action Script 3.0 编程技术教程[M]. 北京:清华大学出版社.

多媒体技术基础及应用教程

主　编　李莉平　马　冯
副主编　胡　丹　何　锋
主　审　杨　棣

科学出版社
北　京

内 容 简 介

本书分为多媒体技术基础、图形图像处理——Adobe Photoshop CC 的应用、平面动画制作——Adobe Flash CC 的应用、音频处理——Adobe Audition CC 的应用、视频剪辑——爱剪辑的应用、多媒体技术与虚拟现实技术六章。

本书是我校一线教师根据“多媒体技术及应用”课程多年的教学经验精心编写而成的，本书的特点为：①以“案例教学”为导向，汇集大量生动实用的案例与实验，体现出“做中学、做中教”的教学方法；②教学和实验以构思—设计—实现为主线，强调学生实践能力和创新能力的培养；③将“计算思维”能力的培养融于案例及实验的教学中，培养和提高学生分析问题、解决问题的能力；④为了便于实验，本书配备了《多媒体技术基础及应用实验教程》。

本书结构清晰、内容丰富、图文并茂、易于教学，可作为高等院校计算机基础课程的教材，也可作为多媒体技术基础及应用方面的参考用书。

图书在版编目（CIP）数据

多媒体技术基础及应用教程：含实验教程/李莉平等主编. —北京：科学出版社，2014.2

ISBN 978-7-03-039659-4

Ⅰ. ①多…　Ⅱ. ①李…　Ⅲ.①多媒体技术-高等学校-教材　Ⅳ. ①TP37

中国版本图书馆 CIP 数据核字（2014）第 017775 号

责任编辑：李淑丽 / 责任校对：王萌萌

责任印制：张　伟 / 封面设计：华路天然工作室

科学出版社 出版

北京东黄城根北街 16 号

邮政编码：100717

http://www.sciencep.com

北京九州迅驰传媒文化有限公司印刷

科学出版社发行　各地新华书店经销

*

2014 年 2 月第　一　版　开本：787 × 1092　1/16

2025 年 1 月第十三次印刷　印张：20 3/4

字数：492 000

定价：75.00元(全套)

（如有印装质量问题，我社负责调换）

前　言

随着信息技术日新月异地发展，进一步提高大学生的计算机应用能力和信息素养、全面提升大学生的综合素能、培养一专多能的复合型人才，才能适应社会所需。教育部高等学校教学指导委员会于 2010 年底明确提出“计算思维”能力的培养应作为计算机基础教学的核心任务。鉴于此，我们在 2014 年出版教材的基础上，新编了《多媒体技术基础及应用教程》和《多媒体技术基础及应用实验教程》，本书编写的主导思想是：培养学生的“计算思维”能力、动手实践及创新能力，介绍新技术和新方法。

本书涉及的两个软件 Adobe Photoshop 和 Adobe Flash 做了较大的改变，由原来的 CS6 版改为 CC 版，增加、删除了部分章节，音频和视频部分也做了较大调整，还增加了虚拟现实技术的内容。本书介绍了多媒体技术基础、图形图像处理——Adobe Photoshop CC 的应用、平面动画制作——Adobe Flash CC 的应用、音频处理——Adobe Audition CC 的应用、视频剪辑——爱剪辑的应用、多媒体技术与虚拟现实技术。

本书的编者均为我校教学经验丰富的一线教师，多年的教学心得和丰富的教学经验使得本书易学易用且能启发读者思考。本书的特点为：①以“案例教学”为导向，汇集大量生动实用的案例与实验，体现出“做中学、做中教”的教学方法；②教学和实验以构思—设计—实现为主线，强调学生实践能力和创新能力的培养；③将“计算思维”能力的培养融于案例及实验的教学中，培养和提高学生分析问题、解决问题的能力；④为了便于实验，本书配备了《多媒体技术基础及应用实验教程》，以及配套案例素材与实验素材。

本书第 1 章由何锋编写，第 2 章由李莉平编写，第 3 章由赵声攀编写，第 4 章由马冯编写，第 5 章由胡丹编写，第 6 章由玄文启编写，全书由李莉平统稿。

本书的编写得到了云南财经大学各级领导的关心，也得到了云南财经大学信息学院各领导的大力支持与帮助，以及老师们的热心相助，在此表示深切的谢意！

由于时间仓促和编者水平有限，书中难免有疏漏之处，恳请专家和广大读者批评指正！

编　者

2020 年 7 月

目　录

第 1 章　多媒体技术基础

本章通过学习多媒体技术的形成、定义、特征、系统组成、应用领域、研究内容和发展趋势，以及掌握图形图像、音频动画和虚拟现实等基本知识，来为后续多媒体技术的设计和制作打下扎实的基础。

1.1　多媒体技术概述

兴起于 20 世纪 80 年代的多媒体计算机技术，经过十多年的发展之后，因受到人们的日益喜爱而成为关注的焦点。它是一个由计算机主导的、全新的数字视听世界，是信息技术领域的一次革命。它的出现，给人们的生活、工作、学习和娱乐带来了深刻的影响和巨大的变化。更好地掌握和应用多媒体技术，无疑是我们表达思想、创造作品和处理信息的一次飞跃。

1.1.1　多媒体技术的形成

在技术发展史上，计算机、通信和广播电视一直是三个各自独立的技术领域，各自有着互不相同的技术特征和服务范围。但是，近几十年来，随着数字技术的发展，这三个原本各自独立的技术领域相互渗透、相互融合，形成了一门崭新的技术——多媒体技术。

1. 多媒体技术的社会需求

多媒体技术在发展过程中，社会需求总是起到刺激和推动作用，按照多媒体技术发展的时间表进行归纳，社会需求主要体现在以下几个方面。

(1) 图形和图像处理的需求。图形和图像是人们辨识事物最直接和最形象的形式，很多难以理解和描述的问题用图形或图像表示，就能起到一目了然的作用。计算机多媒体技术首先要解决的问题就是图形和图像的处理问题。自 1984 年 Apple 公司推出 Machintosh 图形操作系统以来，对图形和图像的处理技术总是在日新月异地发展。

(2) 大容量数据存储的需求。随着计算机处理范围的扩大，被处理的媒体种类不断增加，信息量加大，要保存和处理大量的信息，成为多媒体技术要解决的又一个问题。1986 年 Philips&Sony 公司生产出 CD-I 交互式系统，并提出了 CD-ROM 文件格式(国际标准)，CD-ROM 存储方式和存储介质也应运而生。

(3) 音频信号和视频信号处理的需求。使用计算机处理并回放音频信号和视频信号，是人们对计算机技术提出的新需求。从 1989 年由 Intel/IBM 公司生产的 Action Media 750 音频板、视频板、多功能板和 AVSS(音频视频支撑系统)开始，经过多年的发展，计算机能够对音频信号和视频信号进行采集、数字化处理和回放，并能对回放的过程和模式进行控制，而 1991～1995 年期间由多媒体个人计算机市场协会提出的 MPC1～MPC3 标准促进了 MPC 的标准化和生产销售，使多媒体个人计算机(MPC)成为一种新的流行趋势。

(4) 界面设计的需求。计算机与用户之间的操作层面称为界面。在计算机发展的早期阶段，人们忽略了界面设计问题，这使得没有相当经验和技术的人无法使用计算机。

(5) 信息交换的需求。在现代社会中，信息是至关重要的。为了满足人们对信息流动和交换的渴求，计算机不能只以单机形式处理信息，而是要连接在一起，形成网络，以便互相之间传递和交换信息。“信息高速公路”计划应运而生。

(6) 高科技研究的需求。在高科技研究领域中，航空、航天技术首屈一指。而这一技术与计算机技术几乎是同义词。如果没有计算机技术，人类走入太空几乎是不可能的。

(7) 娱乐与社会活动的需求。人类不仅从事科学与技术，还注重享受娱乐和进行其他社会活动，使用常规设备和技术已经不能满足这方面日益增加的需求。人们已经开始采用计算机多媒体技术，满足各种各样的娱乐和社会活动的需求。

除了上述主要的社会需求外，在医学、交通、工业产品制造，以及农业等多方面也都构成了社会需求，全方位的社会需求使多媒体技术的应用领域更为广泛，其发展将永无止境。

2. 多媒体技术的背景

多媒体技术是建立在计算机技术的基础上的，其背景无疑是针对计算机技术而言的，它是实现多媒体技术的必要条件和保证。在 20 世纪 80 年代末期，CD-ROM 激光存储器、数据压缩技术、大规模集成电路制作技术以及实时多任务系统技术取得突破性的进展，多媒体技术随之进入实用性阶段。以下几个方面是多媒体技术的主要背景。

(1) 多媒体计算机的硬件条件。要实现多媒体技术，计算机需要大容量的存储器、处理速度快的 CPU(中央处理器)、CD-ROM、高效声音适配器，以及视频处理适配器等多种硬件设备，并且需要相关的外围设备，例如，用于获取数字图像的数码照相机、扫描仪和视频头；用于输出的打印机、投影机、自动控制设备等。

(2) 数据压缩技术。在多媒体技术的发展过程中，数据压缩技术是关键技术。它解决了大量多媒体信息数据压缩存储的问题，CD-ROM 的应用、VCD 和 DVD 光盘的使用，都是数据压缩技术的具体应用成果。对于图像文件、音乐文件、视频文件的数据压缩，使这些原本数据量非常大的文件得以轻松地保存和进行网络间传送。

(3) 多媒体的软件条件。多媒体技术的应用离不开计算机软件。在广泛的应用领域中，人们编制了内容广泛、使用方便的计算机软件。借助计算机软件，人们才得以在多领域、多学科中使用计算机，从而充分地利用多媒体技术解决相关问题。如今，计算机软件的发展速度远高于计算机硬件的发展速度，并且有计算机软件功能部分地取代计算机硬件功能的趋势。

1.1.2 多媒体技术的概念

多媒体的英文单词是 Multimedia，它由 Multi 和 Media 两部分构成。

1. 媒体与多媒体

1) 媒体

媒体(Media)又称为媒介或介质。在日常生活中，称为媒体的东西有许多，例如，蜜蜂是传播花粉的媒体；苍蝇是传播病菌的媒体。但准确地说，这些媒体是传播媒体，并非我们所说的多媒体中的媒体，因为这些传播媒体传播的都是某种物质实体，而文字、声音、图像、图形这些都不是物质实体，它们只是客观事物某种属性的表面特征，是一种信息表示方式。

我们在计算机和通信领域所说的媒体，是信息存储、传播和表现的载体，并不是一般的媒体。在计算机领域中的媒体主要有两种含义：一种是表示信息的表现或传播形式，如文本、音频、图形、图像、动画、视频等；另一种是表示存储信息的实体，如纸张、磁盘、光盘、半导体存储器等。根据国际电信联盟(International Telecommunications Union, ITU)电信标准部推出的 ITU-TI.374 建议的定义，可以将媒体划分为如下五类。

(1) 感觉媒体(Perception Medium)：能直接作用于人的感官，使人直接产生感觉的媒体。如视觉类媒体(包括图像、图形、符号、视频、动画等)、听觉类媒体(包括话音、音乐和音响)、触觉类媒体、嗅觉类媒体和味觉类媒体等。

(2) 表示媒体(Representation Medium)：为加工、处理和传输感觉媒体而人为研究、构造出来的一种媒体，如文字、音频、图形、图像、动画和视频等编码表示。

(3) 表现媒体(Presentation Medium)：表现和获取信息的物理设备，有输入显示媒体(如键盘、鼠标、麦克风)和输出显示媒体(如显示器、打印机、音箱)。

(4) 存储媒体(Storage Medium)：用来存储表示媒体的物理介质，以便计算机随时调用和处理信息编码的媒体，如磁盘、光盘和内存等。

(5) 传输媒体(Transmission Medium)：传输数据的物理载体，如电缆、光缆等。

人们通常所说的媒体是指感觉媒体；但计算机所处理的媒体主要是表示媒体。本书不讨论广播电视、报刊和新闻出版等社会媒体。

2) 多媒体

多媒体是融合两种或两种以上表示媒体(如文本、音频、图形、图像、动画、视频等)的一种人-机交互式信息交流和传播媒体。

早期的计算机主要进行数字计算(这也是计算机这一名称的由来)，只供极少数科学家使用；后来用于商业领域，开始处理字符和文字；随着微机、工作站和服务器的普及，计算机有了图形用户界面(Graphical User Interface, GUI)；而多媒体技术的发展，则使计算机日趋友好和人性化(图 1-1)。

操作系统：	无OS	DOS/UNIX	MacOS/X-Window/Windows	
编程语言：	Fortran	COBOL	Basic/C	C++/Java/C#
处理数据：	数字 ——→	字符 ——→	图形 ——→	多媒体
适用对象：	专家	商用	通用	人性化

图 1-1　计算机技术的发展

由于枯燥的文字和数字并不适合人的心理特点与欣赏习惯，因此人类主要通过眼睛和耳朵来接收外部的视觉与声音信息(表 1-1)。Ted Nelson (多媒体技术专家、HyperCard 的创始人、超文本 HyperText 一词的提出者)曾说：“我们居身在媒体世界里就像鱼生活在水中。”

表 1-1　人类接收外部信息的途径与所占的百分比

感觉(感官)	百分比/%
视觉(眼)	80
听觉(耳)	10
嗅觉(鼻)、味觉(舌)、触觉(皮肤)	10

通常，(感觉)媒体的种类很多，由于技术和设备的限制，目前的计算机主要处理文本、图形、图像、声音、动画、视频等六种视觉和听觉媒体。气味(嗅觉)和压力(触觉)媒体也有少量应用(如仿真影院、游戏操纵杆、虚拟现实(Virtual Reality，VR)等)，但不太普及；味觉媒体至今仍未见应用，所以本书不予讨论。

我们可以依据是否与时间相关，将媒体分成如下两类。

(1) 静态媒体(离散媒体/非时基媒体)：与时间无关的媒体，如文本、图形、图像。

(2) 流式媒体(连续媒体/时基媒体)：与时间有关的媒体，如声音、动画、视频。该类媒体有实时和同步等要求。

也许，有的读者要问，电视也是使用文字、声音和图像来进行信息传递的，那么，多媒体和电视到底有什么不同？从技术发展来说，计算机是 20 世纪 40 年代的伟大发明，一直沿着数字信号处理技术的方向发展，目前的个人计算机已经能够实时处理数据量很大的声音和影视图像信息；而电视是 20 世纪 20 年代的伟大发明，它一直沿着模拟信号处理技术的方向发展，直到 70 年代才开始开发数字电视。由于数字技术具有许多优越性，而且数字技术发展到足以使模拟电视向数字电视过渡的水平，电视和计算机才开始融合在一起。

由此可见，由于多媒体和模拟电视采用的技术不同，对于同样内容的信息或者节目，它们所表现出的特性就很不相同。一般而言，电视的特性是线性播放，整个是从头到尾播放的，人不能对电视节目进行调整和修改，人与电视之间的关系是：电视是主动的，而人是被动的。多媒体的特性是由于计算机参与而产生了交互性，人们可以使用键盘和鼠标等设备去控制各种媒体的播放和设置，人与多媒体之间的关系是：人是主动的，人可以对多媒体进行驾驭。

2. 多媒体技术

多媒体技术从不同的角度有着不同的定义。例如，有人定义多媒体技术是一组硬件和软件设备，结合了各种视觉和听觉媒体，能够产生令人印象深刻的视听效果。在视觉媒体上，包括图形、动画、图像和文字等媒体；在听觉媒体上，则包括语言、立体声响和音乐等媒体。用户可以从多媒体计算机同时接触到各种各样的媒体来源。还有人定义多媒体是传统的计算媒体——文字、图形、图像以及逻辑分析方法等与视频、音频以及为了知识创建和表达的交互式应用的结合体。

通常，多媒体技术不是各种信息媒体的简单复合，它是一种把文本(Text)、图形(Graphics)、图像(Images)、动画(Animation)和声音(Sound)等形式的信息结合在一起，并通过计算机进行数字化的采集、编码、存储、传输、处理和再现等，使多媒体信息建立逻辑连接，并集成在一个具有交互性的系统中，从而能支持完成一系列交互式操作的信息技术。其中多媒体技术主要处理的对象有以下几个。

(1) 文字。采用文字编辑软件生成文本文件，或者使用图像处理软件形成图像方式的文字。

(2) 图像。其主要指具有 23～224 个色彩数量的 GIF(Graphics Interchange Format)、BMP、TGA、TIF、JPG 格式的静态图像。图像采用位图方式，并可对其压缩，实现图像的存储和传输。

(3) 图形。图形是采用算法语言或某些应用软件生成的矢量图形，具有体积小、线条圆滑变化的特点。

(4) 动画。动画有矢量动画和帧(Frame)动画之分。矢量动画在单画面中展示动作的全过程，如 Flash 动画文件；而帧动画则使用多画面来描述动作，与传统动画的原理一致，如 FLV 格式的动画文件。

(5) 音频信号。音频通常采用 WAV 或 MID 格式，是数字化音频文件。还有 MP3 压缩格式的音频文件。

(6) 视频信号。视频信号是动态的图像。具有代表性的有 AVI(Audio Video Interleave)格式的电影文件和压缩格式的 MPG 视频文件。

多媒体技术的分类多种多样，按功能可分为开发系统技术、演示系统技术、培训系统技术和家庭系统技术；按应用可分为多媒体信息咨询系统技术、多媒体管理系统技术、多媒体辅助教育系统技术和多媒体通信系统技术。

总之，多媒体技术的发展改变了计算机的使用领域，使计算机由办公室、实验室中的专用品变成了信息社会的普通工具，广泛应用于工业生产管理、学校教育、公共信息咨询、商业广告、军事指挥与训练，甚至家庭生活与娱乐等领域。

1.1.3　多媒体技术的特征

由于多媒体技术包括了计算机技术、视听技术和通信技术，并能对图形、文本、声音、图像等多种媒体进行综合处理，所以多媒体技术具有如下特征。

(1) 集成性：能够对信息进行多通道的统一获取、存储、组织与合成。现在的多媒体技术包含了计算机领域内较新的硬件技术和软件技术，并将不同性质的设备和媒体处理软件集成为一体，以计算机为中心综合处理各种信息。多媒体计算机有丰富的输入/输出接口、高速并行的 CPU、巨大容量的信息存储空间。

(2) 多样性：随着通信技术及计算机技术的发展，计算机所能处理的信息范围逐步扩大，使得我们能够比以往更加和谐地把现有的文本、声音、图形、图像、动画、影像和视频等多种形式的信息媒体组合起来。多媒体技术能综合处理多种媒体信息，将计算机处理的信息空间扩展并放大，使其更容易操作和控制，更具有亲和力。

(3) 交互性：多媒体技术有别于传统信息交流媒体技术的主要特点之一。传统信息交流媒体技术只能单向地、被动地传播信息，而多媒体技术则可以实现人对信息的主动选择和控制，能为用户提供有效的控制和使用信息的手段，它增加用户对信息的注意和理解，延长信息的保留时间，使得人们更加具有主动性和可控制性，与计算机的交流也更快、更有效。

(4) 实时性：当用户给出操作命令时，相应的多媒体信息都能够得到实时控制，如视频会议系统。

(5) 控制性：多媒体技术以计算机为中心，综合处理和控制多媒体信息，并按人的要求将其以多种媒体形式表现出来，同时作用于人的多种感官。

(6) 非线性：多媒体技术的非线性特点将改变人们传统循序性的读写模式。以往人们读写模式大都采用章、节、页的框架，循序渐进地获取知识，而多媒体技术将借助超文本链接(Hyper Text Link)的方法，把内容以一种更灵活、更具变化的方式呈现给读者。

(7) 信息使用的方便性：用户可以按照自己的需要、兴趣、任务要求、偏爱和认知特点来使用信息，任取图形、文字、声音等信息表现形式。

(8) 信息结构的动态性：人们常说“多媒体是一部永远读不完的书”，用户可以按照自己的目的和认知特点重新组织信息，并能增加、删除或修改相关的节点，重新建立有关的链接。

1.1.4　多媒体技术的系统组成

1. 多媒体计算机的标准

多媒体技术的实现离不开多媒体计算机，多媒体个人计算机是指能够综合处理多种媒体信息的计算机。我们可以用下式来对 MPC 进行表达：

MPC=PC+CD-ROM+SOUND BOARD+显示卡+多媒体操作系统

多媒体计算机标准的基本内容包括：

(1) 对个人计算机增加多媒体功能所需的软硬件进行最低标准的规范；

(2) 规定多媒体个人计算机硬件设备和操作系统等的量化标准；

(3) 制定高于 MPC 基本标准的升级规范；

(4) 制定 MPC 三项基本标准(MPC1～MPC3)，具体如下。

① MPC1 标准。1991 年 MPC1 标准诞生，得到了许多硬件开发商的支持，它建立了多媒体系统的标准操作平台，使软件开发商克服了以往无硬件标准而造成的软件的困难，如表 1-2 所示。

表 1-2　MPC1 标准

设备	标准配置	推荐配置
CPU	386SX	386DX 或 486SX
时钟	16MHz	
内存	2MB	4MB
硬盘	30MB	80MB
接口	串行、并行、游戏棒接口	
MIDI	MIDI 合成、混音接口	
显示卡	VGA 模式，分辨率 640ppi×480ppi，16 色	256 色
激光驱动器	单速 CD-ROM，数据传输速率 150KB/s	
声音输入/回放	mV 级灵敏度输入，耳机、扬声器输出	
声卡	8bit/11.025kHz 采样，11.025kHz 和 22.05kHz 输出	
操作系统	DOS 3.1 版本或以上，Windows 3.0 带多媒体扩展模块	

② MPC2 标准。1993 年 5 月 MPC 联盟又制定了 MPC2 标准，这个标准主要提高了基本部件的性能指标，如表 1-3 所示。

表 1-3　MPC2 标准

设备	标准配置	推荐配置
CPU	486SX 或兼容 CPU	486DX 或 DX2
时钟	25MHz	
内存	4MB	8MB
硬盘	160MB	400MB

续表

设备	标准配置	推荐配置
接口	串行、并行、游戏棒接口	
MIDI	MIDI 合成、混音接口	
显示卡	VGA 模式，分辨率 640ppi×480ppi，256 色	65536 色
激光驱动器	倍速 CD-ROM，数据传输速率 300KB/s	
声音输入/回放	mV 级灵敏度输入，耳机、扬声器输出	
声卡	16bit 采样，11.025kHz、22.05kHz 和 44.1kHz 输出	
操作系统	DOS 3.1 版本或以上，Windows 3.1 带多媒体扩展模块	

③ MPC3 标准。而 1995 年 6 月制定的 MPC3 标准在进一步提高对基本部件的要求的基础上，增加了全屏幕、全动态(30 帧/秒)视频及增强版的 CD 音质的视频和音频硬件标准，如表 1-4 所示。

表 1-4　MPC3 标准

设备	标准配置
CPU	Pentium CPU 或兼容 CPU
时钟	75MHz
内存	8MB
硬盘	540MB
接口	串行、并行、游戏棒接口
MIDI	MIDI 合成、混音接口
显示卡	VGA 模式，分辨率 640ppi×480ppi，64K 色
激光驱动器	4 倍速 CD-ROM，数据传输速率 600KB/s
视频播放	NTSC 制：30 帧/秒，分辨率 352ppi×240ppi
	PAL 制：24 帧/秒，分辨率 352ppi×288ppi
	数据格式：MPEG-1 压缩格式

2. 多媒体计算机系统的组成

通常，要进行多媒体的应用离不开多媒体计算机系统(图 1-2)。一个完整的多媒体计算机系统由多媒体计算机硬件和多媒体计算机软件两部分组成。

图 1-2　多媒体计算机系统

1) 多媒体计算机的硬件

多媒体计算机的主要硬件除了常规的硬件如主机、软盘驱动器、硬盘驱动器、显示器、网卡之外，还要有音频卡、视频卡、光盘驱动器、数码相机、扫描仪、摄像机和摄像头等部分。

(1) 音频卡(Sound Card) 用于处理音频信息，它可以把话筒、录音机、电子乐器等输入的声音信息进行模/数转换(A/D 转换)、压缩等处理，也可以把经过计算机处理的数字化的声音信号通过还原(解压缩)、数/模转换(D/A 转换)后用音箱播放出来，或者用录音设备记录下来(图 1-3)。

音频卡的基本技术指标如下。

① 采样频率：单位时间内的采样次数，常用的采样频率有 11.025kHz、22.05kHz 和 44.1kHz。

② 采样值的量化位数：常用的有 8 位、16 位和 32 位，其中以 16 位为主。

③ 声道数：音频卡支持单声道与双声道。

(2) 视频卡(Video Card)就是把外部的视频数据信号或视频音频混合信号(如电视、模拟信号录像机、数码摄像机等)导入计算机，并转换成计算机可以识别的数字信号保存起来，以备我们进行编辑处理的工作。一般按照其用途可以分为广播级视频采集卡、专业级视频采集卡、民用级视频采集卡。它们的主要区别是采集的图像指标性能不同。广播级视频采集卡的最高采集分辨率一般为 768ppi×576ppi(PAL 制)，或 640ppi×480ppi(NTSC 制，30 帧/秒)，最小压缩比一般在 4∶1 以内。这一类产品的优点是采集的图像分辨率高，视频信噪比高；缺点是视频文件庞大，每分钟数据量至少为 200MB。此类产品是视频采集卡中最高档的，主要用于电视台制作节目。专业级视频采集卡的性能比广播级视频采集卡的性能稍微低一些，两者的分辨率是相同的，但其压缩比比广播级视频采集卡的压缩比稍微大一些，其最小压缩比一般在 6∶1 以内，此类产品适用于广告公司、多媒体公司制作节目及多媒体软件(图 1-4)。

(3) 光盘驱动器(简称光驱)包括 CD-ROM 驱动器、WORM 光盘驱动器和可重写光盘驱动器(CD-R)，可用于读取或存储 CD、VCD、DVD 中的大容量的多媒体信息。目前，存有图形、动画、图像、声音、文本、数字音频、程序等资源的 CD-ROM 驱动器早已广泛使用。而可重写光盘驱动器、WORM 光盘驱动器价格较贵，目前还不是非常普及(图 1-5)。

图 1-3　音频卡

图 1-4　视频卡

图 1-5　光盘驱动器

通常，一台普通的光驱通常由主体支架、光盘托架、激光头组件、电路控制板组成。其中，激光头组件的地位最为重要，可以说是光驱的“心脏”，它主要负责数据的读取工作，因此在清理光驱内部的时候要格外小心。当激光头组件读取光盘上的数据时，从激光发生器发出的激光透过半反射棱镜，汇聚在物镜上，物镜将激光聚焦成为极其细小的光点并打到光盘上。此时，光盘上的反射物质就会将照射过来的光线反射回去，透过物镜，再照射到半反射棱镜上。此时，由于棱镜是半反射结构，因此不会让光线穿透它并回到激光发生器上，而是经过反射，穿过透镜，到达了光敏二极管上面。由于光盘表面是以凸起不平的点来记录数据的，所以反射过来的光线就会射向不同的方向。人们将射向不同方向的信号定义为 0 或者 1，发光二极管接收到的是那些以 0 或者 1 排列的数据，并最终将它们解析成为我们需要的数据。这就是光驱的工作原理。

目前的多媒体计算机通常配置的是 DVD 光驱，它可以对 CD、VCD、DVD 进行信息的读取。那么，CD、VCD、DVD 的区别在哪里呢？CD 是英文 Compact Disc 的缩写，意为激光唱片；VCD 是英文 Video Compact Disc 的缩写，翻译成中文就是小型影碟；DVD 是英文 Digital Video Disc 的缩写，翻译成中文就是数字影碟。从技术上来看，VCD、DVD、CD 都是一样的，因为它们都是将需要的数据存储在光盘轨道中极小的凹槽内，然后通过光驱的激光来进行读取工作。但是在光盘的密度方面，DVD 要比 CD、VCD 大得多，因此在读取 DVD 数据的时候就需要比读取 CD、VCD 的数据时波长更短的激光，所以在清晰度方面，DVD 占据了绝对的优势；在数据容量上 CD、VCD 只能容纳 650～700MB 的数据，而 DVD 最少可以容纳 4.7GB 的数据(图 1-6)。

(4) 数码相机(Digital Camera)是一种采用电荷耦合器件(CCD)或互补金属氧化物半导体(CMOS)作为感光器件，将客观景物以数字方式记录在存储器中的相机。它的特点是图像数字化，易于进入计算机存储和加工，而且数码相机的存储器可以重复使用(图 1-7)。

与传统相机相比，传统相机使用胶卷作为其记录信息的载体，而数码相机的胶卷就是其成像感光器件，而且是与数码相机一体的，是数码相机的“心脏”。这种拍照方式比传统相机优越的地方是拍照之后可以立即看到图像，从而提供了对不满意的作品立刻重拍的可能性，并减少了遗憾的发生，而且只需为那些想冲洗的照片付费，其他不需要的照片可以删除，同时，其色彩还原和色彩范围不再依赖胶卷的质量。

(5) 扫描仪是除键盘和鼠标之外广泛应用于计算机的输入设备。可以利用扫描仪输入照片建立自己的电子影集，扫描手写信函再用 E-mail 发送出去以代替传真机；可以利用扫描仪配合 OCR 软件输入报纸或书籍的内容，免除键盘输入汉字的辛苦。它使我们在办公、学习和娱乐等各个方面提高效率并增加乐趣(图 1-8)。

图 1-6　光盘

图 1-7　数码相机

图 1-8　扫描仪

扫描仪的工作原理：扫描仪对原稿进行光学扫描，然后将光学图像传送到光电转换器中变为模拟电信号，又将模拟电信号变换为数字电信号，最后通过计算机接口送至计算机中。

(6) 摄像机是一种把景物光学图像转变为电信号的装置。其结构大致可分为光学系统(主要指镜头)、光电转换系统(主要指摄像管或固体摄像器件)以及电路系统(主要指视频处理电路)三部分。当摄像机中的摄像系统把被摄对象的光学图像转变成相应的电信号后，便形成了被记录的信号源。录像系统把信号源送来的电信号通过电磁转换系统变成磁信号，并将其记录在录像带上。如果需要摄像机的放像系统将所记录的信号回放出来，可操纵有关按键，把录像带上的磁信号变成电信号，再经过放大处理后送到计算机的屏幕上成像(图 1-9)。

(7) 摄像头将摄像单元和视频捕捉单元集成在一起，通过微机上的 USB 接口，可以实现即插即用，非常适合笔记本电脑和品牌机用户。还有一些有闪盘功能的摄像头产品，在接入计算机后还可以当作 32MB 的闪盘使用，真正一盘两用(图 1-10)。

图 1-9　摄像机

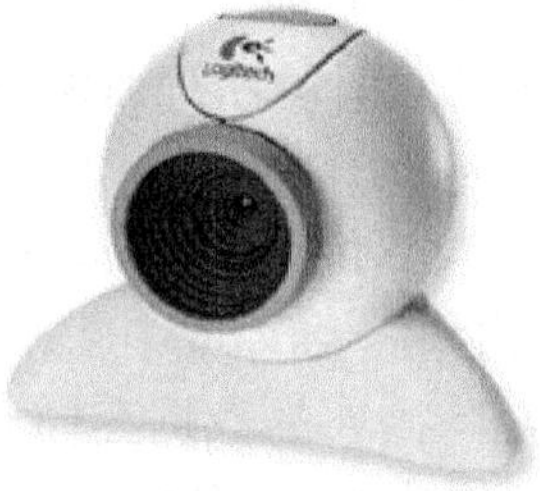

图 1-10　摄像头

摄像头的工作原理大致为：光线照射景物，景物上的光线反射通过镜头(LENS)聚焦生成的光学图像投射到图像传感器表面上，产生光电效应然后转为电信号，经过 A/D(模/数)转换后变为数字图像信号，再送到数字信号处理器(DSP)芯片加工处理，然后通过数据线由 USB 接口传输到计算机中处理，通过显示器就可以看到图像了。

通常，摄像头分为数字摄像头和模拟摄像头两大类。模拟摄像头可以将视频采集设备产生的模拟视频信号转换成数字视频信号，进而将其存储在计算机里。模拟摄像头捕捉到的视频信号必须经过特定的视频捕捉卡将模拟视频信号转换成数字视频信号，并加以压缩后才可以转换到计算机上应用；而数字摄像头可以直接捕捉影像，然后通过串、并口或者 USB 接口传输到计算机里。现在计算机市场上的摄像头基本以数字摄像头为主，而数字摄像头中又以使用新型数据传输接口的 USB 数字摄像头为主，目前市场上可见的大部分都是这种产品。

2) 多媒体计算机的软件

多媒体计算机的软件主要包括多媒体系统软件、多媒体支持软件(开发工具)和多媒体应用软件。

(1) 多媒体系统软件主要包括多媒体驱动程序和多媒体操作系统，具有实时任务调度、多媒体数据转换和同步控制对多媒体设备的驱动与控制，以及图形用户界面管理等功能。

(2) 多媒体支持软件(开发工具)又可分为多媒体素材制作工具软件、多媒体著作工具软件和多媒体编程语言。

其中，多媒体素材制作工具软件包括以下几个。

① 文字特效制作软件：MS Word(艺术字)和 Ulead COOL 3D。

② 音频处理软件：GoldWave、Syntrillium Cool Edit 和 Twelve Tone Cakewalk。

③ 图形与图像处理软件：ACDSee、CorelDRAW、Macromedia Fireworks 和 Adobe Photoshop。

④ 动画制作软件：Macromedia Flash MX、Discreet 3DS Max 和 Alias/Wavefront Maya。

⑤ 视频编辑软件：Adobe Premiere 和 Ulead MediaStudio。

多媒体著作工具软件包括 Microsoft PowerPoint、Microsoft FrontPage、Macromedia Authorware 和 Macromedia Director。

多媒体编程语言包括 VB、VC++和 Delphi 等编程开发语言。

它们大体上都是一些应用程序生成器，能将各种媒体素材按照超文本节点和链结构的形式进行组织，形成多媒体应用系统。

(3) 多媒体应用软件主要是多媒体应用系统和多媒体产品，它们是根据多媒体系统终端用户要求而定制的应用软件或面向某一领域的用户应用软件系统，它是面向大规模用户的系统产品，如视频点播系统、虚拟现实系统等。

3. 多媒体计算机系统的特点

多媒体计算机系统不是单一的技术，而是多种信息技术的集成，把多种信息技术综合应用到一个多媒体计算机系统中，实现信息输入、信息处理、信息输出等多种功能。它有以下五个技术特征。

(1) 多媒体计算机系统具有对包括伴音在内的活动图像的处理、存储和显示的能力。

(2) 多媒体计算机系统解决了在时间上紧密相关的数字信号的同步问题。

(3) 多媒体计算机系统具有光盘驱动器。

(4) 多媒体计算机系统输入手段丰富，输出种类多、质量高。

(5) 多媒体计算机系统具有丰富的软件资源。多媒体计算机系统的软件资源必须非常丰富，以满足多媒体素材的处理及其程序的编制需求。

1.1.5　多媒体技术的应用领域

多媒体技术的应用领域非常广泛，几乎遍布各行各业以及人们生活的各个角落。多媒体技术具有直观、信息量大、易于接受和传播迅速等显著的特点，因此多媒体技术的应用领域拓展十分迅速。近年来，随着国际互联网的兴起，多媒体技术也渗透到国际互联网上，并随着网络的发展和延伸，不断地成熟和进步。目前，多媒体技术的应用领域有教育与培训、办公自动化、出版与图书、商业与营销、网络与通信、娱乐与仿真等。

1. 教育与培训

世界各国的教育学家正努力研究用先进的多媒体技术改进教学与培训。以多媒体网络教学课件、虚拟课堂、虚拟实验室、数字图书馆、多媒体技能培训系统为核心的现代教育技术使教学手段丰富多彩，使计算机辅助教学(CAI)、计算机辅助学习(CAL)、计算机化教学(CBI)、计算机化学习(CBL)、计算机辅助训练(CAT)、计算机管理教学(CMI)如虎添翼。大量的实践已证明多媒体教学系统有如下效果：①学习效果好；②说服力强；③教学信息的集成使教学内容丰富，信息量大；④感官整体交互，学习效率高；⑤各种媒体与计算机结合可以使人类的感官与想象力相互配合，产生前所未有的思维空间与创造资源。

2. 办公自动化

办公自动化是指采用先进的数字影像和多媒体计算机技术，把文件扫描仪、图文传真机以及文件微缩系统等现代化办公设备综合管理起来，以影像代替纸张，以计算机代替人工操作，构成了全新的办公自动化系统，这是当今办公自动化的一个新的发展方向。

多媒体技术为办公室增加了控制信息的能力和充分表达思想的机会，许多应用程序都是为提高工作人员的工作效率而设计的，从而产生了许多新型的办公自动化系统。由于采用了先进的数字影像和多媒体技术，把文件扫描仪、图文传真机、文件微缩系统等和通信网络等现代化办公设备综合管理起来，将构成全新的办公自动化系统。

3. 出版与图书

国家新闻出版署把电子出版物定义为“是指以数字代码方式将图、文、声、像等信息存储在磁、光、电介质上，通过计算机或类似设备阅读使用，并可复制发行的大众传播媒体”。该定义明确了电子出版物的重要特点。电子出版物的内容可分为电子图书、辞书手册、文档资料、报刊、教育培训、娱乐游戏、宣传广告、信息资讯、简报等。

E-Book，E-Newspaper，E-Magazine 等电子出版物具有容量大，体积小，成本低，检索快，易于保存和复制，能存储图形、文字、声音、图像的特点。过去人们看到的纸介质的东西，没有声音、图像，其表现形式是静止的，而多媒体光盘使其表现形式更活泼、更有趣、更容易让人接受，特别是信息的交互性不仅能向读者提供信息，而且能接收读者的反馈。用多媒体创作工具可以制作各种电子出版物，如各种教材、参考书、导游和地图、医药卫生、商业手册等市场是巨大的，发展前景非常可观。

4. 商业与营销

在商业和公共服务中，多媒体技术将扮演一个重要的角色。多媒体技术引入管理信息系统(MIS)使得人们查询信息更方便快捷，获取的信息更加生动、丰富。互动的多媒体技术正越来越多地承担着向客户、职员和大众发布信息的任务。它以一种新方式来进行宣传、设计和销售等活动，同时还能提高机构的效率和使用的乐趣。我们可在越来越多的地方(如商店、酒楼、办公室、博物馆甚至是飞机上)找到多媒体技术的应用，如商业广告、产品演示、影视创作、家居设计与装潢、多媒体影像簿的制作等。

5. 网络与通信

在通信工程中的多媒体终端和多媒体通信也是多媒体技术的重要应用领域之一。当前计算机网络已在人类社会进步中发挥着重大作用。随着“信息高速公路”开通，电子邮件已普遍采用。多媒体通信有着极其广泛的内容，对人类生活、学习和工作将产生深刻影响的当属信息点播(Information Demand)和计算机支持协同工作(Computer Supported Cooperative Work, CSCW)系统。通过桌上多媒体信息系统，人们可以远距离点播所需信息，而交互式电视和传统电视的不同之处在于用户在交互式电视机前可对电视台节目库中的信息按需选取，即用户主动与电视进行交互式获取信息。而 CSCW 是指在计算机支持的环境中，一个群体协同工作以完成一项共同的任务，其应用于工业产品的协同设计制造、远程医疗诊断、多媒体视频会议、不同地域位置的同行进行学术交流、师生间的协同学习等。

6. 娱乐与仿真

多媒体技术促进了通信、娱乐和计算机的融合。它是解决常规电视数字化及高清晰度电视(HDTV)切实可行的方案，采用多媒体技术使一台个人计算机具有录音电话、可视电话、图文传真机、立体声音箱设备、电视机和录像机等多种功能，即完成通信、娱乐和计算机的功能，它显著丰富了人们的文化生活。电子游戏、各种视频、视频节目为人们提供了丰富多彩的精神食粮。同样，多媒体技术的优势在于它能把复杂的事物变得简单、把抽象的东西变得具体，因此可用于军事遥感、核武器模拟、战场模拟、(三维)游戏等仿真领域。

总的来看，多媒体技术的应用正向两个方向发展：一是网络化发展趋势，与宽带网络通信等技术相互结合，使多媒体技术进入科研设计、企业管理、办公自动化、远程教育、远程医疗、检索咨询、文化娱乐、自动测控等领域；二是多媒体终端的部件化、智能化和嵌入化，提高计算机系统本身的多媒体性能，开发智能化家电。

1.1.6　多媒体技术的研究内容

由于多媒体技术需要将不同的媒体数据表示成统一的数据流格式，然后对其进行变换、重组和分析处理，以进行进一步的存储、传送、输出和交互控制，所以多媒体的传统关键技术主要集中在数据压缩技术、超大规模集成电路(VLSI)制造技术、大容量的光盘存储器(CD-ROM)、实时多任务操作系统四类中。因为这些技术取得了突破性的进展，多媒体技术才得以迅速发展，成为像今天这样具有强大的处理声音、文字、图像等多媒体信息的能力的高科技技术。

目前，多媒体技术的主要研究领域有多媒体数据压缩技术、多媒体专用芯片技术、多媒体系统的软件技术和输入/输出技术、多媒体数据的组织与管理技术、多媒体信息的展现与交互技术、多媒体通信与信息分布处理技术、虚拟现实技术。

1. 多媒体数据压缩技术

研制多媒体计算机需要解决的关键问题之一是要使多媒体计算机能实时地综合处理声音、文字、图像等多媒体信息。然而，图形、图像、视频和音频需要的存储空间是十分巨大和惊人的。例如，一幅中等分辨率(640ppi×480ppi)的真彩色图像，每个像素 24 位表示数据量为 640×480×24=7.03Mbit/帧=0.88MB/帧。普通光盘一般为 700MB，而硬盘一般在 2TB 左右；在通信网络上，以太网设计速率为 10Mb/s，实际仅能达到其一半以下的水平，而电话线数据传输速率才有 33.6～56Kbit/s，光纤技术的推广使数据传输速率可以达到 kMbit/s 量级。而且视频、音频数字信号还要求快速的传输处理，这致使一般计算机产品特别是个人计算机系列上开展多媒体应用难以实现，因此，视频、音频数字信号的编码和压缩算法成为一个重要的研究课题。此外，编码理论研究已有 40 多年的历史，技术已日趋成熟，在研究和选用编码时，主要有两个问题：一是该编码方法能用计算机软件或集成电路芯片快速实现；二是一定要符合压缩/解压缩编码的国际标准。

2. 多媒体专用芯片技术

多媒体专用芯片仰仗于超大规模集成电路(VLSI)技术，它是多媒体硬件系统体系结构的关键技术。由于实现音频、视频信号的快速压缩/解压缩和播放处理需大量的快速计算，而且实现图像的许多特殊效果、图像生成、绘制等处理以及音频信号的处理等也都需要较快的运算处理速度，因此，只有采用专用芯片，才能取得满意效果。

多媒体专用芯片可分为两类：一类是固定功能的芯片；另一类是可编程数字信号处理器芯片。除专用处理器芯片外，多媒体系统还需要其他集成电路芯片支持，如数/模(D/A)和模/数(A/D)转换器、音频、视频芯片，彩色空间变换器及时钟信号产生器等。这使得多媒体专用芯片的研究成为必然。

3. 多媒体系统的软件技术和输入/输出技术

多媒体系统的软件技术主要包括多媒体操作系统技术、多媒体编辑系统技术、多媒体数据库管理技术、多媒体信息的混合与重叠技术等。其中，多媒体操作系统技术要求该操作系统要像处理文本、图形文件一样方便灵活地处理动态音频和视频，在控制功能上，要扩展到对录像机、音响、MIDI 等声像设备以及 CD-ROM 光盘存储设备等。多媒体操作系统技术要能处理多任务，易于扩充，要求数据存取与数据格式无关，提供统一友好的界面；而且多媒体信息是结构型的，致使传统的关系数据库已不适用于多媒体的信息管理，这需要从以下几个方面研究数据库：①研究多媒体数据模型；②研究数据压缩和解压缩的格式；③研究多媒体数据管理及存取方法。

此外，多媒体系统的输入/输出技术包括媒体变换技术、识别技术、媒体理解技术和综合技术。目前，前两种技术相对比较成熟，应用较为广泛；后两种技术还不成熟，只能用于特定场合。随着多媒体技术的不断发展，其进一步的趋势是：①人工智能输入/输出技术；②外围设备控制技术；③多媒体网络传输技术。

4. 多媒体数据的组织与管理技术

数据的组织和管理是任何信息系统都要解决的核心问题。多媒体数据具有数据量大、种类繁多、关系复杂的基本特征。以什么样的数据模型表达和模拟这些多媒体信息空间？如何组织存储这些数据？如何管理这些数据？如何操纵和查询这些数据？这是传统数据库系统的能力和方法难以胜任的。目前，人们利用面向对象的方法和机制开发了新一代面向对象的数据库，结合多媒体技术的应用，为多媒体信息的建模、组织和管理提供了有效的方法。但是面向对象的数据库和多媒体数据库的研究还很不成熟。

5. 多媒体信息的展现与交互技术

在传统的计算机应用中，大多数都采用文本媒体，所以对多媒体信息的表达仅限于“显示”。在未来的多媒体环境下，各种媒体并存，是视觉、听觉、触觉、味觉和嗅觉媒体信息的综合与合成，就不能仅仅用“显示”完成各种媒体的表现了。各种媒体的时空安排和效应、相互之间的同步和合成效果、相互作用的解释和描述等都是表达信息时所必须考虑的问题。有关信息的这种表达问题统称为“展现”。尽管影视声响技术广泛应用，但多媒体的时空合成、同步效果，可视化、可听化以及灵活的交互方法等仍是多媒体技术领域需要研究和解决的棘手问题。

6. 多媒体通信与信息分布处理技术

多媒体通信对多媒体产业的发展、普及和应用有着举足轻重的作用，构成了整个多媒体产业发展的关键和瓶颈。在通信网络中，如电话网络、广播电视网络和计算机网络，其传输性能都不能很好地满足多媒体数据数字化通信的需求。

要想广泛地实现信息共享，计算机网络及其在网络上的分布式与协作操作就不可避免。多媒体空间的合理分布和有效的协作操作将缩小个体与群体、局部与全球的工作差距。超越时空限制、充分利用多媒体信息、协同合作、相互交流、节约时间和经费等是多媒体信息分布的基本目标。

7. 虚拟现实技术

虚拟现实技术是一种多技术、多学科相互渗透和集成的技术，它既是一门综合技术，又是一种艺术，在很多应用场合中，其艺术成分往往超过技术成分。由于虚拟现实技术是多媒体技术应用的高级境界，且应用前景十分被看好，如交互的虚拟音乐会、宇宙作战游戏等，这就促使虚拟现实技术的研究逐年热了起来。

1.1.7 多媒体技术的发展趋势

多媒体技术的发展趋势预计向以下几个方面不断地进步。

(1) 多媒体计算机+电视+网络将形成一个极大的多媒体通信环境，以网络为中心的计算机将是信息技术中的一场新的革命，它将使计算机成为人与人交流的媒体。多媒体技术将与相邻技术结合以提供完善的人-机交互环境。同时多媒体技术将继续向其他应用领域扩展，使其应用的范围进一步扩大。展望未来，网络和计算机技术相交融的交互式多媒体技术将成为 21 世纪多媒体技术的发展方向。人们能够在家里购物、点播自己喜欢的电视节目，可以从网络上接收信息、选择信息，还可以发送信息，而其信息是以多媒体的形式进行传输的。

(2) 同样地，由于多媒体通信技术的发展，不断地出现内容更为丰富的多媒体教学系统。多媒体教学系统有如下效果：①学习效果好；②说服力强；③教学信息的集成使教学内容丰富、信息量大；④感官整体交互，学习效率高；⑤各种媒体与计算机结合可以使人的感官与想象力相互配合，产生前所未有的思维空间与创造资源。换言之，人可以按照自己的思维习惯，按照自己的意愿主动地选择和接收信息，拟定观看内容的路径；智能性地提供了易于操作、十分友好的界面，使计算机更直观、更方便、更亲切、更人性化；易扩展性使其可方便地与各种外围设备挂接，实现数据交换、虚拟现实和监视控制等多种功能。

(3) 多媒体名片将极大地促进现代商务活动的开展。虽然在商务活动中名片依旧占据着一定的地位，但随着信息技术和多媒体技术的不断发展，多媒体不只应用在光盘上，“蓝牙”“Pocket”等新技术使多媒体技术、概念真正走进生活，走进各个领域。多媒体设计艺术、技术的大众化，更能突出公司的形象。多媒体名片作为多媒体应用的一个缩影，必然能促进商务活动的更好开展。

(4) 微电子技术的迅猛发展使得数字多媒体芯片技术越来越快地进入人们日常生活的方方面面。从多媒体技术的发展趋势来看，多媒体技术的数字化将会是未来技术扩张的主流，而作为多媒体技术赖以生存和发展的重要基石，数字多媒体芯片技术将成为未来多媒体技术革命中的焦点，从以 PC 技术为依附的计算机多媒体应用，到移动通信业务的各种多媒体实现，以及未来 3C 时代各种电子化装置的多媒体大融合，数字多媒体芯片都是无可置疑的主角。

总之，多媒体技术的未来是激动人心的，我们生活中数字信息的数量在今后几十年中将急剧增加，质量上也将大大地改善。多媒体技术正在以迅速的、意想不到的方式进入人们生活的多个方面，大的趋势是各个方面都将朝着当今新技术综合的方向发展，其中包括大容量光碟存储器、国际互联网和交互电视。这个综合正是一场广泛革命的核心，它不仅影响信息的包装方式和我们如何应用这些信息，而且将改变我们互相通信的方式，给人们的生活、工作和娱乐带来深刻的革命。

1.2 多媒体信息处理技术

现代文明和信息社会的发展，使多媒体技术植根于多种高科技的沃土上，众多的产品介绍和不断的产品更新令人目不暇接，掌握和应用多媒体技术是现代社会发展的必然要求。因此，对多媒体技术的正确认识和理解有助于我们进行更好的多媒体技术设计和应用。

1.2.1　图形图像处理技术

人类生活的世界是一个色彩斑斓的世界。把人类的视觉所见反映到人的大脑中，便构成一幅幅丰富多彩的场景和画面。而颜色是区别和构成图形图像的一个重要特征。

1. 颜色的描述与度量

1) 颜色的定义

颜色是人类视觉对可见光的感知结果。就人类的视觉能力而言，可见的光波频率范围为390万亿～750万亿Hz。如果用波长来表示，人的眼睛所能看见的光波波长为380～770nm。经过科学研究发现，光的本质是电磁波，其电磁波谱如图1-11所示。

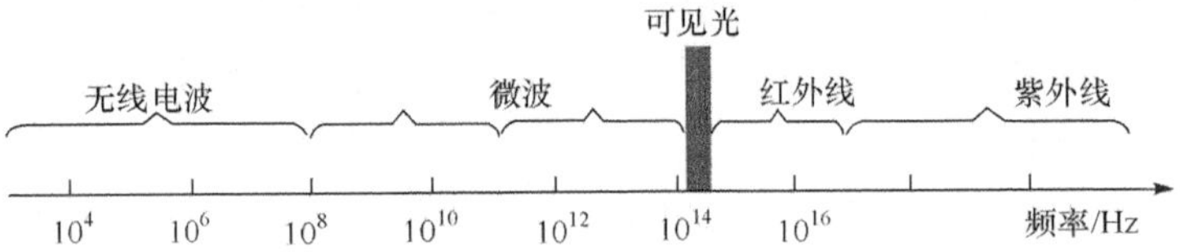

图 1-11　电磁波谱

颜色与光的波长是直接相关的，如果用三棱镜对太阳光进行实验，将会发现不同波长的单色光会有不同的颜色，按波长由大到小排列，依次是红、橙、黄、绿、青、蓝、紫(图1-12)。

颜色	红	橙	黄	绿	青	蓝	紫
波长(nm)	700	620	580	546	480	436	380

图 1-12　光的波长与颜色对照图

2) 颜色的特征

我们知道，只要是颜色都可用亮度(Brightness)、色调(Hue)和饱和度(Saturation)来描述，因此，人眼中看到的任一颜色的光都是这三个特征的综合效果。那么亮度、色调和饱和度分别指的是什么呢？

亮度：表示颜色的明亮程度(光的能量)，是光作用于人眼时引起的明亮程度的感觉，它与被观察物体的发光强度有关。

色调：当人眼看到一种或多种波长的光时产生的色彩感觉，它反映颜色的种类，而色调主要取决于它本身辐射的光谱成分或在光照下所反射的光谱成分。色调是决定颜色的基本特征，如红、棕就是指色调。

饱和度：颜色的纯度，即掺入白光的程度，或者说是指颜色的深浅程度，对于同一色调的彩色光，饱和度越深，颜色越鲜明或越纯。

通常我们把色调和饱和度统称为色度，它表示颜色的类别与深浅程度。

3) 三基色原理

我们知道，自然界中物体辐射或反射的光不仅仅是可见的七色光，如橘黄色就不在其中，那么它是如何而来的？这就需要引入三基色原理了。

自然界常见的各种颜色光，都可由红(R)、绿(G)、蓝(B)三种颜色光按不同比例相配而成；同样，绝大多数颜色光也可以分解成红、绿、蓝三种色光，这就形成了色度学中最基本的原理——三基色原理(RGB)。

三基色原理是指将红、绿、蓝三种颜色按照不同的比例进行组合，就可以引起人眼对自然界的全部颜色感觉。

4) 颜色模式

颜色模式又称为彩色空间，是指表示色彩的数字方法。例如，彩色扫描仪要将图像的颜色进行 RGB 分解后再送入计算机中，彩色打印机要用 CNYK 四色墨水进行彩图的打印。

(1) RGB 模式。RGB 模式是一种典型的三基色模式，是多媒体计算机中用得最多的一种，适用于显示器这类发光物体。RGB 由三种基本颜色 Red(红)、Green(绿)、Blue(蓝)组成，每种颜色的亮度用数字 0～255 表示，共有 1670 万种颜色。

$R=G=B=0$ 黑

$R=G=B=255$ 白

$0<R=G=B<255$ 灰

(2) CMYK 相减混色模式。CMYK 相减混色模式主要用于彩色打印机和彩色图像印刷这类吸光物体上。CMYK 由 Cyan(青)、Magenta(品红)、Yellow(黄)、Black(黑)组成，每种颜色用百分数 0～100%来表示。

$C=M=Y=K=0$ 白

$C=M=Y=K=100\%$ 黑

(3) 其他的颜色模式。颜色模式的表示还有其他的多种形式，例如，HSB 模式是根据人对颜色的感觉来描述的，是适合从事艺术绘画的人描述颜色的方法，它由 Hue、Saturation、Brightness 组成；YUV 模式用于 PAL 彩色电视制式，其中，Y 表示亮度信号，可构成灰色图像，U、V 表示色度信号，是构成颜色的两个分量；黑白模式采用 1bit 表示一个像素，只能显示黑和白，适合制作黑白的线条图。

2. 图形与图像

1) 图形与图像的定义

矢量图形(Vector-Based Image)又称为矢图、图形或几何图形，是用一个指令集合来描述的。这些指令用来描述矢量图形中线条的形状、位置、颜色等各种属性和参数，如圆可以是由圆心坐标、半径以及粗细线条和颜色组成的。绘制矢量图形常用的软件有 CorelDRAW 和 FreeHand。位图图像(Bit-Map Image)又称为位图或点阵图，是指在空间和亮度上已经离散化的图像。通常把一幅位图图像考虑为一个矩阵，矩阵中的一个元素(像素)对应位图图像的一个点，相应的值表示该点的灰度或颜色等级。绘制图像常用的软件有 Photoshop 和 PhotoImpact。

2) 图像与图形的区别

在计算机科学中，图形和图像这两个概念是有区别的：图形一般指用计算机绘制的画面，如直线、圆、圆弧、任意曲线和图表等；图像则是指由输入设备捕捉的实际场景画面或以数字化形式存储的任意画面。

图像都是由一些排成行列的像素组成的，在计算机中的存储格式有 BMP、PCX、TIF、GIF 等，一般数据量都较大。它除了可以表达真实的照片，也可以表现复杂绘画的某些细节，并具有灵活和富有创造力等特点。而图形文件只记录生成图形的算法和图形上的某些特征点，也称图形。在计算机还原输出时，相邻的特征点之间用特定的很多段小直线连接就形成了曲线，若曲线是一条封闭的图形，也可靠着色算法来填充颜色。它的最大优点是容易进行移动、缩放、旋转和扭曲等变换，主要用于表示线框型的图画、工程制图、美术字等。常用的图形文件有 3DS(用于 3D 造型)、DXF(用于 CAD)、WMF(用于桌面出版)等。图形只保存算法和特征点，所以相对于位图图像的大数据量来说，它占用的存储空间也较小。但由于每次屏幕显示时都需重新计算，故显示速度没有位图图像快。另外在打印输出和放大时，图形的质量较高，而位图图像常会发生失真。

图形与图像虽然不同，但它们都是视觉媒体元素。在什么情况下采用矢量图形，什么情况下采用位图，主要看空间和性能两方面。一般来说，要看图的复杂程度，简单的图使用图形描述好一些，复杂的图使用位图好一些。

3) 图像的技术指标

衡量图像的技术指标有分辨率、像素深度及颜色数。

分辨率：直接影响了图像的质量，可分为显示分辨率、图像分辨率和像素分辨率。其中，显示分辨率是指显示器屏幕上能够显示的像素数量，如 800ppi × 600ppi，其数值越大，图像的质量越好；图像分辨率是指一幅图像所拥有的像素数量，它反映图像在屏幕中显示的大小；像素分辨率指像素的宽高比(1 ∶ 1)，在像素分辨率不同的机器间传输图像，图像会变形。

像素深度及颜色数：像素深度又称为图像深度，是在图像采样获得像素点后，对像素属性(如颜色)进行量化时的数据位数，可用位(bit)表示，通常，颜色数是 2^n，n 代表像素深度。当像素深度为 1，颜色数为 2 时，可表示黑、白两色。而当图像达到 24 位时，可表现 1677 万种颜色，即真彩色。

3. 图形图像的格式

下面我们就通过图形图像文件的特征扩展名(就是如图.bmp 这样的)来逐一认识当前常见的 BMP(Bit Map Picture)、DIF(Drawing Interchange Formar)、WMF(Windows Metafile Format)、GIF(Graphics Interchange Format)、JPG(Joint Photographics Expert Group)、TIF(Tagged Image File Format)、EPS(Encapsulated PostScript)、PSD(Photoshop Standard)和 CDR(CorelDRAW)九种图形图像格式。

(1) BMP：PC 上最常用的位图格式，有压缩和不压缩两种形式，BMP 支持黑白图像、16 色和 256 色的伪彩色图像以及 RGB 真彩色图像，分辨率也可从 480ppi × 320ppi 提升至 1024ppi × 768ppi。该格式在 Windows 环境下相当稳定，在文件大小没有限制的场合中应用极为广泛。

(2) DIF：AutoCAD 中的图形文件，它以 ASCII 方式存储图形，表现在图形尺寸方面十分精确，可以被 CorelDRAW、3DS 等大型软件调用编辑。

(3) WMF：Microsoft Windows 图元文件，具有文件短小、图案造型化的特点。该格式的图形比较粗糙，并只能在 Microsoft Office 中调用编辑。

(4) GIF：在各种平台的各种图形处理软件上均可处理的经过压缩的图像格式，它使用 LZW 压缩方法，压缩比较高，文件长度较小。支持黑白图像、16 色和 256 色的伪彩色图像。

(5) JPG：可以大幅度地压缩图形文件的一种图形格式。它是一种有损压缩的静态图像文件存储格式，对于同一幅画面，JPG 格式存储的图形文件大小是其他格式图形文件的 1/20～1/10，而且颜色数最高可达到 24 位，支持灰度图像、RGB 真彩色图像和 CMYK 真彩色图像，所以它广泛应用于 Internet 上的 homepage 或 Internet 上的图库。

(6) TIF：TIF 格式是工业标准格式，支持所有图像类型。其文件分成压缩和非压缩两大类。其文件体积庞大，存储信息量也巨大，细微层次的信息较多，有利于原稿阶调与色彩的复制，最高支持的颜色数可达 16Mbit。

(7) EPS：用 PostScript 语言描述的 ASCII 图形文件，在 PostScript 图形打印机上能打印出高品质的图形(图像)，最高能表示 32 位图形(图像)。该格式分为 Photoshop EPS 格式 Adobe Illustrator EPS 和标准 EPS 格式，其中后者又可以分为图形格式和图像格式。

(8) PSD：Photoshop 中的标准文件格式，专门为 Photoshop 而优化的格式。

(9) CDR：CorelDRAW 的文件格式。另外，CDR 文件是所有 CorelDRAW 应用程序均能使用的图形(图像)文件，是发展成熟的 CDR 文件。

4. 静态图像压缩标准 JPEG

1986 年由国际电报电话咨询委员会(CCITT)和国际标准化组织(ISO)两个国际组织联合成立了一个联合图像专家组(Joint Photographic Experts Group, JPEG)，多年来一直致力于标准化工作，他们开发研制出连续色调、多级灰度、静态图像的数字图像压缩编码方法。这个压缩编码方法称为 JPEG 算法。JPEG 算法被确定为 JPEG 国际标准，它是国际上彩色、灰度、静态图像的第一个国际标准。JPEG 压缩标准是一个适用范围广泛的通用标准。它不仅适用于静态图像的压缩，电视图像序列的帧内图像的压缩编码也常采用 JPEG 压缩标准，1992 年正式成为国际标准。

JPEG 是目前在 Internet 上应用最广泛的图像格式，其压缩比最高(仅为位图的 1/10)，它的应用目标是给出一个适用于连续色调图像的压缩编码方法，使之满足以下要求。

(1) 压缩比及图像保真度可在较大的范围内调节，供用户选择。能覆盖一个较宽的图像质量等级范围，能达到“很好”到“极好”的评价，与原始图像相比，人的视觉难以区分。

(2) 可应用于任何连续色调数字图像，不限制图像的内容，即图像的长宽比、景物内容、图像的复杂程度等不受限制。

(3) 计算的复杂性是可控制的，其软件可在各种 CPU 上完成，也可用硬件实现。

(4) JPEG 算法具有以下四种操作方式。

① 顺序编码：每一个图像分量按从左到右、从上到下的顺序扫描，一次扫描完成编码。

② 累进编码：图像编码在多次扫描中完成。累进编码传输时间长，接收端收到的图像是多次扫描由模糊到清晰的累进过程。

③ 无失真编码：无失真编码方法，保证解码后，完全精确地恢复原图像采样值，其压缩比低于有失真编码方法。

④ 分层编码：图像在多个空间分辨率下进行编码。在信道传送速率低，接收端显示器分辨率也不高的情况下，只需做低分辨率的图像解码。

JPEG 压缩标准包括图像编码和解码过程以及压缩图像的编码表示，如图 1-13 所示。

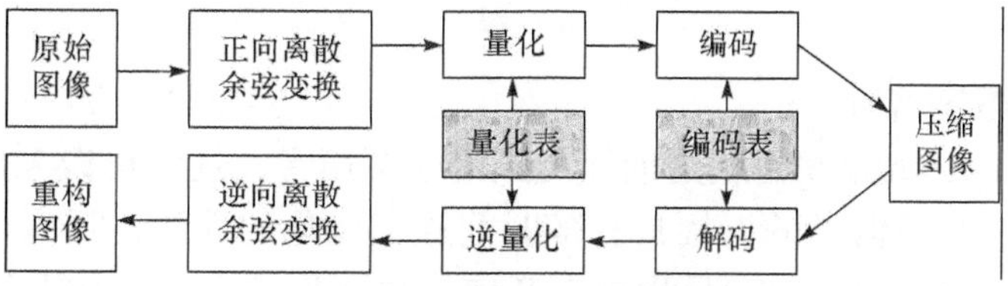

图 1-13　JPEG 压缩标准的编码表示过程

1.2.2　数字音频处理技术

1. 声音的产生

1) 声音的产生原理

声音是人类最早研究的物理现象之一。世界上最早的声学研究工作主要在音乐方面。《吕氏春秋》记载，“黄帝令伶伦取竹作律，增损长短成十二律；伏羲作琴，三分损益成十三音”。三分损益法就是把管(笛、箫)加长 1/3 或减短 1/3，这样产生的音律听起来都很和谐，这是最早的声学定律。传说在古希腊时代，毕达哥拉斯也提出了相似的自然律，只不过是用弦作为基础。

古代对声本质的认识与今天的声学理论很接近。在东西方，都认为声音是由物体运动产生的，在空气中以某种方式传到人耳，引起人的听觉。

2) 人是怎么发声的

人的声带就像琴弦，在说话或唱歌时，人迫使空气从肺向上通过喉部，喉部有两块折叠的组织叫声带，这些受到挤压的空气冲过声带并使之产生振动，当声带合拢时，中间的空气被压缩；当声带分开时，中间的空气又变稀薄。使空气产生了疏部和密部，就像鼓面振动使空气产生疏部和密部一样，这一空气的振动通过口腔向外传播，于是就发出了声音。

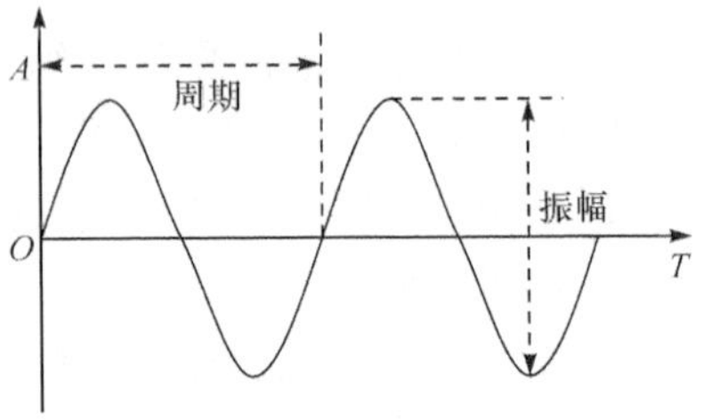

图 1-14　声音的波形表示

3) 声音的定义和分类

声音是在弹性介质中传播的一种机械波。如图 1-14 所示，描述声音特征的物理量有声波的振幅(Amplitude)、周期(Period)和频率(Frequency)。其中，振幅是指音量的大小；周期是指重复出现的时间间隔；频率是指信号每秒变化的次数。

在物理上，声音具有三个基本特性，就是频率、强度和声谱。这三个基本特性反映在人耳主观感觉到的就是音调、响度和音色。其中音调又称为音高，是在一种复合振动的声音中频率最低的音，即基音，通常指声音的高低，它表示人耳对声音高低的主观感受；响度又称为声强，是指声音的大小，表示的是声音能量的强弱程度，主要取决于声波振幅的大小；音色又称音品，是在一种复合振动的声音中除去基音后，由其他高次谐波构成的声音的不同特色，如各种乐器的不同发音。

声音的分类可以有多种标准，按频率可分为亚音频声音(0～20Hz)、音频声音(20Hz～20kHz)、超音频声音(20kHz～1GHz)和过音频声音(1GHz～1THz)；按原始声源可分为语音、乐音和声响；按记录形式可分为模拟声音(是对多种声源发出的声音波形采用模拟方式记录下来的结果)和数字声音(是对模拟声音进行数字化处理后，用 0 和 1 表示的声音数据流)。通常，人类说话声音频率为 300Hz～3kHz。

2. 声音的数字化

1) 模拟音频与数字音频

模拟音频(Analogue Audio)也就是前面提到的模拟声音，通常可以采用电磁波对声音波形进行模拟记录。模拟音频信号的振幅具有随时间连续变化的性质，话音信号是典型的模拟音频信号。而数字音频(Digital Audio)是指把声音信号数字化，并在数字状态下进行传送、记录、回放以及其他加工处理等的一整套技术。

声音的数字化就是指把这种模拟信号每隔一定时间切取一段，将切取的值用一组二进制数编成的码表示，从而将连续的模拟信号变换为离散的数字信号的操作过程。

由于模拟信号是一个物理量，它随着时间或空间连续变化，而数字信号是一个依赖于时间或空间的二进制形式编码值序列，它是从模拟信号转换来的，所以，声音的数字化过程需要两步：首先模拟信号必须被采样，这意味着只有离散的值在时间或空间中被保留；然后是量化与编码，采样信号被量化意味离散的值将出现(注意：在量化之后，并非所有离散的值都被保留)，接下来一组独特的比特与一个量化值相联系，这称为编码字的产生，或者称为编码过程，如图 1-15 所示。

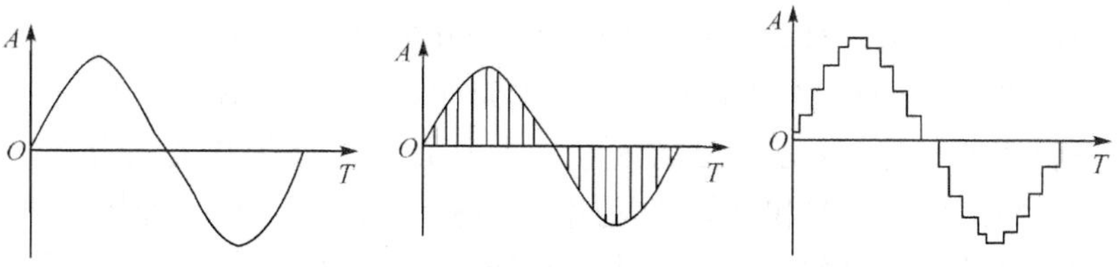

(a) 连续的声音信号　(b) 声音信号的采样　(c) 离散的声音信号

图 1-15　声音的波形表示、采样和离散编码

由于所有多媒体信息在计算机内部都是用数字形式描述的，而人类仅对物理感觉的刺激有反应，这样就有必要在任何显示多媒体信息的地方进行一个数字到模拟的转换(D/A 转换)。反过来则是从模拟到数字的转换(A/D 转换)。声音数字化过程如图 1-16 所示。

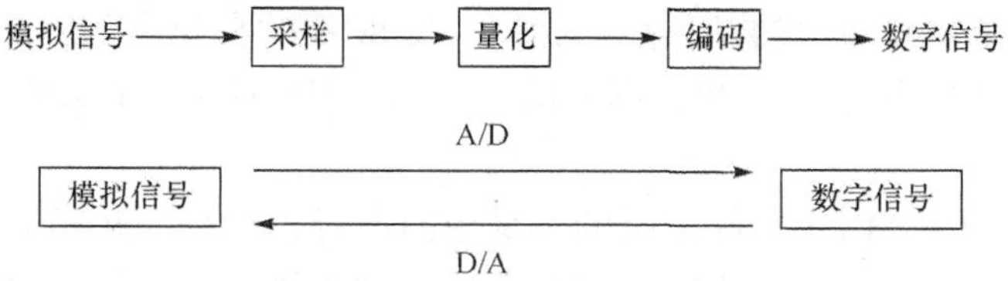

图 1-16　声音数字化过程

2) 声音数字化的三个基本参数

在对声音的数字化过程中，经过了选择采样频率进行采样和选择分辨率进行量化后，就形成了声音文件。其声音文件的处理质量可以用三个基本参数来衡量，即采样频率、采样位数和声道数。

(1) 采样频率是指单位时间内的采样次数。采样频率越大，采样点之间的间隔就越小，数字化后得到的声音就越逼真，声音质量也越好，但相应的数据量就越大。在计算机多媒体音频处理中，采样频率通常采用 11.025kHz(语音效果)、22.05kHz(音乐效果)、44.1kHz(高保真效果)三种。常见的 CD 的采样频率即为 44.1kHz。

(2) 采样位数是记录每次采样值数值大小的位数。采样位数通常有 8 位或 16 位两种，8 位采样位数表示每个采样值可以用 2^8 即 256 个不同的采样值之一来表示；而 16 位采样位数表示每个采样值可以用 2^{16} 即 65536 个不同的采样值之一来表示。采样位数越大，所能记录的声音就越细腻，音质还原度也越好，但相应的数据量就越大。

(3) 声道数是指处理的声音是单声道还是立体声。单声道在声音处理过程中只有单数据流，而立体声则需要左、右声道的两个数据流。显然，立体声的效果要好，表现力也更丰富，但相应的数据量要比单声道的数据量加倍。

经过声音数字化后所形成的音频文件大小可以通过下式来进行计算：

文件的字节数/秒=采样频率(Hz)×采样位数(位)×声道数/8(字节/秒)

例如，若用 14.7kHz 的采样频率进行采样，量化位数选用 16 位，则录制 10s 的立体声节目，其波形文件所需的存储空间为(14700×16×2/8)×10=588000(字节)

3. MIDI 技术

1) 乐器数字接口的概念

乐器数字接口(Musical Instrument Digital Interface，MIDI)是用于在电子乐器(如音乐合成器(Music Synthesizers)或乐器(Musical Instruments))之间以及电子乐器和计算机之间交换音乐信息的一种标准协议，是音乐与计算机结合的产物。MIDI 从 20 世纪 80 年代初期形成标准，并逐步被音乐家和作曲家广泛接受和使用，现已成为计算机音乐的代名词。我们可以从广义上将其理解为电子合成器、计算机音乐的统称，包括协议、设备等相关的含义。

从本质上说，MIDI 是乐器和计算机使用的一种标准语言，是一套指令(即命令)的约定，它指示乐器(即 MIDI 设备)要做什么、怎么做，如演奏音符、加大音量、生成音响效果等。MIDI 不是把音乐的波形进行数字化采样和编码，而是将数字式电子乐器的弹奏过程记录下来，如按了哪一个键、力度多大、时间多长等。当需要播放这首乐曲时，根据记录的乐谱指令，通过音乐合成器生成声波，经放大后由扬声器播出。

MIDI 标准之所以受到欢迎，主要是因为它有下列几个优点。

(1) 生成的文件比较小，因为 MIDI 文件存储的是指令，而不是声音波形。例如，半小时的立体声音乐使用 CD-DA 格式波形存储时约需 300MB 的存储空间，而用 MIDI 记录时，只需用 200KB，数据量减小为 1/1500，即使波形声音采用 ADPCM 编码压缩也要差两个数量级以上。

(2) 容易编辑，因为 MIDI 文件记录的不是乐曲本身，而是一些描述乐曲演奏过程中的指令。MIDI 文件中包含音符、定时和多达 16 个通道的演奏定义。每个通道具有这样一些演奏音符信息，如键通道号、音长、音量和力度(击键时，键达到最低位置的速度)。MIDI 音乐比编辑声音波形要容易得多，而且还可以随意修改乐曲的速度、音调，也可以改换乐器的种类，从而产生合适的音乐。

(3) 声音的配音方便。MIDI 音乐可以作背景音乐和其他的媒体(如数字电视、图形、动画、话音等)一起播放，加强演示效果。与波形声音文件等不同的是，当多媒体系统中播放波形声音文件时(如图像的一段解说词)，若还需配上某种音乐烘托解说的效果，不可能同时调用两个波形声音文件，而播放 MIDI 文件记录下来的音乐就很方便了。通常，利用数字信号处理技术合成的音效有：①模仿钢琴、小提琴、吉他等音色；②超越时空的太空音乐。

2) 波形声音与 MIDI 音乐的比较

MIDI 数据实际上就是乐谱的数字表示。与波形声音相比，MIDI 数据不是声音而是指令，因此它的数据量要比波形声音少得多。另外，对 MIDI 数据的编辑很灵活，可以自由地改变曲调、音色等属性，波形声音就很难做到这一点。

波形声音与设备无关，MIDI 数据是与设备有关的，即 MIDI 音乐所产生的声音与用来回放的特定的 MIDI 设备有关。总的来说，数字化声音最重要的优点是回放质量的一致性、可靠性比较好，可自始至终保证质量，而 MIDI 音乐在这一点上则比较差。在以下几种情况下，使用 MIDI 音乐比使用波形声音更合适：需要播放长时间的高质量音乐，如想在硬盘上存储的音乐大于 4min，而硬盘又没有足够的存储空间；需要以音乐作为背景音响效果，同时从 CD-ROM 中装载其他数据，如图像、文字的显示；需要以音乐作为背景音响效果，同时播放波形音频或实现文-语转换，以实现音乐和语音的同时输出。

3) MIDI 合成方法

MIDI 的合成方法主要有两种：调频(FM)合成法和波形表(Wave Table)合成法。

调频合成法的原理是根据傅里叶级数而来的，它用电路产生的各种频率的声波复合成声音，来模拟各种乐器发出的声音，但这种模拟的声音，总是或多或少与用真实乐器演奏的声音有差别。目前市面上出售的大部分中低档声卡，其合成器均采用的是 FM 合成器芯片。调频合成法的特点是系统开销小、声音较清脆；但声音音色少，音质差。

波形表合成法的原理是 ROM 中已存储着各种真实乐器的声音采样，合成时以查表方式调用这些样本并将其还原回放，实际上是对各种乐器声音的数字录音。波形表合成器将各种乐器的音符采样值存放在 ROM 中，当一个音符被调用时，便从 ROM 中读出，并放入 RAM 中，由数字信号处理器进行处理，加上各种音效，可送到 D/A 转换器将合成的数字音频信号变成模拟音频电压信号，然后用电子线路进行调整，送入放大器放大后由扬声器播放。波形表中存储的乐器声音越多，所用的 ROM 和 RAM 的容量便越大。例如，Sound Blaster 声霸卡上有 ROM，存放有 128 种乐器声音、18 种打击乐器声音和 40 种音效，可实现 32 种声音同时多旋律播放。

波形表合成法又可以分为硬波形表合成法与软波形表合成法。硬波形表合成法的数字声音样本保存在 ROM 内或 RAM(可动态更换)内。而软波形表合成法的数字声音样本保存于系统主存中，合成运算靠 CPU 完成，最终的音频合成靠声卡上的 Wave 合成器来完成，可以说，软波形表实际上是针对合成 MIDI 音乐而开发的一套软件，其主要作用是控制高速 CPU 来完成波形表 MIDI 合成器的部分功能。波形表合成法的特点是音乐真实感强、音色自然。

支持波形表的声卡上有 Wave Table 或 Wave Effects(波形效果)的文字说明，但要注意，有的声卡声明带有 Support Wave Table(支持波形表)功能，只是说明这种声卡支持波形表技术，声卡上留有将来插波形表 ROM 的接口，但现在并没有波形表，当需要时，可以另外购置波形表并将其插入该声卡。

4) MIDI 的工作原理

如图 1-17 所示，在 MIDI 设备中，最重要的是合成器和 MIDI 音序器，合成器是衡量各种 MIDI 设备质量的一个重要参数。MIDI 标准实际上就是为合成器而制定的，而 MIDI 文件就是发送给合成器以产生不同乐音的一系列指令，并生成一系列数字信号，经过 D/A 转换后由扬声器播放。

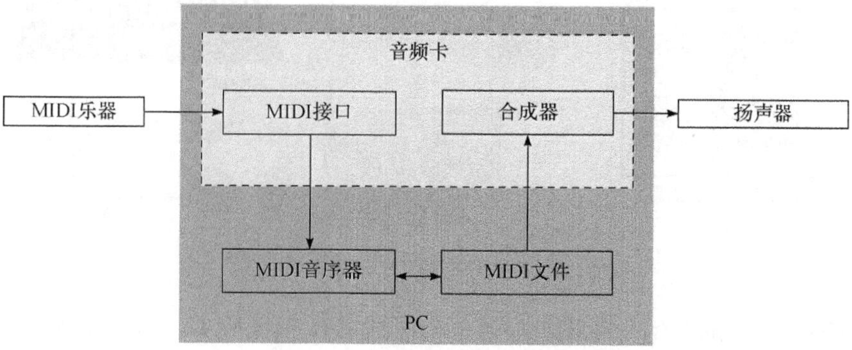

图 1-17　MIDI 的内部设备原理

MIDI 音序器是 MIDI 音乐创作的核心控制部件，包括硬件 MIDI 音序器和软件 MIDI 音序器。它实际上是一个音乐词处理器，应用它可以记录、播放和编辑各种不同 MIDI 乐器演奏出的乐曲。MIDI 音序器并不真正地记录声音，它只记录和播放 MIDI 信息，这些信息是从 MIDI

乐器来的计算机信息，就像印在纸上的乐谱一样，它本身不能直接产生音乐，MIDI 本身也不能产生音乐，但是它包含有产生音乐所需要的所有指令，如用什么乐器、奏什么音符、奏得多快、奏的力度多强等。

MIDI 音序器的作用过程完全与专业录音棚里的多轨录音机一样，可以把许多独立的声音记录在 MIDI 音序器里，其区别仅仅是 MIDI 音序器只记录演奏时的 MIDI 数据，而不记录声音；它可以一轨一轨地进行录制，也可以一轨一轨地进行修改，当弹键盘音乐时，MIDI 音序器记录下从键盘来的 MIDI 数据。一旦把所需要的数据存储下来以后，就可以播放刚作好的曲子。如果觉得这一声部的曲子不错，可以把别的声部加上去，新加上去的声部播放时完全与第一轨同步。

通过使用 MIDI 音序器可以显著地降低作曲和配器成本，不需要庞大的乐队来演奏。音乐编导在家里就可把曲子创作好，然后配器，不需要大乐队在录音棚里一个声部一个声部地录制。只需要用录音棚里的计算机或键盘，把存储在 ROM 的 MIDI 音序器的各个声部的全部信息输入录音机即可。

5) MIDI 音乐制作系统

要进行 MIDI 音乐的制作，主要的构成设备有计算机、MIDI 接口、合成器、音源、调音台、监听设备等。如图 1-18 所示，其中，MIDI 接口要把众多的 MIDI 设备用 MIDI 线连接起来，使之共同工作。监听设备可以是音箱和耳机。音源可以是录音机。

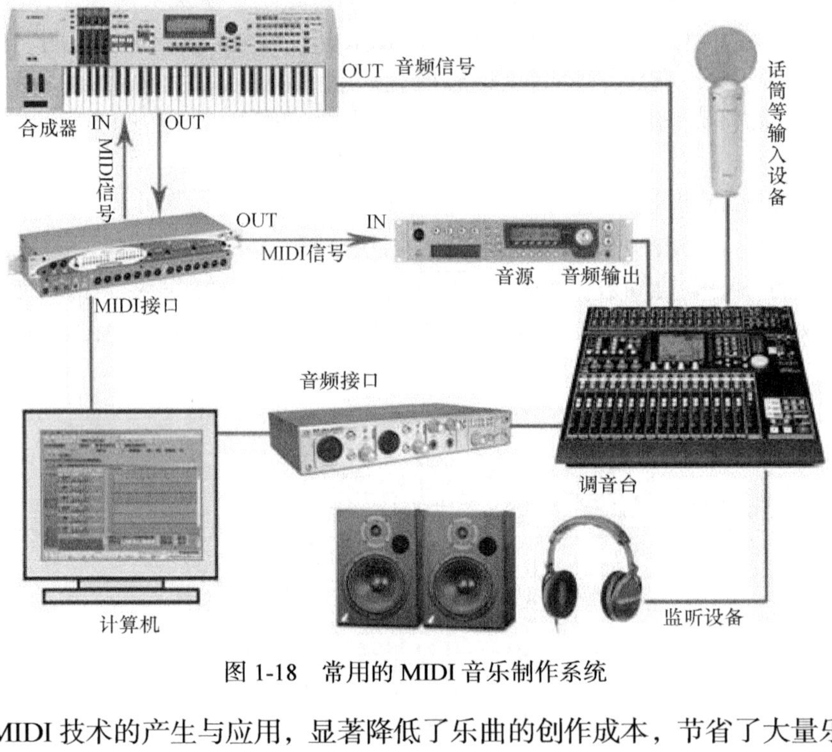

图 1-18　常用的 MIDI 音乐制作系统

总之，MIDI 技术的产生与应用，显著降低了乐曲的创作成本，节省了大量乐队演奏员的各项开支，缩短了在录音棚的工作时间，提高了工作效率。一整台电视文艺晚会的作曲、配器、录音，只需要一位音乐编导、一位录音师即可将器乐作(编)曲、配器、演奏、录音工作全部完成。

4. 数字音频文件格式

目前，多媒体技术中的音频文件格式有很多，在这里主要介绍四种常用的多媒体音频文件格式。

(1) WAV：Microsoft 公司的音频文件格式，它来源于对音频模拟波形的采样。用不同的采样频率对音频的模拟波形进行采样可以得到一系列离散的采样点，以不同的量化位数(8 位或 16 位)把这些采样点的值转换成二进制数，然后存入磁盘，这就产生了音频的 WAV 文件，即波形文件。Microsoft Sound System 的软件 Sound Finder 可以将 AIF SND 和 VOD 文件转换为 WAV 文件。该文件记录音频的波形，音频层次丰富，还原音质好，利用该格式记录的音频文件能够和原声基本一致，但这样做的代价就是音频文件太大。

(2) MP3：现在最流行的音频文件格式，因其压缩率大，在网络可视电话通信方面应用广泛，但和 CD 相比，音质不能令人非常满意。

(3) M4A：MPEG-4 音频标准的文件格式。在 MPEG-4 标准中提到，普通的 MPEG-4 文件扩展名是.mp4。自从 Apple 开始在它的 iTunes 以及 iPod 中使用.m4a 以区别 MPEG-4 的视频和音频文件以来，.m4a 这个扩展名变得流行了。目前，几乎所有支持 MPEG-4 音频的软件都支持.m4a。

(4) RA(Real Audio)：可谓是网络的灵魂，强大的压缩量和极小的失真使其在众多格式中脱颖而出。和 MP3 相同，它也是为了解决网络传输带宽资源而设计的，因此主要目标是压缩比和容错性，其次才是音质。

5. 数字音频压缩标准

随着多媒体产品越来越丰富多彩，对多媒体音质的要求也越来越高，这导致其数字化后形成的数据量也越来越庞大。如何解决音频信号中存在大量的冗余度和听觉具有强音能抑制弱音现象，完成高保真音效所需的巨量数据与高昂的存储、传输成本之间的矛盾呢?其关键技术便是采用无损压缩(霍夫曼编码、算术编码、行程编码)和有损压缩(波形编码、参数编码、混合编码)，使数字化信息的编码率降低，其主要的音频压缩技术标准如表 1-5 所示。

表 1-5　主要的音频压缩技术标准

分类	标准	说明
电话语音质量	G.711	采样 8kHz，量化 8bit，码率 64Kbit/s
	G.721	采用 ADPCM 编码，码率 32Kbit/s
	G.723	采用 ADPCM 有损压缩，码率 24Kbit/s
	G.728	采用 LD-CELP 压缩技术，码率 16Kbit/s
调幅广播质量	G.722	采样 16kHz，量化 14bit，码率 224(64)Kbit/s
高保真立体声	MPEG 音频	采样 44.1kHz，量化 16bit，码率 705Kbit/s (MPEG 三个压缩层次，64～384Kbit/s)

6. 语音识别技术

让人与计算机自由地交谈，机器能听懂人讲话，是语音识别技术的最终目标。语音识别技术就是让机器通过识别和理解过程把语音信号转变为相应的文本或命令的高级技术。语音识别是一门交叉学科，语音识别技术正逐步成为信息技术中人-机接口的关键技术，语音识别技术与语音合成技术结合使人们能够甩掉键盘，通过语音命令进行操作。语音识别技术的应用已经成为一个具有竞争性的新兴高技术产业。人们预计，未来10年内，语音识别技术将进入工业、家电、通信、汽车电子、医疗、家庭服务、消费电子产品等各个领域。目前，典型的语音识别软件有IBM ViaVoice 8.0中文语音识别系统和英特尔公司的可视音频语音识别软件(AVSR)。

语音识别的基本原理如图1-19所示。可以说，计算机对语音识别处理的过程与人对语音识别处理的过程基本上是一致的，语音识别技术主要包括特征提取技术、模式匹配和模型训练技术三个方面，另外还涉及语音识别单元的选取。

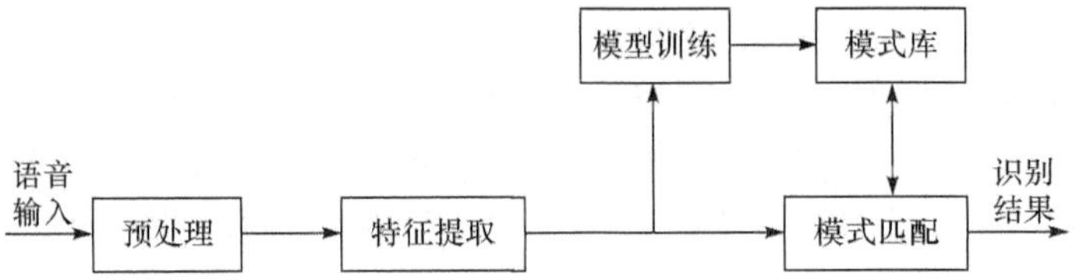

图1-19 语音识别的基本原理

关于语音识别单元的选取：对于大中型词汇量汉语语音识别系统来说，以音节为语音识别单元基本是可行的。

关于特征提取技术：语音信号中含有丰富的信息，这些信息称为语音信号的声学特征。特征提取技术就是为了获得影响语音识别的重要信息，特征参数应该尽量多地反映语义信息，尽量减少说话人的个人信息。

关于模式匹配以及模型训练技术：模式匹配是根据一定准则，使未知模式与模型库中的某一个模型获得最佳匹配。模型训练是按照一定的准则，从大量已知的模式中获取表征该模式本质特征的模型参数。

应该说，语音识别技术发展到今天，特别是中小型词汇量非特定人语音识别系统识别精度已经大于98%，对特定人语音识别系统的识别精度就更高。这些技术已经能够满足通常应用的要求，可以预测在5～10年内，语音识别系统的应用将更加广泛，各种各样的语音识别系统产品将出现在市场上，人们也将调整自己的说话方式以适应各种各样的语音识别系统。

1.2.3 视频动画制作技术

1. 视频和动画

1) 视觉暂留现象

人眼具有一种视觉暂留(Visual Staying Phenomenon)的生物现象，即人观察的物体消失后，物体映像在人眼的视网膜上会保留一个非常短暂的时间(0.1～0.2s)。例如，直视太阳数秒后，人眼将残留一个强光源的影像。我们日常使用的日光灯每秒熄灭100余次，但我们基本感觉不到日光灯的闪动。这都是因为视觉暂留的作用。利用这一现象，将一系列画面中物体移动或形状改变很小的图像，以足够快的速度(24～30帧/秒)连续播放，人就会感觉画面变成了连续活动的场景。这是视频产生的主要依据。

2) 视频的定义

当连续的图像变化每秒超过 24 帧画面时，根据视觉暂留原理，人眼将无法辨别单幅的静态画面，因此看上去就是平滑连续的视觉效果，我们把这样连续的画面称为视频。常见的视频信号有电影、电视、动画等。

视频的特点是：①人类接收信息的 70%来自视觉(重要获取)；②视频信息确切、直观、生动；③视频信息容量大。

3) 动画的定义

什么是动画？动画就是通过以 15～20 帧/秒的速度(相当接近于全运动视频帧速)顺序地播放静态图像帧以产生运动的错觉。因为眼睛能足够长时间地保留图像以允许大脑以连续的序列把帧连接起来，所以能够产生运动的错觉。

计算机动画是指采用图形与图像的处理技术，借助编程或动画制作软件生成一系列的景物画面(其中当前帧是前一帧的部分修改)，从而用连续播放静态图像的方法产生物体运动的效果。

4) 动画与视频的不同

动画和视频是连续渐变的静态图像或图形序列，沿时间轴顺次更换显示，从而构成运动视觉的媒体。当序列中每帧图像是由人工或计算机产生时，我们常称为动画；而当序列中每帧图像是通过实时摄取自然景象或活动对象时，我们常称为影像视频，或简称为视频。

2. 视频信号的采集与动画的创作原理

1) 视频信号的采集

通常，在计算机上通过视频采集卡可以接收来自视频输入端的模拟视频信号，对该信号进行采集、量化成数字视频信号，然后压缩编码成数字视频。由于大多数视频采集卡都具备硬件压缩的功能，因此，在采集视频信号时，首先在视频卡上对视频信号进行压缩，生成视频数据，然后通过 PCI 接口把压缩的视频数据传送到主机上。一般的 PC 视频采集卡采用帧内压缩的算法把数字视频存储成 AVI 文件，高档一些的视频采集卡还能直接把采集到的数字视频数据实时压缩成 MPEG-1 格式的文件。

由于模拟视频输入端可以提供不间断的信息源，视频采集卡要采集模拟视频序列中的每帧图像，并在采集下一帧图像之前把这些数据传入 PC 系统。因此，实现实时采集的关键是每一帧所需的处理时间。如果每帧视频图像的处理时间超过相邻两帧之间的相隔时间，则会出现数据的丢失，即丢帧现象。视频采集卡都是把获取的视频序列先进行压缩处理，然后将其存入硬盘，也就是说视频序列的获取和压缩是在一起完成的，免除了再次进行压缩处理的不便。不同档次的采集卡具有不同质量的采集压缩性能。

2) 动画的创作原理

在动画设计中，计算机对输入的数据进行快速处理，并在人眼察觉不到的时间内将结果随时显示出来。动画的响应时间与许多因素有关，如计算机运算速度的慢快、图形的计算是使用软件还是硬件、所描述的景物复杂与否、动画图像的尺寸如何等。

有一种最简单的动画形式是对象的移动，它是指屏幕上一个局部图像或对象在二维平面上沿着某一固定轨迹做步进运动。运动的对象或物体本身在运动时的大小、形状、色彩等效果是不变的。对象的移动因为相对简单且容易实现，又无须生成动画文件，所以在多媒体应用中经常采用。如果在文字、图形图像、声音的基础上增加对象的移动，如跳出文字等，以达到简单动画功能，则能显著丰富视觉效果。

3. 视频与动画的文件格式

1) 常见的视频文件格式

视频文件在计算机中存放的格式有很多，常见的有 AVI 格式、MOV(Movie Digital Video)格式、RM 格式、ASF 格式和 WMV 格式等。

(1) AVI 格式：微软公司采用的一种音频、视频交叉记录的数字视频文件格式，也是一种桌面系统上的低成本、低分辨率的视频文件格式。该格式采用了英特尔公司的 Indeo 视频有损压缩技术，较好地解决了音频信息与视频信息同步的问题。因此，尽管画面质量不是太好，但其应用范围仍然非常广泛。AVI 文件目前主要应用在多媒体光盘上，用来保存电影、电视等各种影像信息，有时也出现在 Internet 上，供用户下载、欣赏新影片的精彩片段。

(2) MOV 格式：Apple 公司在其 Macintosh 推出的视频文件格式，其相应的视频应用软件 QuickTime 与 VFW 类似，它支持 16 位图像深度的帧内压缩和帧间压缩。

(3) RM 格式：RealNetworks 公司所制定的音频、视频压缩规范 RealMedia 中的一种文件格式，RealPlayer 能做的就是利用 Internet 资源对这些符合 RealMedia 技术规范的音频、视频进行实况转播。RealMedia 是目前 Internet 上最流行的跨平台的客户/服务器结构多媒体应用标准，其采用音频、视频流和同步回放技术实现了网上全带宽的多媒体回放。

(4) ASF 格式：Advanced Streaming Format 的缩写，是 Microsoft 为了和现在的 RealPlayer 竞争而发展出来的一种可以直接在网上观看视频节目的文件压缩格式。由于它使用了 MPEG-4 的压缩算法，所以压缩率和图像的质量都很不错。因为 ASF 是以一个可以在网上即时观赏的视频流格式存在的，所以它的图像质量比 VCD 差一点，但比同是视频流格式的 RAM 格式要好。

(5) WMV 格式：一种独立于编码方式的在 Internet 上实时传播多媒体信息的技术标准，Microsoft 公司希望用其取代 QuickTime 之类的技术标准以及 WAV、AVI 之类的文件格式。WMV 的主要优点包括本地或网络回放、可扩充的媒体类型、部件下载、可伸缩的媒体类型、流的优先级化、多语言支持、环境独立性、丰富的流间关系以及扩展性等。

2) 常见的动画文件格式

常见的动画文件的格式主要有 GIF 格式和 SWF 格式。

(1) GIF 格式：即图形交换格式，这种格式在 20 世纪 80 年代由美国一家著名的在线信息服务机构 CompuServe 开发而成。这种格式由于采用了无损数据压缩方法中压缩率较高的 LZW 算法，因此其文件尺寸较小，压缩比高。另外，GIF 格式还增加了渐显方式，用户可以先看到图像的大致轮廓，然后随着传输过程的继续而逐步看清图像中的细节部分，从而适应了用户的“从朦胧到清楚”的观赏心理。目前 Internet 上大量采用的彩色动画文件多为这种格式的文件。

(2) SWF 格式：Micromedia 公司的产品 Flash 的矢量动画格式，它采用曲线方程描述其内容，不是由点阵组成内容，因此这种格式的动画在缩放时不会失真，并且在下载的过程中可以边下载边观看，不必等到动画文件全部下载到本地再观看，非常适合描述由几何图形组成的动画，如教学演示等。

1.3　虚拟现实技术

虚拟现实技术，又称灵境技术，是 20 世纪发展起来的一项全新的实用多媒体技术。虚拟现实技术集计算机、电子信息、仿真技术于一体，其基本实现方式是由计算机模拟虚拟环境，从而给人以环境沉浸感。随着计算机多媒体技术的不断发展，各行各业对 VR 技术的需求日益旺盛，其应用领域遍及人类社会的各个方面。

虚拟现实，顾名思义，就是虚拟和现实相互结合。从理论上来讲，虚拟现实技术是一种可以创建和体验虚拟世界的计算机仿真系统，它利用计算机生成一种模拟环境，使用户沉浸到该环境中。虚拟现实技术就是利用现实生活中的数据，通过计算机技术产生的电子信号，将其与各种输出设备结合，使其转化为能够让人们感受到的现象，这些现象可以是现实中真真切切的物体，也可以是我们肉眼看不到的物质，它可以通过三维模型表现出来。因为这些现象不是我们能直接看到的，而是通过计算机技术模拟出来的现实中的世界，故称为虚拟现实。

1.3.1　虚拟现实的发展阶段

虚拟现实的发展历史是曲折上升的，概括起来大致为四个阶段。

(1) 第一阶段(20 世纪 60 年代以前)是虚拟现实的思想产生阶段。

主要标志性事件有：1929 年，Edward Link 设计出用于训练飞行员的模拟器；1956 年，Morton Heilig 开发出多通道仿真体验系统 Sensorama。

(2) 第二阶段(20 世纪 60 年代至 20 世纪 70 年代)是虚拟现实的萌芽阶段。

主要标志性事件有：1965 年，计算机图形学和虚拟现实之父 Ivan Sutherland 在发表的论文 *The Ultimate Display* (终极的显示)中首次提出了具有交互图形显示、力反馈设备以及声音提示的虚拟现实系统的基本思想；1968 年，Ivan Sutherland 研制成功了带跟踪器的头盔式立体显示器(HMD)；1972 年，Nolan Bushell 开发出第一个交互式电子游戏 Pong。

(3) 第三阶段(20 世纪七八十年代)是虚拟现实的概念产生和理论初步形成阶段。

主要标志性事件有：1977 年，Dan Sandin 等研制出数据手套 Sayre Glove；1984 年，NASA AMES 研究中心开发出用于火星探测的虚拟环境视觉显示器；1984 年，VPL 公司的 Jaron Lanier 首次提出 Virtual Reality(虚拟现实)的概念；1987 年，Jim Humphries 设计了双目全方位监视器(BOOM)的最早原型。

(4) 第四阶段(1990 年至今)是虚拟现实的理论进一步完善和应用阶段。

主要标志性事件有：1990 年，在美国达拉斯召开的 Siggraph 会议提出 VR 技术包括三维图形生成技术、多传感器交互技术和高分辨率显示技术；VPL 公司开发出第一套传感手套 Data Gloves，第一套 HMD EyePhones；21 世纪以来，VR 技术高速发展，软件开发系统不断完善，有代表性的如 Multi Gen/Vega、OpenSceneGraph、Virtools 等。

1.3.2　虚拟现实的主要特征

虚拟现实的主要特征如下。

(1) 沉浸性。沉浸性是虚拟现实技术最主要的特征，就是让用户成为并感受到自己是计算机系统所创造环境中的一部分，用户在虚拟场景中有“身临其境”之感。当用户感知到虚拟世界的刺激(包括触觉、味觉、嗅觉、运动感知等)时，所看到的、听到的、嗅到的、触摸到的完全与真实环境中感受的一样，这会使用户产生思维共鸣，造成心理沉浸，感觉如同进入真实世界。让用户有沉浸感，是虚拟现实系统设计的核心。

(2) 交互性。交互性是指用户对模拟环境内物体的可操作程度和从环境得到反馈的自然程度，它是人-机和谐的关键性因素。用户进入虚拟环境后，通过多种传感器与多维化信息的环境发生交互作用。当用户进行某种操作时，虚拟环境中也会依据物理定律动作的程度，自主做出某种反应，即与真实的一样。例如，用户拿起虚拟环境中的一个篮球，就会感受到球的重量，把篮球扔在地上，它可以弹跳；把篮球投出去，可以看到是否投中。

(3) 想象性。想象性是指通过用户沉浸在“真实的”虚拟环境中，与虚拟环境进行了各种交互作用。在这定性定量的人-机交互集成环境中，不断得到感性和理性的认识。在熟练操作和深化概念过程中，用户会拓宽认知和萌发新意，从而产生认识上的飞跃和新的构思。将这种构思结果输入系统中，系统会将处理后的状态实时显示或由传感装置反馈给用户。如此反复，这是一个学习→创造→再学习→再创造的过程，因而可以说，虚拟现实可以启发人的创造性思维活动。

1.3.3　虚拟现实的关键技术

虚拟现实的关键技术主要包括以下几种。

(1) 动态环境建模技术。虚拟环境的建立是 VR 系统的核心内容，目的就是获取实际环境的三维数据，并根据应用的需要建立相应的虚拟环境模型。

(2) 实时三维图形生成技术。三维图形的生成技术已经较为成熟，那么关键就是实时生成。为保证实时，至少保证图形的刷新频率不低于 15 帧/秒，最好高于 30 帧/秒。这样，才能解决好部分用户眩晕呕吐、体验不佳的问题。因此，在不降低图形的质量和复杂程度的基础上，不断提高刷新频率，是目前重要的研究内容。

(3) 立体显示和传感器技术。虚拟现实的交互能力依赖于立体显示和传感器技术的发展，现有的设备不能满足需要，力学和触觉传感装置的研究也有待进一步深入，虚拟现实设备的跟踪精度和跟踪范围也有待提高。

(4) 应用系统开发工具。虚拟现实应用的关键是寻找合适的应用场合和应用对象，选择合适的应用对象可以大幅度提高生产效率，减轻劳动强度，提高产品质量。想要达到这一目的，则需要研究虚拟现实的开发工具。

(5) 系统集成技术。由于 VR 系统中包括大量的感知信息和模型，因此系统集成技术起着至关重要的作用，系统集成技术包括信息的同步技术、模型的标定技术、数据转换技术、数据管理模型、识别与合成技术等。通过系统集成技术，可以设计出相应的人-机交互设备，从而将视觉、听觉、触觉、味觉、嗅觉等各种感官刺激传达给用户，使人的意识进入虚拟世界。目前已经开发出来的有：在视觉方面的头盔式显示器；在触觉和位置感觉方面的数据手套和数据服等。

头盔式显示器是与虚拟现实系统关系最密切的人-机交互设备，这种设备是在头盔内至少安装有两个显示器，利用特殊的光学设备来对图像进行处理，使图像看上去立体感更强，更趋于真实感。同时，把用户的视觉、听觉和其他感觉封装在头盔里，能使用户产生一种身在虚拟环境中的感觉。

数据手套是虚拟现实系统中最常用的人-机交互设备，它可以通过多个传感器测量出手的位置和形状，从而实现环境中的虚拟手及其对虚拟物体的操纵。数据手套通过手指上的弯曲、扭曲传感器和手掌上的弯度、弧度传感器，确定手及关节的位置和方向。使用数据手套能够产生各种逼真的感觉，如产生手放在水中、放在火上，或者放在泥巴中的感觉。

数据服也是虚拟现实系统中用的人-机交互设备。使用一件虚拟现实的数据紧身服，可能有一种在天空中飞翔、在水中或泥沼中游泳的感觉。

1.3.4　虚拟现实的应用领域

在今后的发展历程中，虚拟现实技术将延续“低成本、高性能”原则，在以下各个领域大显身手。

(1) 产品设计。虚拟现实技术可以辅助人们进行产品设计。设计人员对一个虚拟的产品进行分析、研究，并检查所设计的产品是否合理、有无缺陷和如何修改。在对虚拟产品的品评和考查察，如果发现问题，可以快速多次改进设计，使产品设计得更好，这样可以减少费用和原材料的浪费。

(2) 教育培训。利用虚拟现实技术，可以帮助学生打造生动逼真的学习环境，使学生通过真实感受来增强记忆，相比于被动性灌输，利用虚拟现实技术来进行自主学习，更容易让学生接受，这种方式更容易激发学生的学习兴趣。此外，利用虚拟现实技术，建立与学科相关的虚拟实验室，可以模拟显现抽象的或在现实中存在的，但在课堂教学环境下用其他的方法很难做到或者要花费很大的代价才能获得的各种实验器材设备和原料制剂，以供学生学习、仿真和探索。

(3) 电子商务。真实感不强是制约消费者应用电子商务的主要因素之一。虚拟现实技术在电子商务上的应用，将能显著拉近买家与商家的距离，买家可以在网上立体地了解产品的外观、结构及功能，与商家进行实时交流，如果买家对一台冰箱感兴趣，他不但可以从不同的侧面观看冰箱的外形，还可以通过鼠标操作将冰箱门打开，了解冰箱内部结构及性能，通过虚拟现实技术，买家甚至可以亲临产品生产厂家进行实地考察，对厂家的生产规模、设备配备进行全方位的了解。把这一技术应用于电子商务，将能突破真实感对电子商务发展的制约，吸引更多的消费者接受及积极参与电子商务，促进电子商务发展。

(4) 军事航天。在军事训练中，将地图上的山川地貌、海洋湖泊等数据通过计算机进行编写，利用虚拟现实技术，能将原本平面的地图变成一幅三维立体的地形图，再通过全息技术将其投影出来，这更有助于进行军事演习等训练。同样地，在航空航天训练中，利用虚拟空间重现了现实中的航天飞机与飞行环境，使飞行员在虚拟空间中进行反复飞行训练和测试操作，可以提高飞行员在实际飞行中的熟练度，极大降低了危险系数。

(5) 医学治疗。医学专家利用计算机，在虚拟空间中模拟出人体组织和器官，让学生在其中进行模拟操作，并且能让学生感受到手术刀切入人体肌肉组织、触碰到骨头的感觉，使学生能够更快地掌握手术要领。而且，主刀医生在术前，也可以建立一个患者身体的虚拟模型，在虚拟空间中先进行一次手术预演，这样能够显著提高手术的成功率，让更多的患者得以痊愈。

(6) 艺术娱乐。虚拟现实技术所具有的临场参与感与交互能力，可以将静态的艺术(如油画、雕刻等)转化为动态的，这样可以使观赏者更好地欣赏作者的思想艺术。另外，虚拟现实技术也提高了艺术表现能力，例如，一个虚拟的音乐家可以演奏各种各样的乐器；手足不便的人或远在外地的人可以在他生活的居室中去虚拟的音乐厅欣赏音乐会等等。同时，利用计算机产生的三维虚拟空间，设计动感逼真的三维游戏，使得游戏在保持实时性和交互性的同时，也大幅度提升了游戏的真实感。

(7) 旅游休闲。为了扩大影响力，更好地招揽游客，在旅游业中利用虚拟现实技术，可以让公众通过虚拟现实技术，观赏到名山大川之雄伟、深谷小溪之清幽、名胜古迹之丰富、风土人情之多彩，从而激发其游兴，增加客源。同样地，对于现在已经不存在的旅游景观，或是即将不复存在的旅游景观，可采用复古式虚拟现实技术，重现这些旅游景观，并穿插以恰当的神话、童话、科学幻想在其中，满足人们某种好奇的心理、怀旧的心理和科幻的心理，以达到某种程度上的心灵抚慰，这有着十分有益的作用。

总之，从各个方面来看，虚拟现实技术的发展都是非常有前景的，其应用也不断遍及我们生活的各个方面，它使我们的世界更加得丰富多彩起来，我们相信，虚拟现实技术未来可期。

本章小结

多媒体技术从诞生之日起就被认为是会对计算机的未来发展产生革命性影响的一个新生事物。它现在已不仅仅是一个使人类可以更加直观地接触计算机的界面技术，同时为计算机技术与应用的多方面发展提供了一个有力的手段。特别是随着国际互联网的普及和应用，多媒体技术已经涵盖了计算机网络通信、信息检索、虚拟现实等多个领域。

多媒体技术以超乎人们想象的速度迅猛发展并进入人们的工作及生活的各个领域。多媒体技术的进步将会极大地促进管理信息系统、可视电话/会议系统、计算机远程教育、计算机远程医疗、视频点播以及计算机支持的协同工作等计算机应用。多媒体应用已成为名副其实的信息高速公路的运载对象。

思考题

1. 请比较媒体、多媒体、多媒体技术、多媒体系统的区别。
2. 请归纳多媒体技术的主要特点。
3. 试举例说明多媒体技术的应用领域。
4. 多媒体技术的研究内容重点是什么？
5. 虚拟现实技术的主要特征是什么？
6. 试述颜色的定义和特征，以及三基色原理的内容。
7. 试区分图形与图像的不同之处。
8. 常见的图形图像格式有哪些？
9. 什么是声音？描述声音的三个特征是什么？
10. 声音数字化的要素是什么？
11. 视频与动画的区别是什么？
12. 虚拟现实的主要特征是什么？
13. 虚拟现实的关键技术主要包括哪些？

第2章 图形图像处理——Adobe Photoshop CC的应用

本章内容包括 Adobe Photoshop CC 概述、Adobe Photoshop CC 的基本操作、选区的创建和编辑、基本绘制工具的使用、图像的编辑和变换、图像的修复和修补、图像的局部修整、色调和色彩的调整、图层的应用、路径工具的使用、通道和蒙版的使用、滤镜工具的使用。

2.1 Adobe Photoshop CC 概述

2.1.1 Adobe Photoshop CC 简介

Adobe Photoshop CC(简称 Photoshop)是由美国 Adobe 公司开发的一款功能强大的、当今非常流行的图形图像处理软件。它通过对位图图像各像素的描述，实现对数字图像的精确调控。人们可以使用 Photoshop 对图形图像进行润饰、美化及创作。尤其对于精确、细腻的图像，Photoshop 更以其几乎无所不能的工具，如选择、绘制、编辑、色彩、修复、图层、路径、蒙版、滤镜等，带给人们意想不到的奇妙效果。Photoshop 为我们的想象力与创造力提供了广阔的空间，让我们在图形图像处理的美妙世界里尽情地翱翔。

2.1.2 Photoshop 的应用范围

1. VI 设计

VI(Visual Identity)通译为视觉识别，它使用视觉符号传递与企业相关的信息，是企业识别系统(Corporate Identity System，CIS)中最具传播力和感染力的部分。VI 将 CIS 的非可视内容转化为静态的视觉识别符号，以无比丰富和多样的形式，在最为广泛的层面上，进行最直接的传播。VI 设计包括企业标志、企业造型、标准字、标准色、象征图案、产品造型、广告、网页、包装、陈列展示、印刷出版物等，这些均和图形图像处理密切相关，所以，Photoshop 在 VI 设计中的作用不言而喻。

2. 插画绘制

插画分为广告插画、卡通动漫插画、影视游戏插画、出版物插画等。Photoshop 在绘制方面的强大功能，可以满足各种插画的需求。

3. 数码照片处理

Photoshop 作为专业的图像处理软件，其卓越的数码照片处理能力，可以轻松修复旧损照片、去除照片中的瑕疵、调节数码照片的色彩及色调，并且可以借助强大的图层及通道工具，进行数码照片的合成及运算。因此，Photoshop 还有“数码暗房”之美称。

4. 效果图后期制作

Photoshop 可用于影视后期制作，室内、建筑、景观后期处理与美化，制作非常方便、高效，可以大幅度提升作品的美感，优化效果，是专业人士的必备软件。

2.1.3 图像的色彩理论

在 Photoshop 中，了解颜色模式的概念是很重要的，因为颜色模式决定显示和打印电子图像的色彩模型(简单说，色彩模型是用于表现颜色的一种数学算法)，即颜色模式决定一幅电子图像用什么样的方式在计算机中显示或打印输出。常见的颜色模式包括位图模式、灰度模式、双色调模式、HSB 模式、RGB 模式、CMYK 模式、Lab 模式、索引色模式、多通道模式以及 8 位或 16 位模式，每种模式的图像描述和重现色彩的原理及所能显示的颜色数量是不同的。下面介绍几种 Photoshop 中常见的颜色模式。

RGB 模式：基于自然界中三种基色光的混合原理，将红、绿和蓝 3 种基色按照 0(黑)～255(白)的亮度值在每个色阶中分配，从而指定其色彩。当不同亮度的基色混合后，便会产生出 256×256×256 种颜色，约为 1670 万种。三种基色光混合生成的颜色一般比原来的颜色亮度值高，所以 RGB 模式又称为加光模式。

CMYK 模式：一种印刷模式。其中四个字母分别指青(C)、洋红(M)、黄(Y)、黑(K)，在印刷中代表四种颜色的油墨。CMYK 模式在本质上与 RGB 模式没有什么区别，只是产生颜色的原理不同，在 RGB 模式中由光源发出的三种基色光混合生成颜色，而在 CMYK 模式中由光线照到有不同比例 *C*、*M*、*Y*、*K* 油墨的纸上，部分光谱被吸收后，反射到人眼的光产生颜色。由于 *C*、*M*、*Y*、*K* 在混合成色时，随着 *C*、*M*、*Y*、*K* 四种成分的增多，反射到人眼的光会越来越少，光线的亮度会越来越低，所以 CMYK 模式又称为减光模式。

HSB 模式：基于人眼对颜色的观察来定义的，在此模式中，所有的颜色都用色相或色调、饱和度、亮度三个特性来描述。

Lab 模式：Lab 颜色是以一个亮度分量 L 及两个颜色分量 a 和 b 来表示颜色的。其中 L 的取值是 0～100；a 代表由绿色到红色的光谱变化，而 b 代表由蓝色到黄色的光谱变化，a 和 b 的取值均为–120～120。

要正确地理解和使用颜色，除了颜色模式外，还要了解颜色的属性，即色相、亮度、饱和度。

色相：色泽，也就是颜色的名称，如红、蓝。

亮度：图像的明暗程度。

饱和度：色彩的浓烈或鲜艳程度。饱和度取决于该色中含色成分和消色成分(灰色)的比例。含色成分越大，饱和度越大；消色成分越大，饱和度越小。

2.1.4 Photoshop 的工作界面

Photoshop 界面美观、操作方便，用户还可以自定义界面颜色。Photoshop 的工作界面如图 2-1 所示。注意，为使界面文字清晰，本章图例大多采用浅灰色工作界面。

Photoshop 菜单的操作与其他应用软件相似，不再赘述，这里仅对其工具箱、属性栏、面板及辅助工具做一简单介绍。

图 2-1　Photoshop 的工作界面

1. 工具箱

Photoshop 的工具箱中，包括移动工具、选择工具、绘图工具、颜色设置工具以及显示控制工具等。只要单击某工具的按钮，即可使用该工具。由于 Photoshop 提供的工具比较多，工具箱不能显示出所有的工具，有些工具被隐藏了起来。如果在某工具按钮右下角出现一个小三角符号，表明该工具里隐藏着其他工具，左键按住该工具按钮持续 1 秒钟，便可看见被隐藏的工具，选择就可使用。Photoshop 的工具箱如图 2-2 所示。

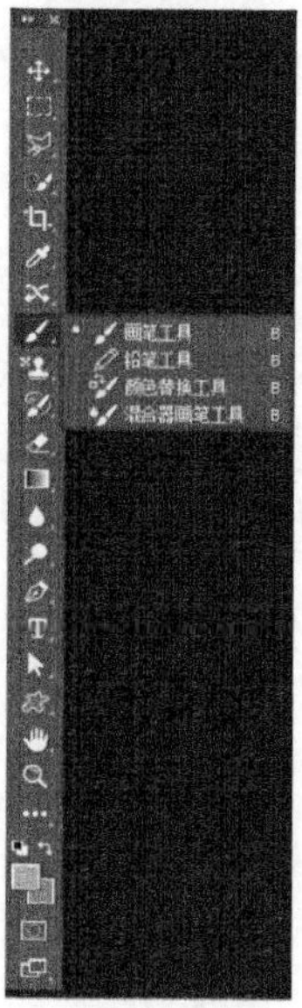

图 2-2　Photoshop 的工具箱

2. 属性栏

属性栏位于菜单栏的下方，功能是设置各个工具的参数。不同工具的属性栏的内容会有所变化。图 2-3 和图 2-4 分别显示了“画笔工具”和“魔棒工具”的属性栏。

图 2-3　“画笔工具”的属性栏(一)

图 2-4　“魔棒工具”的属性栏(一)

3. 面板

Photoshop 的面板，可以完成各种图像处理操作和工具参数的设置。面板通常以组的方式排列，也可以拆分开。面板可以进行移动、调节大小、添加、删除等操作。添加面板的方法：在“窗口”菜单里，单击相应的面板名称即可。Photoshop 的面板如图 2-5 所示。

图 2-5　Photoshop 的面板

4. 辅助工具

Photoshop 的辅助工具，包括标尺、参考线、网格和注释工具等，用于图像的精确定位、图像对齐、图像注释等。

实例：辅助工具的使用。

(1) 打开例题素材“2-1.jpg”，选择“窗口”|“信息”菜单项，打开“信息”面板，单击“吸管工具”的下三角按钮，选择“标尺工具”选项。

(2) 在图像上单击，定位要测量的线段起点，移动鼠标指针到线段终点，再次单击，这样就出现一条线段，这时在“信息”面板中就可以看到线段的信息，如图 2-6 和图 2-7 所示，其中，L 表示线段的长度。

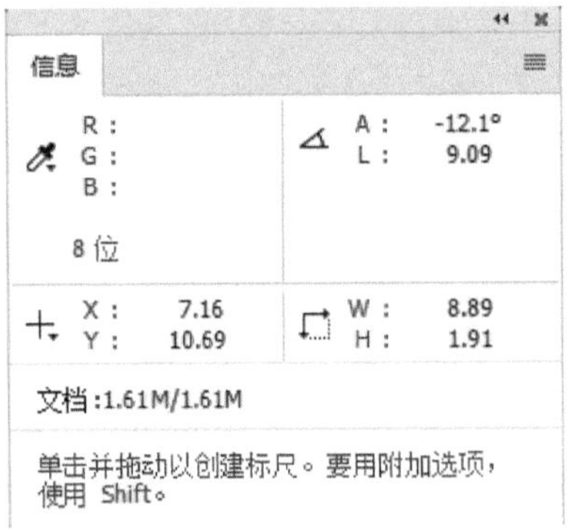

图 2-6　“信息”面板(一)

图 2-7　图像效果(一)

(3) 按 Alt 键，将鼠标指针放在上一条线段的一个端点处，当鼠标指针变成量角器形状时拖动，可以拉出另一条线段，单击目标点确定新线段，这时“信息”面板中的 *A* 表示两条线段间的夹角度数，如图 2-8 和图 2-9 所示。

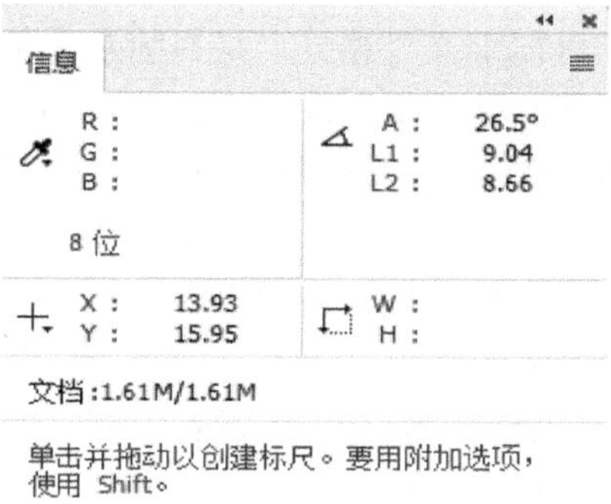

图 2-8　“信息”面板(二)

图 2-9　图像效果(二)

(4) 选择“视图”|“标尺”菜单项显示标尺，按住向下/右拖动水平/垂直标尺，可以创建水平/垂直参考线，鼠标指针放在参考线上，然后拖动，可以移动参考线的位置，选择“视图”|“显示”|“参考线”菜单项，可以显示或隐藏参考线，如图 2-10 所示。选择“视图”|“显示”|“智能参考线”菜单项，可以显示或隐藏智能参考线，在对图像进行编辑时，图像上自动出现的粉色线条即是智能参考线，用于对齐形状、切片和选区。

(5) 选择“视图”|“显示”|“网格”菜单项打开网格，选择“视图”|“对齐到”|“网格”菜单项开启对齐网格功能，可以使图像自动对齐网格。网格如图 2-11 所示。选择“首选项”|“参考线、网格和切片”菜单项，可以设置参考线颜色、网格大小等属性。

图 2-10　标尺和参考线

图 2-11　网格

2.2　Photoshop 的基本操作

2.2.1　文件的新建、打开和存储

在 Photoshop 主菜单中，选择“文件”|“新建”菜单项或者按 Ctrl+N 键，可以新建文件；选择“文件”|“打开”菜单项或者按 Ctrl+O 键，可以打开文件；选择“文件”|“存储”或

“存储为”菜单项，可以存储文件；还可以把文件存储为多种格式，如 PSD、JPG、TIFF、PNG 等。

PSD 是 Photoshop 的专用格式，这种格式可以存储 Photoshop 中的所有图层、通道、参考线、注释和颜色模式等信息，因此文件较大。JPG 是一种压缩文件格式，是目前众多格式中压缩率最高的格式之一，图像有损失，文件较小。TIFF 是一种通用文件格式，所有的绘画、图像编辑和排版都支持该格式。PNG 可以保存 24 位彩色图像，支持透明背景和消除边缘锯齿的功能。

“新建文档”对话框如图 2-12 所示，其中，“宽度”“高度”用来设置图像文件的大小，单位有像素、厘米、英寸①、毫米等；“分辨率”用于设置图像文件的分辨率；“颜色模式”中，有“位图”、“灰度”、“RGB 颜色”和“CMYK 颜色”等；“背景内容”用于设置图像的背景颜色。

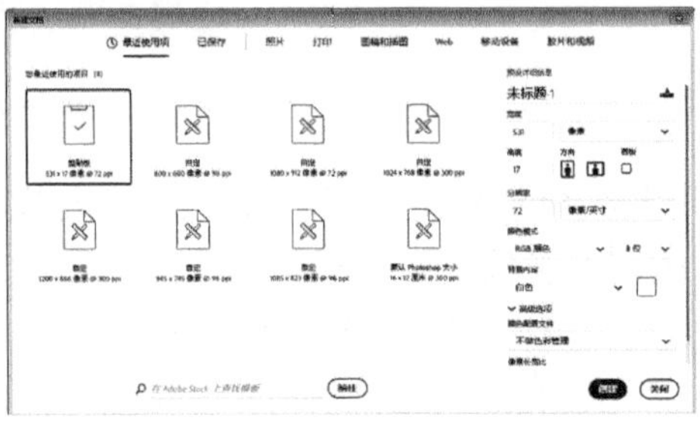

图 2-12　“新建文档”对话框

2.2.2　设置图像显示比例

选择工具箱中的“缩放工具” ，在图像上单击，可放大图像的显示比例；按 Alt 键并单击图像，可缩小图像的显示比例。使用“导航器”面板，也可放大或缩小图像的显示比例。利用“导航器”面板改变图像显示比例效果如图 2-13 和图 2-14 所示。

图 2-13　显示比例为 700%的图像及其“导航器”面板

图 2-14　显示比例为 80%的图像及其“导航器”面板

① 1英寸=2.54 厘米。

2.2.3　设置前景色和背景色

使用拾色器选取颜色：单击工具箱中的“设置前景色”按钮或“设置背景色”按钮，均会弹出相应对话框，“拾色器(前景色)”对话框如图 2-15 所示。可单击颜色区或拖动颜色滑杆上的三角滑块来改变当前颜色，也可在颜色分量文本框中输入具体颜色分量值来调配颜色。当所选的颜色出现溢出时，会显示三角形溢出警告标志，即该颜色不能被打印。

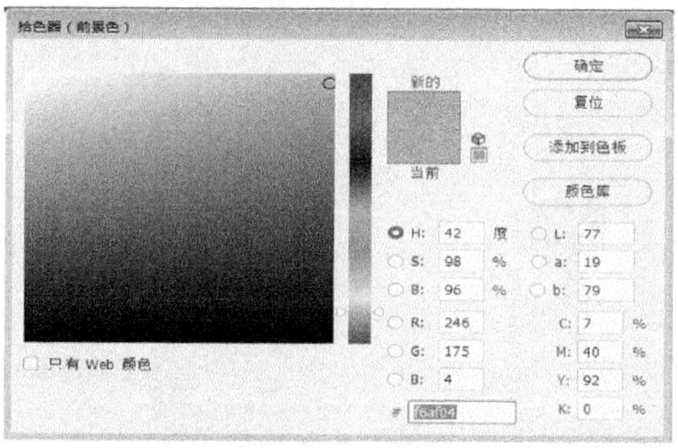

图 2-15　“拾色器(前景色)”对话框

使用“吸管工具”选取颜色：选择“吸管工具”后，在图像任意位置单击，则可把当前取样点或取样点周围颜色的平均颜色设置为当前的前景色。

使用“颜色”面板选取颜色：选择“窗口”|“颜色”菜单项，打开“颜色”面板，拖动颜色条上的三角滑块，然后单击颜色区选择颜色。当所选的颜色出现溢出时，会显示三角形溢出警告标志，即该颜色不能被印刷，如图 2-16 所示。

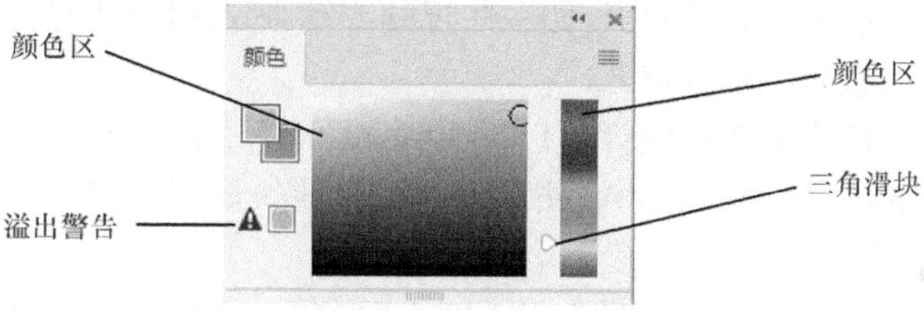

图 2-16　“颜色”面板

使用“色板”面板选取颜色：使用“色板”面板可快速选取颜色，直接选择“色板”面板中的颜色方块，即可把色块的颜色设置为前景色，若同时按下 Ctrl 键，则可设置背景色。还可将鼠标指针移至色块末尾空白处，当鼠标指针变为油漆桶状时单击，弹出“色板名称”对话框，命名后，可将当前前景色作为色块添加到“色板”面板中；按 Alt 键，单击某色块，则可删除该色块。“色板”面板如图 2-17 所示。

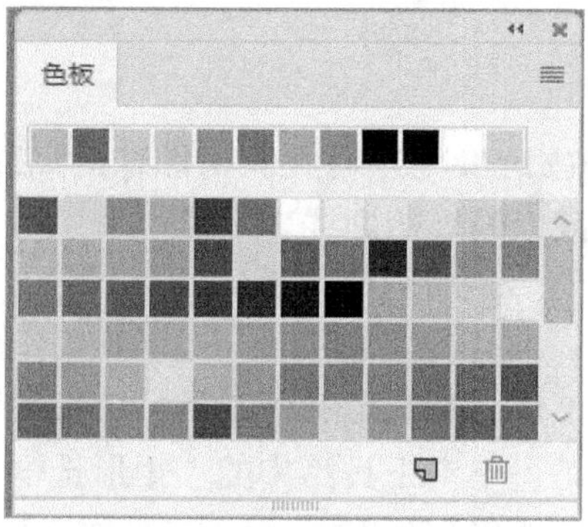

图 2-17　“色板”面板

2.2.4　恢复操作

“历史记录”面板中记录了最近的若干次操作，只要选择“历史记录”面板中转态列表的任一状态，即可使图像恢复到此状态，若需要保存重要的中间效果画面，则单击“创建新快照”按钮，可将此画面保存为一个快照，用户可随时把图像恢复到此快照的效果。“历史记录”面板如图 2-18 所示。也可使用按 Ctrl+Z 键的方法将其恢复到上一状态；按 Ctrl+Alt+Z 键进行多次恢复。

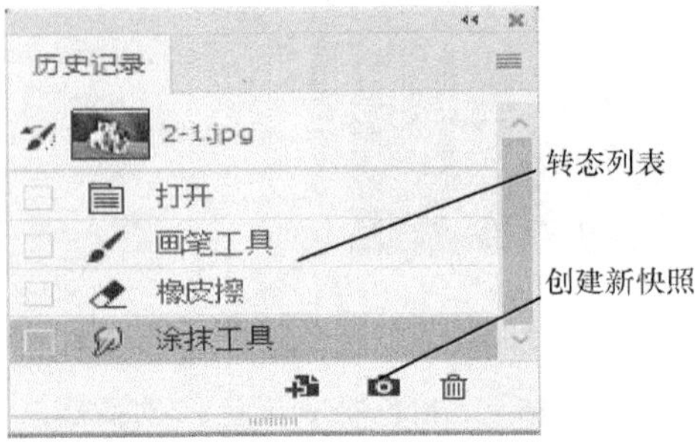

图 2-18　“历史记录”面板

2.2.5　置入、导入与导出

置入可将矢量图形转换成位图图像，Photoshop 可以将外部文件(如 EPS、AI、PDP、PDF、智能对象等)置入指定的图像文件中，并生成新的图层，可在 Photoshop 环境下编辑。

有些文件 Photoshop 不能直接打开(如一些视频或动画)，可使用导入的方法将此文件格式转换为 Photoshop 可以直接识别的格式。

在 Photoshop 中创建或编辑的图像可以导出到 Zoomify、Illustrator 中，以满足用户的不同需求。也可将 Photoshop 文件导出为 AI 格式，并在其他矢量图形编辑软件中编辑或使用。

实例：置入智能对象。

打开一个图像文件，选择“文件” | “置入嵌入对象”菜单项，在弹出的对话框中选择任意一个 JPG 文件，单击“置入”按钮，打开“图层”面板，可以看到图像中多了一个智能对象。智能对象是包含栅格或矢量图像中的图像数据的图层，智能对象将保留图像的源内容及其所有原始特性，从而能够对图像执行非破坏性编辑，如缩放后保持对象原来的清晰度等。

2.3　选区的创建和编辑

2.3.1　创建选区

用 Photoshop 对图像进行编辑的时候，往往只对图像的局部进行编辑，这时就需要创建选区，用于限定编辑的范围，选区以闪烁的虚线表示。

1. 选框工具组

选框工具组包括矩形选框工具、椭圆形选框工具、单行选取工具、单列选取工具。

创建一个矩形选区的方法是，单击工具箱中的“矩形选框工具”按钮，这时，属性栏上会出现“矩形选框工具”的属性栏，如图 2-19 所示。四个按钮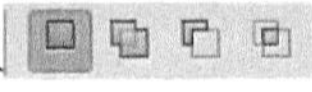的功能分别是：

①建立新选区，即建立新的选区，同时取消原选区；②添加选区，即在保留原选区的同时，添加新的选区；③减去选区，即如果新选区与原选区重叠，则在原选区上减去新选区部分，否则新选区不起作用；④交叉选区，即如果新选区与原选区相交，则只保留新选区与原选区的重叠部分。

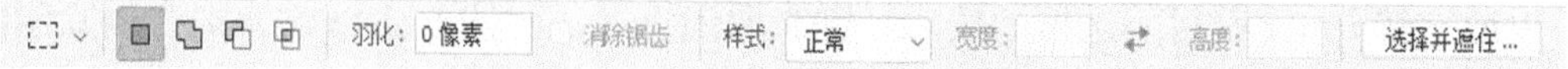

图 2-19　“矩形选框工具”的属性栏

其中，“羽化”用于设置选区边界的柔化程度；“样式”用于设置选区的创建方式，在样式中“正常”为标准方式，“约束长宽比”用于设置按一定的长宽比建立选区，“固定大小”用于设置以固定的尺寸来创建选区；“选择并遮住”可以对选区边缘进行调整、平滑、羽化等操作。

选取技巧：按 Shift 键不放，使用“矩形选框工具”可以创建正方形选区；按 Alt 键不放，使用“矩形选框工具”可以创建以起点为中心的矩形选区；按 Shift+Alt 键不放，使用“矩形选框工具”可以创建以起点为中心的正方形选区；按 Shift 键不放，使用“椭圆形选框工具”可以创建圆形选区；按 Alt 键不放，使用“椭圆形选框工具”可以创建以起点为中心的椭圆形选区；按 Ctrl+D 键可以取消选区。

实例：矩形选区的创建和编辑。

打开例题素材“2-3-1.jpg”，使用“矩形选框工具”创建一个矩形选区，如图 2-20 所示。单击属性栏的“添加到选区”按钮，选择“椭圆形选框工具”，按下 Shift 键，按住鼠标左键在矩形选区的右上方拖动可创建一个椭圆形选区，放开鼠标左键后得到的选区如图 2-21 所示。

图 2-20　创建矩形选区

图 2-21　选区相加的结果

2. 套索工具组

套索工具组包括“套索工具”、“多边形套索工具”和“磁性套索工具”。

1) 套索工具

“套索工具”可以创建任意形状的选区。单击工具箱中的“套索工具”，将鼠标指针移至图像窗口，根据要创建的形状拖动，便可创建一个任意形状的选区。若拖动时产生的曲线未能回到起点，则双击会自动以直线连接终点和起点，以形成一个闭合的选区。用“套索工具”创建的选区效果如图 2-22 所示。

2) 多边形套索工具

“多边形套索工具”可以创建多边形选区，选区的形状可以是规则的，也可以是不规则的，如三角形、矩形、五边形等。单击工具箱中的“套索工具”并按住鼠标左键以打开套索工具，从中选择“多边形套索工具”，将鼠标指针移至图像窗口，单击画布以定出起点，然后在另一位置单击以生成多边形的第二个顶点，两点间会自动生成一条直线段，如此反复直至生成多边形的各顶点及边，当移动鼠标指针至起点时，即能构成封闭区域时，“多边形套索工具”边会出现一个小圆圈，这时松开鼠标左键即完成了多边形选区的创建。拖动鼠标左键画选区时，随时可以通过按 Enter 键封闭选区，按 Esc 键来取消选区，而按 Delete 键，则会删除刚刚生成的顶点。也可以通过按 A1t 键，将当前“多边形套索工具”切换为“套索工具”。用“多边形套索工具”创建的选区效果如图 2-23 所示。

图 2-22　用“套索工具”创建的选区效果

图 2-23　用“多边形套索工具”创建的选区效果

3) 磁性套索工具

“磁性套索工具”主要用于选取与背景反差较大的图像区域。选择工具箱中的“套索工具”，此时将显示出“磁性套索工具”的属性栏，如图 2-24 所示。“宽度”指像素探测宽度，取值范围 1～40 像素，即磁性套索工具只探测从鼠标指针开始到指定距离以内的边缘；“对比度”指套索工具对图像中边缘探测的灵敏度，取值为 1%～100%。较高的值只探测与周围强烈对比的边缘。“频率”指套索工具以多大速率自动生成紧固点，取值为 0～100。“使用绘图板压力以更改钢笔压力”是指当计算机配置数位板和压感笔时，Photoshop 会根据压感笔的压力自动调整检测范围。

图 2-24　“磁性套索工具”的属性栏

将鼠标指针移至图像窗口并拖动，生成的选框会贴紧图像的边缘。直到构成闭合区域时，“磁性套索工具”边也会出现一个小圆圈，这时松开鼠标左键即可完成选区的创建。

“磁性套索工具”特别适用于快速选择边缘与背景对比强烈且边缘复杂的对象，使用较小的宽度、较高的边对比度可得到最精确的边框。拖动鼠标左键画选区时，随时可以单击生成紧固点。用“磁性套索工具”创建的选区紧固点效果如图 2-25 所示。

3. 魔棒工具

“魔棒工具”可以很方便地选择颜色相同或相近的一片图像区域。单击工具箱中的“魔棒工具”，即可打开“魔棒工具”的属性栏，如图 2-26 所示。“容差”用于指定“魔棒工具”选取的范围，容差越大，选取的范围越大，取值为 0～255。“消除锯齿”用于模糊羽化边缘的像素，使颜色过渡自然。“对所有图层取样”设置“魔棒工具”对所有图层有效，否则，只对当前图层有效。“连续”只允许选取相连的像素，否则，图像中所有在容差范围内的像素均被选择。

图 2-25　用“磁性套索工具”创建的选区紧固点效果

图 2-26　“魔棒工具”的属性栏(二)

实例：使用“魔棒工具”选择图像。

(1) 打开例题素材“2-3-3.jpg”。

(2) 选择“魔棒工具”，设置“容差”为 30，单击天空，创建选区。

(3) 单击“魔棒工具”属性栏的“添加到选区”按钮，多次单击天空直至选择所有天空，然后选择“多边形套索工具”，创建选区，如图 2-27 所示。

(4) 再执行“选择”|“反选”命令可选择主体图像，如图 2-28 所示。

图 2-27　选取图像背景

图 2-28　选择主体图像

4. 快速选择工具

“快速选择工具”可以快速地选择多个颜色相似的区域，类似按 Shift 键的同时使用“魔棒工具”。其属性栏如图 2-29 所示。选区运算按钮有：“新选区”重新建立一个选区，取消原选区；“添加到选区”使新选区和原选区相加；“从选区减去”使新选区和原选区相减。“画笔拾取器”用于设置画笔大小、硬度、间距。用“快速选择工具”创建的选区如图 2-30 所示。

图 2-29　“快速选择工具”的属性栏

图 2-30　用“快速选择工具”创建的选区

5. “色彩范围”命令

执行“选择” | “色彩范围”命令，可以快速选取图像中颜色相同或相似的区域，且能方便地看到所建选区的形状，“颜色容差”可调选区的大小，“吸管工具”可建立新选区，“添加到取样”可增加选区，“从取样中减去”可减少选区。“色彩范围”对话框如图 2-31 所示，其创建的选区效果如图 2-32 所示。

图 2-31　“色彩范围”对话框

图 2-32　执行“色彩范围”命令创建的选区效果

2.3.2　编辑选区

1. 扩边选区

执行“选择” | “修改” | “边界”命令，可以将原有的选取范围变成带状的边框，边框以原选区范围为边缘向内延伸，延伸的宽度可以在“边界选区”对话框中设定，宽度 1～200 像素。

2. 平滑选区

执行“选择” | “修改” | “平滑”命令，可以将选取范围变得较连续且平滑，一般用于修正“魔棒工具”选择的区域，因为“魔棒工具”选择的区域往往很不连续，用平滑选区能很好地解决这一问题。

3. 扩展选区

执行“选择” | “修改” | “扩展”命令，可以将原有的选取范围向外延伸，延伸的程度通

过扩展量来指定，扩展量的取值是 1～100。

4. 收缩选区

执行“选择”|“修改”|“收缩”命令，可以将原有的选取范围收缩，收缩的程度通过收缩量来指定。

5. 移动选区

一种方法是，在图像中创建好选区后，如果选区的位置不符合要求，可以移动选区。将鼠标指针移至选区内，鼠标指针表现为移动选区状态，移动鼠标指针至另一位置后，选区随之移动到该位置。另一种方法是，当使用“矩形选框工具”或“椭圆形选框工具”创建选区时，不放开鼠标左键，按住空格键的同时拖动鼠标，也可以将所创建的选区移至新的位置上。

6. 变换选区

在图像中创建好选区后，如果选区的大小或形状不符合要求，可以变换选区。建立选区后，执行“选择”|“变换选区”命令，出现选区变形框后，即可移动选区变形框上的控制点对选区进行变形。注意，变换选区只对选区进行变形，而不影响图像。

若原选区效果如图 2-33 所示，则扩边选区、扩展选区、收缩选区、移动选区、变换选区的效果分别如图 2-34～图 2-38 所示。

图 2-33　原选区

图 2-34　扩边选区

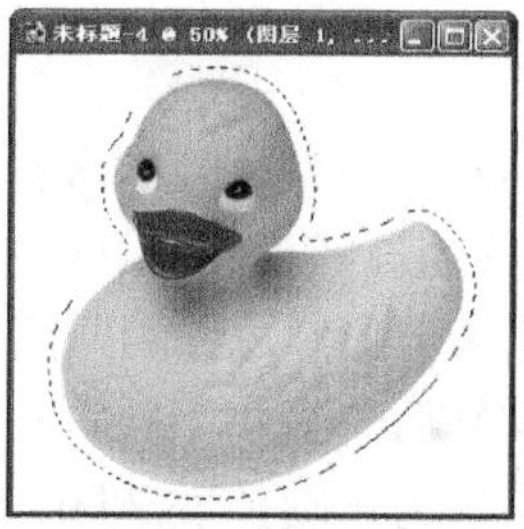

图 2-35　扩展选区

图 2-36　收缩选区

图 2-37　移动选区

图 2-38　变换选区

7. 羽化选区

设定选区的羽化有以下两层含义。

(1) 圆滑含义：对“矩形选框工具”的选区设定羽化，则选区的四角及边缘会变圆滑，且羽化值越大，边缘越圆滑，对其他选框工具、“套索工具”或“魔棒工具”设置的选区也一样。

(2) 模糊含义：设定了羽化功能后，当对选区进行填色、清除、移动、剪切或复制等操作时，选区的边界会产生柔和的过渡效果，从而避免出现图像之间的衔接过于生硬的现象。羽化值的取值为 0～250 像素。

羽化选区的方法是：在选框工具属性栏的“羽化”文本框中输入数值，然后创建选区；或者创建选区后，执行“选择”|“修改”|“羽化”命令，即可设定选区的羽化功能。设定了选区的羽化功能后，创建的矩形选区为圆角矩形状。如果现有选区已经羽化，则使用上述方法再次设定后，选区的羽化值就是原有的羽化值与再次设定的羽化值之和。图 2-39 表示选区未设定羽化和设定了羽化所产生的图像效果。

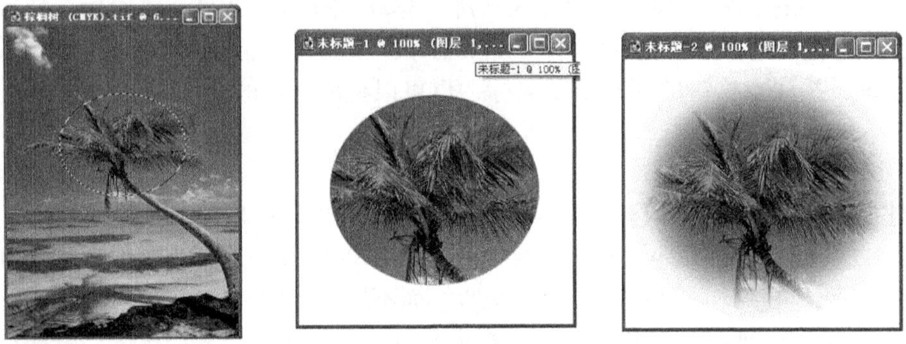

(a) 创建椭圆形选区　　(b) 选区未设定羽化　　(c) 羽化半径为15像素

图 2-39　选区未设定羽化和设定了羽化所产生的图像效果

8. 调整选区

在 Photoshop 中，可以使用“选择工具”属性栏上的“选择并遮住”按钮来调整选区，从而得到更加精确完美的选区。在打开的“调整边缘”对话框中，“视图”包含 7 种选区预览方式；“半径”可微调选区与图像边缘的距离；“平滑”用于使选区边缘变得光滑；“对比度”可以锐化选区边缘，去除模糊；“显示半径”可以显示选区与图像边缘的距离；“羽化”用于柔滑选区边缘；“移动边缘”值为正则扩展选区，值为负则收缩选区。“调整边缘”对话框如图 2-40 所示。

9. 填充和描边选区

我们可以通过执行“编辑”|“填充”命令对选区内部进行填充；通过执行“编辑”|“描边”命令对选区边缘进行描绘。选区填充和选区描边的效果分别如图 2-41 和图 2-42 所示。

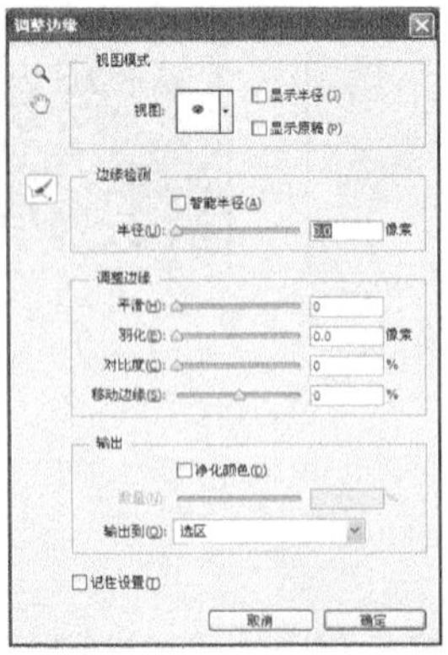

图 2-40　“调整边缘”对话框

图 2-41　选区填充效果

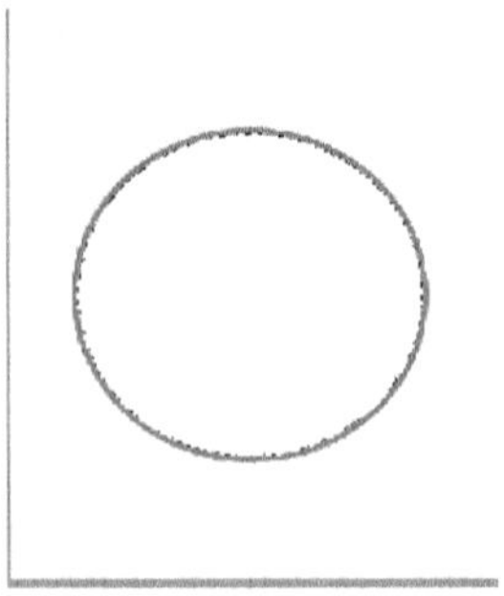

图 2-42　选区描边效果

2.4　基本绘制工具的使用

2.4.1　画笔工具

画笔是一种重要的绘画和编辑工具，Photoshop 提供了各种形状的画笔，尤其是画笔的动态效果和自定义画笔功能，能够满足各种绘制的需要。

1. 画笔

在工具箱中选择“画笔工具”，即可打开“画笔工具”的属性栏，如图 2-43 所示，“画笔预设选取器”可以设置笔尖形状、画笔大小和硬度；单击“切换画笔设置面板”按钮可以打开“画笔设置”面板。“模式”设置所绘图像与当前图像像素的混合形式；“不透明度”设置所绘颜色不透明的程度，如果此值为 50%，则所绘颜色为半透明状；“流量”控制所绘颜色的深浅；“启用喷枪样式”可根据单击的时间长短来控制画笔颜色的深浅，如果按住鼠标不放，“画笔工具”会根据按住鼠标左键时间的长短来控制颜色的深浅。

图 2-43　画笔工具的属性栏(二)

2. “画笔设置”面板

单击“画笔工具”属性栏上的“切换画笔设置面板”按钮，可以打开“画笔设置”面板，“画笔设置”面板是众多绘画工具(如画笔、铅笔、橡皮擦等)和图像修饰工具(如涂抹、加深、减淡、模糊、锐化等)的通用面板，是 Photoshop 中最常用、最重要的面板之一。

“画笔设置”面板如图 2-44 所示。其中，“画笔”设置画笔大小，打开预设画笔列表；“画笔笔尖形状”设置画笔的大小、角度、圆度、硬度等属性；“大小”设置画笔直径的大小，其值为 0～999；“角度”设置画笔与横轴间的夹角；“圆度”设置画笔接近于圆的程度，100%为圆形；“硬度”设置画笔边缘的扩散效果，硬度越低，画笔边缘的扩散效果越强；“间距”设置笔尖触点之间的距离；“形状动态”设置画笔的大小抖动、角度抖动、圆度抖动等；“散布”设置散布值、散布数量、散布抖动等；“颜色动态”设置颜色混合程度、色相抖动、饱和度抖动、亮度抖动等；还有其他选项，如“纹理”、“双重画笔”、“传递”和“画笔笔势”等提供更多的画笔特效设置。“圆形柔边画笔”设置形状动态如图 2-45 所示。

实例：星光的绘制。

打开例题素材“2-4-1.jpg”，选择“画笔工具”，单击“画笔工具”属性栏上的“切换画笔设置面板”按钮，在打开的“画笔设置”面板中单击“画笔笔尖形状”按钮，选择一支“圆形柔边画笔”，颜色为白色，设置合适的画笔大小及不透明度，设置画笔的圆度为 0°，以及不同的角度，绘制出星光效果(单击一次绘制一条星光)。“夜空”素材图及完成图分别如图 2-46、图 2-47 所示。

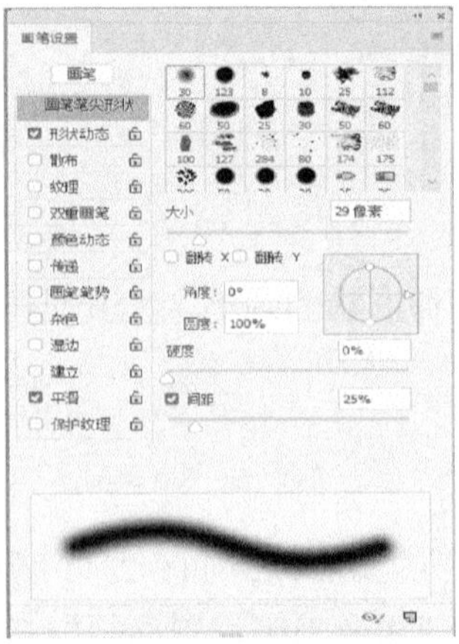

图 2-44　“画笔设置”面板

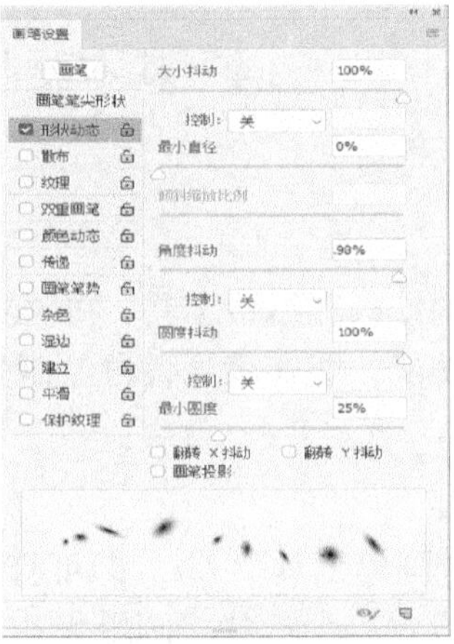

图 2-45　设置形状动态

图 2-46　“夜空”素材图

图 2-47　“夜空”完成图

实例：树的绘制。

(1) 新建一个图像文件(20cm×20cm，分辨率为 100 像素/英寸)。

(2) 选择“画笔工具”，单击“画笔工具”属性栏上的“画笔预设选取器”，在弹出的对话框右上角单击 按钮，选择“旧版画笔”，这时“旧版画笔”就被添加到当前画笔预设列表中。

(3) 在“旧版画笔”的“默认画笔”列表中选择“散布枫叶”，然后单击“切换画笔设置面板”按钮，在打开的“画笔设置”面板中设置画笔大小为 50 像素，并分别设置形状动态、散布和颜色动态，参数设置如图 2-48 所示。

(4) 设置前景色为黄色，背景色为橙色，然后在画布上多次单击、拖动，绘制的树叶如图 2-49 所示，彩色效果请扫对应二维码。

(5) 使用圆形硬边画笔，设置适当的画笔大小，进一步画出树干，效果如图 2-50 所示。

3. 混合器画笔

“混合器画笔” 有两个色管，一个是存储槽，另一个是拾取器。存储槽用于存储绘制在画布上的颜色；拾取器的作用是采集画布上的颜色，“混合器画笔”的颜色是两种颜色形成混合的效果。“混合器画笔”的属性栏如图 2-51 所示。

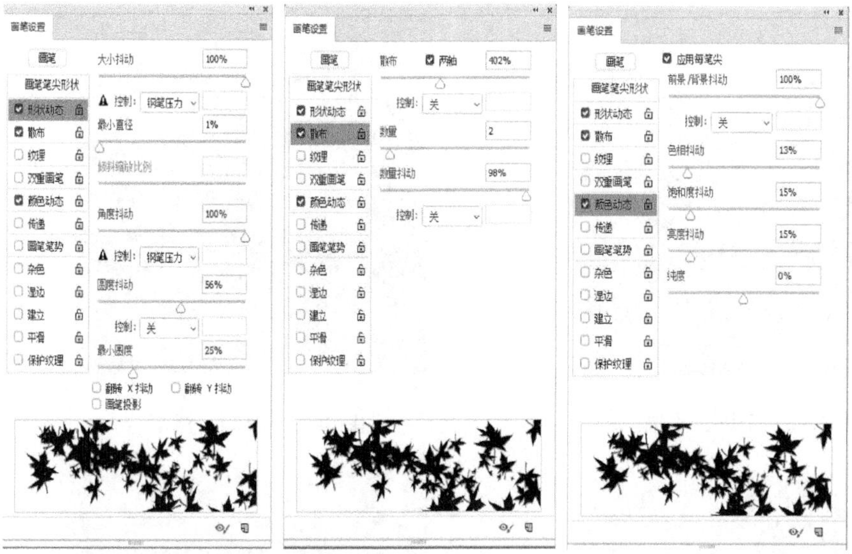

图 2-48　形状动态、散布和颜色动态参数设置

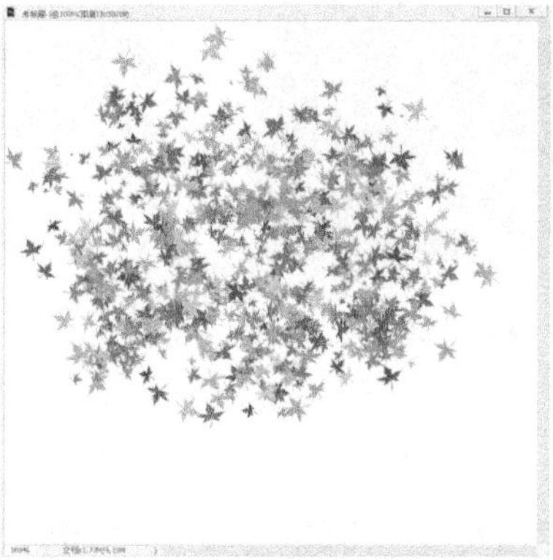

图 2-49　树叶效果

图 2-50　树的效果

图 2-51　“混合器画笔”的属性栏

“每次描边后载入画笔”模拟画笔每次画完后重新蘸取颜色，准备下一次绘制。“每次描边后清理画笔”模拟每次画完后清洗画笔，清除画笔上的颜色。“潮湿”模拟给颜料加水，潮湿值越大，色彩越淡。“载入”设置画笔上的油彩量，载入值越大，油彩量越大。“混合”设置画笔颜色的混合比，混合值越高，那么画笔原来的颜色越浅，从画布上吸取的颜色越深；混合值越低，那么画笔原来的颜色越深，从画布上吸取的颜色越浅。“流量”控制下笔时油彩流出的量，流量值越大，相当于油彩越多，画出的颜色越深。图 2-52～图 2-55 表示了“混合器画笔”不同设置的绘制效果。

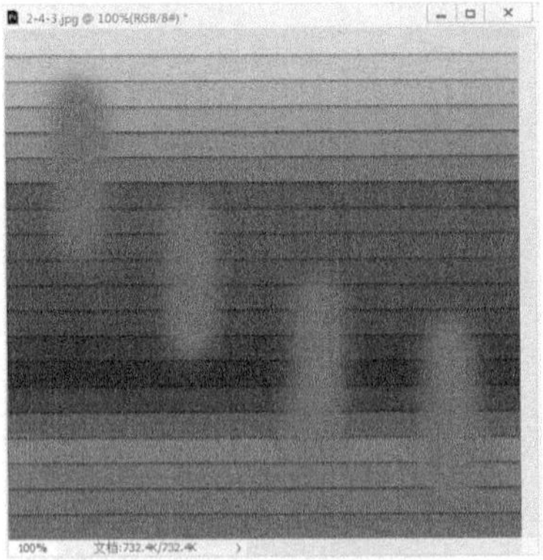

图 2-52　干燥，浅描

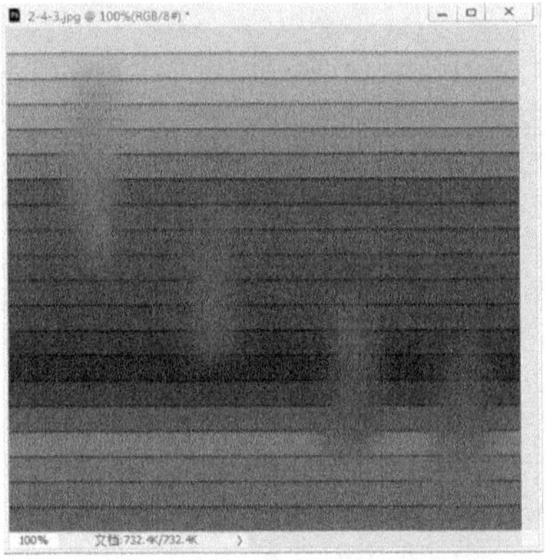

图 2-53　湿润，浅混合

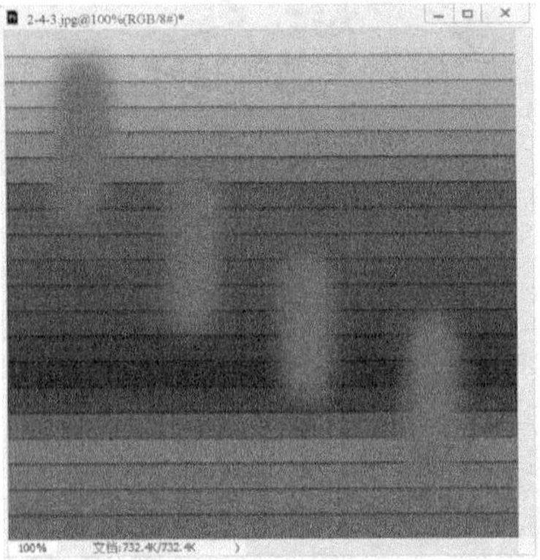

图 2-54　干燥，深描

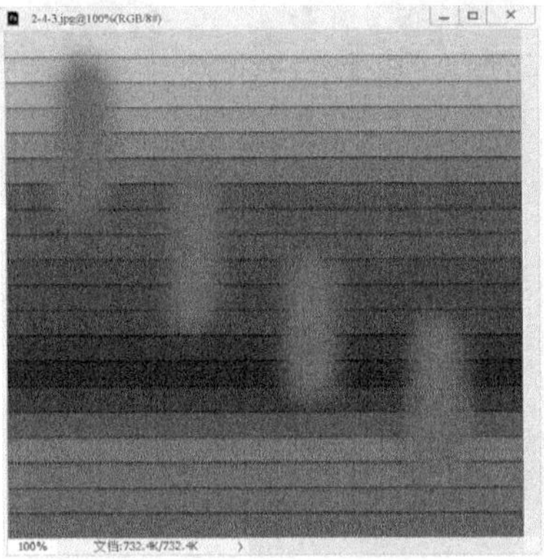

图 2-55　湿润，深混合

4. 历史记录画笔

在工具箱中选择“历史记录画笔”，即可打开“历史记录画笔”工具的属性栏，如图 2-56 所示，可以设置其形状、模式、不透明度、流量等。“模式”设置所绘图像与当前图像像素的混合形式;”不透明度”设置所绘颜色不透明的程度，如果此值为 50%，则所绘效果为半透明状；“流量”控制所绘效果的深浅。

图　2-56　“历史记录画笔”的属性栏

“历史记录画笔”不同于普通画笔工具，“历史记录画笔”可用于图像的恢复。

实例：用“历史记录画笔”恢复图像。

(1) 打开例题素材“2-4-4.jpg”。

(2) 用画笔随意修改图像。

(3) 选择“历史记录画笔”。

(4) 设置“历史记录画笔”形状、指定绘画的混合模式和不透明度(参阅“画笔工具”的设置)。

(5) 在图像被修改的区域中拖动进行图像恢复。

素材、修改后的效果及局部恢复后的效果分别如图 2-57、图 2-58、图 2-59 所示。

图 2-57　素材图(一)

图 2-58　修改后的效果

图 2-59　局部恢复后的效果

5. 自定义画笔

实际上，我们可以将任意图像定义为画笔，方法如下。

(1) 打开例题素材文件“2-4-5.jpg”，用“矩形选框工具”建立一个选区，如图 2-60 所示。

(2) 选择“编辑”|“定义画笔预设”菜单项，再为画笔取名，即可完成新画笔的定义。

(3) 新建一个 20cm×20cm 的文件，选择“画笔工具”，在画笔列表中选择新定义的画笔，设置画笔大小为 600 像素。

(4) 选蓝色为前景色，在新图像文件窗口中单击，画笔效果如图 2-61 所示，彩色效果请扫二维码。

图 2-60　创建选区

图 2-61　使用自定义画笔的效果

6. 管理画笔

在 Photoshop 中，我们可以通过执行“复位画笔”命令清除当前所定义的画笔，并恢复到系统默认的画笔设置。“载入画笔”可以把外部的画笔载入系统的画笔库中。“存储画笔”可以存储当前用户使用的画笔属性及参数，并以文件的形式保存在用户指定的文件夹中，还可以载入其他计算机使用。此外，Photoshop 还可以把多种类型的画笔追加到画笔列表中。实现以上各操作的方法是：单击“画笔工具”属性栏上的“画笔预设选取器”按钮，打开画笔预设选取器，单击按钮，打开“画笔”菜单，如图 2-62 所示，管理画笔的命令均在此菜单上。

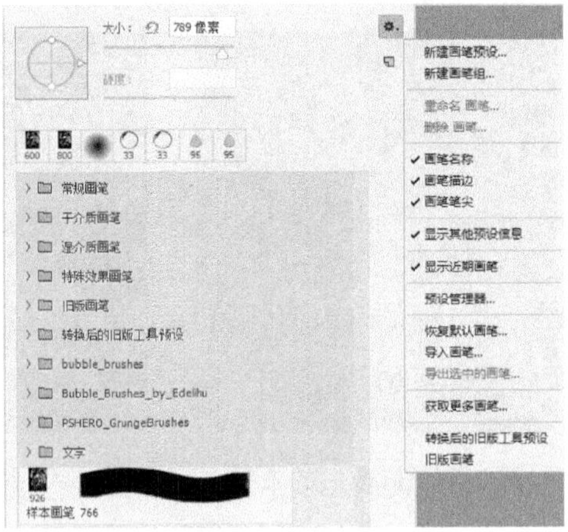

图 2-62　画笔预设选取器和“画笔”菜单

2.4.2　橡皮擦工具

1. 橡皮擦

“橡皮擦工具” 可以擦除图像，其属性栏如图 2-63 所示。

图 2-63　“橡皮擦工具”的属性栏

“模式”中的选项有：“画笔”用于设置柔边擦除效果；“铅笔”用于设置硬边擦除效果；“块”用于设置块状的擦除效果。“不透明度”可以设置橡皮擦不透明的程度，不透明度越大则擦除得越多。“流量”用于控制擦除的程度。使用橡皮擦擦除图像后的区域将被填充为当前的背景色，效果如图 2-64、图 2-65 所示。

图 2-64　不透明度 100%

图 2-65　不透明度 50%

2. 背景橡皮擦

用“背景橡皮擦” 擦除的区域会变得透明。其属性栏如图 2-66 所示。

图 2-66　“背景橡皮擦”的属性栏

取样按钮有三种：分别是“取样：连续”、“取样：一次”和“取样：背景色板”。“取样：连续”可以随意擦除图像；“取样：一次”可擦除与首次单击处像素颜色相似的区域；“取样：背景色板”可擦除与当前背景色相似的图像区域。“限制”中的选项有：“不连续”可以擦除不相邻的颜色；“连续”只可擦除相邻的颜色；“查找边缘”可以更好地保留边缘的锐化程度。“容差”可以设置颜色的相似度，容差越大，则擦除的范围越大。“保护前景色”可以防止擦除与前景色匹配的区域。

实例：“背景橡皮擦”的使用。

(1) 打开例题素材“2-4-6.jpg”。

(2) 选择“背景橡皮擦”，在“背景橡皮擦”属性栏上选择“圆形硬边形状”，设置其大小为 48 像素，再单击“取样：连续”按钮，限制设置为“不连续”，容差设置为 30，然后在图像上拖动，效果如图 2-67 所示。

(3) 恢复图像为打开时的状态，在“背景橡皮擦”属性栏上单击“取样：一次”按钮，其余参数不变，在第一个人物腿部开始拖动，拖动的范围覆盖两个人物腿部，效果如图 2-68 所示。

(4) 恢复图像为打开时的状态，在“背景橡皮擦”属性栏上单击“取样：背景色板”按钮，其余参数不变，设置当前背景色为白色，在背景处开始拖动，拖动的范围覆盖两个人物腿部，效果如图 2-69 所示。

图 2-67　连续取样擦除效果

图 2-68　一次取样擦除效果

图 2-69　背景色擦除效果

3. 魔术橡皮擦

“魔术橡皮擦”可以擦除一片颜色相似的区域。其属性栏如图 2-70 所示。

图 2-70　“魔术橡皮擦”的属性栏

“容差”用于设置擦除的范围，容差越大，每次单击时擦除的范围越大，容差越小，每次单击时擦除的范围也越小。“消除锯齿”可以使擦除的边缘平滑；“连续”仅可擦除相邻区域的颜色；“不透明度”控制擦除的程度，不透明度越大则擦除的程度越大(越彻底)。

实例：“魔术橡皮擦”的使用。

(1) 打开例题素材“2-4-7.jpg”。

(2) 选择“魔术橡皮擦”，在其属性栏上设置容差为 50，选择“连续”，然后在水面处单击，擦除效果如图 2-71 所示。

(3) 恢复图像为打开时的状态，选择“魔术橡皮擦”，在“魔术橡皮擦”属性栏上设置容差为 50，不选择“连续”，然后在水面处单击，擦除效果如图 2-72 所示。

图 2-71　选择“连续”的擦除效果

图 2-72　不选择“连续”的擦除效果

2.4.3　渐变工具

“渐变工具”的作用是创建多种颜色逐渐过渡的填充效果。“渐变工具”的用法为：先在工具箱中选择此工具，设置其属性及各参数值后，在图像上拖动即可。“渐变工具”的属性栏如图 2-73 所示，其中，一组按钮用于设置渐变类型，它们分别是“线性渐变”按钮、“径向渐变”按钮、“角度渐变”按钮、“对称渐变”按钮、“菱形渐变”按钮，五种渐变的效果如图 2-74 所示。“模式”用于设置渐变颜色的混合方式；“不透明度”用于设置渐变颜色不透明的程度；“反向”用于进行反方向的渐变填充。我们还可以从渐变编辑器中选取或创建自定义的渐变效果。单击按钮的长条形区域，可打开渐变编辑器，“渐变编辑器”窗口如图 2-75 所示。图 2-75 中的颜色长条称为渐变条，其上的小块称为色标，我们可以选择某一色标后，单击“颜色”后的矩形框，从而打开拾色器来设置色标的颜色；还可以在“位置”文本框中输入数值，指定所选色标的位置。

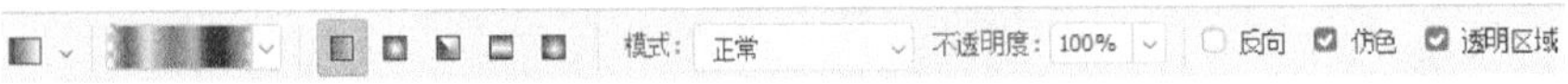

图 2-73　“渐变工具”的属性栏

(a) 线性渐变　(b) 径向渐变　(c) 角度渐变　(d) 对称渐变　(e) 菱形渐变

图 2-74　五种渐变的效果

实例：彩虹的绘制。

(1) 打开例题素材“2-4-8.jpg”。

(2) 选择“渐变工具”，在其属性栏上单击长条形按钮打开渐变编辑器，在弹出的窗口的“预设”选项区域中选择“透明彩虹渐变”，单击“确定”。

(3) 设置渐变类型为线性渐变，接着在“渐变工具”属性栏上设置不透明度为 20%。

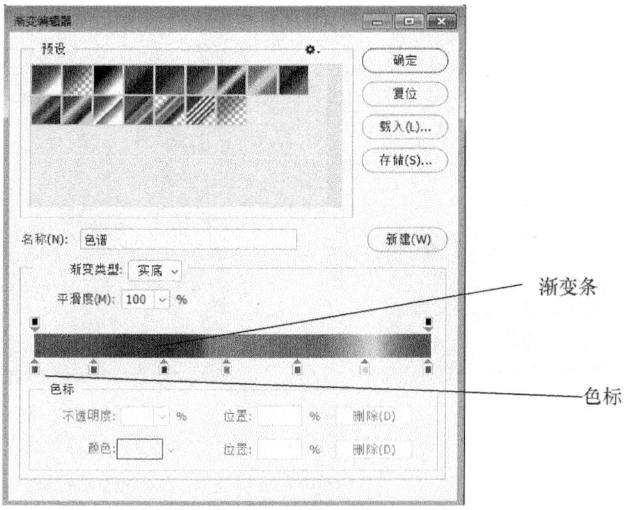

图 2-75 “渐变编辑器”窗口

(4) 按 F7 键打开“图层”面板。单击该面板底部倒数第二个按钮创建新图层。

(5) 在该素材图像内从上向下拖动绘制渐变，效果如图 2-76 所示。

(6) 选择“滤镜”|“扭曲”|“极坐标”菜单项，选择“从平面坐标到极坐标”，效果如图 2-77 所示。

图 2-76 绘制渐变

图 2-77 极坐标扭曲

(7) 选择“编辑”|“自由变换”菜单项，调整彩虹大小和位置，效果如图 2-78 所示。

(8) 使用“矩形选框工具”，在彩虹下半部分建立选区，设置选区羽化半径为 30 像素，按 Delete 键删除彩虹下半部分，效果如图 2-79 所示。完成图见例题素材“2-4-8(完成).jpg”。

2.4.4 油漆桶工具

“油漆桶工具”的作用是在一定的色差范围内用前景色或图案进行图像或选区的填充。单击工具箱中的“油漆桶工具”，即可看到“油漆桶工具”的属性栏，如图 2-80 所示。“前景”用于选择填充的内容是前景色还是图案；“模式”用于设置填充色的混合方式；“不透明度”用于设置填充色不透明的程度；“容差”设定色差程度，容差越大，填充的范围越大，反之越小；“所有图层”用于设定是对所有图层还是对当前图层进行填充；“连续的”用于只填充连续的区域。

图 2-78　自由变换彩虹

图 2-79　彩虹完成效果

图 2-80　“油漆桶工具”的属性栏

实例：“油漆桶工具”的使用。

(1) 打开例题素材“2-4-9.jpg”。

(2) 选择“油漆桶工具”，在其属性栏上设置“前景”，模式为正常，不透明度为 100%，容差为 80，选择“连续的”选项。

(3) 设置前景色为蓝色，然后在橙色块上单击，填充效果如图 2-81 所示。

(4) 在“油漆桶工具”属性栏上设置“图案”，在图案列表中选择“嵌套方块”，不选择“连续的”选项，然后在绿色块上单击，填充效果如图 2-82 所示，彩色效果请扫二维码。

图 2-81　前景填充连续

图 2-82　图案填充不连续

2.4.5　文字工具

“文字工具”用于在图像中添加文字。方法是在工具箱中选择“文字工具” T，然后在图像上单击，即可输入文字。“文字工具”的属性栏如图 2-83 所示，其中可设文字的字体、大小、对齐方式，以及变形文字等。 用于设置横排或竖排文字； 用于切换“字符”面板和“段落”面板； 用于创建变形文字，几种文字变形效果分别如图 2-84、图 2-85 所示。

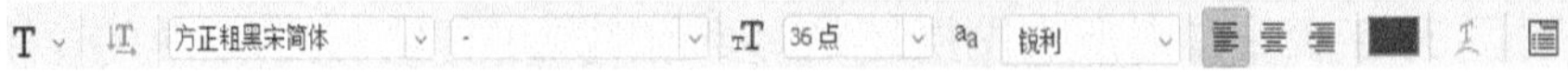

图 2-83　“文字工具”的属性栏

图 2-84　凸起变形文字

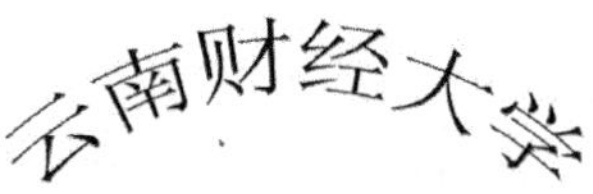

图 2-85　扇形变形文字

2.5　图像的编辑和变换

2.5.1　改变图像尺寸

图像的尺寸(高度和宽度)、分辨率和像素大小(图像所占存储空间)有着密切的关系。图像尺寸不变，分辨率越大，图像越清晰，图像所占存储空间也越大；像素大小不变，改变分辨率，图像尺寸则随之变化；同样，改变图像的尺寸，则其分辨率也会变化。

1. 改变图像大小

选择“图像”|“图像大小”菜单项，会弹出如图 2-86 所示的“图像大小”对话框，在其中可以改变图像的高度、宽度、分辨率。“自动”可以根据文档类型和输出设备来确定建议使用的图像分辨率。“保留细节(扩大)”可在放大图像时使用减少杂色滑块消除杂色。“两次立方(较平滑)(扩大)”放大图像时，产生更平滑的效果。“两次立方(较锐利)(缩减)”缩小图像时，增强图像的锐化效果，保留图像细节，如果图像中某些区域的锐化程度过高，可尝试“两次立方(平滑渐变)”。“两次立方(平滑渐变)” 依据周围像素值对图像进行采样，此方法速度慢、精度高、颜色过渡平滑。“邻近(硬边缘)”是一种速度快但精度低的图像像素采样方法，它在包含未消除锯齿边缘的图像中保留硬边缘，因此能产生锯齿状的效果。“两次线性”通过平均周围像素的值来添加像素，产生中等品质的图像。“约束长宽比”可使图像的宽度和高度保持等比例变化。

2. 改变画布大小

选择“图像”|“画布大小”菜单项，将弹出如图 2-87 所示的“画布大小”对话框，可在“新建大小”中输入画布的尺寸，并指定图像在画布上的位置。

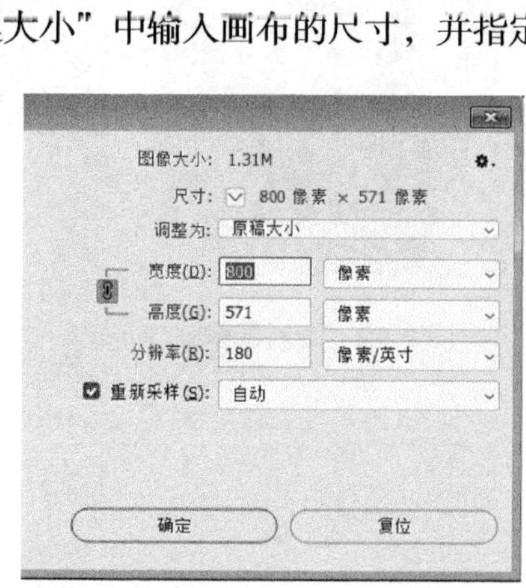

图 2-86　“图像大小”对话框

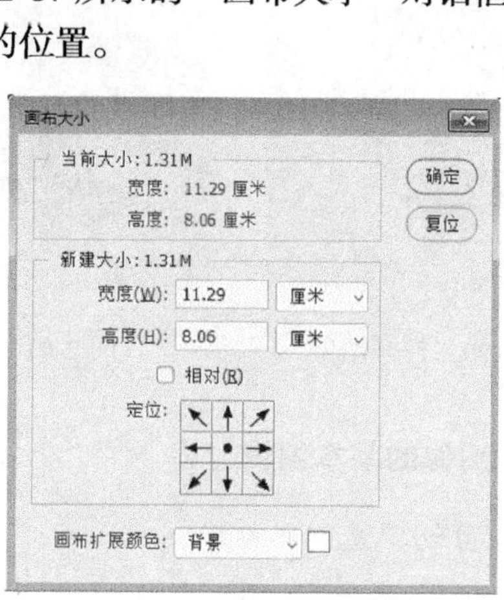

图 2-87　“画布大小”对话框

3. 裁切图像

裁切的作用是裁去图像多余的部分，以突出或加强构图效果，方法是执行“图像”|“裁切”命令，它可以基于一种颜色裁切图像的上、下、左、右边框。也可使用工具箱中的“裁切工具”，方法是选择该工具后，直接在图像上拖动，绘出一个裁剪区，可调节该裁剪区的大小，如图 2-88，最后按回车键确定。裁剪效果如图 2-89 所示。

图 2-88　拖出裁剪区

图 2-89　裁剪效果

实例：用“裁切工具”扩大画布和倾斜/拉直图像。

(1) 打开例题素材“2-5-1.jpg”，如图 2-90 所示。

(2) 选择“裁切工具”，在其属性栏上的比例列表中选择“原始比例”。

(3) 鼠标指针放在右侧边框中间的控制柄处并适当向右拖动，放开鼠标左键后按回车键确定，此时画布扩大了，效果如图 2-91 所示。

(4) 按下 Ctrl 键，从左上方向右下方拖动，放开鼠标左键，按回车键确定，图像效果如图 2-92 所示。倾斜的图像也可使用此方法进行拉直。

图 2-90　打开图像

图 2-91　扩大画布

图 2-92　倾斜图像

2.5.2　图像的基本编辑

1. 剪切、复制和粘贴

执行“编辑”|“剪切”命令，选区中的图像消失，同时，选区中填入当前的背景色；执

行“编辑”|“复制”命令，选区中的图像将复制到剪贴板，原图像不受影响；执行“编辑”|“粘贴”命令，可将剪贴板中的图像粘贴到当前图像中。

实例：图像的编辑操作。

(1) 打开例题素材“2-5-2.jpg”，并选择需要复制的部分(用“魔棒工具”选择天空后将选区反选)，如图 2-93 所示。

(2) 执行“编辑”|“复制”命令。

(3) 打开目标图像，如图 2-94 所示。

(4) 执行“编辑”|“粘贴”命令，效果如图 2-95 所示。

(5) 如果要执行“剪切”命令，则把步骤(2)改为执行“编辑”|“剪切”命令即可，效果如图 2-96 所示。

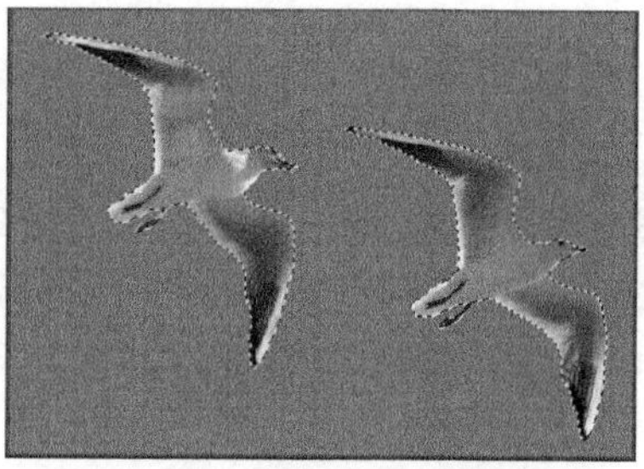

图 2-93　选择需要复制的部分

图 2-94　打开目标图像

图 2-95　执行“编辑”|“粘贴”命令

图 2-96　执行“编辑”|“剪切”命令

2. 图像的移动

可以使用工具箱中的“移动工具”进行图像的移动。方法为：先选择图像的一部分，然后选择“移动工具”，在图像中拖动即可，在移动的同时按 Alt 键可以复制图像。也可将选区的内容移至另一个图像中。图像移动的效果如图 2-97 所示，复制效果如图 2-98 所示。

3. 图像的删除

使用选取工具建立一个选区，执行“编辑”|“清除”命令可以删除选区中的图像，删除后的区域以背景色填充。也可按键盘上的 Delete 键进行删除。图像的删除效果如图 2-99 所示。

图 2-97　图像的移动效果

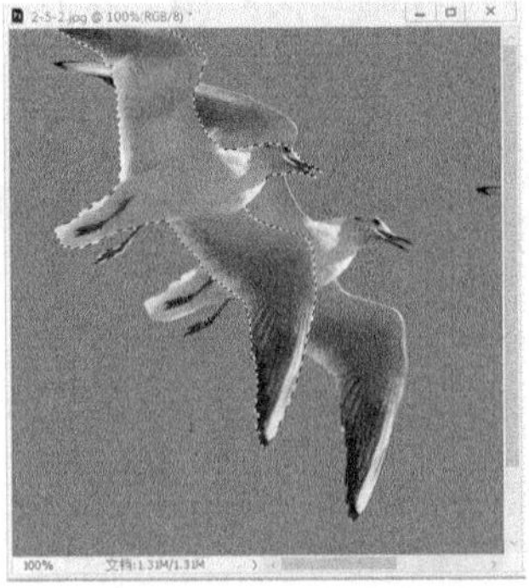

图 2-98　图像的复制效果

图 2-99　图像的删除效果

4. 图像的变换

选择“编辑”|“变换”菜单项后，有一组图像变换命令，包括“缩放”、“旋转”、“斜切”、“扭曲”、“透视”、“水平翻转”和“垂直翻转”等。使用方法为：先选择图像将要变换的部分，然后执行相应的命令，可完成水平翻转、垂直翻转；其余的变换则拖动变形框后方可实现。图 2-100 表示了几种图像变换效果。

(a) 旋转效果　(b) 斜切效果　(c) 透视效果

(d) 扭曲效果　(e) 变形效果　(f) 水平翻转

图 2-100　几种图像变换效果

实例：绘制圆锥体。

(1) 新建一个图像文件，大小为 20cm × 20cm，分辨率为 100 像素/英寸。

(2) 建立一个矩形选区，如图 2-101 所示。

(3) 选择“渐变工具”，打开渐变编辑器，从预设列表中选择“橙、黄、橙”渐变，在“渐变工具”属性栏上设置渐变类型为线性渐变，不透明度为 100%。

(4) 按下 Shift 键，在矩形选区中从左向右水平拖动，填充渐变效果如图 2-102 所示。

图 2-101　建立矩形选区(一)

图 2-102　填充渐变效果

(5) 选择“编辑” | “变换” | “透视”菜单项，拖动变形框，将矩形变形为三角形，效果如图 2-103 所示。

(6) 在三角形底部建立一个椭圆形选区，调节选区的大小和位置，效果如图 2-104 所示。

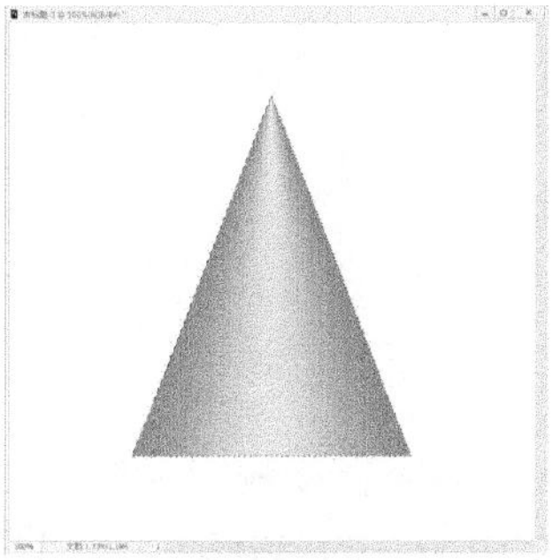

图 2-103　矩形变形为三角形

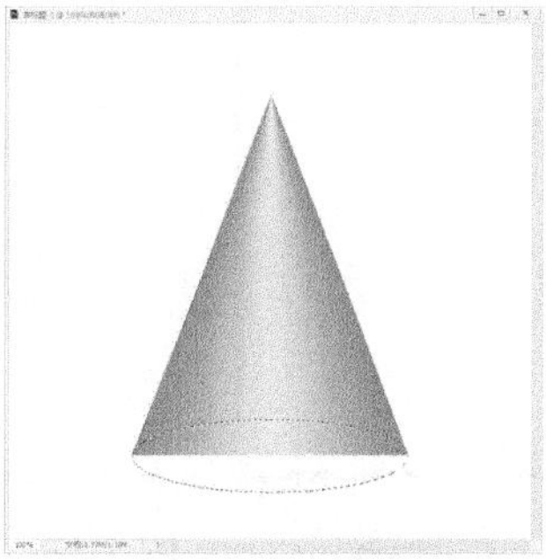

图 2-104　建立椭圆形选区

(7) 在椭圆形选区中填充“橙、黄、橙”渐变，注意底部的高光区和上半部分的高光区错开，保留选区，效果如图 2-105 所示。

(8) 设置前景色为深咖，选择“编辑” | “描边”菜单项，在弹出的对话框中设置描边宽度为 6 像素，位置为内部，模式为正常，不透明度为 100%，单击“确定”。

(9) 取消椭圆形选区后，最终效果如图 2-106 所示。

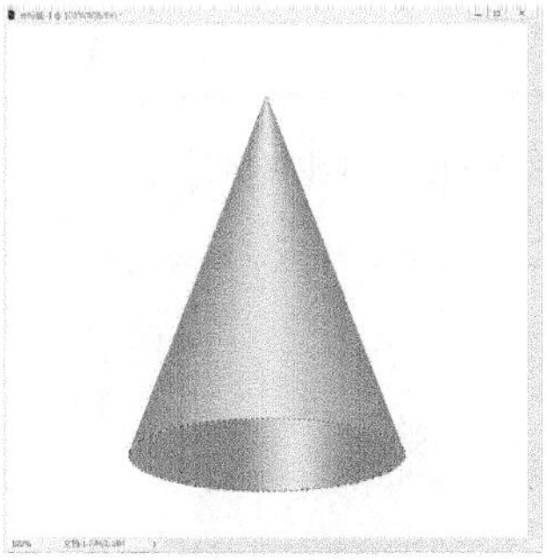

图 2-105　底部填充渐变

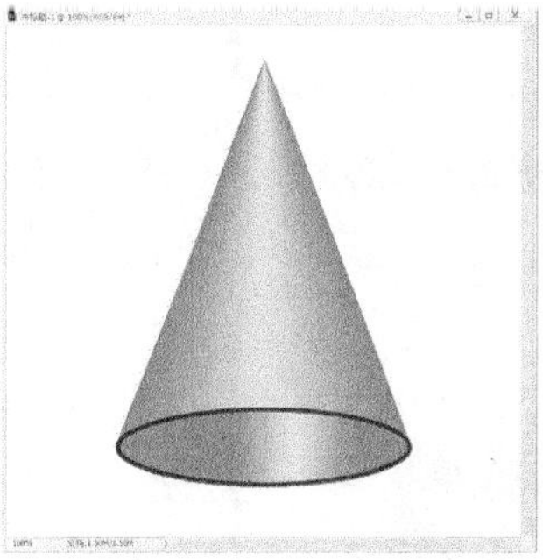

图 2-106　最终效果

实例：绘制立体形状。

(1) 新建一个图像文件，大小为 20cm × 20cm，分辨率为 100 像素/英寸。

(2) 建立一个矩形选区如图 2-107 所示。

(3) 使用白色到浅灰色线性渐变填充选区，效果如图 2-108 所示。

(4) 执行“编辑”|“变换”|“斜切”、“编辑”|“变换”|“扭曲”命令将矩形变形，注意要等所有变形完成后才按回车键确认，效果如图 2-109 所示。

(5) 建立矩形选区如图 2-110 所示。

(6) 在选区里填充白色到浅灰色线性渐变，效果如图 2-111 所示。

(7) 执行“编辑”|“变换”|“斜切”、“编辑”|“变换”|“扭曲”命令将矩形变形，注意要等所有变形完成后才按回车键确认，效果如图 2-112 所示。

(8) 建立矩形选区如图 2-113 所示。

(9) 在选区里填充白色到浅灰色线性渐变，效果如图 2-114 所示。

(10) 执行“编辑”|“变换”|“旋转”、“编辑”|“变换”|“缩放”、“编辑”|“变换”|“斜切”、“编辑”|“变换”|“扭曲”命令将矩形变形，注意要等所有变形完成后才按回车键确认，最后取消矩形选区。完成效果如图 2-115 所示。

图 2-107　建立矩形选区(二)

图 2-108　用渐变填充选区(一)

图 2-109　变形矩形(一)

图 2-110　建立矩形选区(三)

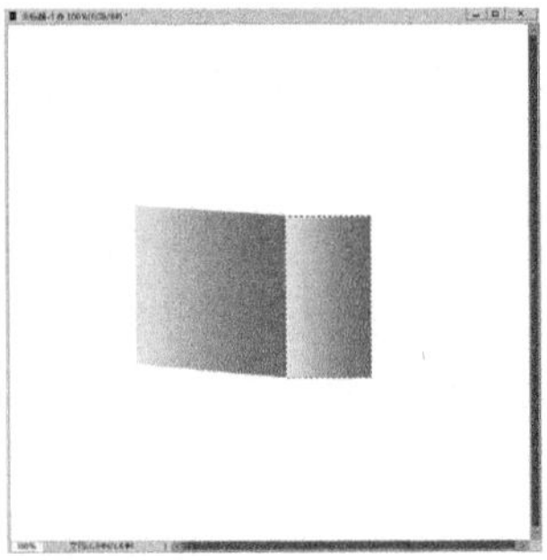
图 2-111　用渐变填充选区(二)

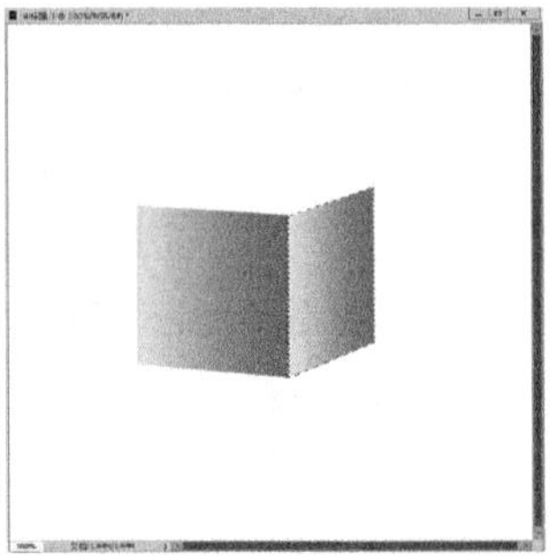
图 2-112　变形矩形(三)

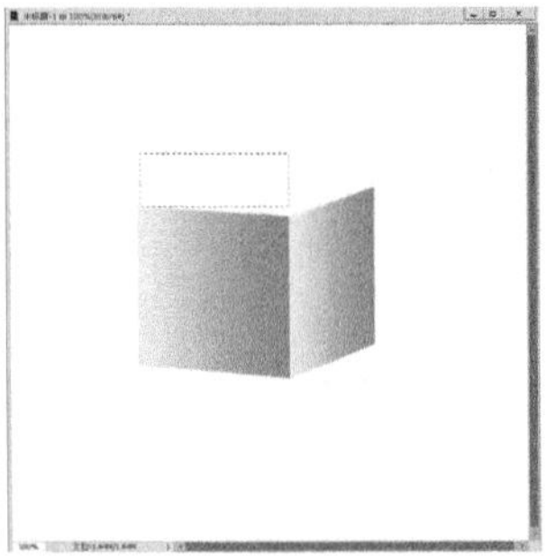
图 2-113　建立矩形选区(四)

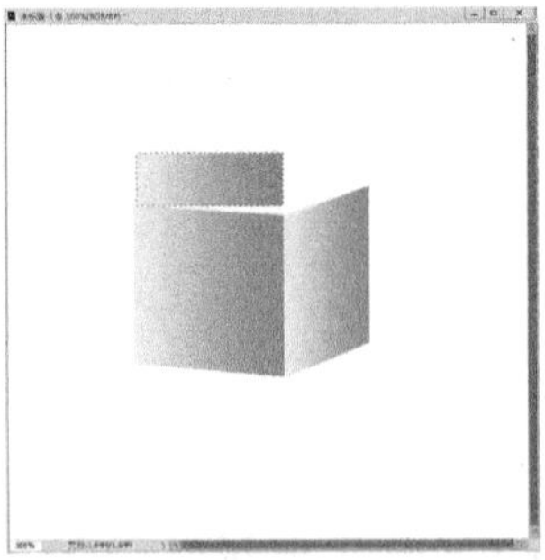
图 2-114　用渐变填充选区(三)

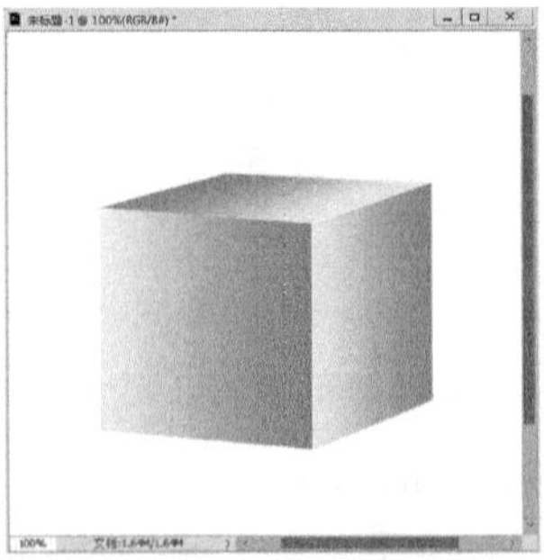
图 2-115　完成效果(一)

5. 操控变形图像

在 Photoshop 中，操控变形功能可以让用户在图像关键点上放置图钉，通过拖动图钉的位置对图像进行变形。

实例：修改卡通人物的动作。

(1) 打开例题素材“2-5-5.png”，如图 2-116 所示。

(2) 执行“编辑”|“操控变形”命令，然后在卡通人物右脚处添加图钉，效果如图 2-117 所示。

(3) 在卡通人物左脚和左手处添加图钉，然后拖动左边的图钉，放开鼠标左键后按回车键确认，效果如图 2-118 所示。

图 2-116　打开例题素材

图 2-117　添加图钉

图 2-118　变形效果

6. 内容识别缩放图像

内容识别缩放可以智能化地识别和缩放图像，用于缩放图像中没有重要可视区域中的像素，保护图像的主体部分。

实例：内容识别缩放图像

(1) 打开例题素材“2-5-6.jpg”，执行“选择”|“全选”命令，如图 2-119 所示。

(2) 执行“编辑”|“内容识别缩放”命令，拖动缩放框的右边线，压缩缩放框的大小，最后按回车键确认，最终效果如图 2-120 所示。可以看出，此例中，内容识别缩放命令仅缩小了图像的非主体(背景)部分，而对主体(花卉)部分无大的影响。

图 2-119　素材图像(一)

图 2-120　效果图像

7. 内容感知移动图像

内容感知移动工具可以自动识别图像，当图像移动时，使其和背景自然融合。

实例：移动图像上的对象。

(1) 打开素材图像“2-5-7.jpg”，如图 2-121。

(2) 选择“内容感知移动工具” (在修复工具组中)，在图像上拖动，选取图像上的对象如图 2-122 所示。

(3) 拖动选区中的图像到另一位置，放开鼠标左键，取消选区，效果如图 2-123。

图 2-121　素材图像(一)

图 2-122　选取对象

图 2-123　移动对象的位置

8. 重复上次变换

用户对图像进行变换后，可以执行“编辑”|“变换”|“再次”命令，重复上次的变换操作，还可按 Shift+Ctrl+Alt+T 键实现变换，同时实现复制的效果。

实例：绘制对称的图案。

(1) 新建一个图像文件，建立一个椭圆形选区，执行“编辑”|“填充”命令在其中填充红色，执行“编辑”|“描边”命令，设置描边颜色为绿色，位置为内部，宽度为 3 像素，效果如图 2-124 所示。

(2) 执行“编辑”|“变换”|“旋转”命令，在属性栏上设置旋转角度为 30° ，按回车键确认，如图 2-125 所示。

(3) 多次按下 Shift+Ctrl+Alt+T 键，效果如图 2-126 所示。

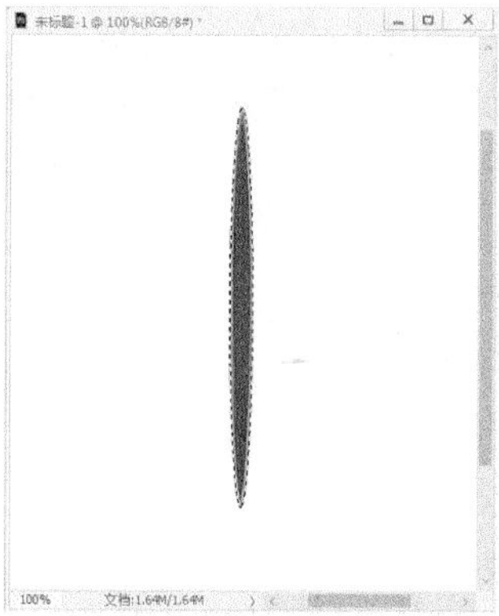

图 2-124　绘制椭圆

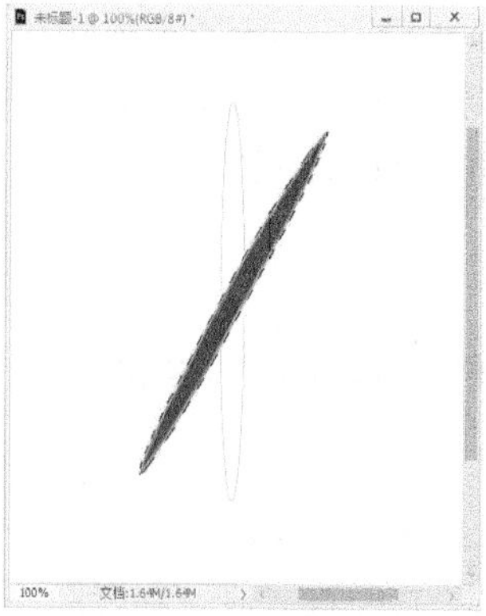

图 2-125　旋转椭圆

图 2-126　图案效果

2.6　图像的修复和修补

2.6.1　污点修复画笔工具

“污点修复画笔工具”用于去除图像中的污点，使用时，直接单击污点处即可，Photoshop 能分析污点及其周围图像的颜色、明暗、纹理等，进行自动采样与复制。“污点修复画笔工具”的属性栏如图 2-127 所示。“模式”用于设置颜色的混合方式。“类型”用于设置修复方法。“对所有图层取样”可以从所有可见图层中提取数据。

图 2-127　“污点修复画笔工具”的属性栏

实例：用“污点修复画笔工具”去除污点。

(1) 打开素材图像“2-6-1.jpg”，如图 2-128 所示。

(2) 选择“污点修复画笔工具”，在其属性栏上单击，设置“修复画笔工具”的直径(比污点稍大)，然后在污点处单击，即可去除污点。

(3) 重复步骤(2)，直至去除所有污点，完成效果如图 2-129 所示。可以看出，污点去除后，图像仍保持原有的颜色、亮度及纹理。

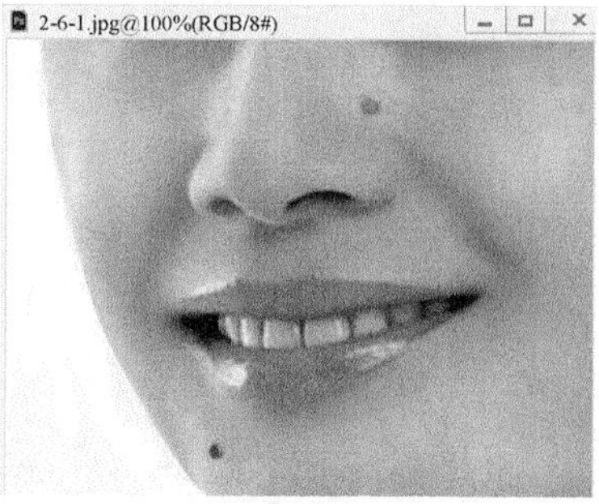

图 2-218　素材图像(二)

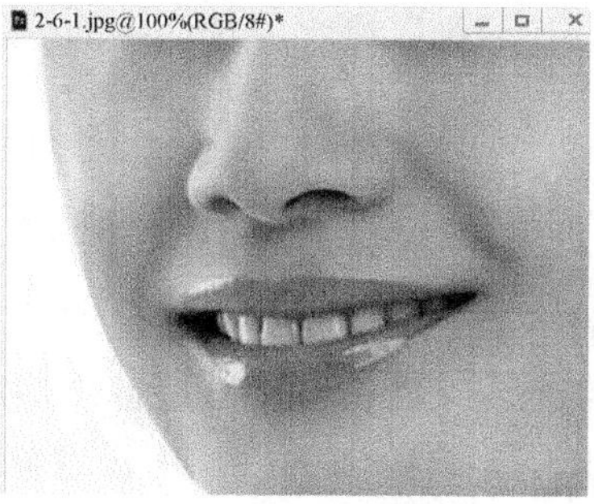

图 2-129　完成效果(一)

2.6.2　修复画笔工具

“修复画笔工具”用于将取样点处的图像填充到目标处。使用时，应先取样(按下 Alt

键，单击取样处)，然后在将要修复的地方拖动，它把取样像素和目标像素的颜色、明暗、纹理进行自动匹配和融合，达到修复效果。“修复画笔工具”的属性栏如图 2-130 所示，选择“对齐”则取样点随目标的移动而变化，否则取样点保持不变。

图 2-130　“修复画笔工具”的属性栏

实例：用“修复画笔工具”去除线条。

(1) 打开例题素材“2-6-2.jpg”，如图 2-131 所示。

(2) 选择“修复画笔工具”，在其属性栏上设置“修复画笔工具”的直径(比线条稍粗)，按下 Alt 键，在线条附近单击，从而完成取样。

(3) 在线条处拖动，即可去除线条。

(4) 重复步骤(2)、(3)，去除其他线条，效果如图 2-132 所示。

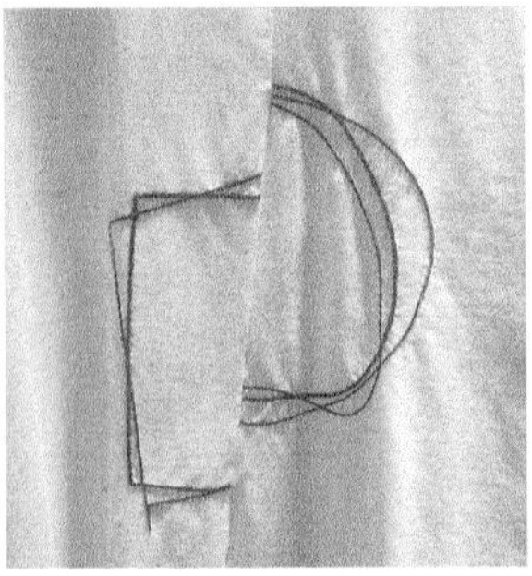

图 2-131　素材图像(三)

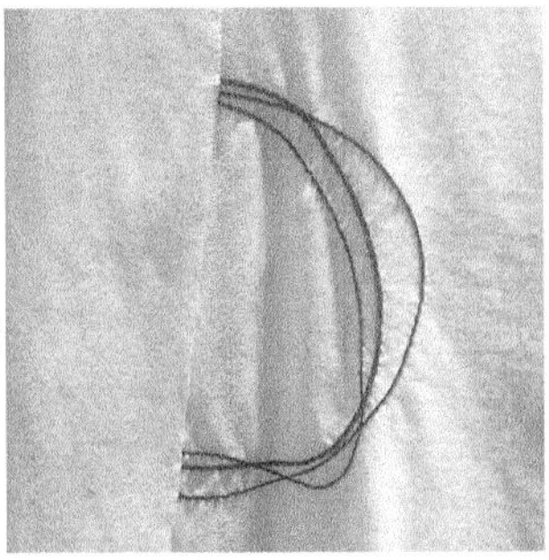

图 2-132　修复后效果

2.6.3　修补工具

“修补工具” 可以用其他区域的图像来修复选区内的图像，它也可以把源像素和目标像素的颜色、明暗、纹理进行自动匹配和融合，达到修补的目的。“修补工具”的属性栏如图 2-133 所示。按钮用于选区运算(相加、相减、交叉)；选择“源”，则用当前选区中的图像填充原选区；选择“目标”则将原选区中的内容复制到目标处。

图 2-133　“修补工具”的属性栏

实例：用“修补工具”去除多余文字。

(1) 打开例题素材“2-6-3.jpg”，如图 2-134 所示。

(2) 选择“修补工具”，在其属性栏中设置修补为源，然后在图像中拖动选择图像左下方的文字，如图 2-135 所示。

(3) 将鼠标指针移至选区中，向右拖动选区。

(4) 放开鼠标左键，图像左下方的文字消失，像素自然混合，完成效果如图 2-136 所示。

图 2-134　打开图像

图 2-135　选择的文字

图 2-136　完成效果(三)

2.6.4　红眼工具

“红眼工具”用于去除人物照片中的红眼，“红眼工具”的用法简单，选择工具箱中该工具后，在人物红眼处单击即可。图 2-137、图 2-138 分别为去除红眼前、后的图像效果(例题素材为“2-6-4.jpg”)。

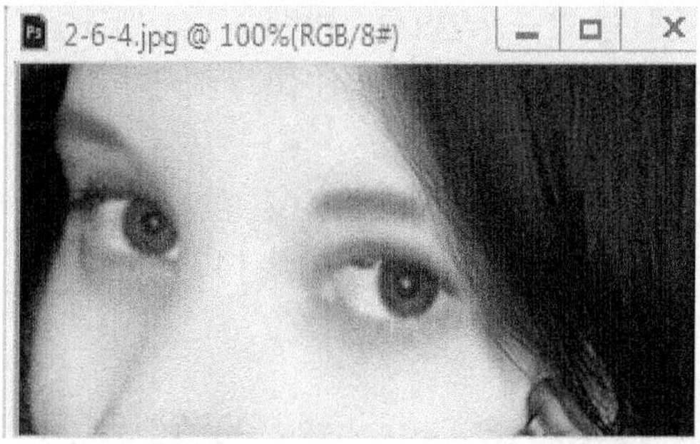

图 2-137　去除红眼前的效果

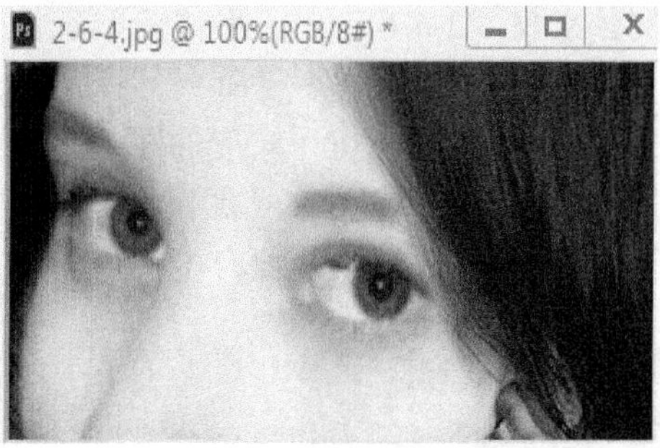

图 2-138　去除红眼后的效果

2.6.5　图章工具组

图章工具组包括仿制图章工具、图案图章工具，它们主要用于图像的复制。下面分别介绍这两种工具。

1. 仿制图章工具

“仿制图章工具”是一种图像复制工具，也可用于修复图像。

实例：用“仿制图章工具”去除图像上的多余物体。

(1) 打开例题素材“2-6-5.jpg”，如图 2-139 所示。

(2) 在工具箱中选择“仿制图章工具”。

(3) 将鼠标指针移到图像的珠子处，按下 Alt 键，此时鼠标指针变为“⊕”形，保持按下 Alt 键不放，单击(取样)，松开 Alt 键。

(4) 为图章设置合适的大小，移动鼠标指针到图像背景任意位置处，拖动开始复制，“+”字形表示当前正在被复制的位置。仿制图章复制效果如图 2-140 所示。

注意：从一幅图像中取样并复制到另一幅图像中时，这两幅图像的颜色模式必须相同，否则不能完成复制。

图 2-139　素材图像(二)

图 2-140　仿制图章复制的效果

2. 图案图章工具

“图案图章工具” 以预先定义的图案为对象进行复制，其属性栏中有一个“图案”下拉列表框，用它可以选择将要填充的图案。

实例：用“图案图章工具”制作图案。

(1) 打开例题素材“2-6-6.jpg”，用“矩形选框工具”建立一个选区，如图 2-141 所示。

(2) 执行“编辑” | “定义图案”命令，弹出对话框后，单击“好”按钮保存图案。

(3) 新建一个 1000 像素×1000 像素的图像。

(4) 选择“图案图章工具”，在“图案图章工具”属性栏中，设置画笔为柔角 120 像素，在“图案”下拉列表框中选择刚才保存的图案，在新图像中拖动，效果如图 2-142 所示。

图 2-141　打开图像，建立选区

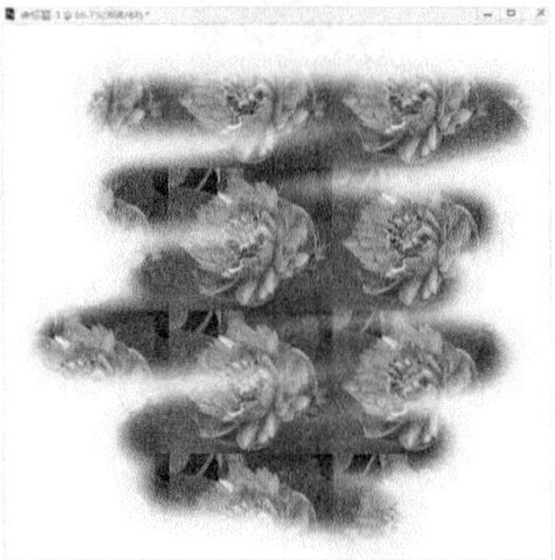

图 2-142　“图案图章工具”的复制效果

2.7　图像的局部修整

2.7.1　涂抹工具

“涂抹工具” 可模拟在湿颜料中拖移手指的动作。该工具拾取描边开始位置的颜色，并沿拖移的方向展开这种颜色。“涂抹工具”的属性栏如图 2-143 所示。使用方法为：先选择该工具，设置其属性后，直接在图像中拖动即可。

注意：“涂抹工具”不能用于位图和索引模式图像。

图 2-143　“涂抹工具”的属性栏

若选择“对所有图层取样”，则可利用能够看到的所有图层中的颜色来进行涂抹，否则，仅使用当前图层的颜色进行涂抹。选择“手指绘画”，可以使用前景色进行涂抹，如同用手指蘸色绘画一样；否则，使用起点处的颜色进行涂抹。

实例：“涂抹工具”的使用。

(1) 打开例题素材“2-7-1.jpg”，如图 2-144 所示。

(2) 选择“涂抹工具”，在其属性栏上设置柔边圆、不同的大小和强度，在白云上拖动，效果如图 2-145 所示。

图 2-144　素材图(二)

图 2-145　涂抹后的效果

2.7.2　模糊工具

“模糊工具”可柔化图像中的硬边或区域以减少细节，使僵硬的边界变得柔和，颜色过渡变得平缓。使用此工具在图像上某部分绘制的次数越多，图像的该部分就会变得越模糊。

实例：“模糊工具”的使用。

(1) 打开例题素材“2-7-2.jpg”，如图 2-146 所示。

(2) 选择“模糊工具”，在其属性栏上设置硬边圆、大小为 100 像素、强度为 100%，在图像上拖动，效果如图 2-147 所示。

2.7.3　锐化工具

“锐化工具”可增强对比，提高清晰度或聚焦程度，但使用过度会使图像显示品质下降。使用方法为：先选择该工具，设置其属性后，直接在图像中拖动即可。效果如图 2-148 所示(素材为“2-7-2.jpg”)。

图 2-146　素材图(三)

图 2-147　模糊后的效果

图 2-148　锐化后的效果

2.7.4　减淡工具

“减淡工具”和“加深工具”都属于色调工具，采用了用于调节照片特定区域的曝光度的传统摄影技术，可用于使图像区域变亮或变暗。此工具可以加亮图像的局部，达到强调或突出表现的目的。其属性栏上的“范围”设置：“阴影”用于加亮图像比较暗的部分；“中间调”用于加亮图像比中间色调的部分；“高光”用于加亮图像比较亮的部分。使用方法为：先选择该工具，设置其属性后，直接在图像中拖动即可。

2.7.5　加深工具

“加深工具”可以加深图像的局部，使图像变暗。其属性栏上的“范围”设置：“阴影”用于加暗图像比较暗的部分；“中间调”用于加暗图像比中间色调的部分；“高光”用于加暗图像比较亮的部分。使用方法为：先选择该工具，设置其属性后，直接在图像中拖动即可。

2.7.6　海绵工具

“海绵工具”能精细地改变某一区域的色彩饱和度，但对黑白图像处理的效果不是很明显。在灰度模式中，“海绵工具”通过将灰色色阶远离或移到中灰色阶来增加或降低对比度。在“海绵工具”的属性栏中，“模式”可以设置“去色”或“加色”。“去色”可以降低颜色的饱和度；“加色”可以增加颜色的饱和度。使用方法为：先选择该工具，设置其属性后，直接在图像中拖动即可。

实例：“减淡工具”、“加深工具”和“海绵工具”的使用。

(1) 打开例题素材“2-7-3.jpg”。

(2) 选择“减淡工具”，在其属性栏上设置形状为柔边圆，范围为中间调，设置适合的大小、曝光度，然后在人物的脸部、胳膊处拖动，加亮脸部、胳膊。

(3) 选择“加深工具”，在其属性栏上设置形状为柔边圆，范围为阴影，设置适合的大小、曝光度，然后在人物的头发处拖动，加暗头发。

(4) 选择“海绵工具”，在其属性栏上设置形状为柔边圆，模式为加色，流量为 100%，然后在人物的花环、捧花、衣服、背景等处拖动，使其颜色变得鲜艳，完成效果见例题素材“2-7-3(完成).jpg”。

2.8　色调和色彩的调整

图像色调的调整是指对图像的亮度、对比度进行调整。例如，当一个图像显得比较暗时，可以将其变亮。调整图像的色调，可以执行“色阶”、“自动色阶”、“曲线”和“亮度” | “对比度”等命令来完成。

图像色彩的调整，指对色相、亮度、饱和度的调整。例如，把浅红变为深红，把蓝色变为绿色等。调整图像的色彩，可以执行“自然饱和度”、“色相/饱和度”和“色彩平衡”等命令来完成。

2.8.1　“直方图”面板

直方图用图形表示图像每个亮度级别的像素数量，展现像素在图像中的分布状况。选择

“窗口”|“直方图”菜单项，即可打开“直方图”面板。单击“直方图”面板中的按钮，在弹出的下拉菜单中可以选择“紧凑视图”、“扩展视图”和“全部通道视图”选项。“平均值”指图像亮度的平均值。“标准偏差”指所有像素亮度与平均值之间的偏差，此值越小，所有像素亮度差别越小。“色阶”显示鼠标指针当前位置的色调值。“数量”显示鼠标指针当前位置的像素数量。“百分位”显示低于鼠标指针当前位置色调的像素百分比。

使用直方图可以快速判断图像中的色调和曝光的情况，为调整色调做好准备。在直方图中，横坐标是色阶值，左边是最小值(0)，右边是最大值(255)，纵坐标是像素数量。当图像像素在 0～255 都有分布，且连续分布时，图像色调均匀，层次、细节丰富；反之图像可能存在曝光不足或曝光过度的问题。图 2-149 和图 2-150 分别显示了曝光不足的图像和其直方图，以及曝光过度的图像和其直方图，可以看出曝光不足图像的直方图偏左，曝光过度图像的直方图偏右。

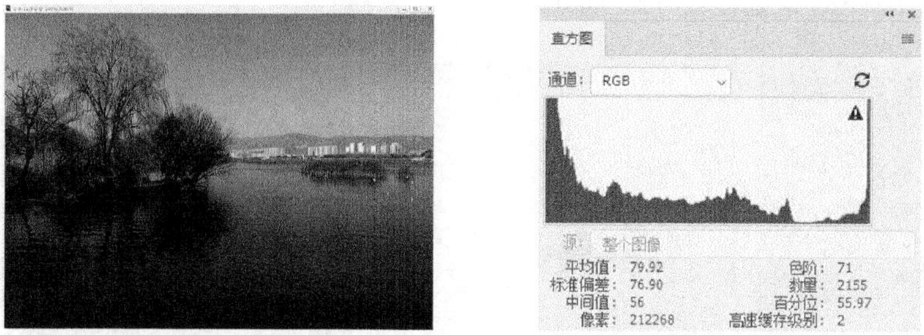

(a)　(b)

图 2-149　曝光不足的图像和其直方图

(a)　(b)

图 2-150　曝光过度的图像和其直方图

2.8.2　使用色阶调整图像的色调/色彩

“色阶”命令用于调整图像的对比度、饱和度和亮度。打开一幅图像，执行“图像”|“调整”|“色阶”命令，即可弹出“色阶”对话框。

该对话框中间较大的一块是一个直方图。“通道”用于选择不同的通道来调整图像，如果要选择两个以上的通道，则需要先在“通道”面板中选择后，再弹出“色阶”对话框。“输入色阶”用于设定图像最暗和最亮色彩，将图像亮度最暗处的色阶值设为 0，最亮处的色阶值设为 255，图像中的亮度分为 256 个色阶。可以直接在其后的文本框中输入数值，也可以拖动直方图上的三角滑块来调整图像。其中，左侧的文本框和黑色滑块用于调整黑色，图像中低于该亮度值的所有像素将变为黑色；中间的文本框和灰色滑块用于调整灰度，其数值是 0.10～

9.99，1.00 为中间灰度，数值大于 1.00 时，将降低图像的中间灰度，小于 1.00 时，将提高图像的中间灰度；右侧的文本框和白色滑块用于调整白色，图像中高于该亮度值的所有像素将变为白色。

“输出色阶”也用于设定图像最暗和最亮色彩。其中，左侧的文本框和黑色滑块用于调整最暗像素的亮度；右侧的文本框和白色滑块用于调整最亮像素的亮度。输出色阶值的调整将增加图像的灰度，降低图像的对比度。

实例：用色阶调整图像的对比度。

(1) 打开例题素材“2-8-2.jpg”，执行“图像”|“调整”|“色阶”命令，即可弹出“色阶”对话框。

(2) 调整输入色阶值，把黑色滑块向右拖，再把白色滑块向左拖，这样做同时加强了暗部和亮部，相当于增加图像的对比度(设置输入色阶值为 70、1.00、203)。原图像、“色阶”对话框设置、调整后图像效果如图 2-151 所示。

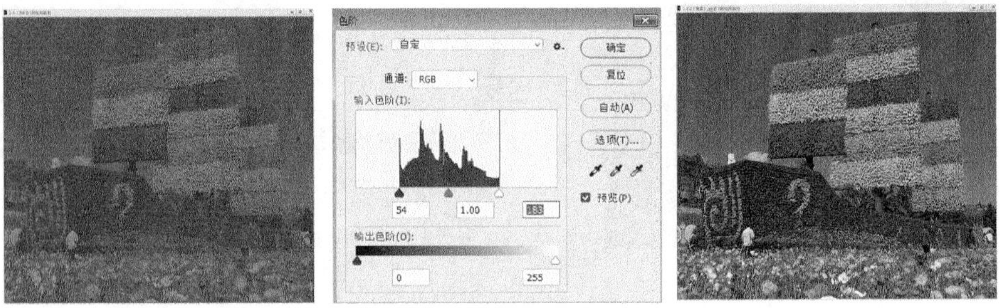

(a)　　(b)　　(c)

图 2-151　原图像、“色阶”对话框设置、调整后图像效果

实例：用色阶调整图像的色彩。

(1) 打开例题素材“2-8-3.jpg”，执行“图像”|“调整”|“色阶”命令，即可弹出“色阶”对话框。

(2) 在“色阶”对话框中，分别选择通道为红、绿、蓝，设置输入色阶值分别为(0, 0.61, 255)、(0, 0.80, 255)、(0, 1.95, 255)，如图 2-152 所示。完成图见例题素材“2-8-3(完成).jpg”。

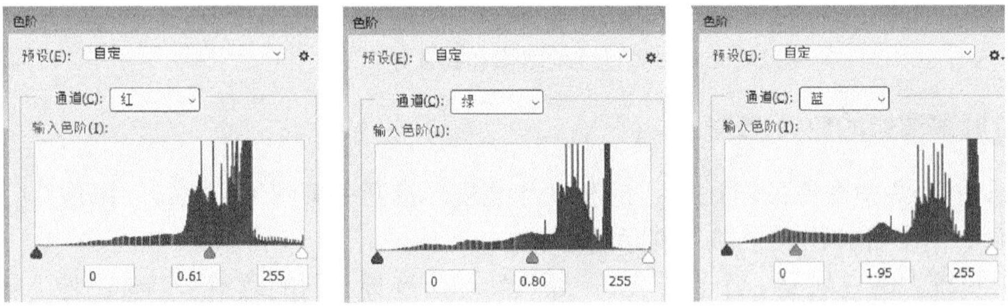

图 2-152　色阶对话框中红色通道、绿色通道、蓝色通道设置

2.8.3　使用曲线调整图像的色调/色彩

执行“曲线”命令，可以调整图像的色彩范围。其原理与色阶相似，但它可以做出更精确的设定。除了能调整图像的亮度以外，还可以调整图像的对比度和控制色彩范围等。

打开一幅图像，执行“图像”|“调整”|“曲线”命令，在弹出的“曲线”对话框中，x 轴为色彩的输入值，y 轴为色彩的输出值。曲线就是输入色阶与输出色阶的关系，当输出值大于输入值时，图像就会变亮；当输出值小于输入值时，图像就会变暗。如果将鼠标指针移至图像窗口，鼠标指针变形为吸管，单击，“曲线”对话框中出现一小圆圈，这代表单击处的像素值。

使用“曲线”对话框中的“曲线工具”在曲线上单击，可以增加控制点，拖动控制点使曲线形状发生变化时，色彩的输入输出关系即发生变化。拖动控制点至图表区以外，即可删除控制点。也可以使用“铅笔工具”在图表区绘制输入输出关系曲线。

在“曲线”对话框中，如果选择单独的通道进行曲线的调整，则会改变图像的色彩。

实例：用曲线调整图像的色调和色彩。

(1) 打开例题素材“2-8-5.jpg”。

(2) 执行“图像”|“调整”|“曲线”命令。

(3) 执行“图像”|“调整”|“曲线”命令，在“通道”下拉列表框中选择“红”，调整曲线形状如图 2-153 所示。

(4) 继续在“曲线”对话框的“通道”下拉列表框中选择“绿”，调整曲线形状如图 2-154 所示。

(5) 继续在“曲线”对话框的“通道”下拉列表框中选择“蓝”，调整曲线形状如图 2-155 所示。

(6) 完成效果见例题素材“2-8-5(完成).jpg”。

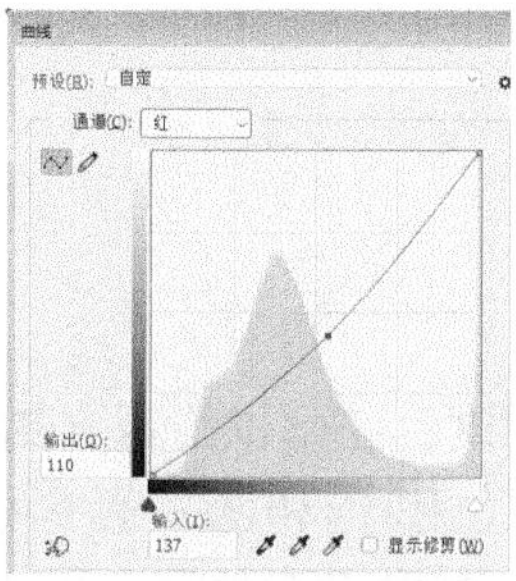

图 2-153 减少红色通道的值

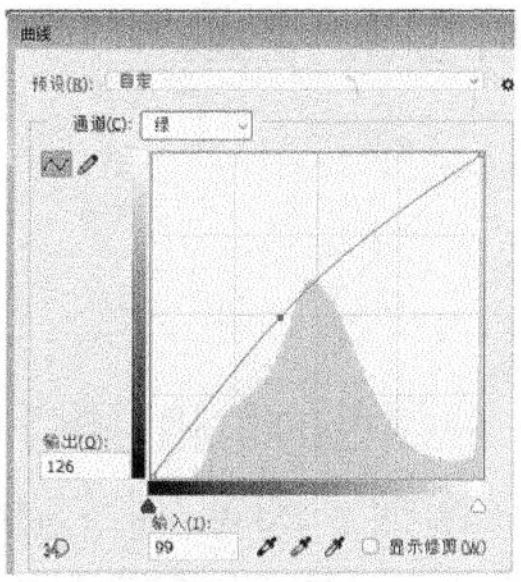

图 2-154 增加绿色通道的值

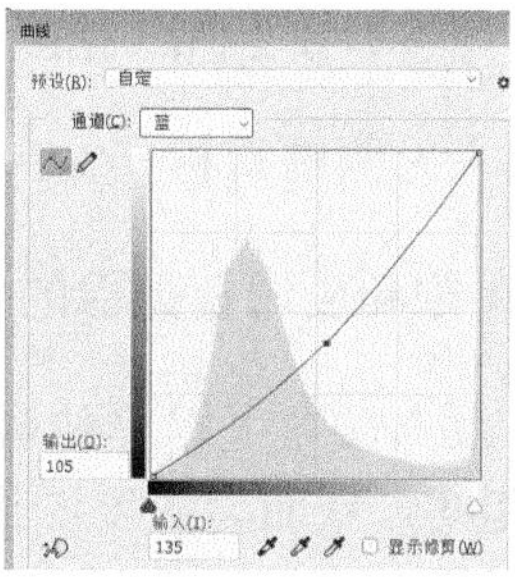

图 2-155 减少蓝色通道的值

2.8.4 使用亮度/对比度调整图像的色调

“图像”|“调整”|“亮度/对比度”命令主要用于调整图像的亮度和对比度。利用它可以对图像的色调范围进行简单调整。“亮度/对比度”对话框中的三角滑块，拖动它就可以调整亮度和对比度：向左拖动，图像亮度和对比度降低；向右拖动，则亮度和对比度增加(每个滑块的数值显示有亮度或对比度的值，范围为−100～100)，调整至合适后，单击 OK。不过，它作用于图像中的全部像素(不能做选择性处理，也不能作用于单个通道)，并且不适于高档输出。

2.8.5 使用色彩平衡调整图像的色彩

“色彩平衡”命令主要用于调整整体图像的色彩平衡，“曲线”命令也有此功能，但此命令更加便捷。打开一幅图像，执行“图像”|“调整”|“色彩平衡”命令，弹出“色彩平衡”

对话框，“色阶”后面的三个文本框对应于下面的三根滑杆。三根滑杆分别控制图像处理 RGB 三基色到 CMYK 三原色之间对应色彩的变化，其范围在–100～100，滑杆上的三角滑块越靠左，图像中的颜色越接近 CMY 的颜色，反之，越接近 RGB 的颜色。这三个文本框中的值均为 0 时，图像色彩不变化。例如，当三角滑块朝着洋红色移动时，洋红色增加，同时绿色减少。“色彩平衡”中还可选择要调整的色调，选择“阴影”、“中间调”和“高光”时对应滑杆上的三角滑块分别变成黑色、灰色、白色。在“色彩平衡”中选择要调整的色调，然后拖动滑杆上的三角滑块或者在“色阶”文本框输入数值，可以调整该色调的色彩变化。

实例：使用色彩平衡改变图像的颜色。

(1) 打开例题素材“2-8-6.jpg”。

(2) 执行“图像”|“调整”|“色彩平衡”命令，弹出“色彩平衡”对话框。

(3) 在“色彩平衡”对话框中，分别调整阴影、中间调、高光的参数，参数设置如图 2-156 所示。

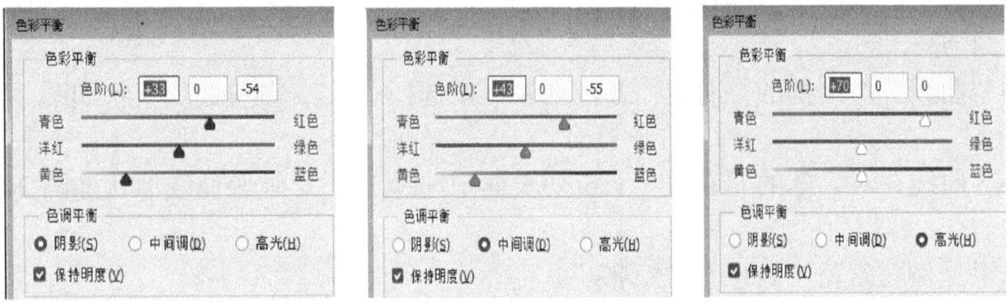

图 2-156　阴影、中间调、高光的参数调节

(4) 图像效果见例题素材“2-8-6(完成).jpg”。

2.8.6　使用色相/饱和度调整图像的色彩

“色相/饱和度”命令可以单独调整某一种颜色的色相、饱和度、明度，还可以给像素指定新的色相和饱和度，从而为灰度图像上色。选择“图像”|“调整”|“色相/饱和度”菜单项，即可弹出“色相/饱和度”对话框，其中“预设”可以选择默认的色相/饱和度设置效果。在“颜色”下拉列表框中，如果选择“全图”，则可以调整图像中所有颜色的色相、饱和度和明度，也可以从该列表框中选择某一种颜色来调整其色相、饱和度和明度。色相是色彩的首要特征，是区别各种不同色彩的最准确的标准，如果色相值改变，则颜色就会改变。饱和度指的是色彩的纯度，纯度越高，表现越鲜明；纯度越低，表现则越暗淡。明度又称为色彩的亮度，是眼睛对光源和物体表面的明暗程度的感觉，主要是由光线强弱决定的一种视觉经验。一般来说，光线越强，看上去越亮；光线越弱，看上去越暗。

实例：使用色相/饱和度改变图像的颜色。

(1) 打开例题素材“2-8-7.jpg”。

(2) 选择“图像”|“调整”|“色相/饱和度”菜单项，弹出“色相/饱和度”对话框。

(3) 在“色相/饱和度”对话框中，分别设置洋红色、黄色的色相值，参数设置如图 2-157、图 2-158 所示。

(4) 图像效果见例题素材“2-8-7(完成).jpg”。

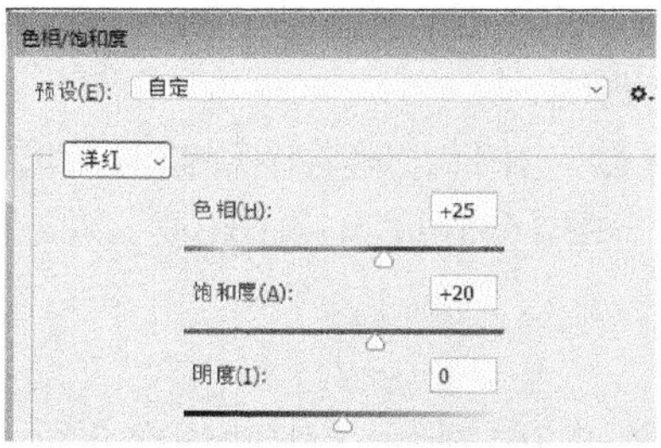

图 2-157　改变洋红色的色相值

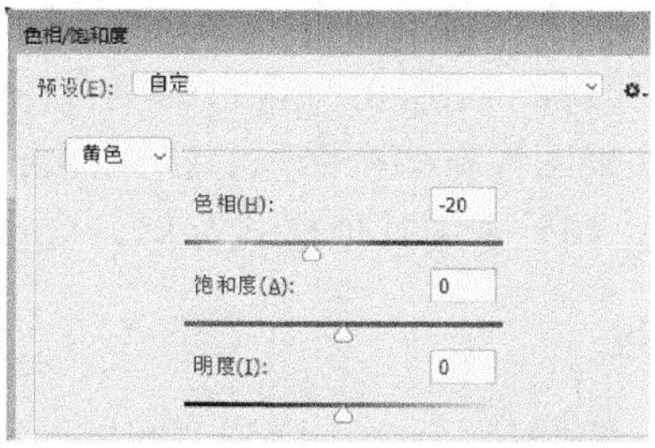

图 2-158　改变黄色的色相值

2.8.7　使用替换颜色调整图像的色彩

“替换颜色”命令可以选择图像中的特定颜色，然后修改其色相、饱和度和明度。选择“图像”|“调整”|“替换颜色”菜单项，可以弹出“替换颜色”对话框。

实例：使用替换颜色修改图像的颜色。

(1) 打开例题素材“2-8-8.jpg”。

(2) 选择“图像”|“调整”|“替换颜色”菜单项，弹出“替换颜色”对话框。

(3) 选择该对话框左上角处的“吸管工具”，设置容差为 30，然后在粉色花瓣处任意位置单击，再选择“添加到取样工具”在粉色花瓣其余位置单击多次，直至选择所有粉色花瓣。

(4) 在该对话框里调整色相如图 2-159 所示。

(5) 效果如图 2-160 所示。图像效果见例题素材“2-8-7(完成). jpg”。

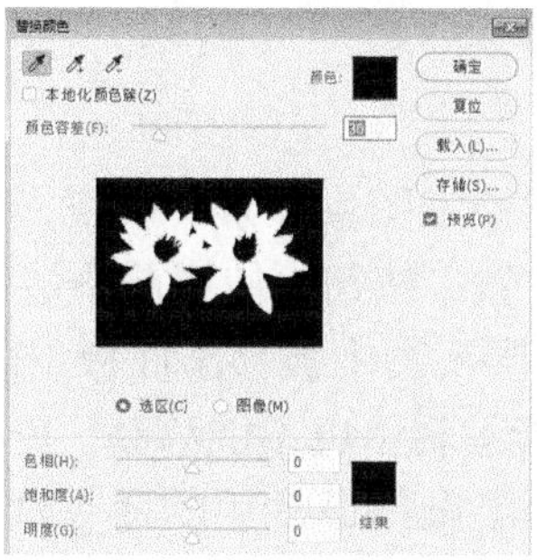

图 2-159　“替换颜色”对话框

图 2-160　调色后效果

2.9　图层的应用

2.9.1　图层介绍

图层是 Photoshop 处理复杂图像的一种独特的技术。可以将图层理解为透明纸，在每一张透明纸上绘制一幅图像的一部分，然后将多张透明纸叠放在一起，我们就看到了整幅图像。从绘制图像的角度来讲，可以把一幅复杂图像的不同部分，分别放入不同的图层中来进行处理。图层中没有图像的区域称为透明区域，通过它可以看到下面的图层。图层具有以下三大特性。

(1) 相对独立：对图像的某一图层进行各种编辑处理时，不影响其他图层。

(2) 性质相同：一个图像文件的所有图层都有相同的分辨率、通道数、图像模式(RGB、CMYK 或灰度等)，但各个图层可有各自的混合模式和不透明度。

(3) 可存储：如果图像有多个图层，需采用. psd 格式存储。并且，随着图层数量的增加，文件存储空间变大。如果采用其他格式存储，会自动将多个图层合并成为一个图层。

2.9.2 “图层”面板

执行“窗口”|“图层”命令，打开“图层”面板，如图 2-161 所示。下面依次介绍“图层”面板上的工具的功能。

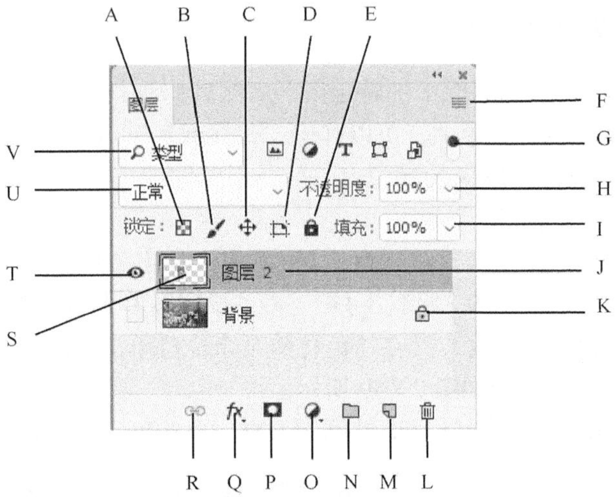

图 2-161　“图层”面板(一)

A 为“锁定透明像素”按钮，使透明区域不能编辑。B 为“锁定图像像素”按钮，当此按钮按下时，A 自动锁定，此时当前图层不能编辑。C 为“锁定位置”按钮，使当前图层不能移动。D 的功能是防止当图层或组移出面板边缘时，图层或组在图层视图中被移出面板。E 为“全部锁定”按钮，即完全锁定当前图层和透明区域，使它们既不能编辑，也不能移动。F 可以打开一个下拉菜单，我们称其为“图层面板”菜单，其中列出图层操作最常用的命令选项。G 打开/关闭图层过滤，即允许或禁止对图层进行筛选，H 为“不透明度”下拉列表框，用于设置图层的不透明度，不透明度越低，图层的透明度越高，即越透明。I 为“填充”下拉列表框，用于填充图层的不透明度。J 为“当前图层”选项，即当前可编辑的图层，文字是图层的名字。K 为“图层锁定”按钮，用于锁定当前图层。L 为“删除图层”按钮，用于删除不需要的图层。M 为“新建图层”按钮，用于在当前图层的上面创建一个新图层。N 为“新建图层组”按钮，用于新建一个存放图层的文件夹。O 为“创建新的填充或调整图层”按钮，用于对当前图层进行颜色填充和效果调整。P 为“添加图层蒙版”按钮，用于在当前图层上创建一个遮罩。Q 为“添加图层样式”按钮，用于给当前图层添加图层效果。R 为“链接图层”按钮，用于链接选择的图层。S 为“图层缩略图”图标。T 为“眼睛”按钮，用于显示或隐藏图层。U 设置当前图层与下面图层的颜色混合方式，其下拉列表中有若干种模式供选。V 提供多种不同方式筛选图层。

2.9.3 图层的创建

在 Photoshop 中，创建图层是非常常见的操作。通常，我们在绘制图像的过程中，将某一些图像元素放置在单独的图层上，便于单独处理，如复制、删除、移动、变换等，非常方便。

1. 创建普通图层

在新建一个图像时，Photoshop 会自动产生一个背景图层，它位于所有图层的最下方，背景图层总是不透明的。我们可以新建图层，来绘制图像元素。Photoshop 提供了多种方法来创建新的图层。

方法一：执行“图层”|“新建”|“图层”命令或执行“图层面板”菜单的“新图层”命令，弹出“新图层”对话框，在“名称”文本框中，输入新图层的名称。并设置新图层的不透明度、混合模式等参数。然后单击“好”按钮，就创建了一个新图层。

方法二：用“图层”面板上的“创建新图层”按钮。选定某一图层，单击“创建新图层”按钮，就可在当前图层上面创建一个新图层。这时，新图层有一个默认的名称，可以将它重命名。

2. 创建背景图层

普通图层做了不透明度、模式等修改后，也可以将其再转化成背景图层。选择图像中要转化的某一普通图层，执行“图层”|“新建”|“背景图层”命令，即可将该普通图层转变成背景图层，其位置会自动调整到最下面一层。

注意：我们还可以将背景图层转变为普通图层。新建图像都有一个背景图层，背景图层不能设置不透明度、模式等，但有时需要对背景图层做上述设置，那么必须先将其转变成一个普通图层。选择图像中的背景图层，执行“图层”|“新建”|“背景图层”命令，或者双击“图层”面板中的背景图层，弹出“新图层”对话框，在此对话框中设置图层的名称、不透明度、模式等，这样，背景图层就转变成了普通图层。

3. 创建文字图层

当我们选用工具箱中的“文字工具”后，在单击图像窗口时，不管是否输入了文字，Photoshop 都会自动创建一个新图层，它是一个以“T”作为标记的文字图层，可以对文字图层中的文字做修改及变形处理，也可以对该图层进行字体、段落等格式化操作。含有文字图层的“图层”面板如图 2-162 所示。由于有的“图像编辑”命令不能应用于文字图层，可以把文字图层转换为普通图层，以满足多种编辑需要，转换的方式为选择“图层”|“栅格化”|“文字”菜单项，转换后的图层“面板”如图 2-163 所示。

图 2-162　含有文字图层的“图层”面板

图 2-163　文字图层栅格化后的图层面板

2.9.4　图层的编辑

1. 复制图层

在 Photoshop 中，复制图层包括两个方面：一是在图像内部复制；二是在图像之间复制。当在图像之间复制图层时，必须注意图像的大小、分辨率及模式。由于同时打开的多幅图像在显示时，显示比例可能不一样，在图像之间复制图层时，要避免出现比例失调的现象。复制图层的方法为：选择图像中要复制的图层，执行“图层”|“复制图层”命令，弹出“复制图层”对话框，输入图层名称，选择该图层将要复制到哪一幅图像中，如果该图层要复制到另一幅图像中，必须先打开该图像。

还可以使用“图层”面板底部的“创建新图层”按钮。将图像中要复制的图层拖放到“图层”面板底部的“创建新图层”按钮上。复制图层前后，“图层”面板效果分别如图 2-164 和图 2-165 所示。“图层”面板中产生了一个图层副本。

图 2-164　图层复制前“图层”面板效果

图 2-165　图层复制后“图层”面板效果

如果要将一幅图像的某一图层复制到另一幅图像中，直接使用“移动工具”将该图层从原图像拖放到目标图像中即可，此方法更加快捷。

需要注意的是，在复制时，如果原图像大于目标图像，则被复制的图层的内容在目标图像中只有部分可见，但其不可见内容仍存在，可使用“移动工具”对其进行拖动以显示不可见内容。技巧：拖动图层时按 Shift 键，可复制该图层到与它在原图像中相同的位置上或复制到图像的中心。

2. 删除图层

在 Photoshop 中，删除图层也有多种方法。选择图像中要删除的图层，执行“图层”|“删除图层”命令，或者执行“图层面板”菜单中的“删除图层”命令，也可以执行“图层面板”菜单中的“删除图层”命令。

更为快捷的方法是单击“图层”面板底部的“删除图层”按钮。将图像中要删除的图层拖放到“图层”面板底部的“删除图层”按钮上；或者按 Alt 键并单击“图层”面板底部的“删除图层”按钮，可直接删除当前图层。

注意：最后一个图层不能删除。

3. 调整图层的叠放顺序

Photoshop 中的图像往往由多个图层组成，多个图层之间存在着叠放关系，位于上层的图

层会遮盖位于下层的图层，因此，有时需要调整图层的叠放顺序，以实现最终的图像效果。在“图层”面板中，向上或向下拖动某图层至另一个位置，即可更改图层的叠放顺序；或者选择“图层”|“排列”菜单项，在其级联菜单中选择所需的命令。调整图层叠放顺序前后效果分别如图 2-166、图 2-167 所示。

图 2-166　调整图层叠放顺序前效果

图 2-167　调整图层叠放顺序后效果

4. 链接图层

如果将多个图层链接在一起，可以方便地同时对它们进行编辑，如移动、旋转、变形等。要链接图层，需要按 Ctrl 键，同时单击将要链接的多个图层，然后单击“图层面板”上的“链接图层”按钮，即可创建图层的链接；相反，要取消链接图层，再次单击“链接图层”按钮即可完成。所有链接的图层，其缩略图的左侧将出现一个链接符号。

注意：被链接的图层中，若有某一图层已锁定，则都不能移动，移动时会弹出“不能完成请求”对话框。

5. 合并图层

在一个图像中，建立的图层越多，该文件也就越大，存储时占用的磁盘空间或内存空间就越多，因此，常常要对某些图层进行合并，以减少存储空间，提高处理速度。常见的图层合并有以下几种。

(1) 合并图层：执行“图层面板”菜单上的“合并图层”命令；或按 Ctrl+E 键，可以合并所有选择的图层。

(2) 合并可见图层：隐藏不想合并的所有图层，执行“图层面板”菜单中的“合并可见图层”命令；或按 Shift+Ctrl+E 键即可。

(3) 拼合图层：即将图像中所有可见图层都合并进背景图层，可以显著减小图像文件的存储空间。但请注意，拼合所有图层会丢弃所有隐藏图层并用白色填充余下的透明区域。一般在完成所有编辑后才进行拼合。拼合图层的方法为：使所有想要保留的图层可见，执行“图层”|“拼合图像”命令，或执行“图层面板”菜单中的“拼合图层”命令即可。

注意：在将图像从一种颜色模式转换为另一种颜色模式时，系统会自动拼合图层。

6. 对齐和分布图层

实例：图层的对齐和分布。

(1) 打开例题素材“2-9-1.psd”。

(2) 执行“窗口”|“图层”命令，弹出“图层”对话框，按 Ctrl 键，选择除了背景图层以

外的所有图层，单击“图层”面板底部的“链条”按钮将选择的图层链接起来，“图层”面板如图 2-168 所示。

(3) 执行“图层”|“对齐”|“垂直居中”命令。

(4) 执行“图层”|“分布”|“水平居中”命令，效果如图 2-169。

图 2-168　链接图层

图 2-169　图层对齐与分布效果

7. 栅格化图层

如果要使用绘图工具或滤镜编辑文字图层、形状图层、矢量蒙板、智能对象等包含矢量数据的图形，需要先将其栅格化，使图层中的内容转化为栅格图像，才能进行相应的编辑。方法为：选择需栅格化的图层，执行“图层”|“栅格化”命令，再选择图层的类型。

8. 图层中的智能对象

智能对象如同一个容器，可以包含位图或矢量图像的原始数据，当对其进行缩放、旋转、扭曲等变形操作时，不会丢失原图像的数据或降低原图像的品质，也不会对位图或矢量图像栅格化，大部分用于位图的编辑功能都能用于智能对象。

实例：智能对象的使用。

(1) 打开例题素材“2-9-2.psd”。

(2) 打开“图层”面板，在其“图层 1”上右击，然后在弹出的菜单中选择“转换为智能对象”，“图层”面板如图 2-170 所示。

(3) 执行“编辑”|“自由变换”命令对“图层 1”的图像进行放大、旋转、扭曲等变形操作，图像仍然保持原有清晰度。

(4) 执行“图像”|“调整”|“可选颜色”命令对“图层 1”的图像进行颜色调节，“可选颜色”对话框如图 2-171 所示。

(5) 图像效果见例题素材“2-9-2(完成).psd”。

2.9.5　图层的效果

1. 使用“样式”面板

“样式”面板是 Photoshop CC 专门用来应用图层样式的面板，它提供了一种设置图层效果的捷径，可以在当前图层上使用“样式”面板里的预设样式快速改变图层的效果。

实例：“样式”面板的使用。

(1) 打开一个图像。

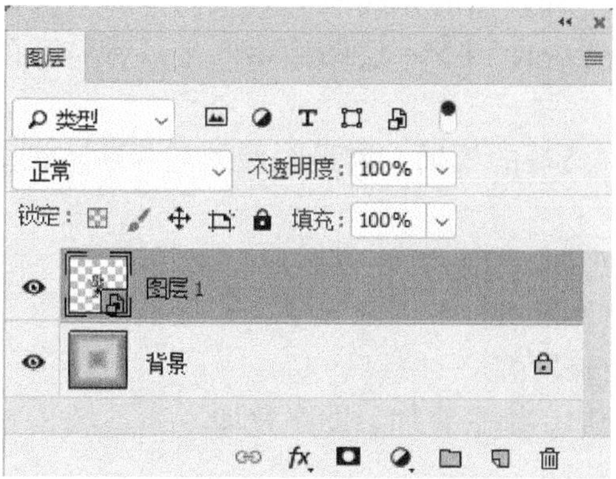

图 2-170　图层 1 转换为智能对象

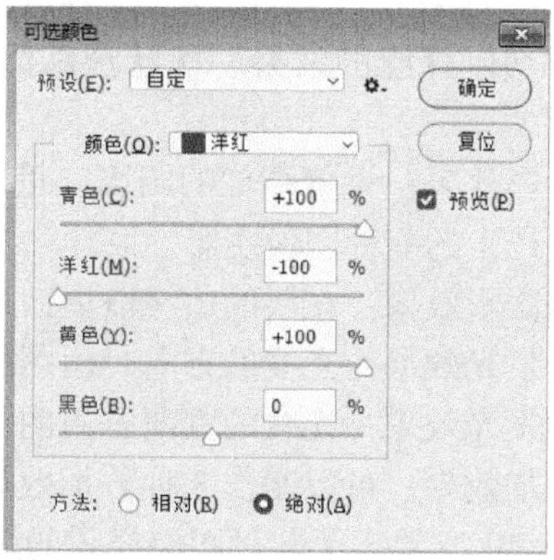

图 2-171　“可选颜色”对话框

(2) 打开“图层”面板，双击背景图层的预览图，在弹出的对话框中单击“好”按钮，这时，图像的背景图层转变为普通图层。

(3) 执行“窗口”|“样式”命令，打开如图 2-172 所示的“样式”面板，单击“拼图”按钮，效果如图 2-173。再单击“条纹锥形”按钮，效果如图 2-174。

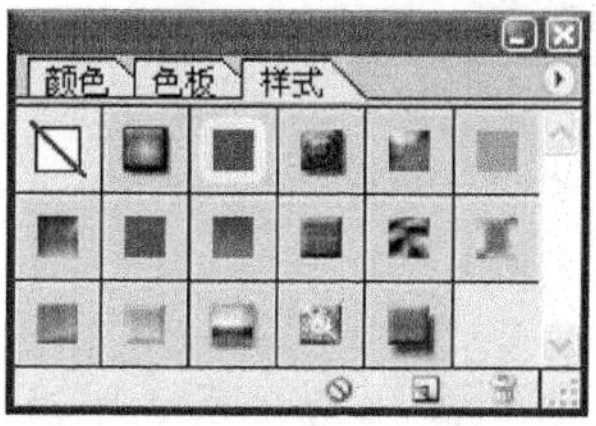

图 2-172　“样式”面板

图 2-173　拼图效果

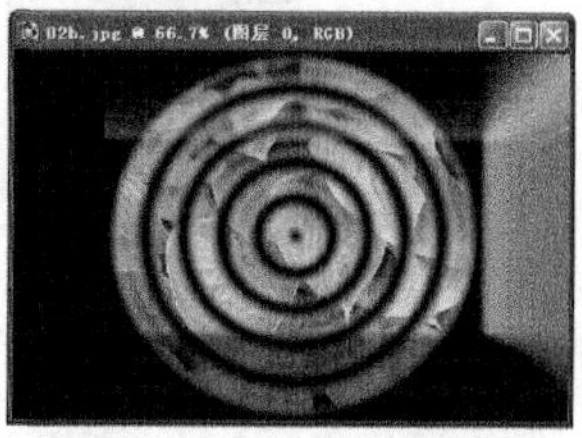

图 2-174　条纹锥形效果

2. 使用“图层样式”对话框

双击普通图层的图层缩略图，可弹出“图层样式”对话框，如图 2-175 所示。下面对其常用效果做一简单说明。

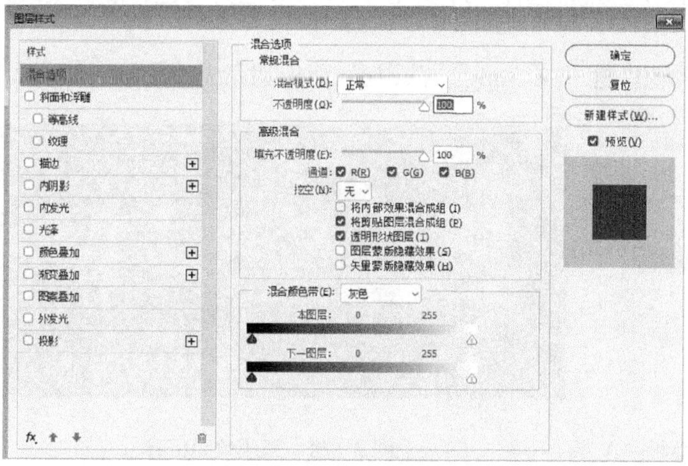

图 2-175　“图层样式”对话框

斜面和浮雕效果：其中有等高线和纹理。内斜面能够在图像边缘内部产生一种斜角的光线照明效果。外斜面能够在图像边缘外部产生一种斜角的光线照明效果。浮雕效果能够制作类似于浮雕的效果。枕状浮雕能够将图层边缘叠印到下一层图像中产生一种特殊的浮雕效果。

投影效果：设置图像的阴影，可以产生立体和透视的效果，增强图像的艺术性。在图层的背后产生的一种图像阴影。

内阴影效果：在层的边缘以内区域产生的一种图像阴影。

外发光效果：光线的方向是由图像内向图像外外发散。

内发光效果：光线的方向是由图像外向图像内外发散。

叠加效果：可以制作 3 种叠加效果，即颜色叠加、渐变叠加、图案叠加。

图 2-176 给出了几种图层样式的效果。

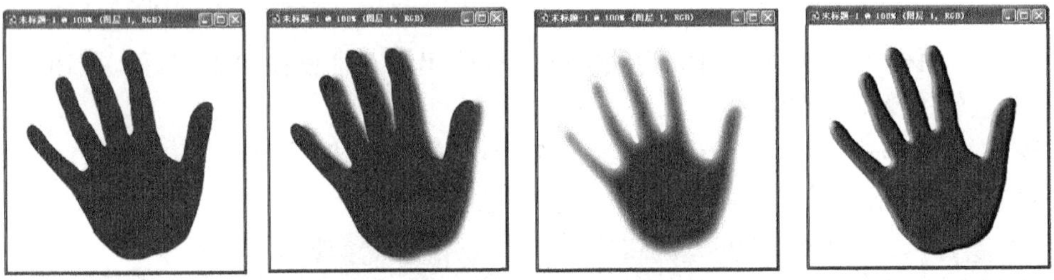

(a) 原图像　　(b) 投影效果　　(c) 内发光效果　　(d) 斜面和浮雕效果

图 2-176　几种图层样式的效果

实例：发光立体文字的制作。

(1) 新建图像文件，大小为 20cm × 20cm，分辨率为 100 像素/英寸，图像背景色为黑色。

(2) 在工具箱中选择“文字工具”，在其属性栏上设置字体为华文琥珀，大小为 100 点，颜色为红色，然后在图像上输入文字。

(3) 打开“图层”面板，在文字图层的右边空白处双击，弹出“图层样式”对话框，在其中选择“斜面和浮雕”，适当调节其大小。再选择“内发光”，设置颜色为黄色，混合模式为正常，适当调节其大小。然后选择“外发光”，设置颜色为黄色，混合模式为正常，适当调节其大小。

(4) 完成图见例题素材“2-9-3.jpg”。“图层”面板和完成效果分别如图 2-177、图 2-178 所示。

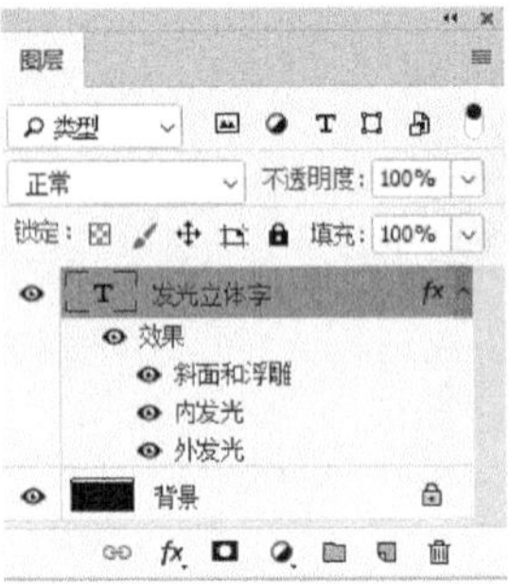

图 2-177　“图层”面板(二)

图 2-178　完成效果(四)

3. 调整图层

调整图层可以将色调和色彩的调整应用于图像，但不更改图像原来的像素，是一种保护图像原始信息的编辑方式，或称为非破坏性的编辑方式。默认调整图层可以影响其下方的所有图层。

实例：调整图层的使用。

(1) 打开例题素材“2-9-4.jpg”。

(2) 打开“图层”面板，单击其底部“创建新的填充或调整图层”按钮，在弹出的对话框中选择“色彩平衡”，其参数设置如图 2-179 所示。

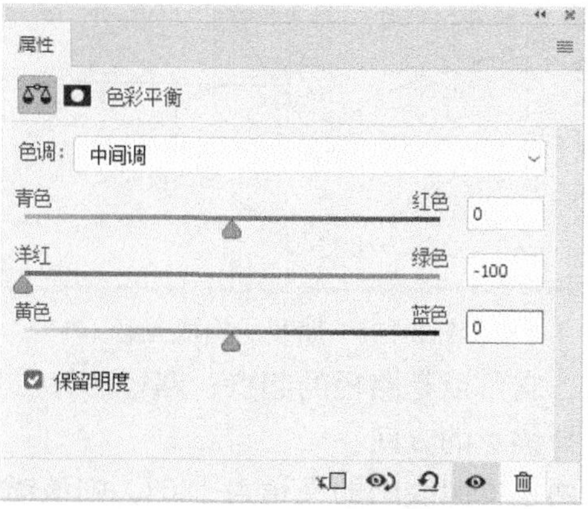

图 2-179　“色彩平衡”参数设置

(3) 单击其底部“创建新的填充或调整图层”按钮，在弹出的对话框中选择“渐变映射”，在渐变编辑器里选择“从前景色到背景色渐变”。“图层”面板如图 2-180 所示。可以看到创建了两个单独的调整图层，可以单击“眼睛”按钮关闭其效果，原始图层(背景图层)没有改变。

图 2-180　“图层”面板(三)

2.10　路径工具的使用

在 Photoshop 中，路径是指图像中一系列点连接起来组成的线段或曲线，是使用“钢笔工具”和“自由钢笔工具”绘制的任何线条或形状；路径是不包含像素的矢量对象，无论图像进行缩小还是放大，都不会影响它的分辨率及平滑度；路径不能打印；可以对路径进行填充或描边；编辑好的路径可以保存在图像中，也可将它单独输出，以便在其他软件中使用或进一步编辑，输出文件的扩展名为.ai，路径还可以与选区相互转换，我们常常利用这一特性来创建精确的选区。

2.10.1　路径的构成

如图 2-181 所示，图中表示了路径的构成元素。

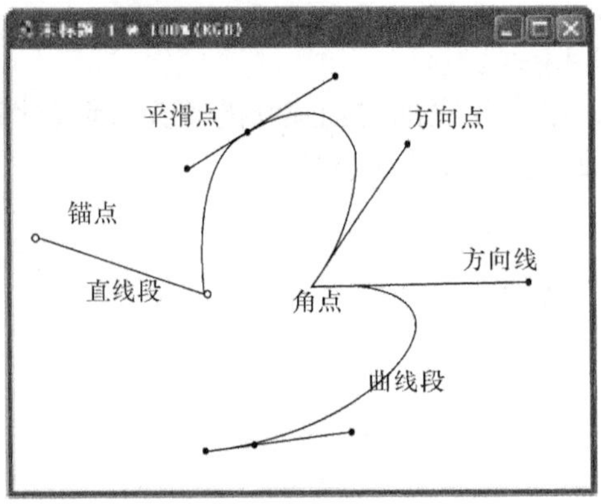

图 2-181　路径的构成元素

锚点：路径线段的端点，它可以是路径的起点、路径的终点及路径中各线段的连接点。

方向线：它表示了被选择锚点的方向。

平滑点：若某一锚点的两条方向线间的夹角为 180°，则该锚点为平滑点。

角点：若某一锚点的两条方向线间的夹角不为 180°，则该锚点为角点。

曲线段：路径中的非直线段。曲线段可以是光滑的，也可以是不光滑的。光滑曲线段之间的连接点是平滑点，而不光滑曲线段之间的连接点是角点。平滑点两边的方向线位于同一条直线上，当移动一条方向线的方向点时，另一条方向线会随之变化，以保持两条方向线的夹角为 180°；而角点两边的方向线相互独立，改变一条方向线的方向不会影响到另一条方向线。

路径还可以进一步分为开放式路径和封闭式路径。开放式路径即路径终点和路径起点没有连接起来的路径；封闭式路径即路径终点和路径起点相连的路径。

2.10.2　“路径”面板的组成

执行“窗口”|“路径”命令，打开“路径”面板，如图 2-182 所示。“路径”面板中的各项说明如下。

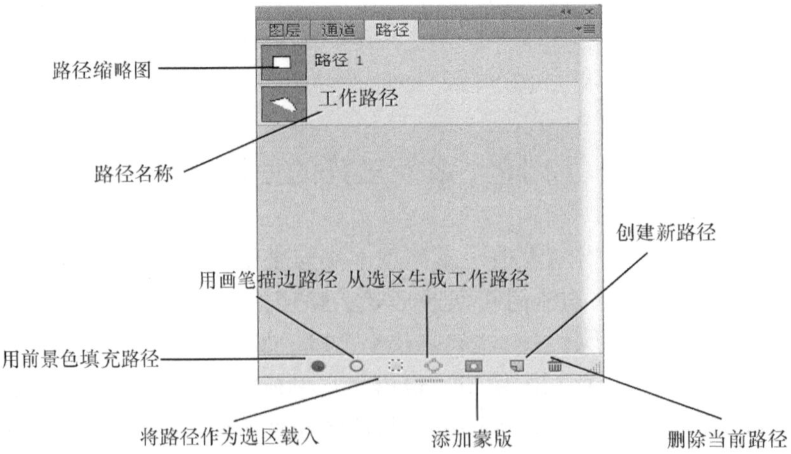

图 2-182　“路径”面板

“路径名称”：用于区别每一个路径，新建的路径首先是工作路径，然后依次为路径 1、路径 2 等，我们也可以对路径进行改名。

“路径缩略图”：预览该路径的内容，路径被修改后，其缩略图也会随之变化。

“用前景色填充路径”按钮：用当前前景色填充被路径包围的区域。

“用画笔描边路径”按钮：用“画笔工具”以当前前景色描绘当前路径。

“将路径作为选区载入”按钮：将路径转换为选区。

“从选区生成工作路径”按钮：将选区转换为路径。

“添加蒙版”按钮：为当前图层添加图层蒙版或矢量蒙版。

“创建新路径”按钮：创建一条新路径，并自动成为当前路径。

“删除当前路径”按钮：删除当前选择的路径。

单击三角形按钮可以打开“路径面板”菜单。

2.10.3　路径的基本操作

1. 显示或隐藏路径

显示或隐藏图像中已有的路径，可以执行“视图”|“显示”|“目标路径”命令，或按 Shift+Ctrl+H 键；或在“路径”面板中选择路径名称，或按 Shift 键的同时单击“路径”面板中的路径名称。

2. 路径的绘制

Photoshop 中，绘制路径的工具共有两大类，即路径选择类工具和路径编辑类工具，工具箱里的钢笔工具组中包含多种工具，具体如下。

(1) “直接选择工具”：用于移动和调整方向点与方向线。

(2) “路径选择工具”：用于选择并移动路径。

(3) “钢笔工具”：用于绘制直线段路径、曲线段路径。

(4) “自由钢笔工具”：用于绘制曲线路径，如果设定它为磁性的，则可以绘制贴紧对象边缘的路径，使用方法与“磁性套索工具”相同。

(5) “添加锚点工具”：用于在路径上增加锚点。

(6) “删除锚点工具”：用于在路径上删除锚点。

(7) “转换点工具”：用于进行平滑点和角点之间的相互转换。

实例：绘制多边形路径。

(1) 建立一个新的图像文件，单击工具箱中的“钢笔工具”以选用“钢笔工具”。

(2) 移动鼠标指针至图像窗口，依次在锚点 A～L 的位置单击，注意最后要回到锚点 A 再次单击，以使始点与终点重合，形成闭合路径。当回到起点位置时，鼠标指针右下角出现一个小圆圈，表示此时终点已与起点重合，绘制效果如图 2-183 所示。

(3) 用“直接选择工具”移动各锚点的位置，最后效果如图 2-184 所示。

3. 调整路径的形状和位置

我们可以使用“直接选择工具”调整路径的形状：拖动锚点的位置改变路径的形状；也

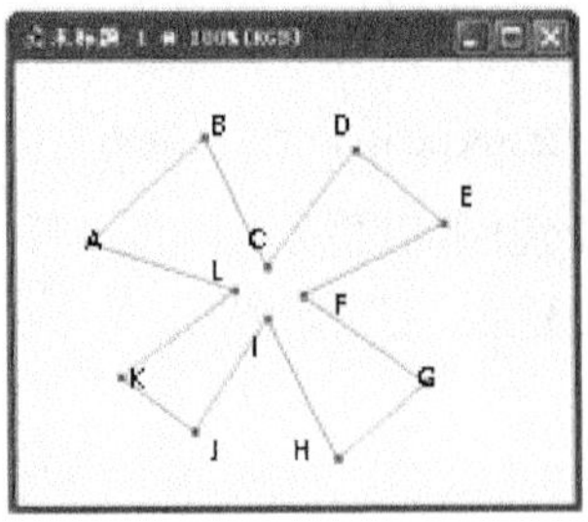

图 2-183　依次在标注点单击的绘制效果

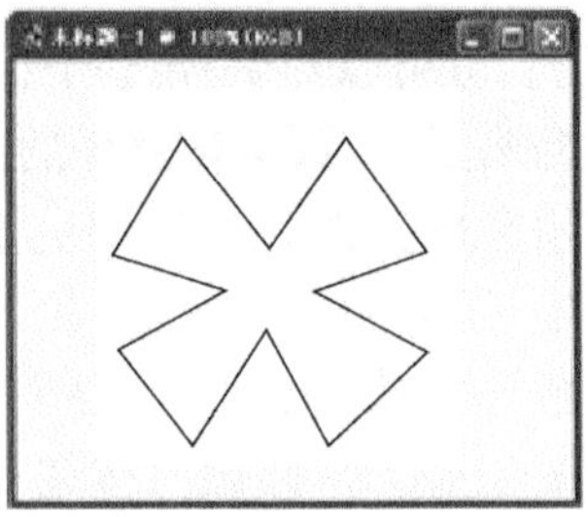

图 2-184　多边形路径效果

可以拖动锚点的方向线以改变路径的形状；还可以拖动直线段或曲线段的非锚点处改变路径的形状。我们还可以使用“路径选择工具”选择路径，并移动路径。

实例：绘制心形路径。

(1) 建立一个新的图像文件，单击工具箱中的“钢笔工具”以选用“钢笔工具”。

(2) 移动鼠标指针至图像窗口的较下方的锚点 A，单击以生成路径的起始锚点，拖动鼠标，这时出现两条方向线，如图 2-185 所示。

(3) 松开鼠标左键，并移动鼠标指针至锚点 B，按步骤(2)的方法创建第二、第三、第四个锚点，注意终点与起点重合，最后效果如图 2-186 所示。

(4) 使用“转换点工具”，把锚点 B 转换为角点，用“直接选择工具”移动和调整各锚点的位置及方向线，最后效果如图 2-187 所示。

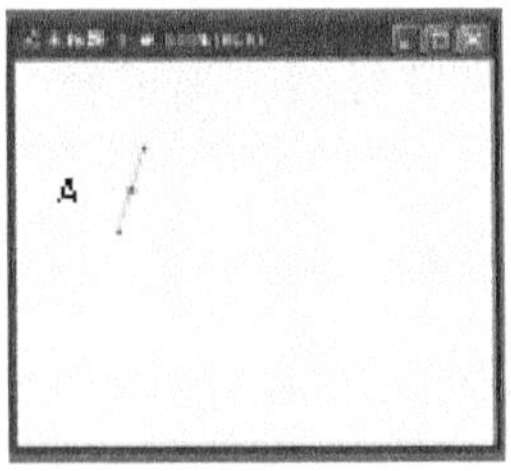

图 2-185　生成路径的起始锚点

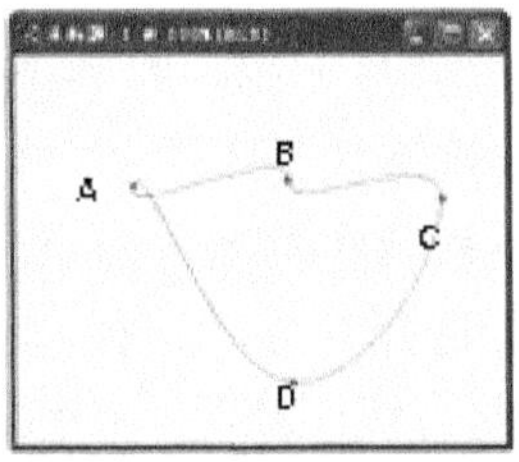

图 2-186　绘制四个锚点

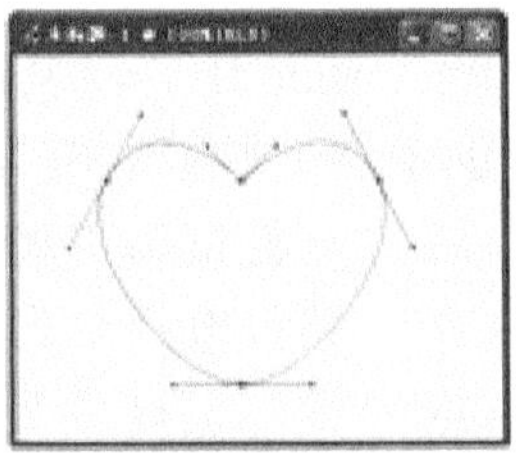

图 2-187　心形路径效果

4. 路径的其他操作

常用到的路径基本操作还有复制路径、重命名路径、保存路径、删除路径、将路径转换为选区、将选区转换为路径、填充路径、描边路径等。

实例：利用路径制作文字特效。

(1) 建立一个新的图像文件(大小为 20cm × 10cm，分辨率为 100 像素/英寸)，单击工具箱中的“钢笔工具”准备绘制路径。

(2) 在工具箱中选择“横排文字工具”，在“文字工具”的属性栏上设置字体为华文琥珀，大小为 120 点，颜色任意，然后在图像上单击，接着输入文字“青青草地”。

(3) 使用工具箱中的“移动工具”移动文字到合适的位置。

(4) 打开“图层”面板，按 Ctrl 键同时单击文字图层的图层缩略图以建立文字选区，效果如图 2-188 所示。

(5) 打开“路径”面板，然后单击“路径”面板底部“从选区生成工作路径”按钮，将该选区转换为路径，然后回到“图层”面板，单击“眼睛”按钮隐藏文字图层，效果如图 2-189 所示。

图 2-188 建立文字选区

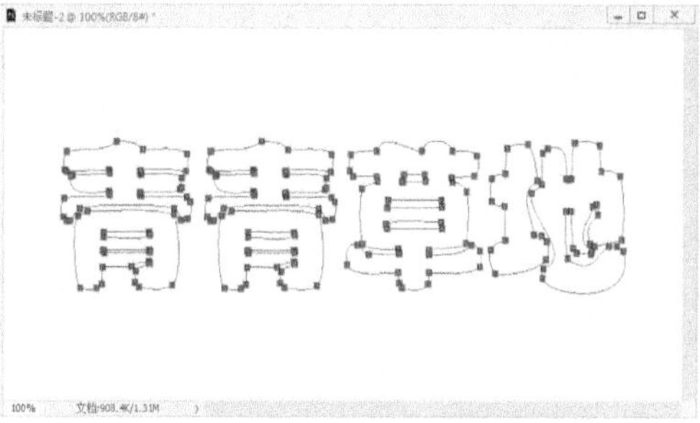

图 2-189 建立文字路径

(6) 在工具箱中选择“画笔工具”，然后在其属性栏上设置形状为“旧版画笔”中的“默认画笔”中的“沙秋草”画笔，大小为 15 磅，单击“切换画笔设置”按钮，在弹出的对话框中设置形状动态、散布和颜色动态，并设置合适的参数。

(7) 设置前景色为翠绿色，背景色为墨绿色。

(8) 打开“图层”面板，设背景图层为当前图层。

(9) 打开“路径”面板，在工作路径上右击后，在弹出的菜单上选择“描边路径”，完成图见例题素材“2-10-1.jpg”，效果如图 2-190 所示。

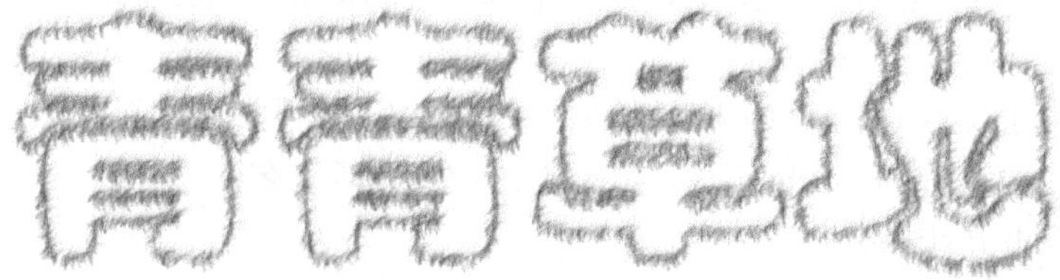

图 2-190 描边路径效果

2.10.4 创建形状路径

我们还可以利用形状工具组，创建矩形、圆角矩形、椭圆、多边形、直线和自定义形状。形状工具组在默认状态下包含在工具中，单击并按住其下三角按钮，即可选择其余工具。

实例：利用形状工具组绘制图形。

(1) 建立一个新的图像文件(大小为 8cm × 8cm，分辨率为 100 像素/英寸)。

(2) 选择工具箱中形状工具组中的“自定义形状工具”，然后在其属性栏上设置方式为形状，形状为狗(如果没有此形状则单击“形状”菜单右上角的按钮，在弹出的菜单上选择“全部”，然后单击“追加”，就可以加入所有的形状)。

(3) 在图像上拖动绘制图形，效果如图 2-191 所示。

(4) 使用工具箱中的“直接选择工具”调节锚点位置和方向线，效果如图 2-192 所示。

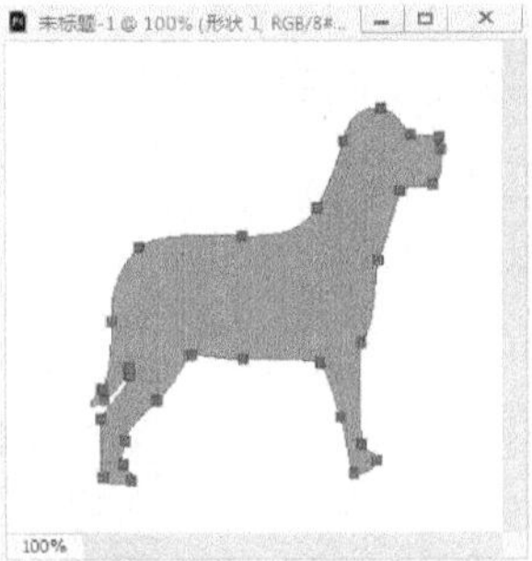

图 2-191　绘制形状

图 2-192　修改形状

2.11　通道和蒙版的使用

2.11.1　通道的主要功能与特点

通道的主要功能有以下两个方面。

一方面，用于保存图像的颜色数据。Photoshop 中的 RGB 模式的图像，每一个像素的三个颜色分量分别由红、绿和蓝三个分色通道来存储，三个分色通道组合后形成 RGB 主通道。如果改变其中某一分色通道的颜色，RGB 主通道也发生改变。同样，在 CMYK 模式的图像中，每一像素的颜色分别存储在青、洋红、黄、黑分色通道中，这四个分色通道相当于四色印刷中的四色胶片，图像的彩色印刷常采用此方法，即先按原色分色打印，然后将分色胶片叠加形成原彩色图像印在纸张上。灰度模式的图像和索引模式的图像分别只有一个原色通道。

另一方面，用于保存选区。如果将图像中的选区保存起来，它就会保存到图像的新的通道中，通常新增的通道称为 Alpha 通道，当然也可以重新命名。

通道主要有以下几个特点。

(1) 每个图像能够包含最多 24 个通道，包括所有颜色通道和 Alpha 通道以及专色通道。

(2) 所有通道都是 8 位灰度图像，能够显示 256 级灰阶图像。

(3) 可以指定每个通道的名称、颜色、蒙版选项和不透明度(仅影响通道的预览)。

(4) 所有新通道具有与原图像相同的尺寸和像素数量。

(5)每增加一个通道，图像文件就会增大一些，增加的程度相当于一个灰度图像。

2.11.2　“通道”面板的组成

执行“文件”|“打开”命令，打开某一图像文件，然后执行“窗口”|“通道”命令，打开“通道”面板，如图 2-193 所示。

“通道缩略图”可以预览图像的某一通道的内容，通过它可以快速识别某一通道，对图像进行编辑后，缩略图中的内容也会随之发生变化。

“通道名称”用于区别每一个通道，新建的 Alpha 通道名称分别为 Alphal 1、Alpha 2 等；新建的专色通道名称分别为专色 1、专色 2 等，当然可以对这些 Alpha 通道和专色通道改名，但是，图像的原色通道和主通道是不能改名的。

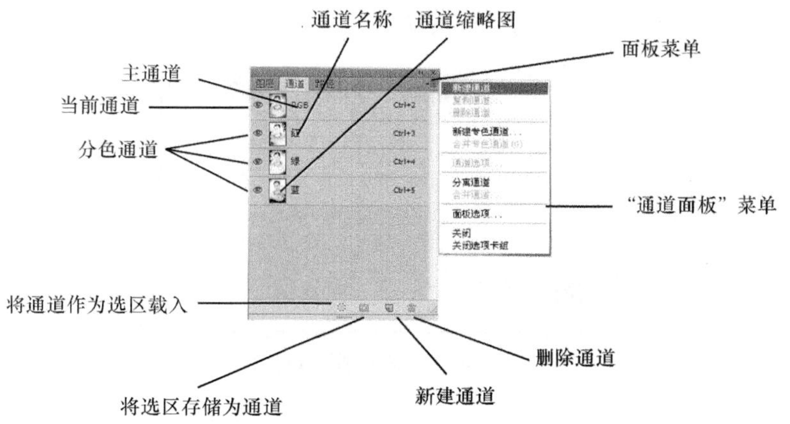

图 2-193　"通道"面板(一)

通道选择快捷键用于快速选取某一通道，即按 Ctrl+～键，会立即选取原色通道。

单击"面板菜单"按钮可打开"通道面板"菜单。

"眼睛"图标用于显示或隐藏某一通道。单击该图标可以隐藏其代表的通道，再次单击又会显示该通道。

"主通道"表示当前图像的颜色模式。

"分色通道"表示当前图像的颜色模式下的各分色。

"当前通道"，单击某一通道的名称，可选择该通道，也就使其成为当前通道。按 Shift 键并单击通道的名称，可以同时选择多个通道，即当前通道可以有多条。我们对图像的编辑操作都是针对当前通道进行的。

单击"将通道作为选区载入"按钮，可将当前通道存储的选区载入图像中来，原选区消失。按 Ctrl 键的同时单击某一 Alpha 通道，也可以将该通道存储的选区载入图像中，原选区消失，并且不改变当前可视通道。按 Ctrl+Shift 键的同时单击某一 Alpha 通道，可以将该通道存储的选区添加到图像中，原选区不消失。

单击"将选区存储为通道"按钮，可将图像中已有的选区存储到一个新的 Alpha 通道中。

单击"新建通道"按钮，会立即新建一个 Alpha 通道。

选择某一通道后，单击"删除通道"按钮，会立即删除已选择的通道。

2.11.3　通道的基本操作

1. 新建通道

使用"通道"面板创建新通道是最常用的方法。执行"窗口" | "通道"命令，打开"通道"面板，按住 Alt 键的同时，单击"新建通道"按钮，弹出"新通道"对话框，如图 2-194 所示。在"名称"文本框中输入新通道的名称，如果不输入，则默认为 Alphal 1、Alpha 2 等；在"色彩指示"选项区域中选择"被蒙版区域"单选按钮表示新通道中有颜色的区域为被蒙版区域，而没有颜色的区域为该通道中存储的选区；反之，如果选择"所选区域"单选按钮表示新通道中有颜色的区域为该通道中存储的选区，而没有颜色的区域为被蒙版区域。请注意，这里设置的被蒙版区域颜色和所选区域颜色仅仅是为了区分被蒙版区域和选区范围，对图像的色彩没有任何影响；单击颜色框，可弹出"拾色器"对话框，从中可以选取显示蒙版的颜色。默认情况下为半透明的红色，可以在"不透明度"文本框中输入数值来设定蒙版颜

色的不透明度，请不要与图层的不透明度混淆。

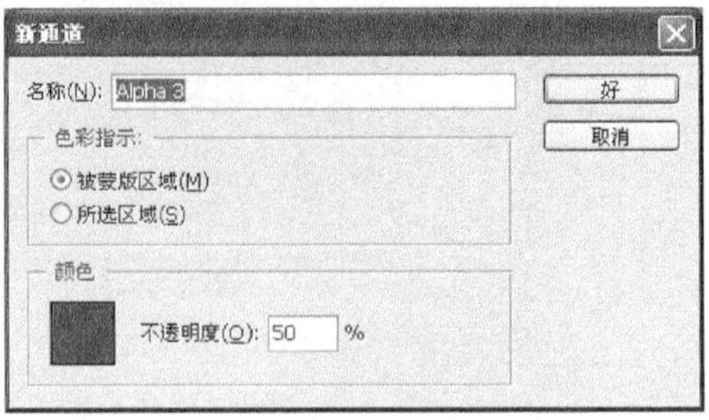

图 2-194　“新通道”对话框

2. 复制通道

要复制通道，只需在“通道”面板中拖动选择的通道至“新建通道”按钮上，即可快速复制该通道。

3. 删除通道

只需在“通道”面板中拖动选择的通道至“删除通道”按钮上，即可快速删除该通道。需要说明的是，图像的分色通道一般不要删除。一旦删除了某个分色通道，图像的颜色模式立即转变为多通道颜色模式。另外，请注意，主通道不能被删除。

实例：通道转换为选区。

(1) 打开例题素材“2-11-1.psd”。

(2) 打开“通道”面板，可以发现在通道后面有一个 Alpha 1 通道，选择这个通道，通道效果如图 2-195 所示，然后单击“通道”面板的“将通道作为选区载入”按钮，再选择“通道”面板中的 RGB 通道，可以看到通道中的白色区域转换成了选区，该图像如图 2-196 所示。

图 2-195　Alpha 1 通道的效果

图 2-196　将通道作为选区载入

我们还可以使用“通道”面板的“将选区存储为通道”按钮把选区存储在通道中。此外，通道基本操作还有选择通道、重命名通道、将通道作为选区载入、将选区存储为通道(将选区保存在通道中)、通道分离与合并。

2.11.4　通道的运算

通道的运算实际上是通道的混合，混合后得到新的通道。使用通道运算可创建图像的特殊效果，Photoshop 中有两个通道混合运算的命令，即“应用图像”命令和“通道计算”命令。

1. 应用图像

使用 Photoshop 提供的“应用图像”命令，可以快速地将原图像的图层或通道与当前图层和通道进行混合，从而产生许多合成效果。

实例：使用“应用图像”命令合成图像。

(1) 打开例题素材“2-11-2.jpg”，如图 2-197 所示。

(2) 打开例题素材“2-11-3.jpg”，如图 2-198 所示。

(3) 执行“图像”|“应用图像”命令后，在弹出的对话框中设置源为例题素材“2-11-2.jpg”，

(4) 混合方式为柔光，效果如图 2-199 所示。

图 2-197　例题素材“2-11-2.jpg”

图 2-198　例题素材“2-11-3.jpg”

图 2-199　“应用图像”命令效果

2. 通道计算

使用 Photoshop 提供的“通道计算”命令，可将同一图像或不同图像的一个或多个通道进行合并，合并后的结果放在一个新的通道中。

实例：使用“通道计算”命令合成图像。

(1) 打开例题素材“2-11-4.jpg”如图 2-200 所示。

(2) 打开例题素材“2-11-5.jpg”如图 2-201 所示。

(3) 执行“图像”|“计算”命令后，在弹出的对话框中设置源 1 为例题素材“2-11-4.jpg”，源 2 为例题素材“2-11-5.jpg”，混合方式为正片叠底，不透明度为 50%，结果选择“新建通道”，效果如图 2-202 所示。

图 2-200　例题素材“2-11-4.jpg”

图 2-201　例题素材“2-11- 5.jpg”

图 2-202　“通道计算”命令效果

2.11.5　利用通道抠图

通道的价值还在于提供了一种强大的精确抠图的方法，它把像素的亮度、色相、饱和度等属性和选区相联系，建立复杂的选区。

实例：替换玻璃茶壶的背景。

(1) 打开例题素材“2-11-6.jpg”。

(2) 打开“通道”面板，设置“红”通道为当前通道。

(3) 选择“图像”|“调整”|“反相”菜单项，“通道”面板如图 2-203 所示。

(4) 在“通道”面板底部单击“将通道作为选区载入”按钮，这时得到茶壶的选区，如图 2-204 所示。

(5) 打开例题素材“2-11-7.jpg”，把茶壶的选区移动到此图的合适位置，然后设置前景色为白色，再执行“编辑”|“填充”命令，用前景色填充选区，然后取消选区。效果如图 2-205 所示，完成图见例题素材“2-11-6(完成).jpg”。

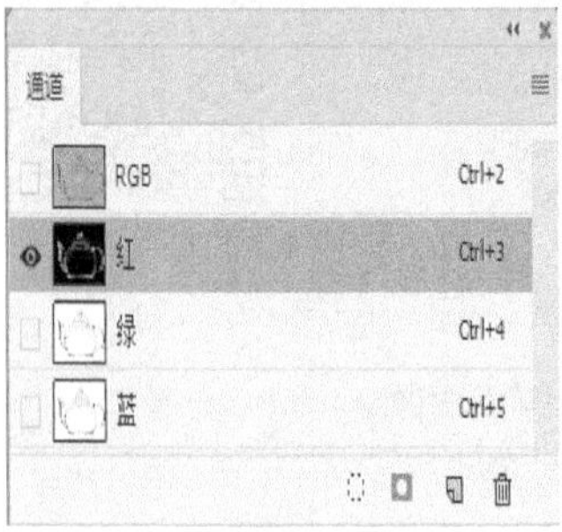

图 2-203　“通道”面板(二)

图 2-204　建立茶壶选区

图 2-205　完成效果(五)

2.11.6　蒙版

蒙版用来保护特定区域，使该区域不受任何编辑操作的影响，编辑操作只对保护区以外的区域起作用。可以认为蒙版与选区是相反的：选区是要对其进行操作的区域；蒙版是不要对其进行操作的区域。

选区、蒙版和 Alpha 通道三者都是与选区有关的概念，可以认为它们是从不同方面来处理选区的。只要创建好一个选区，也就创建了一个蒙版，因为当有选区存在时，当前编辑操作只针对选区，未选择的部分就不受编辑操作的影响，即受到了保护。而选区或蒙版存储起来就是 Alpha 通道。

但是，选区、蒙版和 Alpha 通道三者并不完全相同。区别在于编辑工具的不同，选区只能用选框、套索等工具建立；而蒙版可使用几乎所有的编辑工具建立。

1. 快速蒙版

快速蒙版为我们提供了一种快速、灵活、方便的辅助处理选区的方法，通过它，能够快速地处理选区，从而完成精细的选取操作。

实例：快速蒙版的使用。

(1) 打开例题素材“2-11-8.jpg”。

(2) 单击工具箱中的“魔棒工具”，同时，在其工具属性栏中设定其容差为 80，并选择“连续的”选项，然后按 Shift 键的同时，在红色花朵上单击，尽可能地选取整朵花，如图 2-206 所示。

(3) 单击工具箱中的“以快速蒙版模式编辑”按钮，“通道”面板会自动生成一个名称为“快速蒙版”的通道，并处于选定状态。这时，图像中未曾选取的区域呈现半透明红色，表示以蒙版覆盖，如图 2-207 所示。

(4) 单击工具箱中的“画笔工具”。设置前景色为白色，形状为圆形硬边，用画笔在另一朵红色花朵处涂抹可以将花朵部分的红色蒙版擦除掉。

(5) 单击工具箱中的“以标准模式编辑”按钮，关闭快速蒙版模式并返回原始图像，可以看到产生的选区对应快速蒙版模式下无蒙版覆盖的区域，这时得到了选区如图 2-208 所示。

图 2-206　选取花朵

图 2-207　快速蒙版模式

图 2-208　花朵的选区

注意：在默认状态下，当前景色为白色时，使用“画笔工具”在图像上涂抹，会擦除蒙版，扩大选区；相反，当前景色为黑色时，会缩小选区，增大蒙版；而采用灰色等其他颜色时，则会产生半透明选区，出现柔化效果。

2. 图层蒙版

图层蒙版主要用于控制图层中各个区域的显示程度。建立图层蒙版可以将图层中图像的某些部分处理成透明或半透明效果，从而产生一种遮盖特效。由于图层蒙版可控制图层区域的显示与隐藏，因而可在不改变图层中图像像素的情况下，实现多种图像混合的方案。

图层蒙版的创建很简单，单击“图层”面板的“添加图层蒙版”按钮，就可以在图层上建立蒙版。

由于图层蒙版也是一幅图像，因此也可以像编辑其他图像一样编辑图层蒙版，如绘画、填充等。图层蒙版建立后，该图层上就有了两幅图像，一幅是这个图层上的原图像，另一幅就是蒙版图像。如果要编辑原图像，单击图层缩略图，此时缩略图前有编辑标志；如果要编辑蒙版图像，则单击蒙版缩略图，这时出现蒙版标志。

实例：制作飞机穿越云层效果。

(1) 打开例题素材“2-11-9.jpg”。

(2) 打开例题素材“2-11-10.jpg”，首先使用“魔棒工具”选择天空背景，然后执行“选择”|“反选”命令选择飞机，接着执行“编辑”|“复制”和“编辑”|“粘贴”命令，把飞机粘贴到天空图中，如图 2-209 所示。

(3) 单击“图层”面板的“添加图层蒙版”按钮，为飞机图层创建图层蒙版。

(4) 选择“画笔工具”，在其属性栏上选择“圆形柔边画笔”，并设置合适的画笔大小和不透明度，黑色为遮盖蒙版图层的图像，白色为显示蒙版图层的图像，用黑、白画笔进行多次涂抹后，效果如图 2-210 所示。完成图见例题素材“2-11-9(完成).jpg”。

图 2-209　粘贴飞机后的效果

图 2-210　使用蒙版后的图像

2.12　滤镜工具的使用

2.12.1　滤镜介绍

Photoshop 中的滤镜主要用来实现图像的各种特殊效果。它在 Photoshop 中具有非常神奇的作用。所有的 Photoshop“滤镜”命令都按类型放置在“滤镜”菜单中，使用时只需要从该菜单中执行该命令即可。滤镜的操作是非常简单的，但是真正用起来却很难恰到好处。滤镜通常需要同通道、图层等联合使用，才能取得最佳艺术效果。如果想在最适当的时候应用滤镜到最适当的位置，除了平常的美术功底之外，还需要用户对滤镜的熟悉和操控能力，甚至需要用户具有很丰富的想象力。这样，才能有的放矢地应用滤镜，发挥出艺术才华。滤镜的功能强大，用户需要在不断的实践中积累经验，才能使应用滤镜的水平达到炉火纯青的境界，从而创作出具有迷幻色彩的计算机艺术作品。

Photoshop 的滤镜分为内置滤镜和外挂滤镜，内置滤镜是指由 Adobe 公司自行开发，并包含在 Photoshop 安装程序中的滤镜；外挂滤镜是指由第三方开发，以插件形式使用的滤镜。

2.12.2　常用内置滤镜

Photoshop 的内置滤镜有 13 类，共 100 多种，每种滤镜都能产生对应的特效，限于篇幅，本章不做一一介绍。实际上，滤镜操作起来很简单，只需打开图像文件，然后选择“滤镜”菜单中对应的“滤镜”命令即可。图 2-211 显示了常用内置滤镜的效果。

“彩色半调”滤镜效果　　“水波”滤镜效果　　“高斯模糊”滤镜效果

(a)　　(b)　　(c)

"纹理化(砖型)"滤镜效果　"光照"滤镜效果　"便条纸"滤镜效果

(d)　(e)　(f)

图 2-211　常用内置滤镜的效果

2.12.3　特殊滤镜

Photoshop 中，有一些滤镜具有相对独立、功能强大的特点，这里称为特殊滤镜。下面介绍几种特殊滤镜。

1. 液化

"液化"滤镜可以逼真地模拟液体流动的效果，具有推、拉、旋转、膨胀等功能。用法：选择"滤镜" | "液化"菜单项，弹出"液化"对话框，选择所需工具后，在图像上拖动即可。图 2-212 显示了图像使用"液化"滤镜中的"向前变形工具"前后的效果。

(a) 素材图　(b) 顺时针旋转扭曲　(c) 褶皱效果

图 2-212　使用"液化"滤镜前后的对比效果

2. 消失点

"消失点"滤镜允许用户自定义透视参考框，将图像按照透视结构进行复制、转换或移动。

实例：利用"消失点"滤镜去除多余杂物。

(1) 打开例题素材 "2-12-3.jpg"，如图 2-213 所示。

(2) 执行"滤镜" | "消失点"命令，使用"创建平面工具"建立平面，可以拖动平面的控制点，从而调整平面形状，效果如图 2-214 所示。

(3) 使用选框工具建立选区如图 2-215 所示，在移动模式中选择"源"。

(4) 把鼠标指针放在选框中，然后向左拖动至合适位置，放开鼠标左键，效果如图 2-216 所示。

3. 滤镜库

Photoshop 滤镜库是滤镜的集合体，在此包含了大部分的内置滤镜，我们可以通过执行"滤

图 2-213　例题素材

图 2-214　建立平面

图 2-215　建立选框

图 2-216　效果

镜”|“滤镜库”命令来弹出“滤镜库”对话框，在其中可以选择所需的多种滤镜。

4. 镜头校正

“镜头校正”滤镜用于对失真或倾斜的图像进行校正，还可以对图像进行扭曲、晕影、变换等编辑。用法：执行“滤镜”|“镜头校正”命令，弹出其对话框，选择所需工具后在图像上操作即可。

实例：下雨效果的制作。

(1) 打开例题素材“2-12-4.jpg”。

(2) 打开“图层”面板，单击新建图层按钮，新建图层 1，然后用黑色填充图层 1。

(3) 选择“滤镜”|“杂色”|“添加杂色”菜单项，选择单色，平均分布，数量 50。

(4) 选择“滤镜”|“模糊”|“动感模糊”菜单项，角度 75、距离 30。

(5) 选择“图像”|“调整”|“曲线”菜单项，调整曲线形状使雨丝变得清晰。“曲线”对话框如图 2-217 所示，图像效果如图 2-218 所示。

(6) 选择“滤镜”|“模糊”|“高斯模糊”菜单项，半径设为 1。

(7) 使用“裁切工具”稍微裁剪，去掉图像顶部和底部的边缘部分，效果如图 2-129 所示。完成图见例题素材“2-12-4(完成).jpg”。

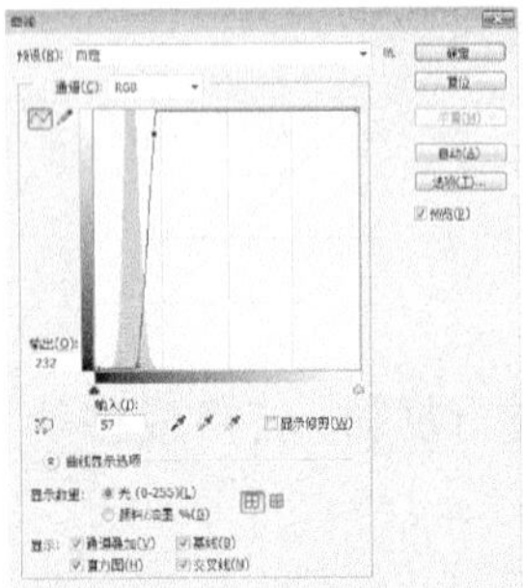

图 2-217　“曲线”对话框

图 2-218　调整曲线后的效果

图 2-219　完成效果(六)

实例：水晶球的制作。

(1) 新建一个图像文件，大小为 20cm × 20cm，分辨率为 100 像素/英寸。

(2) 设置前景色为蓝色，背景色为白色，选择“滤镜”|“渲染”|“云彩”菜单项，产生云彩效果，可以多次按 Ctrl+F 键，直至云彩效果满意，效果如图 2-220 所示。

(3) 选择“滤镜”|“渲染”|“镜头光晕”菜单项，产生光晕效果。

(4) 设置前景色为白色，在工具箱中选择画笔(星爆-小)，在其属性栏上单击“切换画笔设置面板”按钮，在弹出的对话框中设置合适的画笔大小、形状动态、散布，然后在图像上拖动绘制星光，效果如图 2-221 所示。

(5) 使用“椭圆形选框工具”，按 Shift 键并在图像上拖动建立一个圆形选区，按 Ctrl+J 键把该选区中的图像复制到图层 1 上。

(6) 按 Ctrl 键，鼠标单击选择图层 1 的图像。

(7) 选择“滤镜”|“扭曲”|“球面化”菜单项，产生凸起的球面效果，如图 2-222 所示。

图 2-220　绘制云彩

图 2-221　光晕和星光

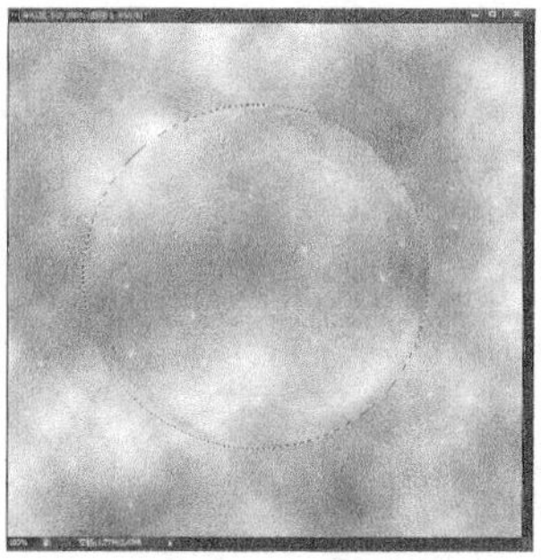

图 2-222　球面效果

(8) 取消选区。双击“图层”面板中“图层 1”右边空白处，弹出“图层样式”对话框，在该对话框里选择“内发光”(粉紫色)和“投影”(粉紫色)，并设置合适的大小和不透明度。

(9) 选择“图像”|“调整”|“色阶”菜单项，“色阶”对话框如图 2-223 所示，完成效果如图 2-224 所示，完成图见例题素材“2-12-5(完成).jpg”。

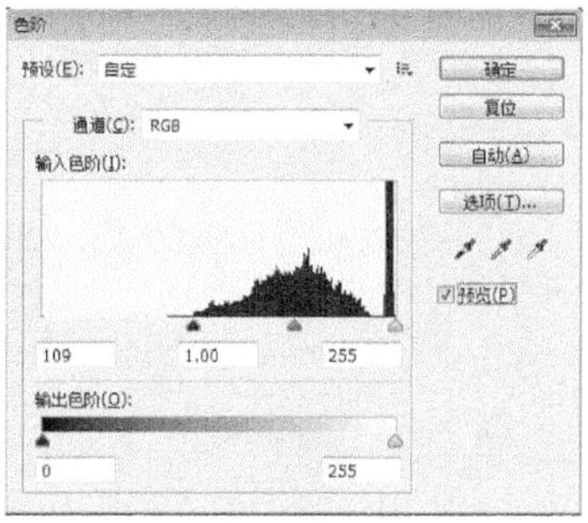

图 2-223　“色阶”对话框

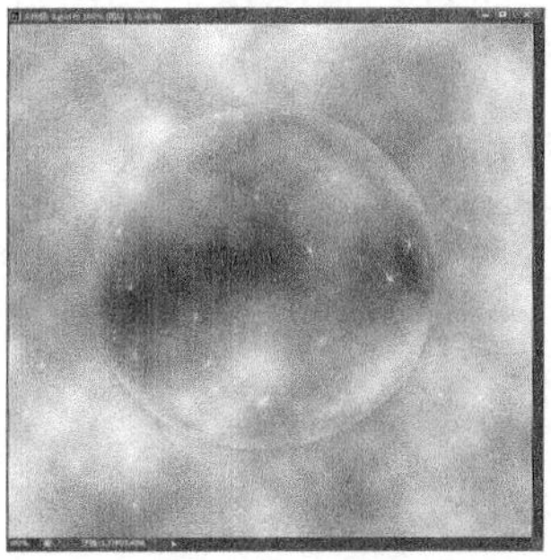

图 2-224　完成效果(七)

2.12.4　使用滤镜的注意事项

在使用滤镜时，需注意以下几点。

(1) 有些图像模式或颜色模式不能使用滤镜，如位图模式、16 位灰度图像模式、索引颜色模式等不能使用滤镜。在 CMYK、Lab 颜色模式下，有些滤镜不能使用，如画笔描边类滤镜、视频类滤镜、素描类滤镜、纹理类滤镜、艺术效果类滤镜等。但 RGB 颜色模式可以使用相同的滤镜，针对不同分辨率的图像，即使使用的滤镜参数相同，处理效果也会不一样。

(2) 滤镜的处理效果与图像的分辨率有关，相同的滤镜，针对不同分辨率的图像，即使滤镜参数相同，处理效果也不一样。

(3) 如果当前图像有激活的选区，滤镜处理则针对该选区进行，否则，针对当前图层进行。

如果当前图像已拼合了所有图层，则滤镜处理针对整个图像进行。

(4) 很多滤镜使用时会占用大量的内存空间，在运行滤镜前可先执行“编辑”|“清除＂命令来释放内存。有些滤镜很复杂，或者要应用滤镜的图像尺寸很大，执行起来时间特别长，如果有必要，按 Esc 键结束正在进行的滤镜操作。

本章小结

本章介绍了 Photoshop 概述、Photoshop 的基本操作、选区的创建和编辑、基本绘制工具的使用、图像的编辑和变换、图像的修复和修补、图像的局部修整、色调和色彩的调整、图层的应用 (创建、编辑、图层效果的应用)、路径工具的使用(构成、创建、编辑)、通道和蒙板的使用(创建、复制、删除、运算)、滤镜工具的使用等，并通过丰富的实例贯穿知识点，注重知识的灵活应用及图像综合处理能力的培养。

思考题

1. Photoshop 界面中包括几项内容？分别是什么？
2. 简述矢量图像与位图图像的区别。
3. 什么是图像格式？都有哪些格式？
4. 什么是图像的分辨率？分辨率有什么作用？
5. 如何新建一个图像文件？做好一个图像后如何进行保存？
6. 什么是前景色和背景色？它们的作用是什么？
7. 使用“画笔工具”可以取得什么效果？
8. “历史记录画笔”的功能有哪些？与“画笔工具”有什么不同？
9. 擦除工具组中包括几种工具？分别是什么？
10. 什么是自定义画笔？如何进行自定义操作？
11. 什么是渐变？“渐变工具”的作用是什么？
12. 如何使用“工具预设”面板？
13. “复位工具命令”在什么情况下可以使用？
14. 如何在预设管理器中进行操作？
15. 怎么定义图案？定义完成后如何进行管理？
16. 选框工具有什么作用？
17. 如何建立选区？可以使用什么工具？
18. 建立选区后，如何进行选区的变换操作？
19. 执行“羽化”命令可以取得什么效果？
20. 什么是“抽出”命令？它的作用是什么？
21. 什么是图像尺寸？如何进行图像尺寸的调整？
22. 画布是什么？怎么进行画布大小的调整？
23. “裁切”命令的作用是什么？如何进行裁切操作？
24. 如何对图像进行编辑？有哪些常用命令？

25. 如何进行图像的二维变换?
26. “仿制图章工具”的作用是什么?在什么情况下可以使用?
27. 什么是“液化工具”?液化有什么效果?
28. 如何为图像添加背景?
29. 如何对图像进行扭曲操作?
30. 如何进行视图的调整?
31. 如何进行色调的调整?
32. “色阶”命令的作用是什么?什么时候可以用到?
33. 如何使用曲线来进行图像的调整?
34. “变化”命令的作用有哪些?主要用于怎样的操作?
35. “色调分离”命令的主要功能有哪些?
36. 如何进行图层的锁定操作?
37. 合并图层的方法有几种?分别是什么?
38. 如何进行图层效果的设置?
39. 如何进行图层的移动、复制和删除的操作?
40. 进行图层的链接与合并有什么作用?
41. 什么是通道?通道有什么作用?
42. 什么是蒙版?可以用蒙版来做些什么?
43. 通道分为几种类型?分别是什么?
44. 蒙版分为几种类型?各个的作用是什么?
45. 如何进行通道的计算?
46. 什么是路径?路径有什么作用?
47. 绘制路径的工具有哪些?
48. 钢笔工具组中包含多少个工具?分别是什么?
49. 如何进行锚点的添加和删除?
50. 如何使用形状工具组中的一些工具?
51. 文字工具组中包含几种工具?分别是什么?
52. 如何将文字转换为图形?
53. 什么是滤镜?滤镜的作用是什么?
54. 如何使用扭曲滤镜组对图像进行修改?
55. 渲染滤镜组的主要功能是什么?会取得什么效果?
56. 如何使用“镜头光晕”滤镜进行效果制作?

第 3 章　平面动画制作——Adobe Flash CC 的应用

Adobe Flash CC(简称 Flash)是一款非常流行的 Web 平面动画制作软件。本章将介绍 Flash 的发展历史、界面构成、绘图功能、元件和实例应用，以及软件所支持的各种动画技术。除了理论讲解之外，各个小节都包括一个应用实例，以方便读者通过实例来理解所介绍的技术方法。

3.1　初识 Flash

3.1.1　Flash 概述

1. Flash 的发展历史

Flash 软件的前身是 FutureSplash Animator 1.0，这是早期网络上流行的矢量动画插件，主要包含矢量图形，也可以包含导入的位图和声音。1996 年 11 月，Macromedia 公司收购了 Future Wave Software 公司，将 FutureSplash 动画软件重新命名为 Macromedia Flash 1.0，结合 Macromedia Shockwave，用以在 Web 上发布交互式动画，之后又相继推出了 Flash 3.0、4.0、5.0、MX 和 8.0 版本。

2005 年，Adobe 公司收购了 Macromedia 公司，之后，Adobe 公司推出了全新的 Flash CS3，在经历了 Flash CS4、Flash CS5、Flash CS5.5 和 Flash CS6 几个版本的更替之后，于 2014 年开始推出 Adobe Flash Professional CC 系列版本。2015 年之后，Adobe 公司开始将 Flash 更名为 Animate。

2. Flash 的主要特征

Flash 软件之所以流行，和它在网络交互式动画方面的优势密切相关。Flash 主要具有以下几个主要特征。

(1) Flash 动画主要使用矢量图形，使得其文件尺寸较小、显示效果好、对网络带宽要求低。

(2) Flash 动画易于网络传播，可以放置在网络上，供浏览者欣赏和下载。

(3) Flash 有较强的交互性，使观众不仅能欣赏动画，还能进行交互。

(4) Flash 动画不仅可以在网络上传播，同时也可以跨媒体使用，还能在电视甚至电影中播放，显著扩宽了应用领域。

Flash 在原有版本的基础上进行了更新，新增加了许多功能，使动画制作的过程更加流畅。

3. Flash 的应用领域

Flash 以其强大的矢量动画编辑功能和灵活的操作界面，以及开放式的结构，在动漫、演示、广告宣传、影视等方面得到了广泛的应用。随着 Flash 技术的不断更新，其应用领域也进一步扩展，越来越多的 Flash 应用在网络上涌现。

我们学习 Flash 软件之后，可以制作 Flash 广告、电子贺卡、Flash MTV 作品、教学课件，以及 Flash 游戏等。图 3-1 给出了 Flash 动画和 Flash 拼图游戏的示例。

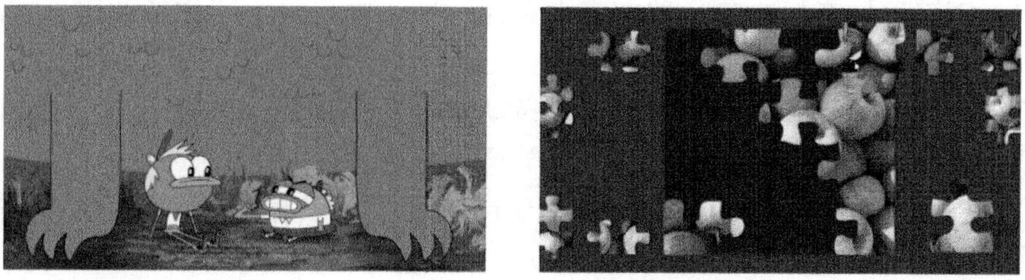

(a) (b)

图 3-1 Flash 动画和 Flash 拼图游戏

3.1.2 Flash 的界面构成

正确安装 Flash 之后，可以执行“开始”|“程序”|Adobe|Adobe Flash Professional CC 命令启动 Flash，或者双击桌面上的 Flash 图标完成启动。屏幕上将显示出的 Flash 欢迎界面如图 3-2 所示，其中包括以下几个主要的区域。

(1)“打开最近的项目”：显示了最近打开过的 Flash 文档，单击相应的项目可以快速打开该文档。

(2)“新建”：该区域的列表提供了 Flash 所支持的所有文档类型。

(3)“模板”：单击该项，就可以在“从模板创建”对话框中选择合适的模板，并创建该模板文件。

(4)“简介”：可以快速链接到 Flash 官方网站，了解软件信息。

(5)“学习”：提供了相关功能的学习资源，单击相应项目可以在浏览器中打开 Adobe 官方网站所提供的相关内容介绍。

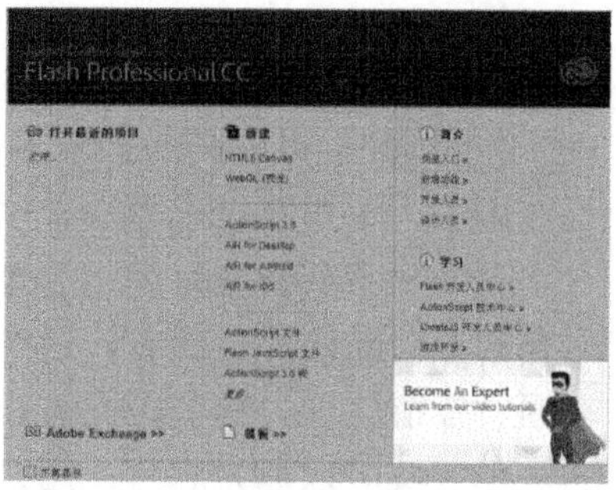

图 3-2 Flash 欢迎界面

在 Flash 中创建或者打开文档之后，工作界面就展现在我们面前，如图 3-3 所示。界面的构成主要包括菜单栏、舞台、基本功能、搜索框、工具栏和“时间线”面板、“属性”面板及“浮动”面板，下面我们来逐一认识一下。

图 3-3 Flash 的工作界面

1) 菜单栏

Flash 中的菜单包含 11 个选项，每个菜单中又包含多个子菜单。

“文件”：主要用于完成文件及子文件的打开、关闭、保存、发布、打印等操作。

“编辑”：主要用于舞台中各种元素的编辑，包括剪切、复制、粘贴等。

“视图”：主要包含用于调整整个编辑环境的各种命令。

“插入”：用于添加新的对象，如向库中添加元件、向场景中添加新的层、在时间线中添加新的帧，以及在动画中添加新场景等。

“修改”：主要用于修改动画对象、场景以及动画本身的特性，如对齐方式、排列、变形等。

“文本”：用来设置文字的字体、字号、样式、间距、颜色等。

“命令”：主要负责命令的执行和管理，用户可以用 JSFL 文件创建自己的命令。

“控制”：主要用于控制动画的播放、测试。

“调试”：提供了影片调试的相关命令，如调试环境的设置等。

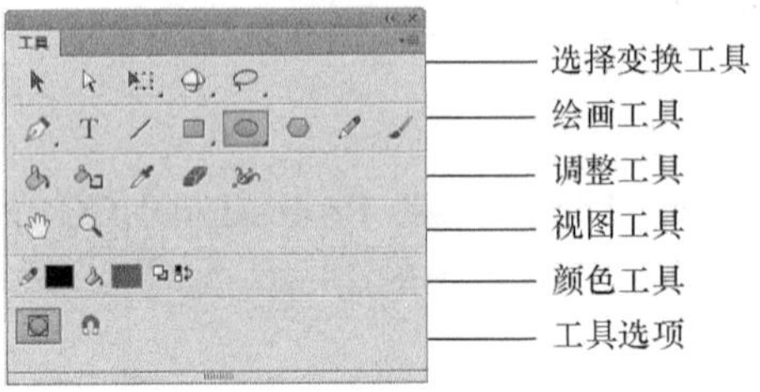

图 3-4　工具栏示意图

“窗口”：控制窗口的布局、工具栏或面板的打开和关闭，以及切换当前的编辑窗口。

“帮助”：用于快速获取 Flash 的帮助信息。

2) 工具栏

Flash 的工具栏包括选择变换工具、绘画工具、调整工具、视图工具、颜色工具和工具选项区几个区域，如图 3-4 所示。

3) 文档窗口和舞台

在 Flash 中可以同时打开多个文档，所有打开的文档窗口以选项卡的方式排列在 Flash 的工作区中，单击文档名称，就可以将其切换为当前文档，如图 3-5 所示。

图 3-5 中文档窗口的中心矩形区域称为舞台，舞台是用来放置动画内容的地方，这些动画内容包括矢量图、文本框、按钮、导入的位图或者视频等。相应地，舞台四周的灰色区域可以称为后台，用来放置暂时不需要显示出来的内容。

图 3-5　Flash 中的文档窗口

4) “图层”和“时间线”面板

“图层”和“时间线”面板可以对层和帧中的动画内容进行组织与控制，使得这些内容随着时间的变化而发生相应变化，从而产生动画效果，如图 3-6 所示。

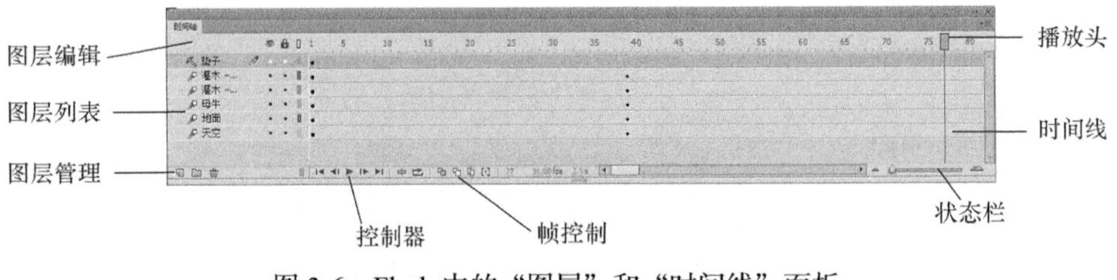

图 3-6　Flash 中的“图层”和“时间线”面板

“时间线”面板的左边是“图层”面板，层就像许多重叠放置的电影胶片，每一层包含不同的内容，按照上下顺序同时出现在舞台上。

图层编辑：提供了“显示或隐藏图层”“锁定或解锁图层”和“将图层以轮廓线显示”三个功能按钮。

图层列表：列出当前动画中的所有图层。

图层管理：包括“新建图层”“新建文件夹”和“删除”三个功能按钮。

播放头：表示当前所处的帧位置。

状态栏：给出动画的基本参数，并可以调整帧的视图大小。

控制器：对动画进行播放预览。

帧控制：用于设置帧的绘图纸外观功能。

5）“属性”面板

“属性”面板用来访问和当前编辑对象有关的属性，也就是说，它可以显示当前文档、文本、元件、形状、位图、视频、组、帧或者工具的信息和设置，它的内容将随着所选对象或工具的不同而发生变化。“属性”面板如图 3-7 所示，图(a)的“属性”面板中所列的是和文档相关的属性，如文档尺寸、背景颜色和发布设置等；而图(b)的“属性”面板是在选择了“矩形工具”之后显示的选项设置。

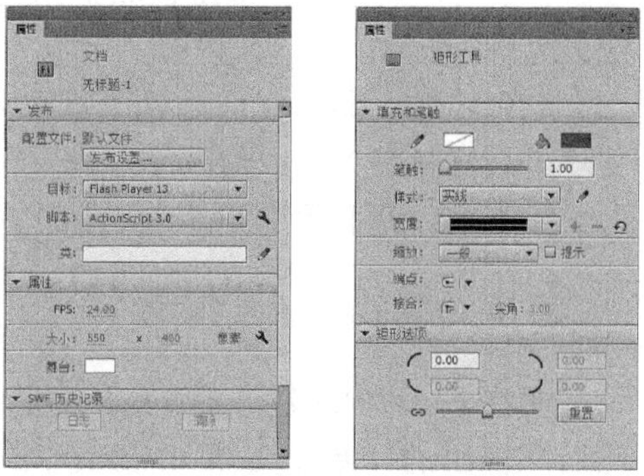

(a)　　(b)

图 3-7　“属性”面板

6）“库”面板

在“浮动”面板快速启动栏上单击按钮，或者执行“窗口”|“库”命令，可以打开“库”面板。“库”面板用来存储和组织在 Flash 中创建的元件，以及导入的外部图像、音频和视频文件，以便于在舞台上使用。图 3-8 给出了一个“库”面板的示意。

图 3-8　“库”面板

7）编辑栏

编辑栏位于文档标题的下方，提供了编辑元件和场景的信息与控件，以及舞台显示比例的控制。

8）其他控制面板

前面所提到的工具栏、“属性”面板、“动作”面板、主工具栏、“图层”和“时间线”面板以及“库”面板都可以通过“窗口”菜单来控制其显示和隐藏。除了这些面板之外，Flash 还提供了“行为”面板、“输出”面板、“对齐”面板、“颜色”面板等。这些面板都可以调整大小，还可以将面板组合在一起，保存为“自定义”面板，以便使工作区符合用户的个人偏好。

9）工作区

在 Flash 中提供了多种工作区预设。单击菜单栏右侧的“工作区”按钮，可以在其下拉菜单中选择相应的工作区预设，如图 3-9 所示，包括“动画”“传统”“调试”“基本功能”等工作区类型。还可以执行“新建工作区”命令来创建个人偏好的工作区设置。“管理工作区”用于管理个人创建的工作区配置。

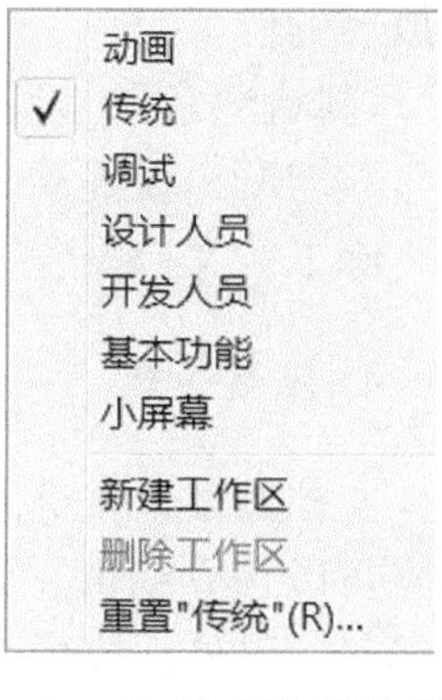

图 3-9　“工作区”下拉菜单

3.1.3　Flash 的基本操作

1. 制作 Flash 动画的基本流程

Flash 动画的基本创作流程是比较简单的，初学者可以将其大体分为动画筹备、动画制作和动画发布三个阶段。

动画筹备：包括编写动画的剧本，设计好动画的角色、场景和剧情等。

动画制作：对于简单的 Flash 动画来说是最主要的阶段，这个阶段的任务是利用 Flash 软件所提供的功能将各个动画内容制作出来，具体的操作步骤可以细分为录制声音、建立和设置影片文件、在 Flash 中绘制场景和人物(或者在其他软件中绘制以便导入)，以及动画编排、效果处理等。

动画发布：制作完成的动画需要发布之后才能在网络中使用。发布的过程主要是对动画文件进行优化设置，以便减小动画文件尺寸。

接下来，我们将介绍在动画创作过程中涉及的软件基本操作技巧。

2. 新建 Flash 文件

要在 Flash 中新建一个 Flash 文件，只需要执行“文件”|“新建”命令(或按 Ctrl+N 键)，然后在弹出的“新建文档”对话框中选择恰当的文档类型就可以了。“新建文档”对话框如图 3-10 所示。

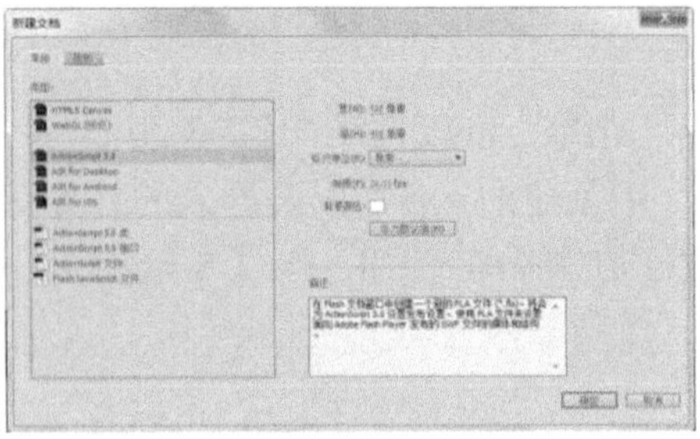

图 3-10　“新建文档”对话框

其中的新建文件类型包含很多选项，在本书中，我们只涉及 ActionScript 3.0 选项，用它来创建支持 ActionScript 3.0 脚本的新文件。

3. Flash 的文档属性设置

文件创建好之后，我们需要对文档进行初始设置。执行“修改”|“文档”命令可以弹出“文档设置”对话框，如图 3-11 所示。该对话框中的各项设置含义如下。

“单位”：用来设置动画中舞台尺寸、网格和标尺的单位。

“舞台大小”：设置舞台的宽高尺寸。

“匹配内容”：设置 Flash 文件的尺寸与当前动画内容相匹配。

“缩放”：可以通过选择“缩放内容”选项，选择在舞台尺寸发生缩放的时候，动画内容是否相应缩放。选择“锁定层”和“隐藏层”则将锁定图层。

“锚记”：当“缩放内容”被选择时，可以通过锚记中的九个位置标记来设置动画内容在缩放后的位置。

“舞台颜色”：设置舞台背景色。

“帧频”：设置动画播放时每秒显示的帧数。

除了“文档设置”对话框之外，“属性”面板中也提供了部分文档设置项。

4. 场景管理

文档属性设置好之后，就可以开始制作动画了。Flash 中的动画是按照场景来安排的，各场景可以独立编辑。如果需要使用更多的场景，可以执行“插入”|“场景”命令插入一个新的场景。另外，执行“窗口”|“其他面板”|“场景”命令，可以打开场景面板，完成“场景”的新建、删除、复制、重命名、排序等操作。“场景”面板如图 3-12 所示。

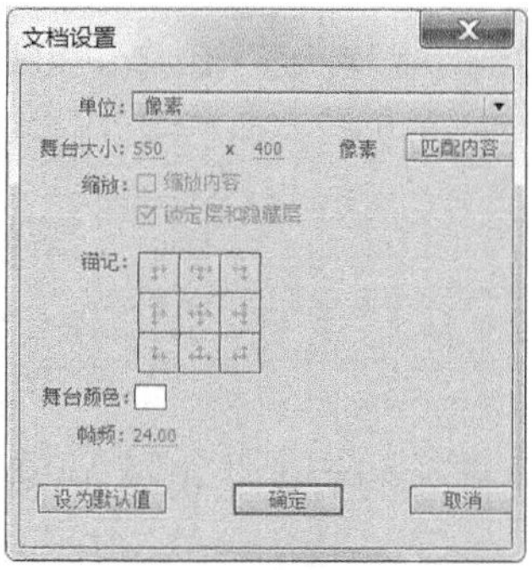

图 3-11　“文档设置”对话框

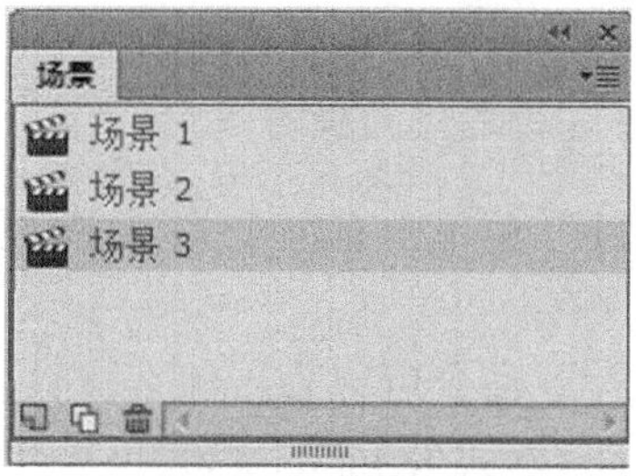

图 3-12　“场景”面板

5. 帧的操作

动画的制作过程，主要就是创建和编辑帧序列的过程，而帧的管理都是在“时间线”面板中进行的。因此，我们需要熟练掌握在“时间线”面板中对帧进行管理的方法。将鼠标指针放在时间线上右击，则会出现弹出菜单，其中包括了众多对帧进行操作的命令。

首先了解动画中的关键帧和帧。关键帧是动画角色运动的关键画面，场景中对象的属性只能在关键帧中进行编辑。时间线上带有黑色实心圆点的帧即关键帧，带有空心圆点的帧称为空白关键帧，也就是不包含任何内容的关键帧。关键帧之外的帧又分为普通帧和过渡帧，前者只起到动画内容的延续作用；而后者是前后两个关键帧之间的过渡内容，是动画实现的详细过程。接下来将介绍关于帧的基本操作。

1) 插入普通帧

可以在时间线的当前位置以及之前的空白位置插入普通帧。如果不使用右键菜单，也可以通过执行主菜单中的“插入”|“时间线”|“帧”命令，或者按 F5 键来实现。该命令主要用于延长舞台内容的显示时间。

2) 插入关键帧

可以在时间线的当前位置插入一个关键帧，其包含的内容与上一个关键帧相同，并且在之前的空白位置插入普通帧。该命令主要用于对舞台上的对象进行属性修改。

3) 插入空白关键帧

在时间线上当前位置插入一个空白关键帧，并且在之前的空白位置插入普通帧。该命令主要用于清除或更换当前图层的舞台内容。

4) 帧的复制、剪切和删除

在时间线上右击，执行右键菜单的“删除帧”命令、“复制帧”命令和“剪切帧”命令，可以对当前选择的帧进行相关的操作。

5) 帧的清除

在时间线上右击，执行右键菜单的“清除帧”命令，可以清除当前帧上的内容。

6) 帧的转换

选择帧，然后执行右键菜单的“转换为关键帧”或“转换为空白关键帧”命令，可以完成相应的转换。

7) 帧的翻转

首先选择帧序列，在时间线上右击，执行右键菜单中的“翻转帧”命令，可以将帧序列的次序翻转过来。

6. Flash 文件的保存

“文件”菜单中有三个关于文件保存的命令。

1) 保存

“保存”命令可以直接保存文件，并覆盖相同路径和文件名的文件。很多 Flash 文件类型都将保存为格式为.fla 的文件。

2) 另存为

“另存为”命令可以将文件保存到不同的位置，或者对文件进行重新命名。

3) 另存为 Flash 模板

“另存为 Flash 模板”命令将该文件使用模板中的格式进行保存，以便用户在今后新建 Flash 文件时可以直接使用该模板。执行该命令会清除文件的 SWF 历史记录。

7. 动画的测试和调试

动画制作完成之后，或者在制作的过程中，需要随时检查一下动画的播放效果。这时，可以对动画进行测试。测试有两种主要的方法，一种是在编辑环境中直接按 Enter 键播放，播放头将在时间线中移动，舞台上会播放主时间线上的动画效果。但是，影片剪辑内部的动画和动作功能在编辑环境是无法测试的，另外，编辑环境也不能准确地体现动画的速度和下载性能。另一种方法是在测试环境中进行测试。选择“控制”菜单，可以看到以下用于测试的三个主要命令。

“测试”：在 Flash 中测试整个影片。

“测试影片”：可以在多种环境下对整个影片进行测试，包括在 Flash Professional、浏览器、AIR Debug Launcher 中等。

“测试场景”：在 Flash 中测试当前场景的动画效果。

如果动画中使用了 ActionScript 3.0 脚本，还可以通过执行“控制”|“调试影片”命令来对脚本进行调试，从而发现、修改脚本编写中的错误。

8. Flash 动画的导出发布

动画制作完成，并进行一定的优化之后，就需要将动画进行导出或发布。

1) 导出

执行“文件”|“导出”命令，可以选择以下三种导出选项。

“导出图像”：将当前帧导出为静态图像格式。

“导出影片”：将动画导出为 SWF 影片或者图像序列。

“导出视频”：将动画导出为 MOV 格式的视频。

2) 发布

执行“文件”|“发布设置”命令，就可以弹出“发布设置”对话框，发布 Flash 动画，如图 3-13 所示。

在该对话框右上部分，我们可以选择目标播放器版本和 ActionScript 版本。然后，继续在该对话框左侧选择发布类型。Flash 支持的发布类型有多种，包括 Flash SWF、SWC、HTML、GIF 图像等。选择发布类型之后，在后边对该类型进行发布设置，最后单击“发布”按钮就可以了。

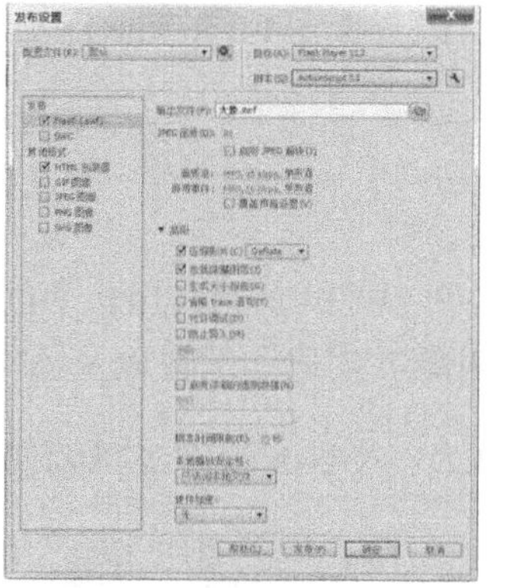

图 3-13 文件的“发布设置”对话框

3.1.4 应用实例

在 3.1.3 节中，我们主要解了 Flash 的工作环境和基本操作。下面我们来创建一个简单的 Flash 动画文件，直观了解一下 Flash 动画制作的大体过程，并熟悉 3.1.3 节中所介绍的 Flash 基本操作。

实例：打字动画。

为了能够在屏幕上一个字符一个字符地显示出“WELCOME!”字样，我们可以基于逐帧动画的原理，将每个字符的出现分别用关键帧来实现。

(1) 执行“文件”|“新建”命令，选择 ActionScript 3.0 类别，新建一个 Flash 空白文档。

(2) 在“属性”面板中将舞台尺寸修改为 350 像素×200 像素，将帧频设置为 12 帧/秒。

(3) 我们现在位于场景 1 下图层 1 的第 1 帧中。用工具栏中的文字工具在舞台上输入“WELCOME!”字样，并在“属性”面板中对文本进行属性设置，选择 Arial 字体，将文本尺寸设置为 50，颜色为红色。用工具栏中的“选择工具”将文本拖动到舞台正中央，如图 3-14(a)所示。

(a) (b) (c) (d)

图 3-14 文本动画的制作过程

(4) 保持“选择工具”被选择，在文本上右击，然后在弹出菜单中选择“分离”菜单项。此时的文本如图 3-14(b)所示。这样就可以用“选择工具”分别选择每个字符了。

(5) 在时间线的第 6 帧上右击，执行“插入关键帧”命令，可以看到第 2 帧的位置出现了带实心圆点的方格，表示这是非空白的关键帧。用“选择工具”选择文本最末尾的感叹号，按 Delete 键删除，结果图 3-14(c)所示。

(6) 重复执行步骤(5)，在第 11、16、21、26、31、36、41 帧上插入关键帧，并分别删除最后一个字符。第 31 帧如图 3-14(d)所示。直到第 9 个关键帧上全部字符删除完毕。此时的时间线如图 3-15(a)所示。

(7) 在时间线上选择所有帧，在其上右击，选择弹出菜单中的“翻转帧”菜单项，将所有帧的顺序翻转。此时的时间线如图 3-15(b)所示。

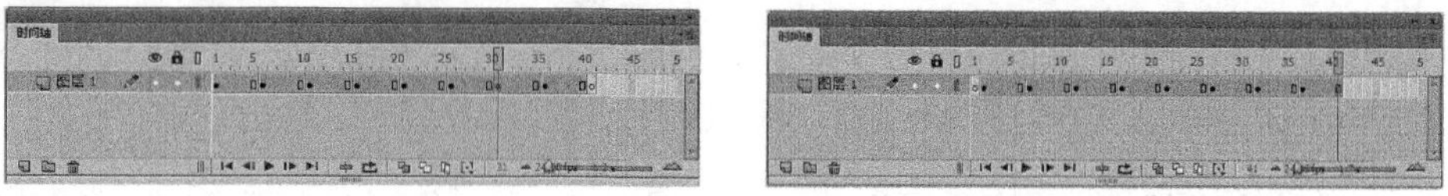

(a) (b)

图 3-15 在时间线上对帧进行翻转

(8) 执行“控制”|“测试”命令，可以观看影片效果。

(9) 执行“文件”|“保存”命令，将文件保存为扩展名为.fla 的源文件以便以后继续编辑。

(10) 执行“文件”|“导出”|“导出影片”命令，将文件导出为扩展名为.swf 的播放文件，可以直接在 Flash Player 或其他播放器中播放。

3.2　Flash 中的图形绘制和编辑

我们可以在 Flash 中创建和编辑矢量图形对象。其工具栏提供了多个工具来完成矢量图形对象的创建和编辑以及色彩的设置。

3.2.1　Flash 绘图工具的使用

其工具栏中用来绘图的工具包括线条工具、矩形工具、椭圆工具、多角星形工具、钢笔工具、铅笔工具和刷子工具。

1. 线条工具

“线条工具”用来创建单条直线，它是最简单的一种绘图工具。选择该工具之后，“属性”面板如图 3-16 所示。

在“属性”面板中我们可以设置线条的有关属性，各选项的含义如下。

“笔触颜色”：单击“铅笔”图标后面的颜色井，可以在弹出的“拾色器”对话框中选择笔触颜色。

“笔触”：即笔触高度，可以在其文本框中输入一个像素值，也可以拖动其文本框右边的滑杆来选择恰当的高度。

“样式”：在“样式”下拉列表框中可以选择线条的样式，包括“极细线”“实线”“虚线”“点状线”“锯齿线”“点刻线”“斑马线”七种样式类型。

“宽度”：可以选择不同的宽度配置文件，产生有宽度变化效果的线条。

“缩放”：限制 Flash Player 中播放时产生的笔触缩放，包括“一般”、“水平”、“垂直”和“无”四种。若“宽度”中选择了“非均匀的宽度”，则此项目不可用。

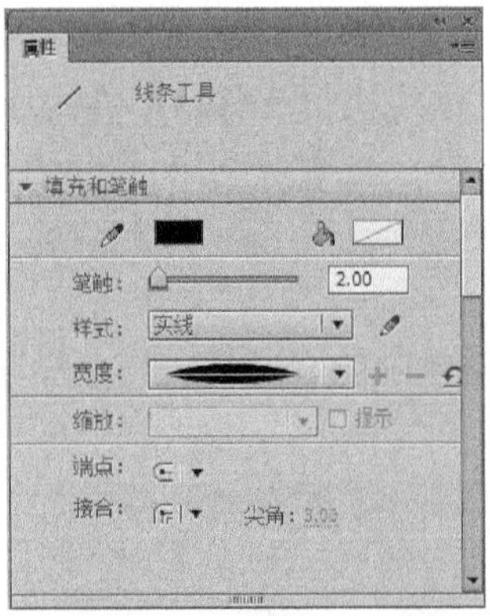

图 3-16　“线条工具”的“属性”面板

图 3-17　“尖角”、“圆角”和“斜角”的接合方式

“端点”：线条端点处的处理方式，包括“无”“圆角”“方形”三种类型。

“接合”：定义两个路径段相接合的方式，包括“尖角”“圆角”“斜角”三种方式。图 3-17 依次给出了“尖角”、“圆角”和“斜角”的接合方式。

设置好线条的属性之后，就可以通过拖动鼠标的方式在舞台上绘制线条了。

2. 矩形工具和基本矩形工具

选择工具栏中的“矩形工具”，在舞台上拖动即可绘制出一个矩形。选择该工具之后，“属性”面板如图 3-18 所示。相比刚才介绍的“线条工具”，可以看到矩形的属性增加了填充颜色和矩形选项。

1) 填充颜色

单击油漆桶右边的颜色井，可以在弹出的“拾色器”面板中选择矩形的内部填充颜色。

2) 矩形选项

“矩形选项”区域中四个文本框用来输入矩形的四个角的半径，数值越大，矩形的角越圆，图 3-19 给出了四角半径都是 20 的圆角矩形效果。半径为 0 则为直角；半径为负数则创建反半径效果。

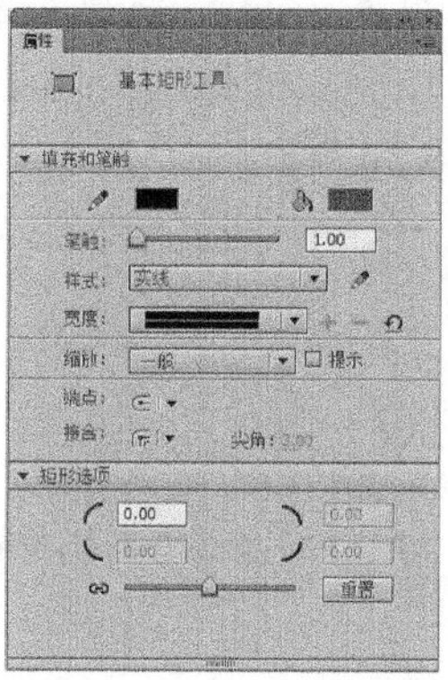

图 3-18　“矩形工具”的“属性”面板

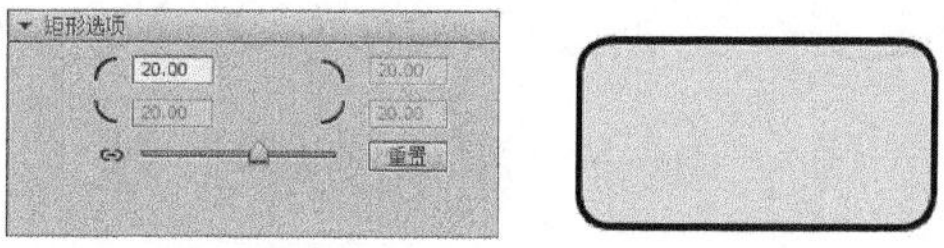

(a)　(b)

图 3-19　四角半径为 20 的矩形效果

如果取消“矩形选项”内滑杆左边的边角半径锁定，就可以单独设置四个角的半径。图 3-20 给出了分别设置角半径的矩形效果。

图 3-21 是将矩形四角半径设置为负值的矩形效果。

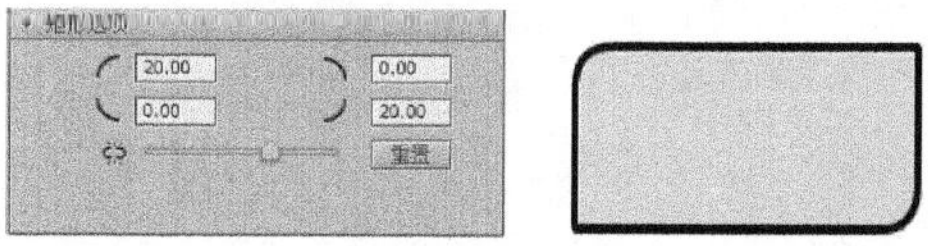

(a)　(b)

图 3-20　分别设置角半径的矩形效果

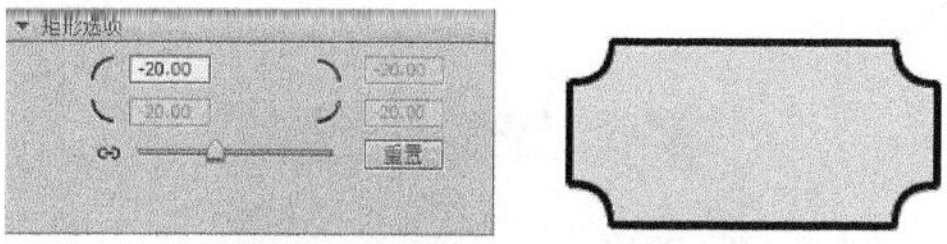

(a)　(b)

图 3-21　将矩形四角半径设置为负值的矩形效果

“基本矩形工具”的功能和“矩形工具”大体相同，选择之后在“属性”面板中进行属性设置，然后在舞台上拖动绘制矩形。两种工具的区别在于，用“基本矩形工具”绘制出来的矩形可以重新修改其边角半径。修改的方法有两种：一种是用“选择工具”直接拖动矩形的边角控制点，从而修改半径，如图 3-22 所示；另一种是选择该矩形之后，直接在“属性”面板中重新输入其边角半径。

图 3-22　调整边角半径

3. 椭圆工具和基本椭圆工具

选择“椭圆工具”之后，需要在“属性”面板中进行设置，这时候的“属性”面板如图 3-23 所示。需要说明的是椭圆选项内所包含的内容。

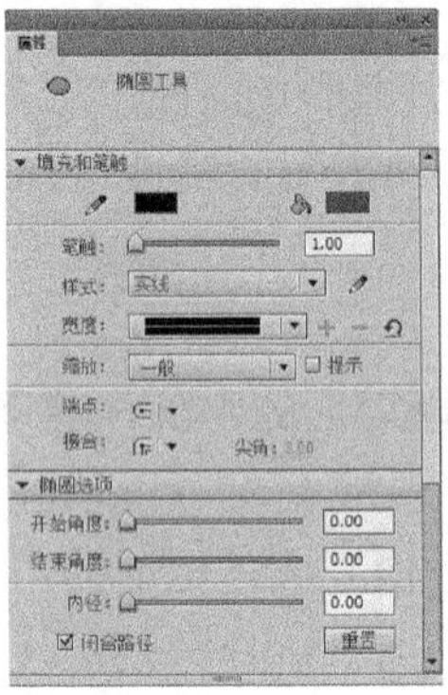

图 3-23　“椭圆工具”的“属性”面板

“开始角度/结束角度”：表示椭圆的开始点与中心连线的水平夹角和结束点与中心连线的水平夹角，通过这两个值的设定可以绘制椭圆、扇形、半圆等图形。

“内径”：用来调整椭圆的内部半径，取值为 0～99，半径 0 为时为椭圆，否则将绘制椭圆环。

“闭合路径”：如果选择该项，则绘制的各类椭圆都将为闭合路径，否则，绘制开放路径的图形。

图 3-24 给出了椭圆在不同参数值下的一些绘制举例。

“基本椭圆工具”同“椭圆工具”的区别在于，后者绘制出来的形状不能在“属性”面板中修改其选项设置，而前者则可以。用“基本椭圆工具”绘制出来的椭圆，既可以用“选择工具”拖动控制点来修改开始/结束角度和内径(图 3-25)，也可以直接在“属性”面板中重新设定椭圆选项的参数。

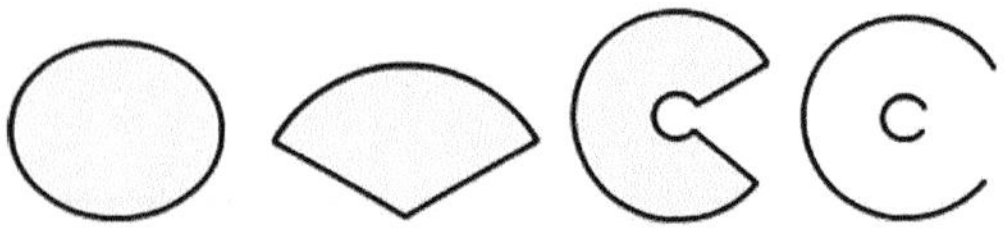

图 3-24　椭圆绘制举例

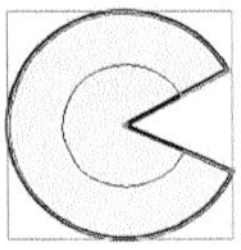

图 3-25　用选择工具修改椭圆

4. 多角星形工具

选择“多角星形工具”可以绘制多边形和星形两种形状。此时的“属性”面板如图 3-26 所示，其中大部分的项目和矩形类似，只需要说明新增加的“工具设置”区域。

单击“选项”按钮，将弹出如图 3-27 所示的“工具设置”对话框，其中各项参数的含义如下。

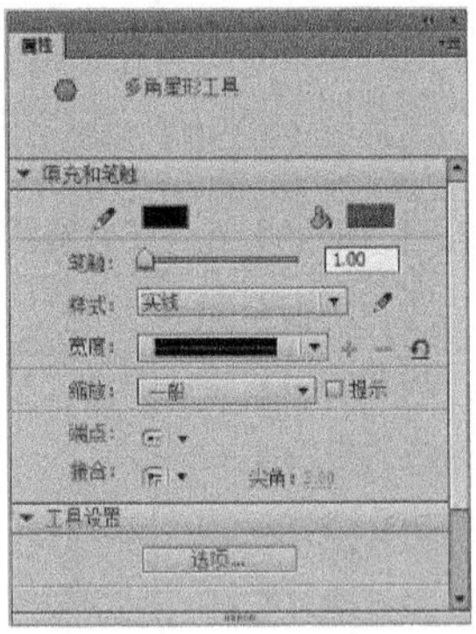

图 3-26　“多角星形工具”的“属性”面板

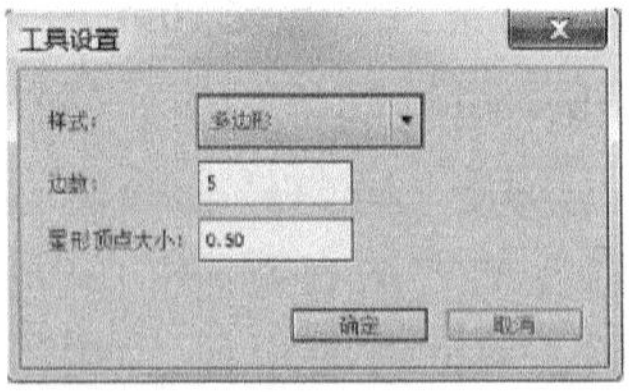

图 3-27　“工具设置”对话框

“样式”：样式包括多边形和星形两种，选择不同的样式，则绘制对应的图形。

“边数”：如果选择的是“多边形”，则边数用来指定多边形的边的数量；如果选择的是星形，则边数实际上是星形的角的数量。

“星形顶点大小”：如果选择了“星形样式”，则星形顶点大小用来指定所有尖角的度数，取值为 0.00~1.00。图 3-28 的三个图分别给出了边数为 5 的多边形和角数为 5 的两个星形，前者的顶点大小为 0.20，后者为 1.00。

(a)　(b)　(c)

图 3-28　多角星形绘制举例

5. 钢笔工具

在 Flash 中使用“钢笔工具”，其使用方法和 Photoshop 中的“钢笔工具”一样，都以贝塞尔曲线为基础，所以此处不再细述。钢笔工具组包含以下四个工具，如图 3-29 所示。

“钢笔工具”：用来创建路径。

“添加锚点工具”：用来在已经创建的路径上增加锚点。

“删除锚点工具”：用来删除路径上的锚点。

“转换锚点工具”：将锚点在角点和平滑点之间转换。

“钢笔工具”是一种相当强大的造型工具，自由组合的直线段和曲线段基本可以建立任何形状的轮廓。掌握这个工具对于在 Flash 中绘制图形有很大的帮助，借助它可以绘制规整的形状。

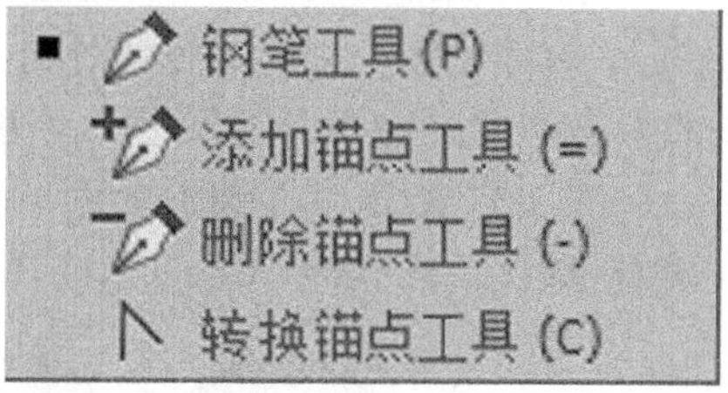

图 3-29　钢笔工具组

6. 铅笔工具

“铅笔工具”可以通过拖动的方式自由地绘制图形，和用真正的铅笔在白纸上描绘线条类似。选择该工具后，“属性”面板中除了和“线条工具”相同的样式之外，下方还出现了一个新的样式：“平滑”。

工具栏的底部会出现一个“铅笔模式”按钮。单击该按钮，可以看到“伸直”、“平滑”和“墨水”三种可选的样式。它们分别表示用铅笔绘制线条之后 Flash 对线条的不同处理方式。

“伸直”：将手绘轨迹中接近直线段的部分处理为直线段的形式。

“平滑”：将手绘轨迹尽量处理为平滑的曲线，选择这一样式时，可用“属性”面板中的“平滑”选项，控制不同的平滑处理程度。

“墨水”：尽量保留手绘轨迹的原貌，只做轻微的处理。

究竟选择哪一种样式，要根据绘制的需要来确定。恰当的样式可以在一定程度上改善手绘线条的不规整现象，尽量达到期望的绘制效果。图 3-30 依次给出了在三种样式下进行相似绘制过程时得到的不同结果对比。

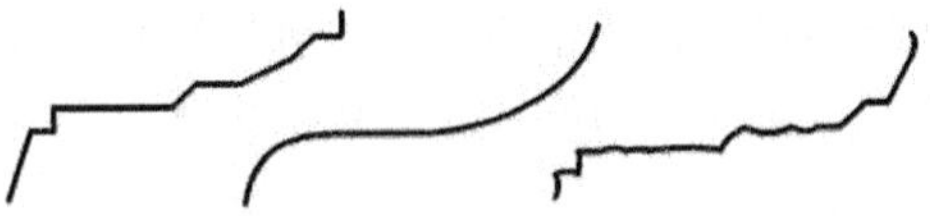

图 3-30　“铅笔工具”的“伸直”、“平滑”和“墨水”样式示意

7. 刷子工具

“刷子工具”与“铅笔工具”在使用的时候很相似，都是用来创建单个的任意形状的线条。但与“铅笔工具”不同的是，“刷子工具”创建的形状是填充形式，而不是笔触形式。选择该工具之后，“属性”面板中只有两个属性是可用的：“填充颜色”和“平滑度”。前者用来设定刷子绘制形状的填充颜色；后者确定绘制形状边缘轮廓的平滑程度。

此外，在工具栏底部的附属选项中，还出现了“刷子模式”、“刷子大小”和“刷子形状”三个属性。“刷子大小”用来指定刷子的尺寸；“刷子形状”则指定刷子的笔尖形状，有方形、椭圆形、斜线形等可供选择；“刷子模式”指定的是最终着色区域的类型，一共有五种模式，分别如下。

“标准绘画”：绘制内容可覆盖同一层中已有的笔触和填充涂色。

“颜料填充”：对填充区域和空白区域涂色，不覆盖笔触。

“后面绘画”：在舞台上同一层的空白区域涂色，结果放在已有的绘制内容后面。

“颜料选择”：将新的填充色应用到已有的选区中。

“内部绘画”：对开始使用刷子时鼠标指针所在的区域内部进行涂色，但不对笔触涂色。如果在空白区域中开始涂色，该填充不会影响任何现有填充区域。

图 3-31 给出了在圆形上用五种不同模式的刷子绘制从内部到外部条纹的结果比较。其中，“颜料选择”模式应用之前先选择了椭圆内部区域。

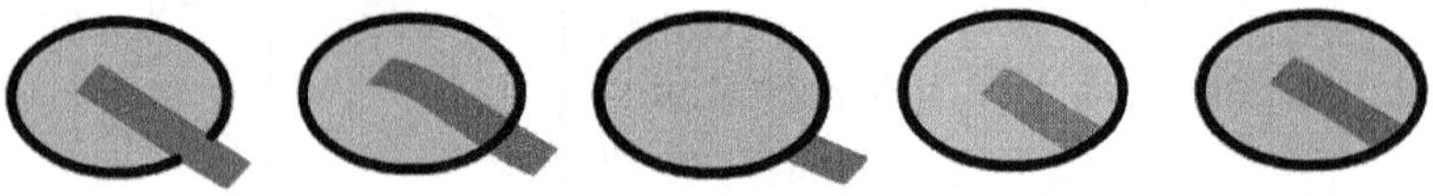

(a)　(b)　(c)　(d)　(e)

图 3-31　“刷子工具”的“标准绘画”、“颜料填充”、“后面绘画”、“颜料选择”和“内部绘画”模式

介绍完主要的绘图工具之后，还有一点需要大家特别注意。当我们选择线条工具、矩形工具、椭圆工具等基本的绘图工具之后，工具栏下方会出现一个附属选项按钮，称为“对象绘制”按钮。如果没有单击该按钮，图形按照“形状”的方式来绘制；而如果单击了该按钮，图形则将作为“对象”来创建，图形对象被选择时会出现矩形的选框。对于形状而言，同一图层中的形状是不允许重叠的，而对象则可以。

“形状”的这个特点给图形的绘制带来了很大的方便，我们可以利用它完成图形的切割与融合。例如，我们先用非对象绘制模式绘制如图 3-32(a)所示的两个不同色的圆形，然后将右边的圆拖动到左边的圆上，如图 3-32(b)所示。取消对图形的选择(用“选择工具”单击舞台空白处)，然后重新将右边的圆拖动开，此时左边的圆就只剩下了月牙形，如图 3-32(c)所示。

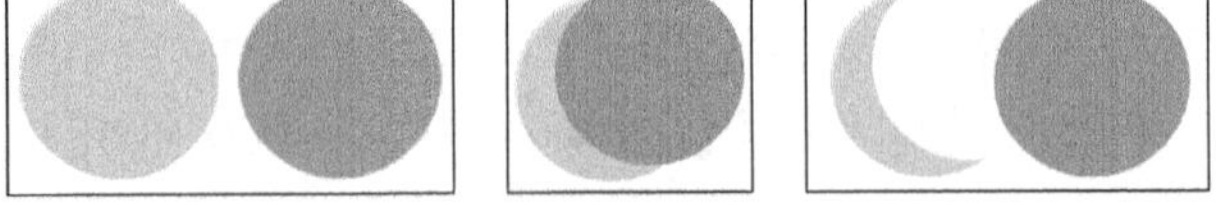

(a)　(b)　(c)

图 3-32　图形的切割

实例：利用图形融合绘制心形。

(1) 用“钢笔工具”绘制半个心形，如图 3-33(a)所示。

(2) 将该图形复制一份，如图 3-33(b)所示。

(3) 用“选择工具”单击右边的图形，执行“修改”|“变形”|“水平翻转”命令，如图 3-33(c)所示。

(4) 用“选择工具”将两个图形移拢，因为它们的色彩相同，所以 Flash 会将其融合为一个图形，如图 3-33(d)所示。

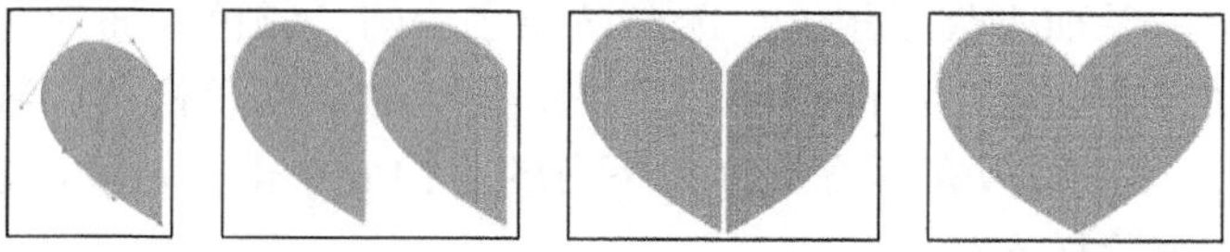

(a)　(b)　(c)　(d)

图 3-33　图形的融合

3.2.2　颜色的应用

Flash 中的颜色分为两种：笔触颜色和填充颜色，它们分别对应轮廓线条和内部区域。不管是笔触颜色还是填充颜色，都涉及颜色的选择问题。Flash 中有多处工具可以实现颜色的选择，不过它们的使用方法是一致的。

1. “拾色器”面板

我们首先来看工具栏颜色中的“笔触颜色工具”和“填充颜色工具”。

单击颜色井，打开如图 3-34 所示的“拾色器”面板。默认的颜色样本提供的是 216 个 Web 安全色，单击某个色块，可以在左上角看到这个颜色的效果，其右给出了以 6 位十六进制数表示的颜色值。在 Alpha 中可以指定颜色的不透明度，从而产生半透明的颜色效果。按钮表示不应用颜色。如果样本中的颜色不能满足需要，那么可以单击右上角的“色球”按钮，选择更多的颜色。样本最下面给出了几种常用的渐变颜色样式，也可以选择它们来应用颜色渐变效果。

2. “颜色”面板

“颜色”面板是颜色设置最重要的工具。单击面板组的按钮或者执行“窗口”|“颜色”命令，将弹出如图 3-35 所示的“颜色”面板。

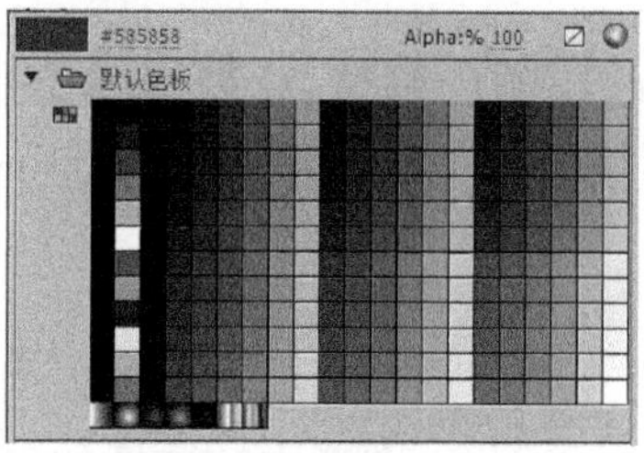

图 3-34　“拾色器”面板

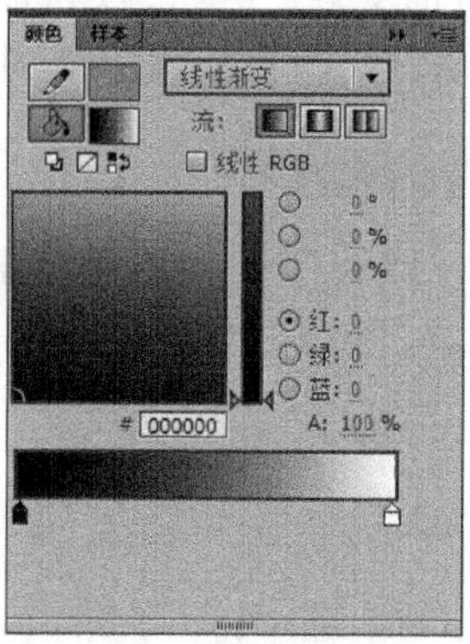

图 3-35　“颜色”面板

在该面板中可以分别编辑笔触颜色和填充颜色，选择其中任何一种，在右边的下拉列表中都包括“无”、“纯色”、“线性渐变”、“径向渐变”和“位图填充”五个选项，它们的含义如下。

1) 纯色

如果在“颜色类型”下拉列表框中选择的是纯色，只需要在色域中选择颜色或者在“#”之后的十六进制数文本框中直接输入颜色值就可以了。

2) 线性渐变

线性渐变指沿着一条轴线改变颜色。选择该项之后的“颜色”面板如图 3-35 所示。对颜色渐变的编辑可以通过该面板上的渐变编辑条来进行。如果颜色样本的数量不够(如要实现三个以上颜色的变化)，那么可以在渐变编辑条下方的空白处单击，从而添加颜色样本。将样本色标向下拖动则可以删除样本。

3) 径向渐变

径向渐变和线性渐变的选项是一致的，只不过径向渐变是从一个中心焦点向外放射来完成颜色渐变。图 3-36(a)是一个径向渐变填充的例子。

4) 位图填充

如果选择了位图类型，则需要导入所要使用的位图文件，将其作为笔触图案或者填充图案，位图将以平铺的方式来填充相应区域。图 3-36(b)是一个位图填充的例子。

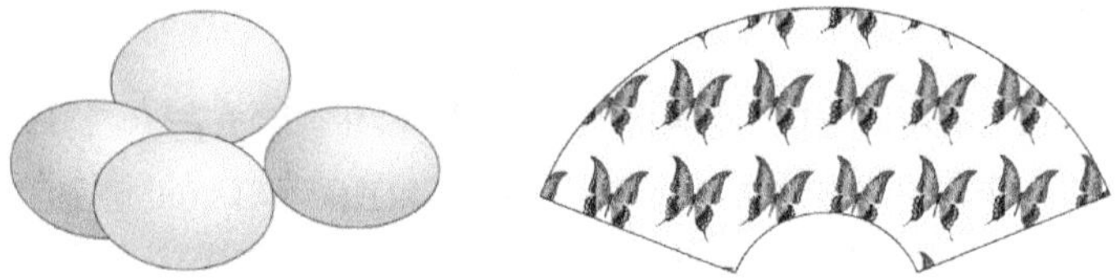

(a)　　(b)

图 3-36　径向渐变和位图填充效果示例

在“颜色”面板中编辑好笔触颜色和填充颜色之后，只要用绘图工具来绘制图形，编辑结果都会自动应用到绘制的图形对象上。如果想修改已经绘制完毕的图形对象的笔触颜色和填充颜色，可以用下面的工具来实现。

(1) “墨水瓶工具”。“墨水瓶工具”用来添加或者修改笔触颜色。选择好笔触颜色之后，在图形上单击，则笔触颜色得到应用。

(2) “颜料桶工具”。“颜料桶工具”用来添加或者修改填充颜色。选择好填充颜色之后，在图形上单击，则填充颜色得到应用。

3.2.3 图形对象的编辑

绘制图形之后经常需要对图形对象进行形状修改或颜色调整。图形对象的编辑涉及工具栏中的多个工具以及菜单中的命令，下面介绍使用指定的工具能对图形进行哪些方面的调整。

1. 选择工具

首先，利用“选择工具”可以单击图形来完成区域选择，图形中被选择的区域将出现网点状标识。然后，我们可以重新设置该区域的颜色。

对选择的区域，还可以执行移动、复制、剪切和清除操作。移动操作可以用拖动的方式或者用键盘方向键来完成；复制、剪切和清除操作可以使用菜单中的命令或键盘按键来完成。

除了区域选择功能以外，“选择工具”还能对图形对象应用简单的形变。“选择工具”如果靠拢某个锚点，则鼠标指针右下角出现直角符号；如果靠拢某段曲线，则鼠标指针右下角出现弧线符号。此时再拖动鼠标，则可以分别实现对锚点的位移和对曲线段的变形。这种方式可以让我们非常容易地修改图形外轮廓。

2. 部分选取工具

用“部分选取工具”单击图形对象，对象的路径和所有的锚点就会显示出来。这时候就可以用该工具拖动锚点的位置以修改图形形状，或者选择某个锚点进行删除。另外，单击曲线锚点的时候，曲线的句柄也会显示，拖动句柄则可调整这段曲线的形状。图 3-37 给出了用“部分选取工具”修改曲线句柄的示意图。

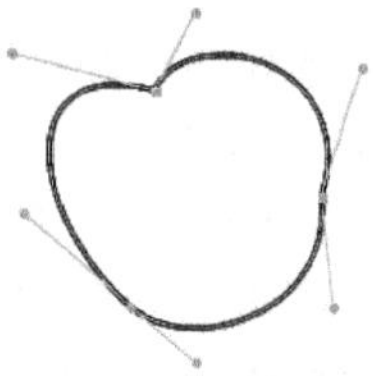

图 3-37　用“部分选取工具”修改曲线句柄

3. 任意变形工具

“任意变形工具”和 Photoshop 中的“自由变换工具”类似，可以对选择的图形对象进行变形。只要用“任意变形工具”绘制矩形框选择图形对象，在图形周围就会出现矩形的变形工具，如图 3-38(a)所示。拖动操作点可以对图形进行缩放或旋转(图 3-38(b))。

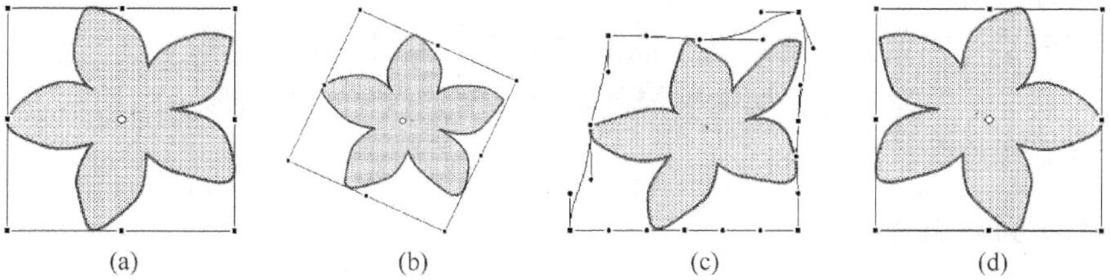

图 3-38　对图形对象进行任意变形(图(b)～(d)分别为旋转和缩放、封套和水平翻转)

如果要应用其他类型的形变，一是可以首先在图形内部右击，弹出任意变形的快捷菜单，从其中选择“扭曲”或者“封套”，然后继续进行形变操作；二是可以用“修改”|“变形”菜单项中的各种形变命令来完成形变，包括“扭曲”、“封套”、“缩放”、“旋转”、“倾斜”和“翻转”等；三是打开“变形”面板来控制变形的应用。图 3-38(c)给出了封套变形的示意，封套可以通过改变对象周围的切线手柄来产生变形，使对象能精确地扭曲。图 3-38(d)则是水平翻转的示意。

4. 渐变变形工具

“渐变变形工具”用来对应用了线性渐变、径向渐变或位图填充的对象进行修改。它可以对已经应用的渐变填充进行调整，以满足绘制的需要。下面分别介绍三种填充方式的渐变变形。

1) 线性渐变变形

图 3-39(a)给出了内部应用线性渐变填充的圆。用“渐变变形工具”单击圆的内部，则出现如中图(b)所示的变形控制线。拖动右边线条上的圆形手柄可以使两条平行控制线发生旋

转，而拖动中间的方块则可以扩宽或收缩渐变应用的范围。图 3-39(c)给出了线性渐变被修改的示意。

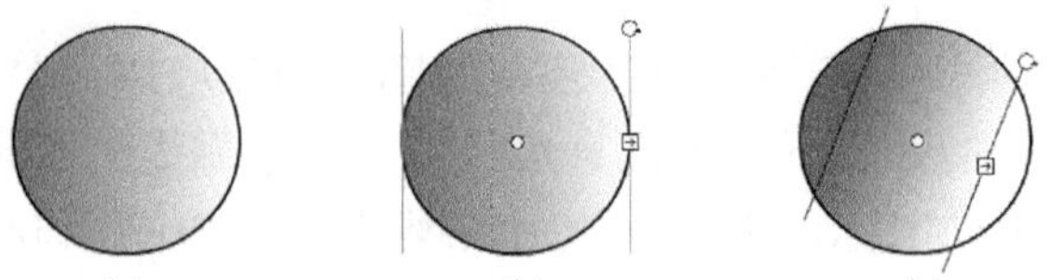

(a)　　(b)　　(c)

图 3-39　用“渐变变形工具”修改线性渐变

2) 径向渐变变形

用“渐变变形工具”单击应用了径向渐变的区域，出现如图 3-40(b)所示的控制圆，该圆控制了径向渐变发生的范围。其中，圆心表示中心点的位置；圆上含箭头的方块用来调整控制圆的圆度；含箭头的圆形手柄用来调节圆的尺寸；不含箭头的圆形手柄用来旋转控制圆。图 3-40(c)给出了调节径向渐变填充的示意。

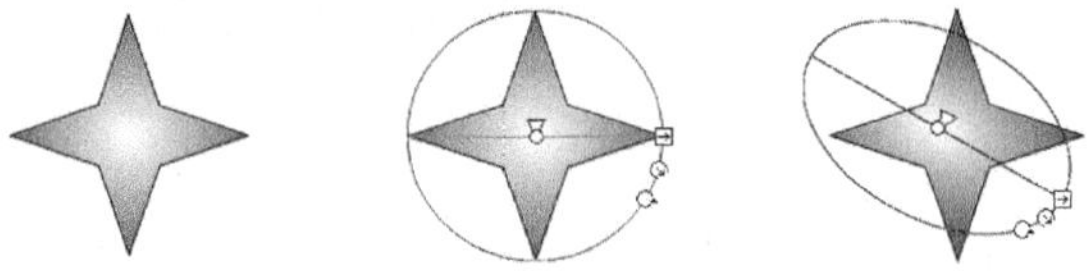

(a)　　(b)　　(c)

图 3-40　用“渐变变形工具”修改径向渐变填充

3) 位图填充变形

如果使用的是位图填充，可以在平铺的多个位图中用“渐变变形工具”选择一个，则控制矩形出现。其中，带箭头的手柄用来控制宽高尺度；而平行四边形手柄用来进行倾斜变换；圆形手柄可以旋转位图。

3.2.4　对象的排列和组合

在 Flash 中，可以同时对多个对象进行组合、排列、对齐等操作。

在“窗口”菜单中打开“对齐”面板，如图 3-41 所示。在该面板中我们可以完成对多个对象的对齐、分布、匹配大小和间隔操作。

1. 对齐对象

对齐对象方式包括左对齐、水平中齐、右对齐、上对齐、垂直中齐和下对齐。如果选择“相对于舞台”按钮，则将对象对齐到舞台，否则按对象自身为标准来对齐。图 3-42 给出了将散布的多个对象进行左对齐和垂直中齐的示意(不相对于舞台)。

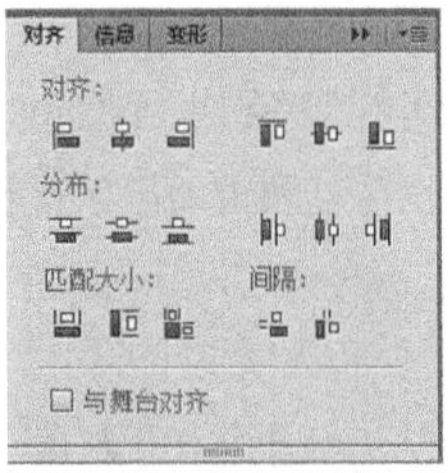

图 3-41　“对齐”面板

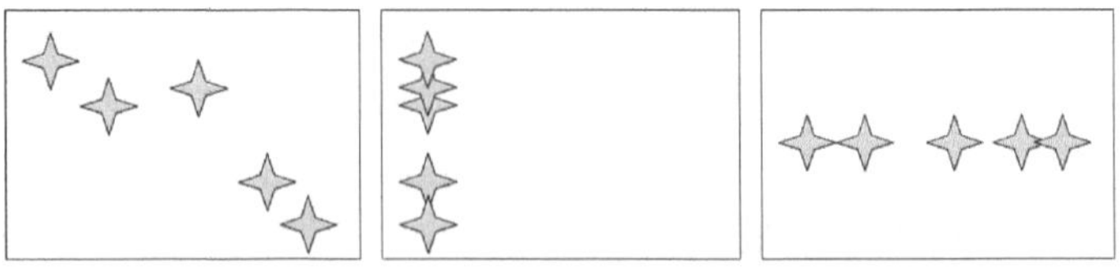

(a)　　(b)　　(c)

图 3-42　左对齐(图(b))和垂直中齐(图(c))示意

2. 分布对象

分布对象可以将多个对象按照指定的参照点均匀分布，包括顶部分布、垂直居中分布、底部分布、左侧分布、水平居中分布和右侧分布。如果选择“相对于舞台”按钮，则以舞台为基准进行均匀分布。

图 3-43 给出了选择“相对于舞台”按钮之后对散布对象分别进行左侧分布(使对象的左侧边缘在水平方向上间距相等)和垂直居中分布(使对象的水平中线在垂直方向上达到相等间距)的示意。

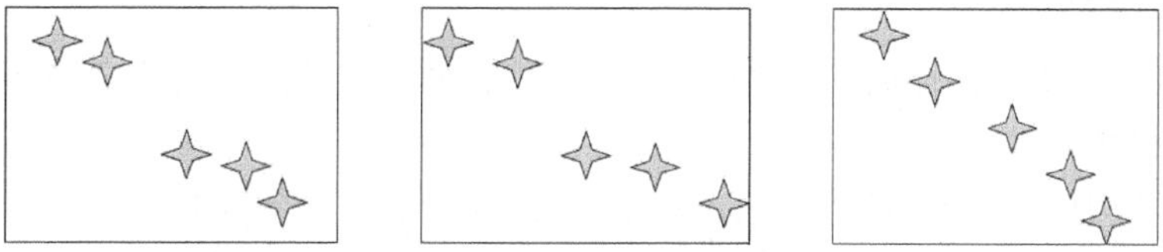

(a)　(b)　(c)

图 3-43　左侧分布(图(b))和垂直居中分布(图(c))示意

3. 匹配大小

匹配大小功能可以同时调整多个选定对象的大小，使所有对象的水平或垂直尺寸与所选最大对象的尺寸一致。如果选择“相对于舞台”按钮，则将所有对象的宽度或高度匹配为舞台尺寸。该功能一共包括“匹配宽度”、“匹配高度”和“匹配宽度和高度”三个按钮。

图 3-44 给出了对大小不等的散布对象(图 3-44(a))执行“匹配宽度和高度”命令的结果(图 3-44(b))。

(a)　(b)

图 3-44　执行“匹配宽度和高度”命令的结果(图(b)不相对于舞台)

4. 间隔

“间隔”按钮用于垂直或水平隔开选定的对象，分别为“垂直平均间隔”按钮和“水平平均间隔”按钮。图 3-45 给出了在相对于舞台模式下对大小不等的散布对象(3-45 图(a))执行“水平平均间隔”命令的结果(图 3-45(b))。

(a)　(b)

图 3-45　执行“水平平均间隔”命令的结果

利用“对齐”面板，我们可以实现多个不规则散布对象的整齐排列。

5. 组合

利用“选择工具”选择多个对象后，执行“修改”|“组合”命令可以将这些对象组合，组合之后可以将它们作为一个整体来移动、复制或者清除；执行“修改”|“取消组合”命令则可以取消组合。

6. 分离

另外，如果要将组、实例、文本或位图分离为单独的可编辑元素，可以执行“修改”|“分离”命令。它和取消组合不同，并不是将组合对象返回初始状态，而是将组、实例、文本或位图打散。这里要注意的是，如果对单个对象进行分离，会将其变为形状；而对组合对象或者多个字符构成的文本进行分离，则会先将其分离为单个对象。

3.2.5　对象绘制实例

了解了 Flash 中的图形绘制和编辑工具之后，我们来尝试绘制动画中要使用的图形对象。

实例：绘制蝴蝶。

下面我们要绘制一只漂亮的蝴蝶，练习前面介绍的众多绘制工具。因为蝴蝶没有必要绘制得很精确，所以在接下来的步骤说明中可能不会给出具体的颜色和尺寸。

(1) 新建一个 ActionScript 3.0 文件。我们将在舞台上绘制蝴蝶。

(2) 用“铅笔工具”的曲线模式绘制蝴蝶的右半轮廓，并填充为深灰色，如图 3-50 所示。

(3) 选择“刷子工具”，将刷子模式设置为内部绘画，以防止在接下来的绘制中超出原有的翅膀区域。在“颜色”面板中将填充色设置为深蓝到浅蓝的线性渐变，如图 3-51(a)所示。在蝴蝶翅膀的内部绘制出如图 3-51(b)所示的效果。

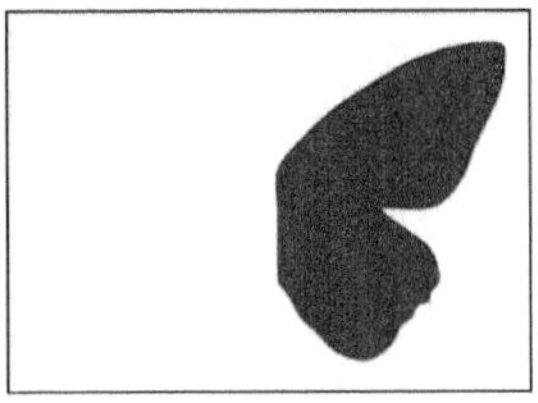

图 3-50　绘制蝴蝶的一半轮廓

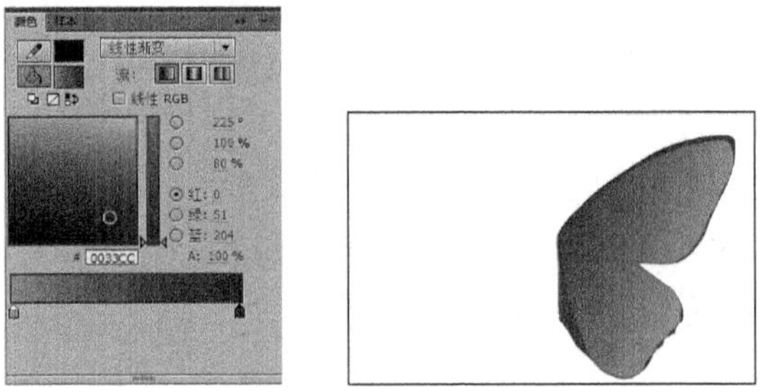

(a)　(b)

图 3-51　在蝴蝶翅膀内部上色

(4) 选择“铅笔工具”，在“笔触”面板中将笔触设置为 1 像素，在“颜色”面板中继续将笔触模式设置为线性渐变，渐变颜色由浅蓝到深蓝，如图 3-52(a)所示。用设置好的铅笔为蝴蝶翅膀添加适当的纹理，效果如图 3-52(b)所示。

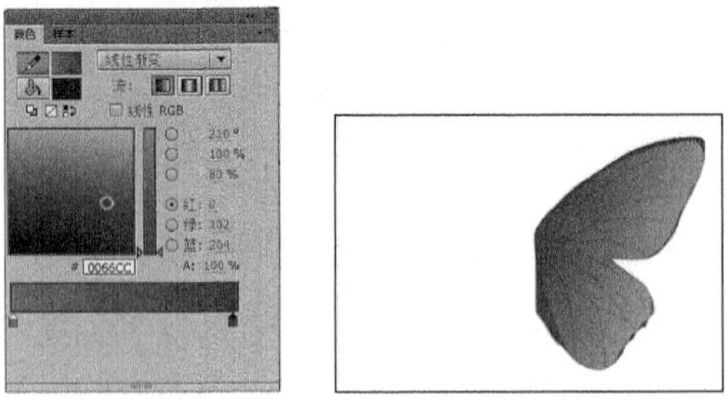

(a)　(b)

图 3-52　为翅膀添加纹理

(5) 选择“刷子工具”，将刷子模式设置为颜料填充，用浅蓝色在翅膀上添加适当的边缘颜色，再用白色添加斑纹，效果如图 3-53 所示(选择颜料填充模式是为了不掩盖已经画好的纹理笔触)。

(a)　　(b)

图 3-53　为翅膀添加浅蓝色的边和白色的斑纹

(6) 用“选择工具”选择绘制好的整个翅膀，执行“编辑”|“复制”和“编辑”|“粘贴”命令，并执行“修改”|“变形”|“水平翻转”命令，将复制出来的翅膀做水平翻转得到左边的翅膀，将其调整好位置，如图 3-54 所示。

图 3-54　复制出蝴蝶的左边部分并调整好位置

(7) 选择“刷子工具”的标准模式，用适当的颜色绘制蝴蝶的头部、躯干和尾部。再选择“铅笔工具”，在“属性”面板中设置笔触为 2 像素，样式为实线，宽度为“宽度配置文件 5”，颜色为黑色，如图 3-55(a)所示。从下向上绘制蝴蝶头部的触须，效果如 3-55(b)所示。一只漂亮的蝴蝶就绘制完成了。

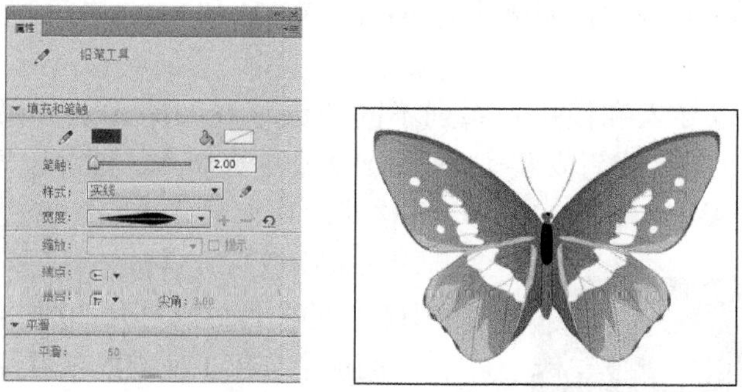

(a)　　(b)

图 3-55　绘制蝴蝶头部、躯干和尾部

3.3　在 Flash 中创建和使用元件

3.3.1　了解元件

元件是 Flash 中最重要、最基本的元素，对控制文件的大小和提高交互能力起着重要作用。任何一个复杂的动画都是借助元件来完成的，它存储在库中，不仅可以在同一个 Flash 作品中重复使用，也可以在其他 Flash 作品中再次重复使用。所以，元件的恰当使用可以使得创建动画的工作得到大幅度简化，并且有助于其他效果的生成。

元件可以分为两种类型：内部元件和导入元件。内部元件可以直接在 Flash 中创建，包括图形、按钮和影片剪辑三种；外部导入元件是在其他软件中创建并导入 Flash 中的元件，包括位图、音频和数字视频。这些元件都存储在库中，可以将其拖动到舞台上生成实例。

下面我们来简单认识这些元件类型。

1) 图形元件

图形元件可用于静态图形。图形元件与主时间线同步运行。交互式控件和声音在图形元件的动画序列中不起作用。

2) 按钮元件

使用按钮元件可以创建响应单击、滑过或其他动作的交互式按钮。可以指定与各种按钮状态关联的图形，以创建按钮。最后通过编写脚本将动作指定给按钮元件实例，就可以产生交互效果。

3) 影片剪辑元件

影片剪辑是一种小型影片，既可以包含影片，也可以放置在另一个影片中，还能够无限次嵌套使用。因此在一个影片剪辑中可以包含另一个影片剪辑，而在另一个影片剪辑中又可以包含其他的影片剪辑。影片剪辑的时间线独立于主时间线，可以嵌套在主影片中，影片剪辑还支持 ActionScript 3.0 脚本语言控制动画。

4) 位图

将位图导入 Flash 以后，它们将自动加入元件库中并同时转换成元件供用户使用。Flash 支持的位图文件包括 GIF 文件、JPEG 文件、PNG 文件、AI 矢量文件、PSD 文件等。

5) 音频

音频文件和图形元素不同，它不会在舞台上显现出来。因此，导入音频之后，它们只能放置在元件库中。Flash 支持的音频格式有 AIFF、WAV 和 MP3 格式等。

6) 数字视频

在 Flash 中还可以导入和使用一系列不同的数字视频格式。如果系统上安装了适用于 Windows 的 QuickTime 6.5，或者安装了 DirectX 9 或更高版本，则可以导入多种文件格式的视频剪辑，包括 MOV、AVI 和 MPG/MPEG 等格式。可以导入 MOV 格式的链接视频剪辑。

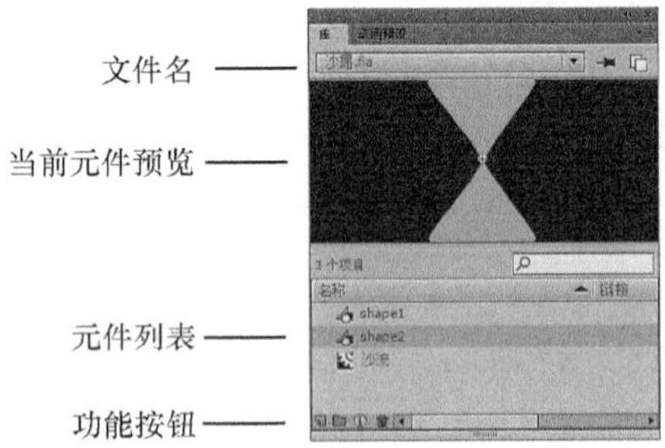

图 3-56　“库”面板示意

Flash 中管理元件的工具是库面板，单击“窗口”菜单中对应的项目可以打开如图 3-56 所示的“库”面板。“库”面板中列出了所有库项目及其相关属性，打开“面板”菜单或者使用“库”面板下方的功能按钮，可以对元件进行新建、删除、复制、重命名等操作。

3.3.2　内部元件的创建和管理

本节中，我们将介绍三种内部元件的创建和管理方法。

1. 图形元件

图形元件的内容是一个可重用的静态图形，所以它的创建是比较简单的。下面我们通过一个简单的例子了解该元件的创建过程，并同时了解内部元件的一般创建方法。

实例：创建蝴蝶图形元件。

(1) 新建一个 ActionScript 3.0 文件。单击“库”面板左下角的“新建元件”按钮，或者执行“插入”|“新建元件”命令，弹出如图 3-57 所示的“创建新元件”对话框。在该对话框中输入新建元件的名称 butterfly，并选择其类型为图形，最后指定该元件在“库”面板中的存储位置为库根目录。

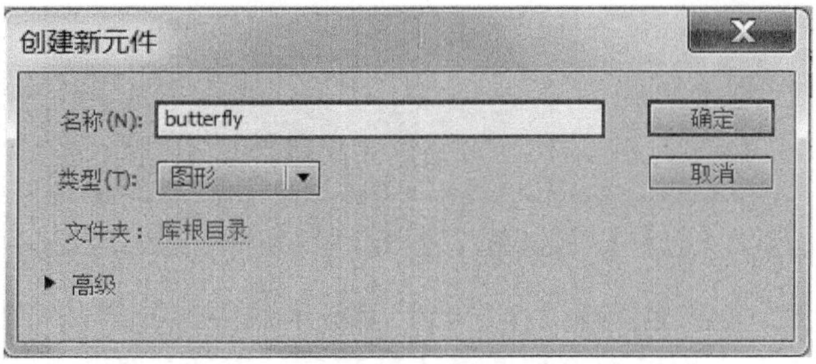

图 3-57　“创建新元件”对话框

(2) 单击“确定”按钮之后，我们将从场景 1 的舞台来到 butterfly 元件的编辑窗口，我们可以在图 3-58 中的编辑栏上看到这一点。白色的区域为元件的编辑区，其中心的十字为元件的注册点，以后将用来对元件实例定位。要注意的是，此时我们在图 3-58 中看到的时间线并不是舞台上的主时间线，而是 butterfly 元件的内部时间线。

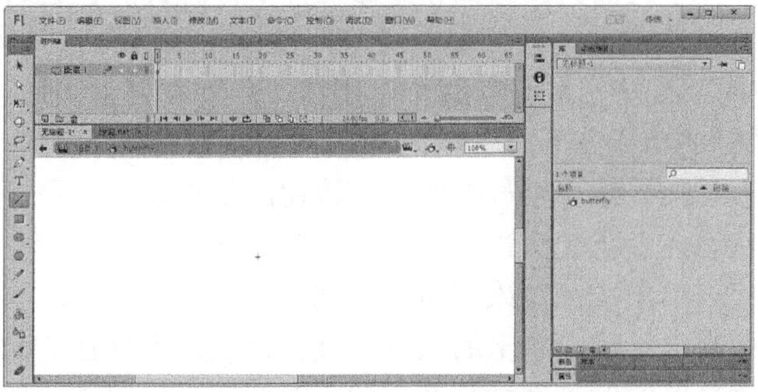

图 3-58　进入元件的编辑窗口

(3) 我们将 3.2.5 节中绘制的蝴蝶复制到当前的编辑窗口中，就完成了这个元件的创建，如图 3-59 所示。

图 3-59　编辑元件图形内容

(4) 完成元件的编辑后，我们需要单击编辑栏中的“场景 1”标记，从而退出对 butterfly 的编辑，回到舞台。在图 3-60 中，我们可以看到白色的矩形舞台，此时的舞台上空无一物。而在“库”面板的元件列表中出现了 butterfly 选项，如果选择该选项，则会在预览区出现蝴蝶的预览。

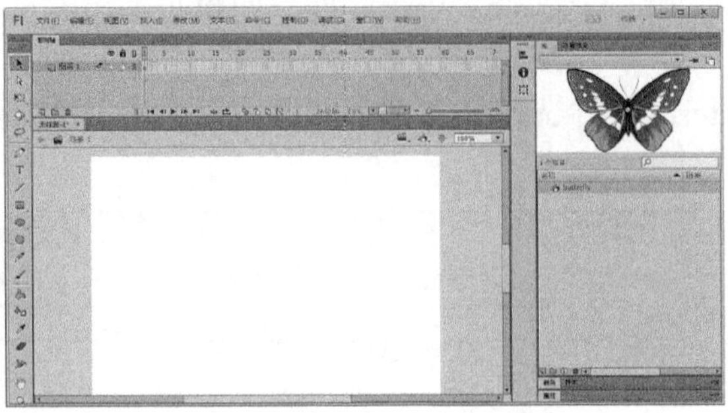

图 3-60　退出元件的编辑

(5) 如果要再次编辑该元件，可以在“库”面板中双击该元件的预览图，也可以在编辑栏单击“编辑元件”按钮，然后在下拉菜单中选择要编辑的元件。

从刚才的例子中我们可以发现两个不同：一是 Flash 中的舞台与元件的编辑窗口不同；二是动画的主时间线与元件的内部时间线不同。

2. 按钮元件

如果要创建的元件类型是按钮，那么和图形元件一样，我们会进入按钮元件的编辑窗口。按钮元件的编辑窗口和其他内部元件的编辑窗口并没有什么不同，但其内部时间线却比较特殊，如图 3-61 所示。时间线中总共只有四个可用帧，分别命名为“弹起”、“指针经过”、“按下”和“单击”。每个帧的功能如下。

“弹起”：该状态表示指针没有经过按钮时该按钮的状态。

“指针经过”：该状态代表指针滑过按钮时该按钮的外观。

“按下”：该状态代表单击按钮时该按钮的外观。

“单击”：该状态用来定义响应单击的热点区域，该帧的内容在 SWF 文件中是不可见的。

下面我们通过一个简单的例子来介绍基本的动态按钮是如何创建的。

实例：创建按钮元件。

(1) 在“库”面板下方单击“新建元件”按钮，在弹出的“创建新元件”对话框中设置元件名称为 button，类型为按钮，单击“确定”，如图 3-62 所示。

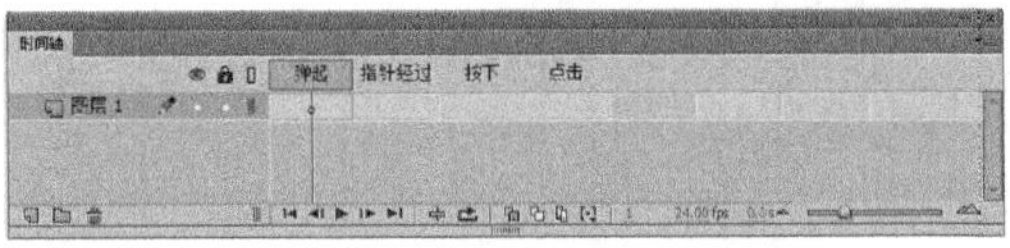

图 3-61　创建按钮元件时的时间线

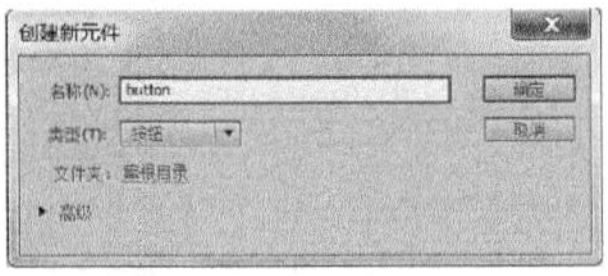

图 3-62　创建按钮元件

(2) 进入 button 按钮元件的编辑窗口之后，我们的任务是编辑图 3-61 中的四个帧。前三帧负责视觉外观，第四帧负责热区指定。要注意的是，绘制按钮的时候不要太过随意，最好尽量让它具有作为一个按钮应该有的尺寸和外观。现在我们先来编辑“弹起”帧。在工具栏中选择“椭圆工具”，然后在工具栏下方将笔触颜色设置为透明，填充颜色为浅灰色，如图 3-63(a)所示。单击工具栏下方的“对象绘制”按钮，进入对象绘制模式，然后拖动“椭圆工具”在舞台上绘制一个 100 像素×100 像素的正圆，并将其中心对齐到注册点，如图 3-63(b)所示。这将作为按钮的阴影部分。

(3) 仍然选择“椭圆工具”，保持在对象绘制模式下，在“属性”面板中将笔触设置为黑色，宽度为 2 像素，如图 3-64(a)所示。然后在“颜色”面板中将填充类型设置为径向渐变，在渐变编辑器中设置渐变为蓝(0,204,255)、中蓝(22,136,209)和深蓝(51,51,153)，并调整色标的位置，如图 3-64(b)所示。拖动“椭圆工具”绘制一个 100 像素×100 像素的正圆。

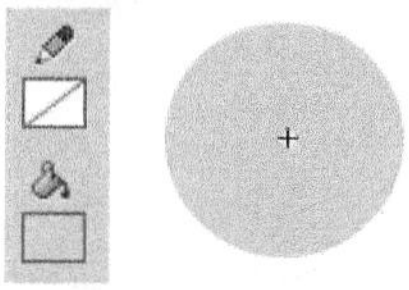

(a)　(b)

图 3-63　绘制按钮的阴影

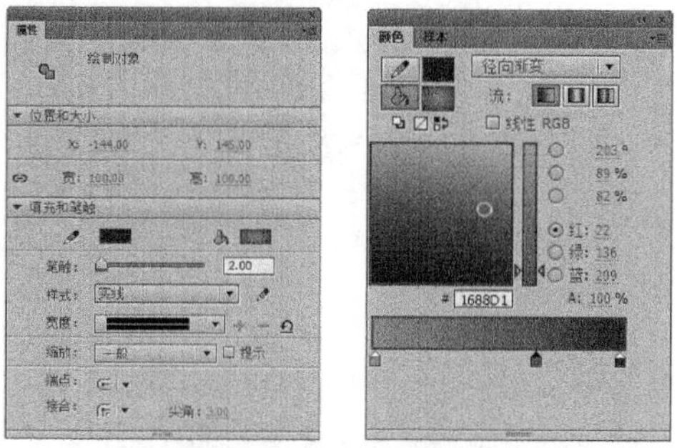

(a)　(b)

图 3-64　绘制按钮主体

(4) 用“渐变变形工具”单击步骤(3)中绘制的蓝色圆，利用“变形控制工具”将渐变中心稍微上移，并扩大渐变范围，如图 3-65(a)所示。用“移动工具”将这个圆移动到阴影的左上方作为按钮主体，如图 3-65(b)所示。

(5) 选择“椭圆工具”，在“颜色”面板中将笔触设置为透明，将填充类型设置为线性渐变。在渐变编辑器中设置两个白色色标，左边色标的 Alpha 值设置为 100%，右边色标的 Alpha 值设置为 10%。在对象绘制模式下拖动椭圆工具绘制一个 72ppi×48ppi 的椭圆，并用“渐变变形工具”将线性渐变的方向修改为从上到下，渐变范围和椭圆的高对应。将椭圆移动到按钮的蓝色主体上作为高光效果，如图 3-66 所示。

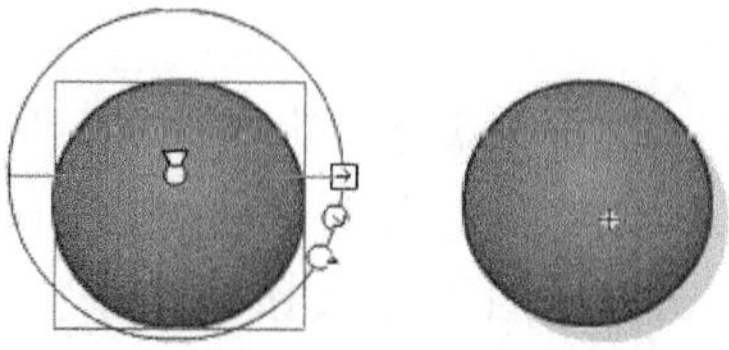

(a)　(b)

图 3-65　调整按钮主体

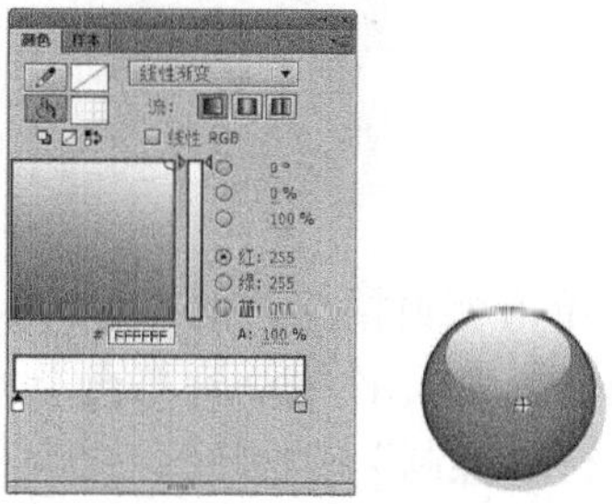

(a)　(b)

图 3-66　为按钮添加高光

(6) 选择“多角星形工具”，在“属性”面板中单击“选项”按钮，在“工具设置”对话框中设置样式为多边形，边数为 3，星形顶点大小为 0.50，如图 3-67(a)所示。在“属性”面板中将多边形的笔触设置为深灰色，粗细为 2 像素，填充为白色，如图 3-67(b)所示。然后在按钮上绘制一个白色的三角形，如图 3-67(c)所示。按钮的“弹起”状态就编辑完成了。

(7) 在时间线的“指针经过”帧上执行“插入关键帧”命令，则将“弹起”帧的内容复制到了该帧。此时的时间线如图 3-68 所示。

(8) 用“选择工具”单击“指针经过”帧上的按钮主体，在“颜色”面板中将步骤(3)中的三个渐变颜色从蓝色系列修改为黄色系列，即浅黄(255,255,153)、中黄(255,204,0)和深黄(153,102,0)。如图 3-69(a)所示。继续在“按下”帧上插入关键帧，将按钮主体的渐变颜色修改为红色系列，即浅红(255,204,204)、粉红(255,102,153)和深红(153,0,51)，如图 3-69(b)所示。

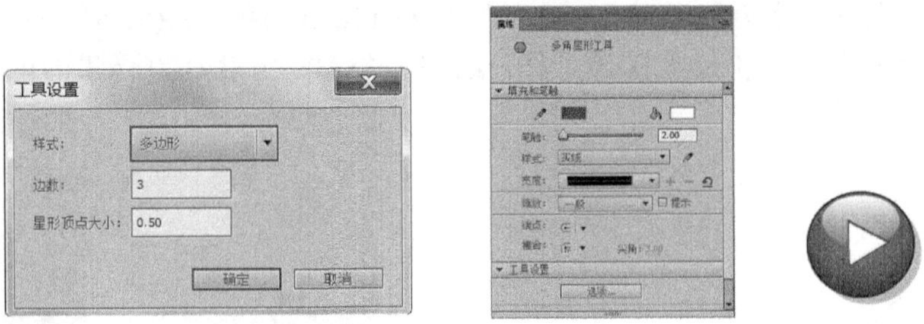

(a)　(b)　(c)

图 3-67　绘制“播放”按钮图标

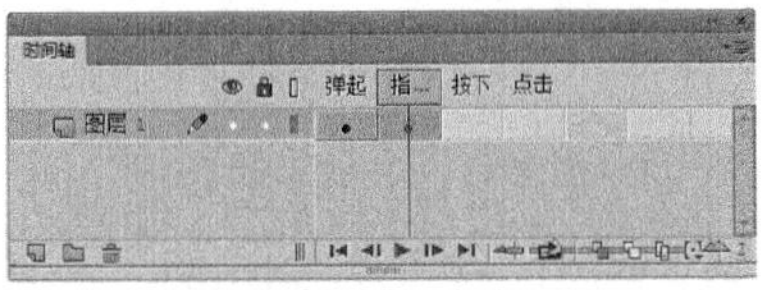

图 3-68　在“指针经过”帧上插入关键帧

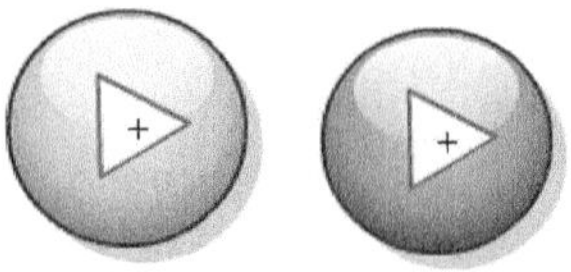

(a)　(b)

图 3-69　编辑“指针经过”帧和“按下”帧的内容

(9) 在“单击”帧上执行“插入关键帧”命令，则复制“按下”帧的内容。在这里，我们可以不对该帧进行任何编辑，因为“单击”帧上的图形并不会得到显示，而只利用图形的位置来确定热区。在本例中，该帧图形在形状和位置上都和其他三帧完全相同，因此，整个按钮区域都属于能识别鼠标操作的热区。编辑完成的按钮内部时间线如图 3-70 所示。

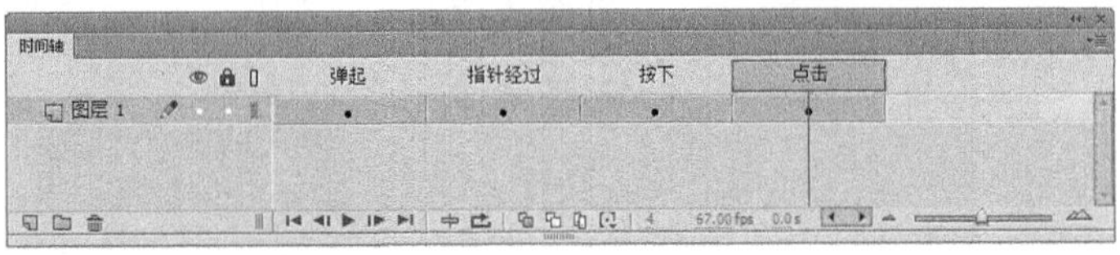

图 3-70　按钮内部时间线

(10) 单击编辑栏左边的“场景 1”标记，退出编辑窗口，回到舞台。用“选择工具”将“库”面板中的 button 元件拖动到舞台上，即创建了该按钮的一个实例。此时的应用界面如图 3-71 所示。执行“控制”|“测试”命令，就可以在“测试”窗口中看到该按钮的效果，它将随着鼠标指针经过或者单击按钮的动作发生动态变化。

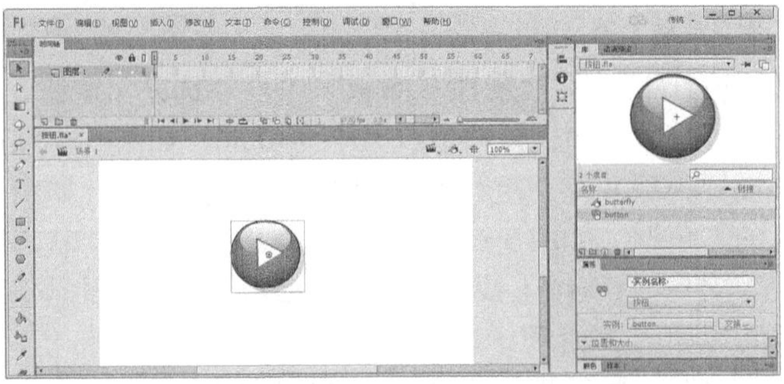

图 3-71　在舞台上创建按钮元件实例

3. 影片剪辑元件

影片剪辑是 Flash 中非常重要的元素，可以将它看成影片中的影片。它可以包含自己的动画内容，有自己的时间线。其时间线独立于主时间线，可以嵌套在主影片中。如果将影片剪辑元件拖动到舞台，创建它的实例，那么一旦主时间线播放到了放置该实例的关键帧，该实例就会以相同的帧频循环播放。

影片剪辑元件可以单独在舞台上使用，也可以嵌套在其他元件中，帮助我们显著减小创建动画的工作量，并能生成丰富的动画效果。

下面我们来创建一个简单的影片剪辑元件。

实例：创建弹球影片剪辑元件。

(1) 在“库”面板右下角执行“新建元件”命令，在弹出的对话框中选择影片剪辑类型，并给元件命名 ball，进入元件编辑窗口。因为影片剪辑包含的内容是一段动画，因此，元件编辑的实质就是创建一段动画。在本例中，我们创建简单的弹球逐帧动画来作为示例。

(2) 选择时间线的第 1 帧，用“椭圆工具”在编辑区域绘制一个正圆，设置适当的笔触和填充颜色，将圆心对齐到元件的注册点，如图 3-72(a)所示。该圆是弹球的起点，也就是落点。

(3) 在第 2 个关键帧上右击，执行“插入关键帧”命令。在该帧中将圆的位置往正下方移动一定的距离。按照相同的方法建立第 3 个关键帧，球继续往下移动。要注意的问题是，两次移动的距离不能相等，这是因为弹球做的是自由落体运动，速度会越来越快，而两帧之间的时间间隔相等，它们产生的位移会越来越大。因此，每次执行的位移应该大于上一次。到底应该移动多少呢？通过分析自由落体运动的物理特征，我们知道在相同的时间间隔内下落物体产生的位移是 1,3,5,7，…这样一个等差数列。所以我们令第 2 帧上的小球向下移动 1 个像素，第 3 帧的小球又向下移动 3 个像素，以此类推。在第 6 个关键帧上，我们让小球到达最低点。如果单击“时间线”面板下部的“绘图纸外观”按钮，则可以同时显示多帧的内容，如图 3-72(b)所示。

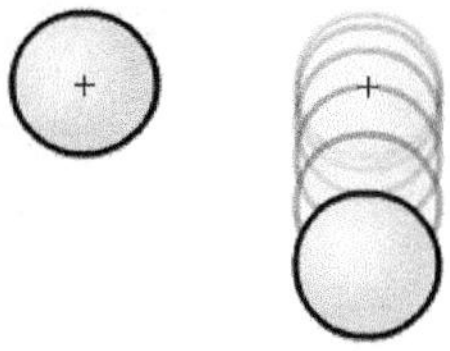

(a)　　(b)

图 3-72　绘制弹球动画

(4) 继续在第 7～10 帧上创建关键帧，将小球分别移动到和第 5、4、3、2 帧相同的位置，也就是小球往回弹的过程。这一步也可以直接选择第 2~5 帧，右击并执行“复制帧”命令，然后在第 7 帧执行“粘贴帧”命令，最后选择第 7~10 帧，右击并执行弹出菜单中的“翻转帧”命令。

(5) 退出影片剪辑编辑状态。可以看到“库”面板中列出了 ball 元件。将元件拖动到舞台上，就创建了弹球的实例，可以测试影片观看弹球的效果。这时会注意到主时间线上只有一个帧，那么为什么还能有动画效果呢？这是因为第 1 帧中包含了一个影片剪辑元件实例，该实例被触发之后会自动重复播放。要注意的是，动画的主时间线和影片剪辑元件的内部时间线具有相同的帧频，也就是说，一个动画只能有一个统一的帧频。

3.3.3　元件实例的应用

1. 实例的创建

如果将元件从库中拖动到舞台上，我们就说是在舞台上创建了一个该元件实例。从一个元件可以创建多个实例，它好比是实例的模板，实例要继承元件的所有属性。

2. 实例的编辑

实例创建好之后，我们常常需要根据具体动画环境对其进行修改。实例的位置、尺寸和色彩等属性是可以单独修改的，与元件无关。我们以 butterfly 元件为例，来介绍如何修改实例的属性。

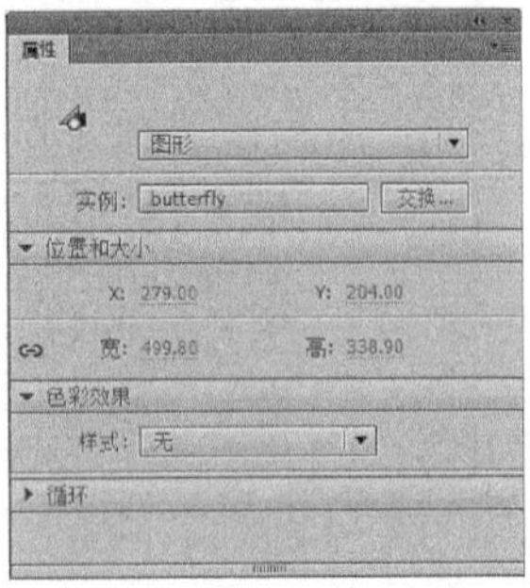

图 3-73　选择实例时的“属性”面板

将“库”面板中的 butterfly 元件拖动到舞台上，创建一个实例。创建起初，实例和对应的元件完全相同。选择该实例，“属性”面板将出现实例的有关属性，如图 3-73 所示。

“属性”面板上方给出了实例的类型和对应元件。“位置和大小”给出了实例的位置、宽高信息，可以修改相应的值，从而改变实例的大小和位置。“色彩效果”是所有内部元件实例都可设置的选项，它的下拉列表中包括“无”、“亮度”、“色调”、Alpha 和“高级”选项。图 3-74 分别是蝴蝶元件实例的原图像、将亮度设置为–40%的效果、将色调设置为黄色 80%的效果和将 Alpha 设置为 20%的效果。

除了“属性”面板之外，我们还可以利用“变形”面板、“变形”命令和“任意变形工具”来对实例进行缩放、旋转、倾斜变换。这些编辑都只对当前实例产生作用，并不影响其所对应的元件和其他同源实例。

图 3-74　利用色彩效果将蝴蝶元件实例做不同设置的效果

按钮元件和影片剪辑元件实例，有更多的属性可以调整。图 3-75 分别给出了这两类实例被选择时“属性”面板提供的选项。

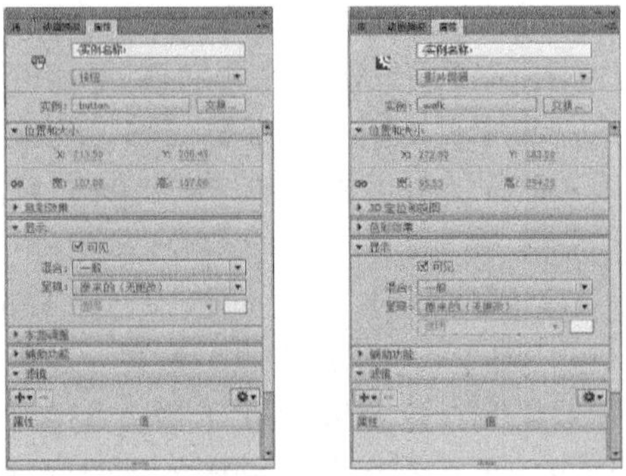

图 3-75　按钮元件和影片剪辑元件实例的属性设置

和图形实例的属性设置选项相比较，我们可以看到按钮和影片剪辑元件实例增加的选项主要是以下几项。

“实例名称”：对实例命名，就可以在 ActionScript 3.0 中引用该实例。

“显示”：可设置实例的可见性、混合模式(与 Photoshop 中类似)和呈现。

“辅助功能”：对实例的交互信息设置。

"滤镜"：用来为实例添加投影、模糊、发光等滤镜效果。

"3D 定位和视图"：只对影片剪辑元件实例设置 3D 效果。

图 3-76 给出了对一个蝴蝶影片剪辑元件实例添加模糊滤镜的效果。其中模糊 *X* 和模糊 *Y* 设置为 15 像素，品质为高。

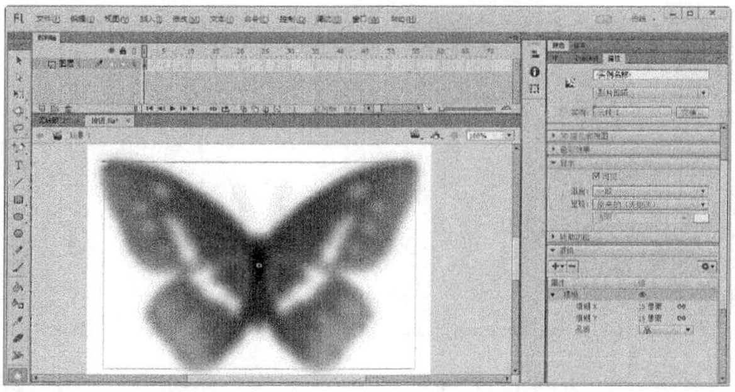

图 3-76　为蝴蝶影片剪辑元件实例添加模糊滤镜效果

3. 元件对实例的影响

值得注意的是，如果我们重新对某个元件进行编辑，那么由它所创建的所有实例将会受到影响。这可以显著减少修改实例的工作量，尤其是动画中包含由同一个元件创建的多个实例的时候。

当然，在某些情形下，我们也会希望实例不受元件的影响。这时，可以在实例上右击，在弹出菜单中执行"分离"命令，把实例转变为形状，不再保留和元件之间的关系，此时的实例完全可以单独编辑。当元件被编辑时，该实例不再受编辑结果的任何影响。

3.3.4　外部元件的导入和编辑

除了已经介绍的三类内部元件之外，我们还可以在其他应用程序中创建图像、音频和视频，然后导入 Flash 中使用。

选择"文件"|"导入"菜单项，其中包含用来导入外部元件的四个命令。

"导入到舞台"：将外部元件导入当前文件的库中，并同时在舞台上创建一个实例。

"导入到库"：将外部元件导入当前文件的库中。

"打开外部库"：将其他文件的库在当前文件中打开，以便使用其元件。

"导入视频"：导入外部视频文件。

下面我们分别来介绍三类外部元件的导入和编辑。

1. 图像的导入和编辑

在制作 Flash 动画的时候，我们经常需要导入图像。Flash 支持的图像格式包括 AI、PSD、JPG、GIF、PNG 和 BMP 格式。

执行"文件"|"导入"|"导入到库"命令，弹出"导入到库"对话框，选择要导入的图像文件，然后单击"确定"，导入的图像会存放在库中。和内部元件一样，只要将图像从库中拖动到舞台上，就可以建立图像的实例，如图 3-77 所示。

如果需要对导入的图像进行编辑，可以选择舞台上的图像实例，执行"修改"|"位图"|"转换位图为矢量图"命令，则弹出如图 3-78 所示的对话框。在该对话框中设置转换所需要的

参数，包括“颜色阈值”、“最小区域”、“角阈值”和“曲线拟合”，单击“确定”就可以完成转换。位图转换为矢量图之后，就可以利用 Flash 中的工具对图像进行编辑。利用这个方法，我们可以将动画角色的手绘稿导入 Flash 中继续着色。

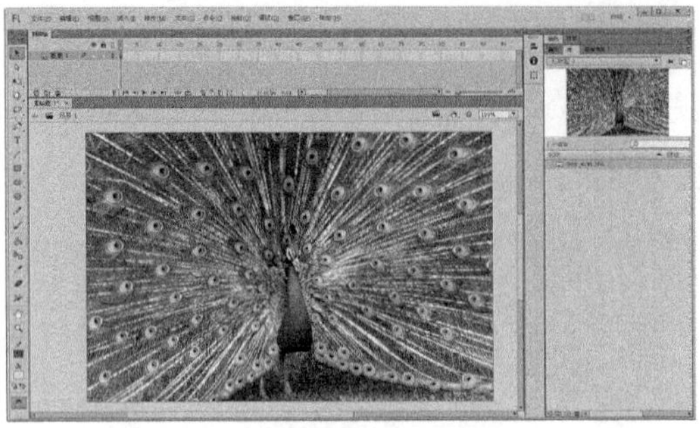

图 3-77　导入图像到库中，并使用图像

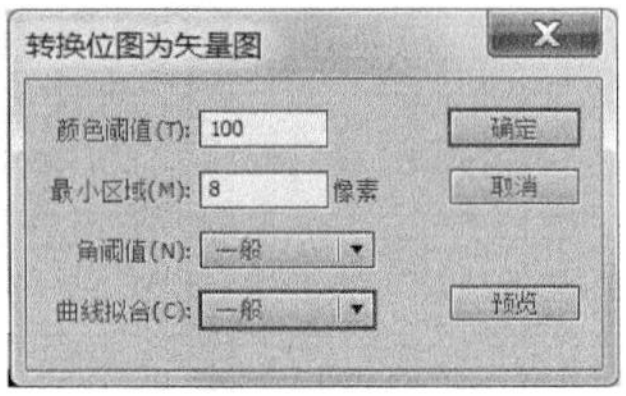

图 3-78　将位图转换为矢量图

2. 声音的导入和编辑

在 Flash 中不能直接录音，如果要使用声音，必须先将其导入元件库中。执行“文件” | “导入” | “导入到库”命令，弹出“导入到库”对话框，选择要导入的声音文件，然后单击“确定”。导入的声音会存放在库中，如图 3-79 所示。

Flash 中可以导入 AIFF、WAV、MP3 等多种格式的声音文件，能支持 8 位或 16 位，采样率为 11kHz、14kHz 或 44kHz 的声音。另外，如果要将声音添加到影片中，最好用单独的图层来容纳声音，这样更有利于对声音的管理。

要将声音添加到动画中非常简单，只需要选择声音图层中声音要开始的关键帧，然后将声音从“库”面板中拖动到舞台上就可以了。这时声音的音频图形会以该关键帧为起始在时间线中显示。图3-80 给出了将声音添加到 sound 层的情况。

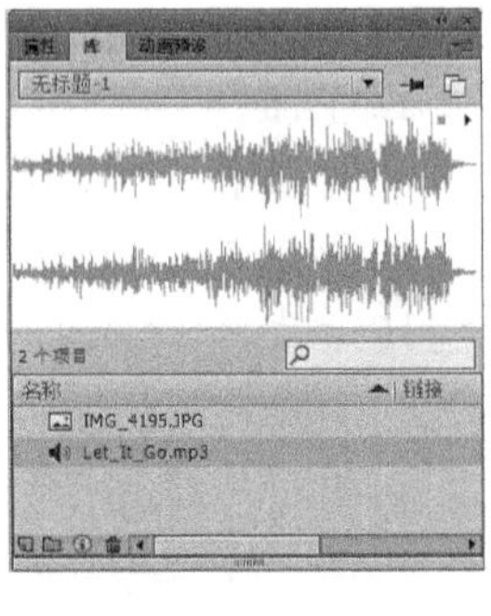

图 3-79　将声音导入库

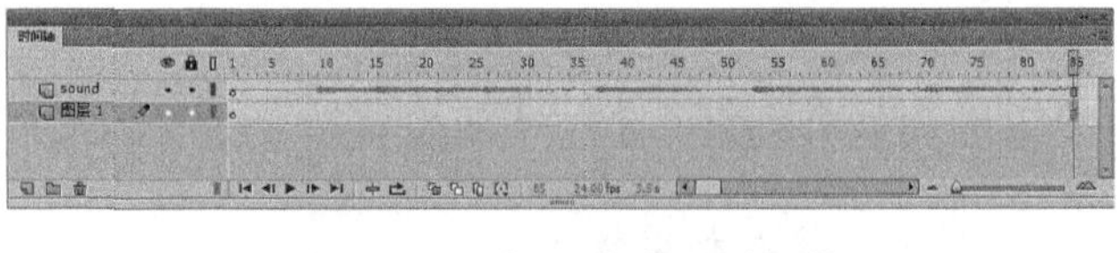

图 3-80　添加了声音的时间线

在 sound 层中选择添加了声音的帧，则在“属性”面板中会出现有关声音的设置选项，如图 3-81 所示。

“声音”给出了在当前可用声音列表中的选择。“效果”下拉列表框中的选项如下。

“无”：不对声音应用效果，选择这个选项将删除以前应用的效果。

“左声道/右声道”：只在左或右声道中播放声音。

“从左到右淡出/从右到左淡出”：会将声音从一个声道切换到另一个声道。

"淡入"：会在声音的持续时间内逐渐增加其幅度。

"淡出"：会在声音的持续时间内逐渐减小其幅度。

"自定义"：可以通过"编辑封套"对话框创建自己的声音淡入和淡出效果。

单击"编辑声音封套"按钮，可以打开如图 3-82 所示的"编辑封套"对话框，对声音进行更为细致的编辑。

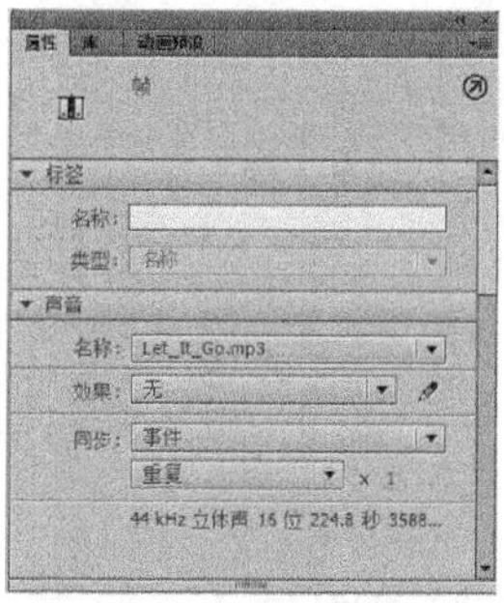

图 3-81　"属性"面板中的声音设置

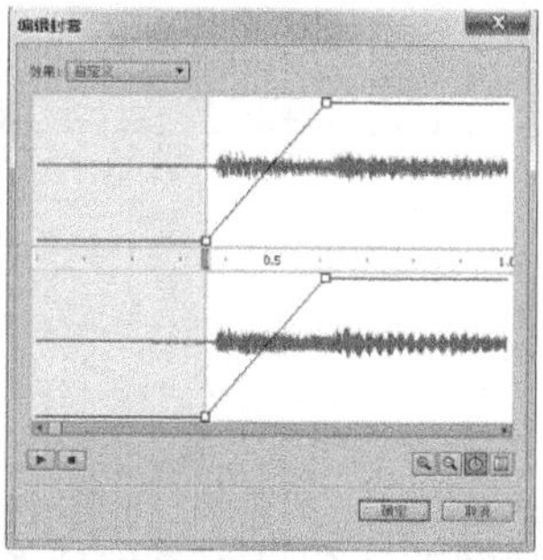

图 3-82　"编辑封套"对话框

在该对话框中可以对声音进行裁剪和音效编辑。裁剪的方法是拖动中间刻度两端的开始标记和结束标记，以进行首尾裁剪。音效编辑通过拖动音量线上的方块形封套手柄来实现。音量线越高，表示音量大，反之音量则小。增加音量线上的手柄数量，可以编辑比淡入、淡出更为复杂的音效。图 3-82 中给出了对声音开始部分进行裁剪，并设置淡入效果的例子。

现在我们回到"属性"面板。"同步"下拉列表框中的选项如下。

"事件"：将声音指定为事件声音。事件声音在它的起始关键帧开始显示时播放，并独立于时间线播放整个声音，即使影片停止也会继续。

"开始"：和事件一样，但如果已经有相同的声音在播放，就不会播放新的声音实例。

"停止"：将指定的声音静音。

"数据流"：用于在 Internet 上同步播放声音，Flash 会协调动画与声音流，使动画和声音同步。与事件声音不同的是，如果声音过长而动画过短，声音流将随着动画的结束而停止播放。

"声音循环"文本框可以指定声音播放的次数，也可以将之设定为循环播放。

3. 视频的导入和编辑

执行"文件" | "导入" | "导入视频"命令，打开如图 3-83(a)所示的"导入视频"对话框。单击文件路径之后的 "浏览"按钮，选择要导入的视频文件。Flash 中支持的视频文件格式包括 FLV、MP4、MOV 等格式。

选择"使用播放组件加载外部视频"选项，然后单击"下一步"，在 3-83(b)所示的对话框中，继续在"外观"中选择视频组件的外观和颜色。再单击"下一步"，最后单击"完成"，则视频导入库中。

视频的应用和图像的应用一样，只需要选择适当的关键帧，把视频元件从库中拖动到舞台上就可以了。

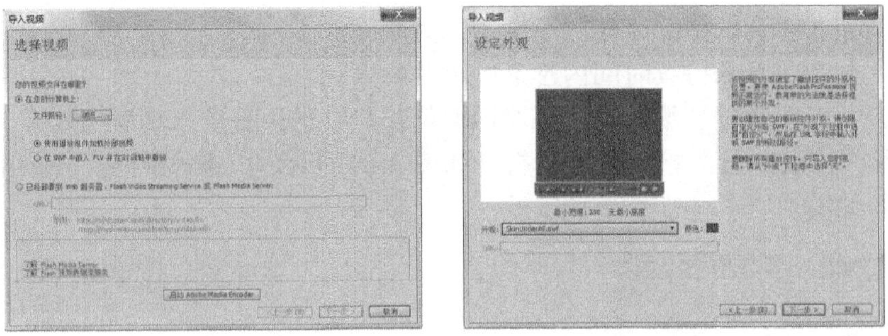

(a)　　(b)

图 3-83　“导入视频”对话框

3.4　基本动画制作

静态画面的连续显示就形成了动画效果。动画也可以看对象的尺寸、位置、颜色或形状随着时间发生变化的过程。Flash 中的动画设计主要有逐帧、补间和脚本三种类型，其中补间又分为补间动画和补间形状两个类型。脚本动画是添加了 ActionScript 3.0 脚本的动画，能够支持和浏览者的交互。除此之外，Flash 还支持引导动画、遮罩动画和 3D 动画几种辅助类型。本节将介绍在 Flash 中创建的基本类型的动画，包括逐帧动画的补间动画。

在进行动画创作时，为了产生自然悦目的动画效果，我们需要认真观察自然界中各类事物的运动规律，掌握创建各种运动效果的技巧。在观察分析角色的动作以后，我们可以更好地对动画进行设计，确定用什么技术来实现这一动作。

以我们熟悉的人的行走为例，通过观察，可以发现不同年龄、性别、形体特征的人，在行走过程中是有相似的基本规律的。人在行走时，双腿和双臂交替前后运动，同时身体的高度随之变化。在跨步的过程中，脚的动作曲线呈弧形。不同体态、情绪的人在行走时，会在这个基本规律的基础上产生相应的变化。动作分析之后，我们就可以将动作分解到帧，在时间线上实现这个动作。

除了人之外，动物也是常见的动画角色。而动物之中，四蹄动物、飞行动物、水生动物又各有不同的运动规律。另外，自然景物的运动在动画中也占有很重要的地位。风、云、水、火、雨雪、雷电都具有其特殊的运动特征。

3.4.1　逐帧动画

逐帧动画也就是一个画面一个画面地制作出来，连续播放形成的动画，它适合于精细动作的表现。这意味着制作逐帧动画需要大量的绘制工作，也会使得文件尺寸更大。但逐帧动画的制作对 Flash 技术的依赖性较弱，只需要在时间线上创建关键帧，并在关键帧上编辑对象就可以了。动画作品中适当出现逐帧动画，能显著改善动画的视觉效果。

对于逐帧动画，我们可以举出很多例子，如在 3.3.2 节中创建的小球弹跳。逐帧动画更为典型的例子是动画角色的动作，如人的行走、兽类的奔跑、鸟的飞行等。这类动作具有循环的特征，往往只需要精确地创建一段循环动作就可以了。

实例：创建人的行走动画。

前面我们已经分析过人的行走的动作特征，现在我们来制作一个人的行走侧面视角的例子。

(1) 新建一个 ActionScript 3.0 文档，将帧速率设置为 24 帧/秒。

(2) 执行“插入”|“新建元件”命令，创建一个名为 walk 的影片剪辑元件。进入该元件的编辑窗口，在第一帧中绘制人的行走的第一个状态图像，如图3-84(a)所示。在这里，将哪个时刻的状态作为第一个图像没有什么影响，因为元件的各帧会循环播放。然后在第 4 帧上插入关键帧，修改人物的状态为图 3-84(b)，依次进行。最后在第 22 帧建立关键帧，将人物编辑为图 3-84(h)的状态，并在第 24 帧上执行“插入帧”命令。也就是说，我们用 8 个关键帧来表现人走两步的动作，每个关键帧的画面延续 3 个帧的时间。

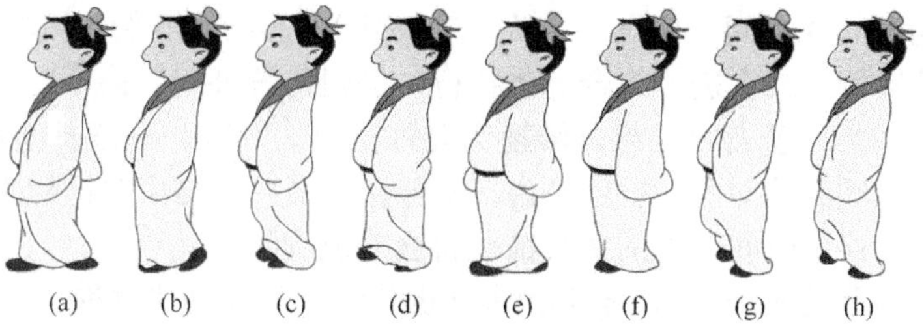

图 3-84　人物行走的状态图示

(3) 我们可以详细说明一下这 8 个关键帧帧的动作。

第 1 关键帧：右脚在前，两脚着地，双臂摆动到最大角度，身高为最低值。

第 2 关键帧：左脚半提起，身高开始回升。

第 3 关键帧：左脚提到最高点，右腿站直，身高达到最高值，双臂在身体两侧。

第 4 关键帧：左脚向前迈，未着地，身高开始降低。

第 5 关键帧：左脚在前，两脚着地，身高为最低值。

第 6 关键帧：右脚半提起，身高开始回升。

第 7 关键帧：右脚提到最高点，左腿站直，身高达到最高值。

第 8 关键帧：右脚向前迈，未着地，身高开始降低。

(4) 元件编辑完成时的 Flash 窗口如图 3-85 所示，可以看到在“库”面板中出现的 walk 元件，以及“时间线”面板上的情形。回到主时间线，将 walk 元件拖动到舞台上，即创建了它的一个实例。测试动画，就可以看到人行走的动作(要注意的是，因为在 walk 元件的关键帧序列中我们让人物保持在相同的位置上，所以测试动画的时候，它将原地踏步)。

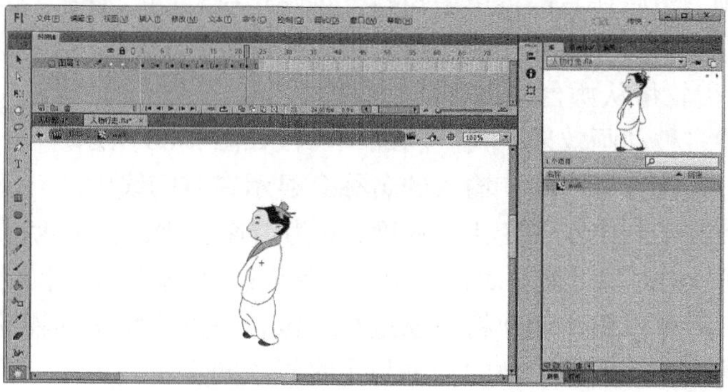

图 3-85　元件的编辑窗口

3.4.2　传统补间

传统补间其实是在较早版本中的 Flash 补间动画。补间动画是一种非常有效的动画创建方式，它可以使帧中的内容随时间的推移发生属性变化，帮助动画制作者减少大量的工作量，因为只保存了变化的信息而不是每个帧的图形，所以生成的动画文件也很小。

在补间动画中，可以定义元件实例、组合对象或文本对象在时间线某关键帧中的属性，然后在下一个关键帧中改变这些属性，最后由 Flash 来补间这个变化的过程。可以改变的对象属性包括位置、尺寸、旋转角度、颜色、亮度、不透明度等。创建传统补间的一般方法是：先创建动画的起始关键帧和结束关键帧，然后为该帧区间创建传统补间。

创建传统补间时要注意两个问题，首先，一般图形是不能直接用来创建补间动画的，除非将其转换为元件实例，或者进行组合。当执行“创建传统补间”命令时，Flash 发现关键帧中的对象只是一般图形，就会自动将其转换为元件实例。其次，一段补间动画在图层的相应时间线中不能同时容纳其他对象，也就是说，不能在其开始和结束关键帧上再插入其他对象。否则，动画会发生错误，时间线上的实线箭头将会变成虚线。

我们通过一个简单的例子(运动的齿轮)来认识传统补间的创建过程。

实例：传统补间的创建。

(1) 在 Flash 中新建一个 ActionScript 3.0 文件，并参照本书配套实验教程中的例子创建一个齿轮状的图形元件。在场景的第 1 帧中将编辑好的元件拖动到舞台上，创建一个实例，如图 3-86 所示。

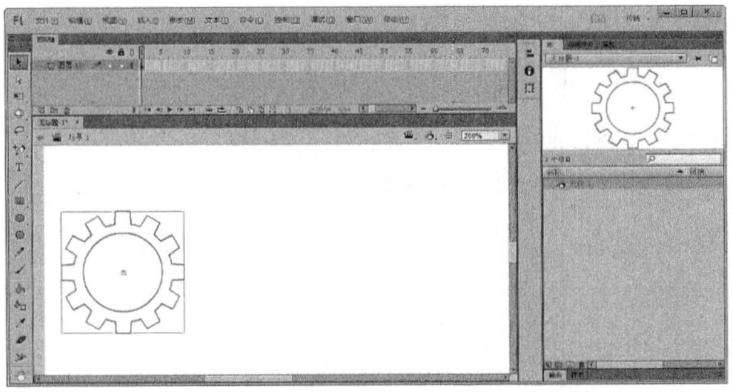

图 3-86　创建齿轮元件和实例

(2) 接着在第 50 帧上插入关键帧，并在第 50 帧上将实例拖动到舞台的右边。选择从第 1～49 的任意一帧，然后在右键菜单中执行“创建传统补间”命令，传统补间就指定好了，此时时间线上从第 1～50 帧会出现一个实线箭头，帧的底色变为浅蓝色，如图 3-87 所示。

(3) 测试动画，齿轮将从舞台左边移动到右边。

传统补间能支持多种动画效果，其“属性”面板如图 3-88 所示。

“名称”：用于标记该传统补间，输入的名称会显示在时间线中。

“缓动”：用来控制动画中实例变化的速度，0 为匀速变化；正值为减速；而负值为加速。

“旋转”：设定动画中对象的旋转属性，可以选择顺时针或者逆时针旋转的圈数。

“紧贴”：选择以后可以更方便地将对象进行定位，对象会紧贴到辅助线。

“同步”：选择该项，使实例内部的动画与主时间线同步。

“缩放”：选择以后对象会随着帧的移动而逐渐缩放，否则只在结束帧中直接显示缩放结果。

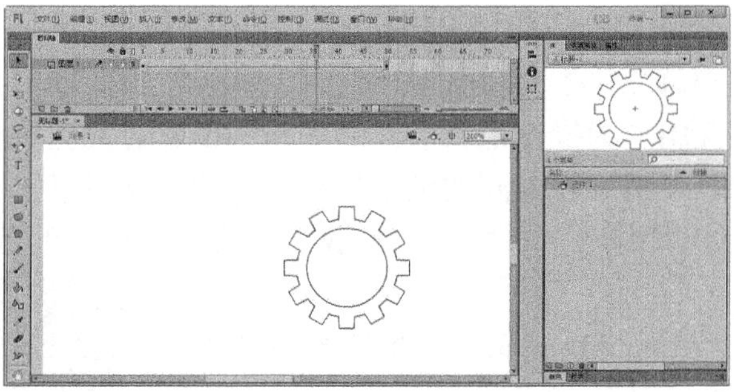

图 3-87　创建传统补间动画

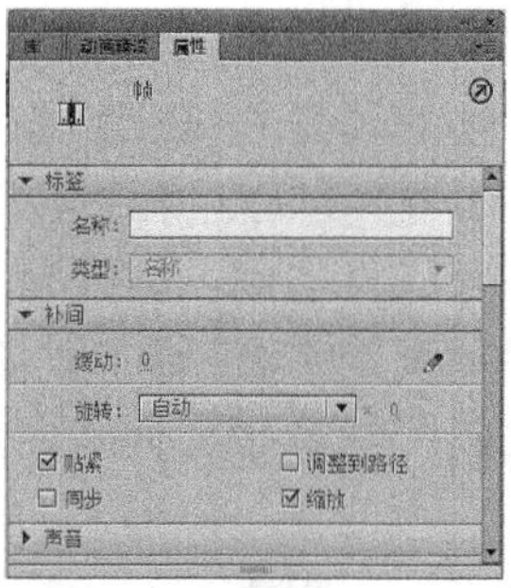

图 3-88　创建传统补间时的“属性”面板

传统补间所支持的基本属性变化包括“缩放”、“位移”和“旋转”等。另外，如果补间动画控制的是元件实例，那么其样式属性也是可以修改的。下面我们来介绍每一种变化如何实现。

1) 缩放和倾斜

在开始或结束关键帧上用“任意变形工具”或者“变形”面板对实例进行缩放和倾斜变化，则 Flash 会自动补间上中间的形状。

2) 位移

在开始或结束关键帧中将实例拖放到其他位置，则产生位置变化。图 3-89(a)给出了对齿轮同时进行缩放和位移变化的图示。图 3-89(b)表示在将缓动设置为加速以后的变化过程。

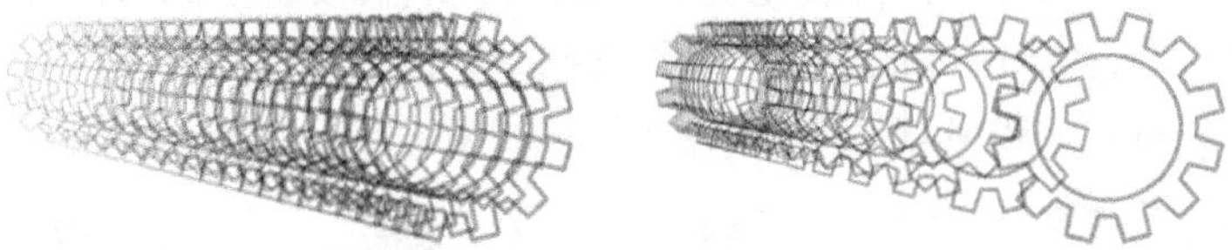

(a)　　(b)

图 3-89　启动绘图纸外观来查看齿轮的缩放和位移变化过程

3) 旋转

在开始或结束帧中可以用“任意变形工具”将实例进行一定角度的旋转，补间会处理这些旋转。也可以在“属性”面板的“旋转”中设置实例顺时针或逆时针旋转的圈数。

4) 颜色

选择“选择工具”，在开始或结束帧上单击元件实例，则可以在“属性”面板的“样式”下拉列表框中修改属性的色调、亮度和 Alpha 值，从而使得实例在动画中的颜色发生变化。图 3-90 给出了将上例第 50 帧中实例的 Alpha 值减小为 0 时的变化过程。在测试动画时，会显现出齿轮在运动中逐渐消失不见的效果。

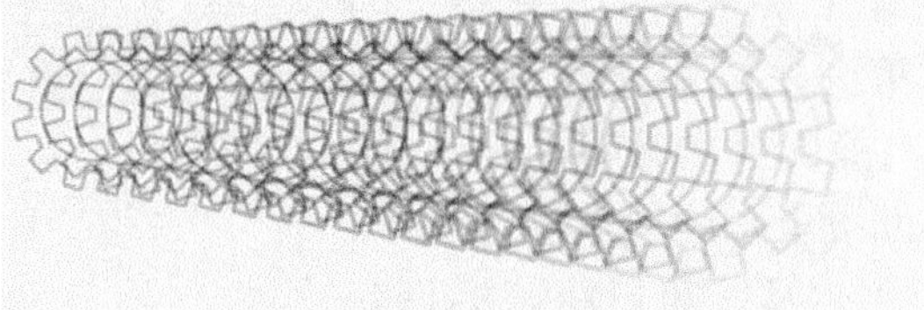

图 3-90　将第 50 帧中的实例的 Alpha 值减小为 0 的变化过程

综合利用这些变化类型，可以创建出丰富多彩的动画效果。

3.4.3　补间动画

补间动画是 Flash CS 版本之后出现的选项，它在动画原理和效果上和传统补间动画是相同的，不过其创建过程更为简单，更为符合用户的操作逻辑。补间动画的创建过程主要包括首先插入元件实例；然后为其创建补间动画；最后在时间线的帧序列上编辑实例的状态，从而产生动画效果。编辑了对象状态的帧会自动转换为关键帧。下面我们来看一个简单的例子。

实例：创建补间动画。

(a)　　(b)

图 3-91　绘制五边形及其副本

(1) 新建一个 ActionScript 3.0 文档，将舞台背景色设置为浅蓝色。

(2) 创建一个名为 football 的图形元件，在 football 的编辑窗口中，选择“多角星形工具”，绘制一个正五边形，在“属性”面板中将其宽度设置为 40 像素，用“选择工具”将其边微微调整为弧形，如图 3-91(a)所示。复制一份该图形并选择，执行“修改”|“变形”|“垂直翻转”命令，并用“选择工具”对其边和顶点进行一定的修改，如图 3-91(b)所示。

(3) 在修改后的五边形下方绘制一条长度为 84 像素的直线，笔触颜色为黑色之外的任意颜色，如图 3-92(a)所示。用选择工具选择整个图形，在“变形”面板中设置旋转为 72，连续单击面板下方“重制选区和变形”按钮，则图形会不断复制并应用变形，直到得到如图 3-92(c)所示的图形。选择“椭圆工具”，将填充设置为透明，笔触设置为深灰色极细线，绘制一个宽、高为 96 像素的正圆，对齐到刚才的图形，如图 3-92(d)所示。最后用“选择工具”选择多余的笔触和填充部分，将其删除，得到如图 3-92(e)所示的足球。

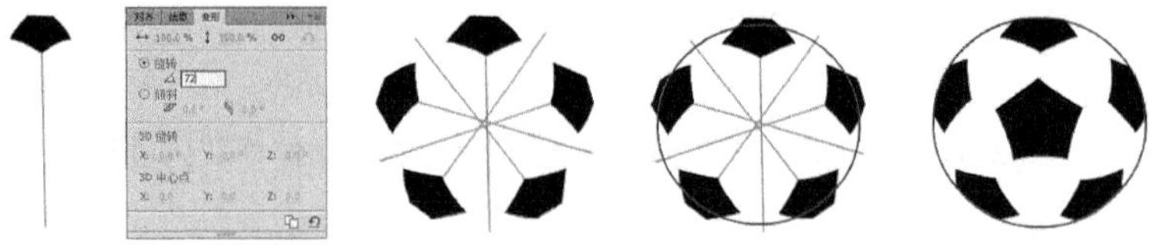

(a)　(b)　(c)　(d)　(e)

图 3-92　绘制足球球面

(4) 选择“颜料桶工具”，在“颜色”面板中将填充类型设置为径向渐变，渐变颜色为白色、浅灰和灰色，如图 3-93(a)所示。用“颜料桶工具”填充足球内部，并用“填充变形工具”将渐变中心调整到球体左上角，得到如图 3-92(b)所示的有立体感的足球。

(5) 退出元件编辑，回到场景 1 的主时间线。在图层 1 的第 1 帧中创建 football 的一个实例，放在舞台左上角之外。在时间线第 1 帧上右击，执行“创建补间动画”命令，则在第 1～24 帧上出现一个淡蓝色的帧区间(这是由于当前文件的帧频为 24 帧/秒)，该区间用来对足球实例接下来的动作进行设置。如果觉得这个区间的长短不合适，可以将鼠标指针放在帧区间结束的位置进行前后调整，如图 3-94 所示。

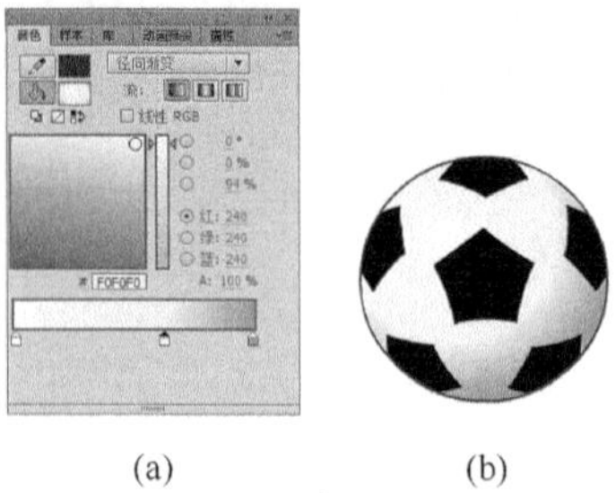

(a)　(b)

图 3-93　完成足球绘制

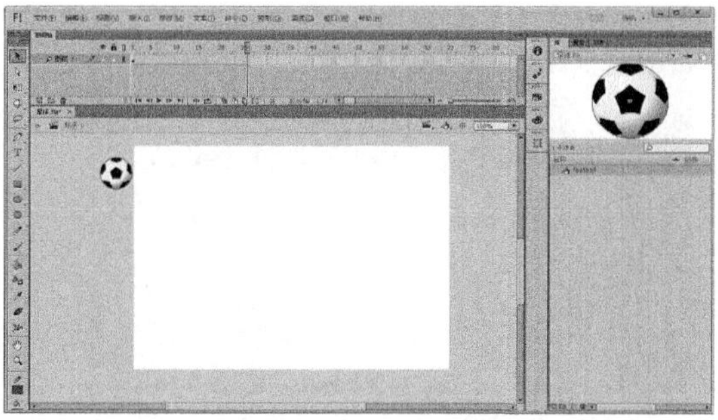

图 3-94　创建补间动画

(6) 接下来我们可以在这个区间中设置足球的连续运动。单击第 13 帧，则播放头拖动到该帧。用“选择工具”将足球拖动到舞台中心。再单击第 24 帧，将足球拖出舞台右下角。因为在第 13 帧和第 24 帧上修改了足球的位置，所以时间线上这两帧都出现了小菱形，说明其已经被转换为了关键帧，如图 3-95 所示。

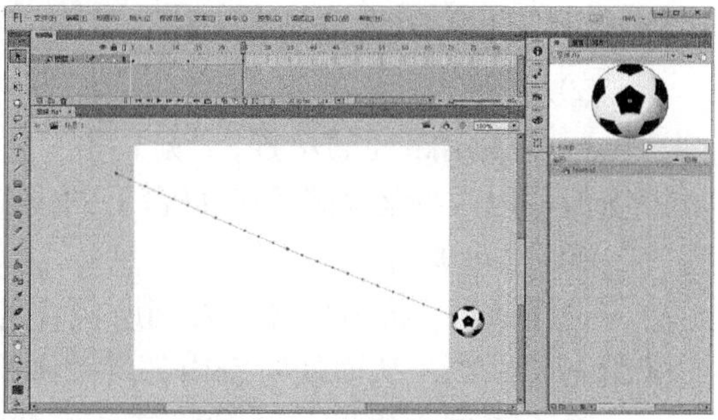

图 3-95　补间动画的时间线

(7) 可以看到足球的运动路径也出现在了舞台上，其中每个点都表示一个帧。我们可以用“选择工具”直接拖动路径，从而改变足球的运动路径，如图 3-96 所示。

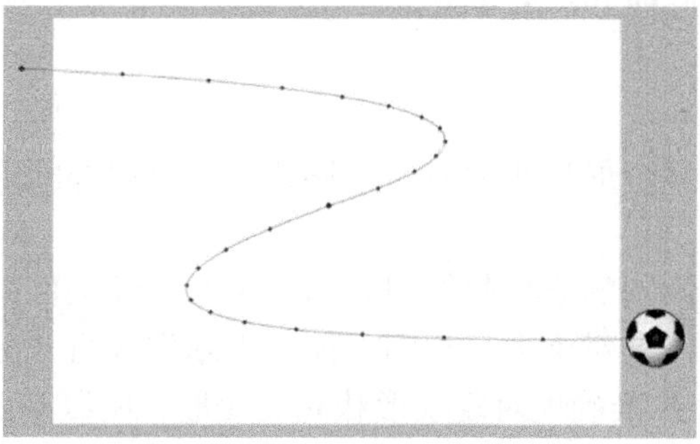

图 3-96　足球的运动路径

(8) 如果在时间线上右击，执行“调整补间”命令，则会在当前图层的下方出现补间的“调整”面板，如图 3-97 所示。在该面板中我们可以对对象运动过程中的 x 和 y 变化曲线进行拖动调整，也可以对运动应用各类缓动设置。

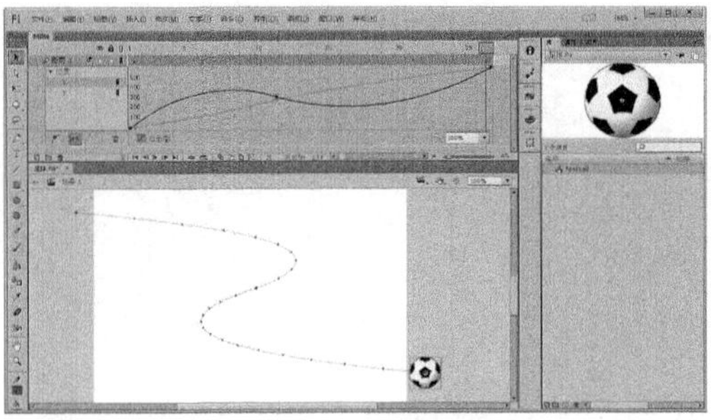

图 3-97　调整补间

(9) 创建好的补间动画可以继续在“属性”面板中修改其设置。选择补间动画，打开“属性”面板，此时的“属性”面板如图 3-98 所示。其中“缓动”和“旋转”的作用和 3.4.2 节中讨论的作用一致，其他项目含义如下。

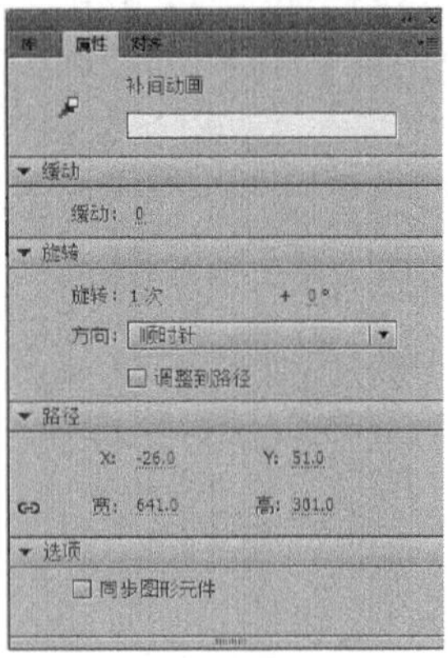

图 3-98　补间动画的属性设置

①　“调整到路径”。

选择该项，则图形对象将随着路径的变化而旋转。否则图形对象在运动过程中不随路径偏转。

②　“路径”。

x、y 表示路径的位置，“宽”和“高”表示路径的尺寸。修改该组值可以改变运动路径在舞台上的位置和尺寸范围。

③　“同步图形元件”。

选择该项，将重新计算补间所包含的帧数，以匹配时间线上分配给它的帧数，从而使实例内部的动画与主时间线同步。

除了本例发生的位移动画之外，补间动画和传统补间动画一样，可以控制对象的尺寸和样式发生变化。只需要在时间线上选择相应的帧，然后修改对象的各类属性就可以了。

传统补间动画和补间动画所对应的动画不仅制作简单，而且使用频率非常高，我们看到的很多动画内容都可以用这种方式来实现。

3.4.4　补间形状

补间形状是将对象从一个形状变为另一个形状，也可以补间形状的位置、大小、颜色和不透明度。

补间形状只对舞台上绘制的形状起作用，而无法对元件实例、位图、文本对象或组合对象进行补间。因此，在对以上对象进行补间之前，必须先执行“分离”命令将它们打散。另外，Flash 中的补间形状很难准确地对复杂形状完成变形，所以一般来说，我们只用补间形状来完成一些较为简单的形变，以保证补间的过程是可控的。

下面我们来看一个例子，在新建的 Flash 中创建数字“1”→“2”的形状补间动画。

实例：形状补间动画的创建。

(1) 新建一个 ActionScript 3.0 文档。在第 1 帧上用“铅笔工具”书写数字“1”，然后在时间线第 25 帧处插入一个空白关键帧，书写数字“2”。在时间线上第 1～24 帧中的任意一帧右击，执行“创建补间形状”命令。此时时间线上从第 1～19 帧会出现实线箭头，帧的底色变为浅绿色，如图 3-99 所示。

(2) 在时间线下方的工具栏中单击“绘图纸外观”按钮，并在修改标记中“选择修改所有范围”，绘图纸外观就启动了，所有帧的内容可以同时显示。这样，我们就可以看到“1”是如何变化为“2”的，如图 3-100 所示。

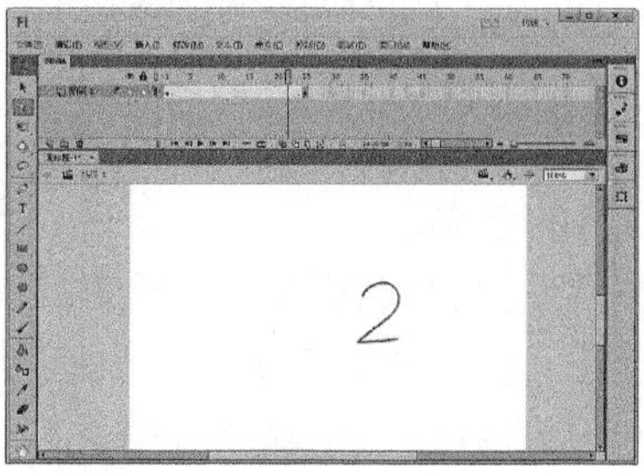

图 3-99　创建补间形状

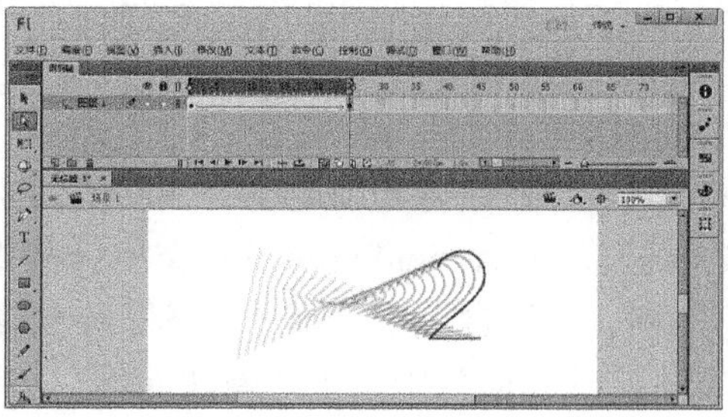

图 3-100　启动绘图纸外观

(3) 这个变形过程可能并没有预想的流畅，因为 Flash 的确很难了解我们希望两个形状到底如何衔接。不过我们可以利用“形状提示”工具改善补间的过程。“形状提示”工具能标识起始形状和结束形状中相对应的点，从而控制变化的对应关系。选择第 1 帧，然后执行“修改” | “形状” | “添加形状提示”命令，或者按下 Ctrl+Shift+H 键，可以添加第一个形状提示 a，继续添加形状提示 b 和 c。

(4) 将第 1 帧中的三个形状提示做恰当的放置，如图 3-101(a)所示。切换到第 25 帧，将数字“2”上的三个形状提示安排好，如图 3-101(b)所示。此时成功设置的形状提示在第 1 个关键帧中呈黄色，在第 2 个关键帧中呈绿色。补间过程发生变化，我们可以通过中间帧的轮廓看出来，补间的过程自然了很多，如图 3-101(c)所示。

(a)　(b)　(c)

图 3-101　添加了形状提示的补间

在形状补间的使用上需要注意的是，如果形状太复杂，可以建立一些中间形状来获得更好的控制。如果要使用形状提示，那么要确保这些提示是符合形状变换逻辑的。另外，如果按逆时针的顺序从形状的左上角开始放置，那么可以获得最好的效果。

3.5　高级动画制作

在 3.4 节中，我们介绍了逐帧动画和补间动画，在本节中，我们再来看三种辅助动画形式，分别是引导动画、遮罩动画和 3D 动画。利用这三种动画，可以为我们的动画增添很多精彩的效果。

3.5.1　引导动画

很多物体运动的路径都不是直线，如蝴蝶、落叶以及沿着曲线道路行走的人等。在前边介绍的补间动画中，我们可以通过编辑舞台上的运动路径来控制对象的运动轨迹。而在传统补间中，如果想让对象沿着任意的曲线移动，就需要创建运动引导层。通过使用运动引导层，我们可以使得传统补间所控制的对象按照任意路径运动，从而创建出更好的效果。

一般说来，创建运动引导层动画的步骤分三步：首先创建传统补间；然后为该动画创建运动路径；最后将路径应用到传统补间中。下面我们通过一个简单的例子来介绍创建运动引导层动画的方法。

实例：创建运动引导层动画。

在本例中，我们将利用运动引导层来创建树叶飘落的动画。

(1) 新建一个 ActionScript 3.0 文档，将舞台背景色设置为浅蓝色。选择图层 1 第 1 帧，在舞台上用“刷子工具”绘制简单的背景，如图 3-102 所示。

(2) 在“库”面板中单击“新建元件”按钮，在弹出的对话框中输入元件名称为树叶，类型为图形，单击“确定”按钮后，进入树叶元件的编辑窗口。

(3) 用绘图工具绘制如图 3-103 所示的一片树叶，让十字形的注册点基本处于树叶中心的位置。

图 3-102　绘制简单的树木背景

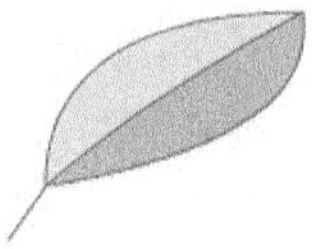

图 3-103　绘制一片树叶

(4) 关闭树叶元件编辑窗口，回到主时间线。在“图层”面板中新建一个图层 2，在其第 1 帧中创建树叶元件实例，放在舞台左上部树木的树叶丛之中，并将该实例的尺寸设置为 20 像素左右。在图层 2 第 70 帧上插入关键帧，将树叶元件实例移动到舞台右下角之外，将该实例尺寸设置为 40 像素左右。在帧区间上右击，执行“创建传统补间”命令。在图层 1 第 70 帧上右击，执行“插入帧”命令。此时的 Flash 如图 3-104 所示。如果测试影片，这时候的树叶会直线下落。

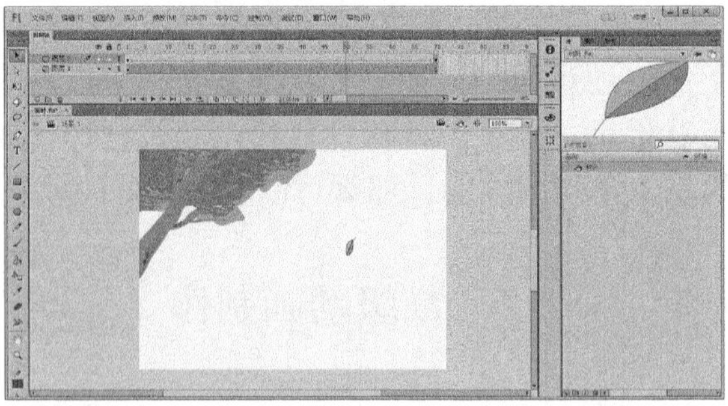

图 3-104　在新建的图层中创建传统补间

(5) 下面我们来为树叶添加引导轨迹，使其能沿着不规则的曲线飘落。在“图层”面板的图层 2 上右击，执行“添加传统运动引导层”命令，就在图层 2 之上新建了一个引导层。单击引导层，然后在工具栏中单击“铅笔工具”，选择“曲线模式”，在引导层中绘制一条运动路径，如图 3-105 所示。在这个步骤中要注意，在绘制运动路径的时候可以锁定引导层之外的其他图层，以避免相互影响。

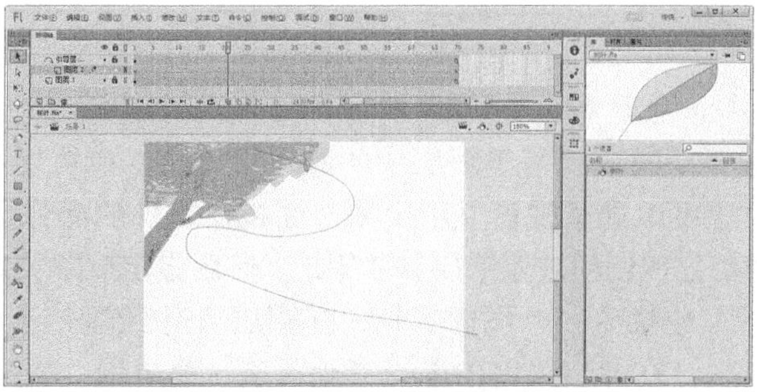

图 3-105　绘制引导层中的路径

(6) 接下来是关键的一步，把传统补间动画控制的树叶元件实例对齐到引导路径上。方便的做法是锁定引导层，然后用“选择工具”单击图层 2 的第 1 帧，即传统补间中的起始关键帧，再将舞台上的树叶元件实例拖动到路径的起点，注意一定要让树叶中心的圆圈附着到路径上。选择图层 2 第 70 帧，即补间的结束关键帧，同样将树叶元件实例附着到路径的末端。

(7) 用“选择工具”单击图层 2 的传统补间，在“属性”面板中设置缓动为–100(加速运动)、旋转为顺时针旋转 1 次，并选择“调整到路径”选项(可以让树叶在运动时可以随着运动路径的变化而发生偏转)，如图 3-106 所示。

(8) 测试影片，可以看到树叶从树梢沿着我们绘制的轨迹翻转飘落。

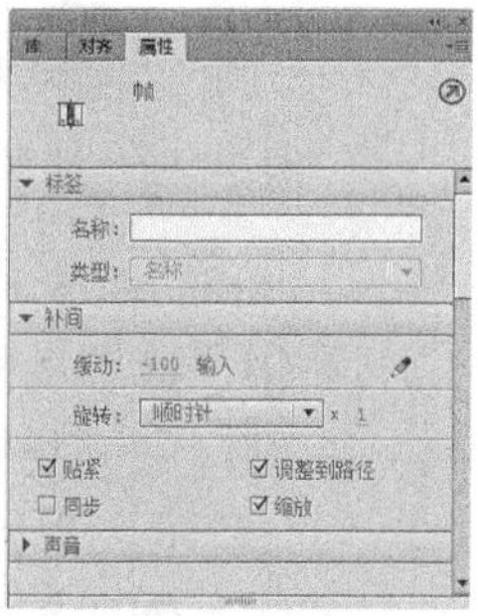

图 3-106　在“属性”面板中设置补间

利用运动引导层功能，可以为飞舞的树叶、飘忽的蝴蝶等对象创建更真切的动画效果。关于运动引导层，还有以下几个方面需要注意。

(1) 我们在引导层中绘制的图形最后不会出现在 SWF 文件中。它只在编辑状态下是可见的，播放动画时则不可见。所以我们在绘制引导路径的时候，笔触的样式和颜色可以随意设置。

(2) 绘制引导层中的路径可以使用多种工具，包括铅笔、钢笔、刷子、椭圆工具等，只要能产生路径即可。

(3) 引导层中的路径可以是闭合的，也可以是开放的。如果用闭合路径来引导，那么传统补间动画中对象的运动方向会自动选择闭合路径中路程较短的一端。如果要控制对象在闭合路径中的运动方向，那么可以将闭合路径割裂为开放路径。可以在本书配套的实验教程中看到相关的例子。

(4) 一个引导层可以引导多个包含传统补间的图层。要将某个图层添加到引导层的控制范围之内，只需要在“图层”面板中将其拖动到引导层下面，图层标签呈缩进状态即可。如图 3-107 所示，图层 3 和图层 2 都在引导层的控制之下。

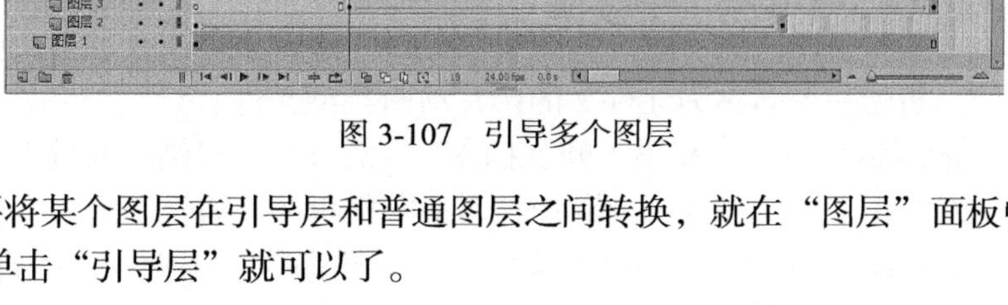

图 3-107　引导多个图层

(5) 如果要将某个图层在引导层和普通图层之间转换，就在“图层”面板中右击该图层，在弹出菜单中单击“引导层”就可以了。

3.5.2 遮罩动画

遮罩动画是 Flash 中非常重要的动画类型，利用它可以创建很多特殊效果，如图像切换效果、探照灯效果等。遮罩动画主要基于图层中的遮罩层类型。遮罩层中的图形就好像一个视窗，被遮罩图层中的对象可以通过视窗显示出来，而视窗之外的部分是不可见的。

遮罩动画的创建需要分别创建被遮罩层和遮罩层，然后指定遮罩关系就可以了。如图 3-108 所示，我们首先在图层 1 中插入一个图像实例，在图层 2 中绘制一个圆。接着，我们在“图层”面板的图层 2 上右击，在弹出菜单中选择“遮罩层”菜单项，将其转换为遮罩层。此时，图层 1 向右缩进为被遮罩层，舞台上显示出两个图层构成的遮罩效果，如图 3-109 所示。由此我们可以看出，遮罩效果的创建是由遮罩层中的图形来确定被遮罩层内容的显示区域，遮罩层中的图形可以看作被遮罩层的视窗。无论遮罩层还是被遮罩层，都可以包含动画内容，从而形成遮罩动画。

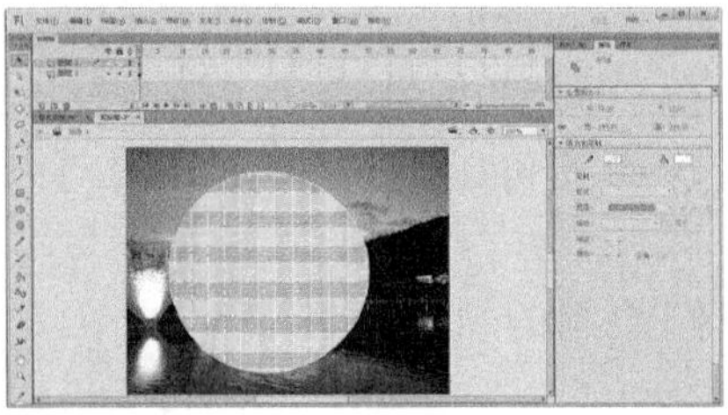

图 3-108　编辑用来产生遮罩效果的两个图层

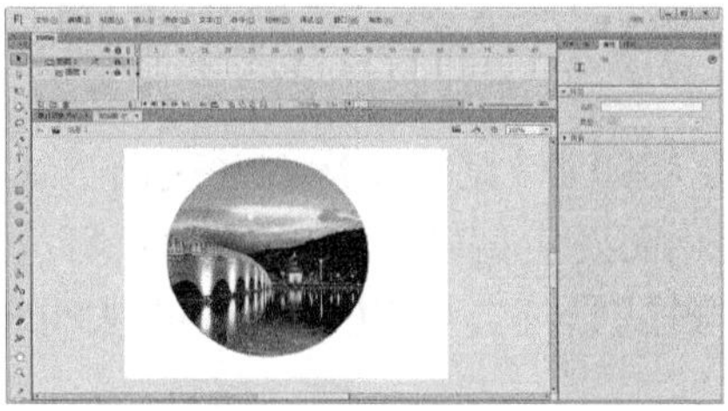

图 3-109　指定遮罩关系(一)

下面我们通过一个具体的例子来介绍遮罩动画的应用，以便更多地了解遮罩动画。

实例：遮罩动画的创建。

在本例中，我们通过遮罩层的应用，创建两张图像的散点切换效果。

(1) 新建一个 ActionScript 3.0 文档，舞台宽高为 550 像素×400 像素。接下来我们需要创建单个散点逐渐扩大的影片剪辑元件。单击“库”面板下部的“新建元件”按钮，在弹出的“创建新元件”对话框中设置名称为元件 1，类型为影片剪辑，单击“确定”按钮。

(2) 进入元件 1 的编辑窗口之后，我们在第 1 帧上用“矩形工具”绘制一个边长为 6 像素的正方形(可以在“属性”面板中直接输入宽、高值)。选择这个正方形，在“对齐”面板中选择“与舞台对齐”选项，然后单击“水平中齐”和“垂直中齐”按钮，将正方形的中心与注册点对齐。

(3) 在时间线的第 50 帧上执行“插入关键帧”命令，将正方形的宽、高设置为 50 像素，并利用“对齐”面板，参照上一步的操作，将正方形的中心对齐到注册点。在时间线的这一段帧上右击，执行“创建补间形状”命令，则正方形将产生逐渐放大的效果。此时的 Flash 界面如图 3-110 所示。

(4) 单击“场景 1”字样，关闭元件 1 的编辑窗口，回到主时间线。再次单击“库”面板中的“新建元件”，新建一个名称为元件 2 的影片剪辑类型元件。

(5) 在元件 2 的编辑窗口中，在第 1 帧上插入“元件 1”的实例。通过不断复制该实例，得到一个 8 行 11 列的正方形实例阵列，利用“对齐”面板和“属性”面板，可以将所有实例的纵横间距调整为 50 像素，并令左上角实例的 x 和 y 属性都等于 0，此时的编辑窗口如图 3-111 所示。当此阵列中的正方形都扩大之后，可以占据整个舞台。

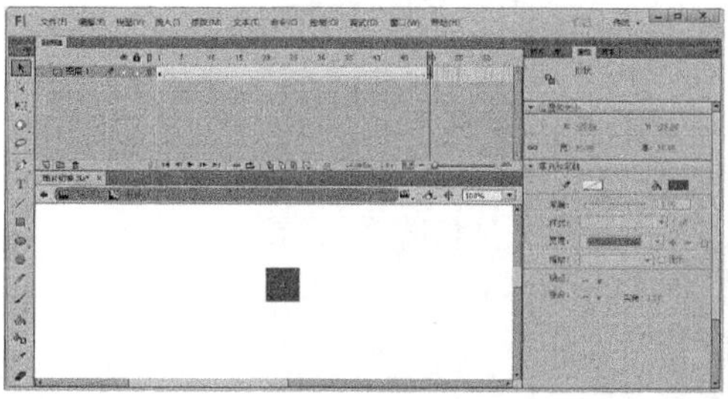

图 3-110　创建正方形补间动画

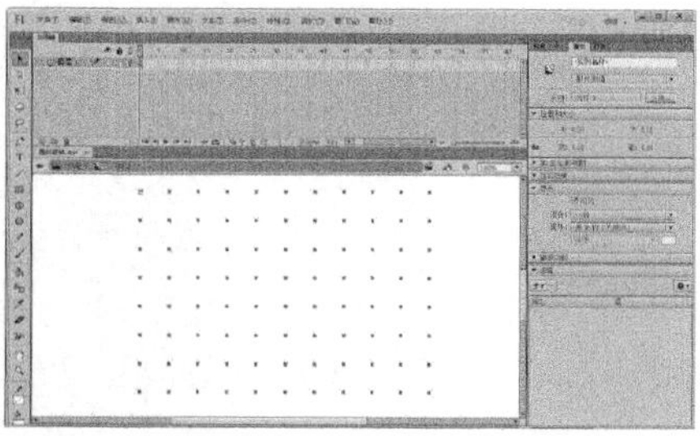

图 3-111　编辑元件 2 中正方形阵列

(6) 退出对元件 2 的编辑，回到主时间线。执行“文件” | “导入” | “导入到库”命令，将两个图像文件导入库中。此时的“库”面板如图 3-112 所示。

(7) 选择主时间线的图层 1 第 1 帧，从“库”面板中拖动第一张图像到舞台上，调整其尺寸以便刚好覆盖整个舞台。新建图层 2，在其第 59 帧上插入关键帧，将第二张图像拖动到舞台上，调整好尺寸。因为我们将在第 60 帧开始图像切换，所以需要在此之前准备好第二张图像。在图层 1 和图层 2 的第 150 帧上都执行“插入帧”命令，如图 3-113 所示。

图 3-112　导入图像到库中

图 3-113　将两张图像分图层放置

(8) 新建图层 3，在图层 3 第 60 帧上插入关键帧，创建元件 2 的一个实例。选择该实例，在“属性”面板中将 x 和 y 属性都设置为 25 像素。隐藏图层 1 和图层 2 时的场景如图 3-114 所示。

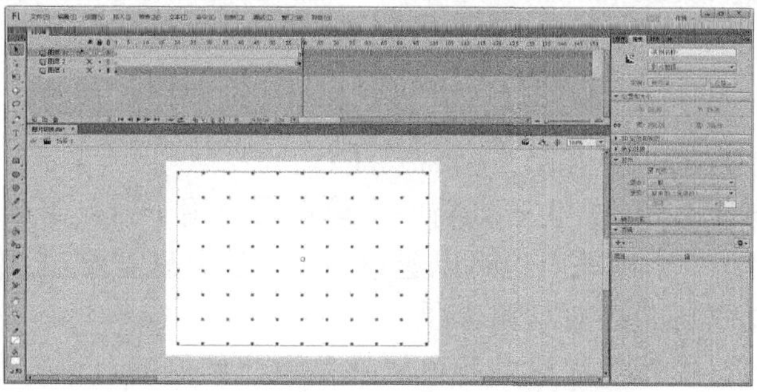

图 3-114　创建元件 2 的实例并调整位置

(9) 在图层 3 第 110 帧上插入一个空白关键帧(因为正方形散点在这个时间点上已经完全扩大，为了防止散点动画循环播放，我们需要将遮罩替换为静止的图形)，并在该帧上绘制一个刚好覆盖整个舞台的矩形，如图 3-115 所示。

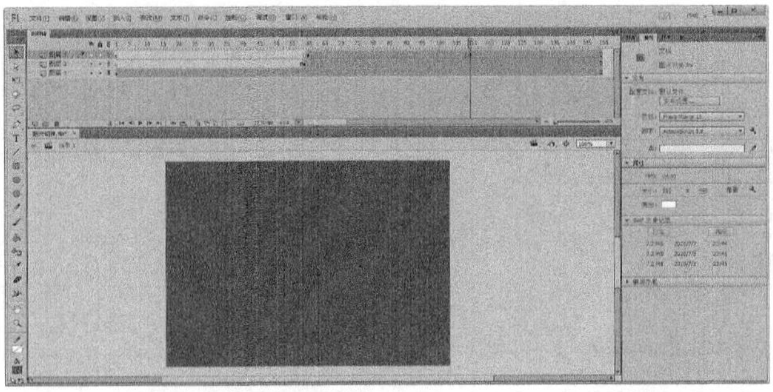

图 3-115　在散点完全扩大的帧上绘制能覆盖舞台的矩形

(10) 在图层 3 的字样上右击，执行“遮罩层”命令，则图层 3 成为图层 2 的遮罩层，如图 3-116 所示。

图 3-116　指定遮罩关系(二)

(11) 测试动画，可以看到两张图像的散点切换效果，如图 3-117 所示。

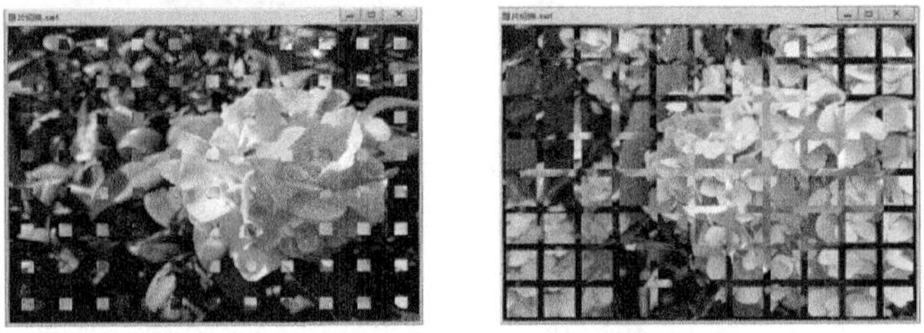

(a)　　(b)

图 3-117　图像的散点切换效果测试

对于遮罩层，我们还有以下几个方面需要注意。

(1) 按钮内部不能有遮罩层，也不能将一个遮罩层应用于另一个遮罩层。

(2) 和引导层类似，一个遮罩层也可以遮罩多个图层，只需要在“图层”面板中将被遮罩图层拖动到遮罩层下方的缩进位置就可以了。

(3) 遮罩层中的图形或其他项目的颜色属性是没有作用的，也就是说在播放器中不会显示。Flash 只利用遮罩层中对象的尺寸和轮廓来确定遮罩的范围。

3.5.3　3D 动画

我们都知道 Flash 是用来制作平面动画的，但有些时候，我们希望动画中出现一些类似 3D 的效果。早期的一些闪客也的确对此进行过尝试。在 Flash 的较新版本中提供了 3D 变换功能，能在一定范围内模拟出简单的 3D 效果。在本节中，我们来介绍 Flash 中和 3D 动画有关的功能，主要包括 3D 变换工具和 3D 属性设置。3D 变换工具又包括 3D 平移工具和 3D 旋转工具。

在 Flash 中，可以应用 3D 变换工具来编辑影片剪辑元件实例，所以既可以对单个影片剪辑元件实例构成的平面图形实施空间变换，也可以利用 3D 变换对多个影片剪辑元件实例进行空间组合，构成立体图形，从而生成更为复杂的 3D 动画。

下面我们通过一个实例来分析如何在 Flash 中构建立体图形，并生成 3D 动画，在这个过程中，我们顺便了解 3D 变换工具和 3D 属性设置的应用。

实例：创建立方体旋转动画。

在本例中，我们将首先创建一个正方形影片剪辑元件；然后利用六个元件实例，通过 3D 变换组合为一个立方体；最后，我们将在主时间线上实现立方体旋转动画。

(1) 新建一个 ActionScript 3.0 文档。执行“插入” | “新建元件”命令，在弹出的“创建新元件”对话框中设置元件名称为正方形，类型为影片剪辑，如图 3-118(a)所示。单击“确定”按钮，进入该元件的编辑窗口。

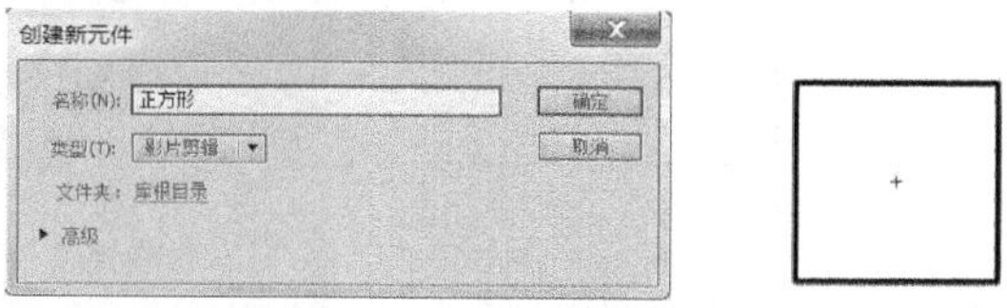

(a)　　　　(b)

图 3-118　创建正方形元件

(2) 选择“矩形工具”，设置笔触为黑色 2 像素，填充为空，绘制一个边长为 100 像素的正方形。在“对齐”面板中选择“与舞台对齐”，然后执行“水平中齐”和“垂直中齐”命令，将正方形的中心对齐到注册点，如图 3-118(b)所示。

(3) 关闭正方形的编辑窗口，再次执行“新建元件”命令，设置元件名称为立方体，类型为影片剪辑，单击“确定”按钮进入立方体的编辑窗口。从“库”面板中将正方形拖动到舞台上，创建一个元件实例，并将其中心对齐到注册点，即 x 和 y 值都为 0。继续创建 5 个正方形实例，排列成图 3-119 所示的样子，为构建立方体做准备。注意，此时这 5 个正方形的 x 或 y 值都是 100 的倍数，这样可以保证它们的坐标值比较容易处理。

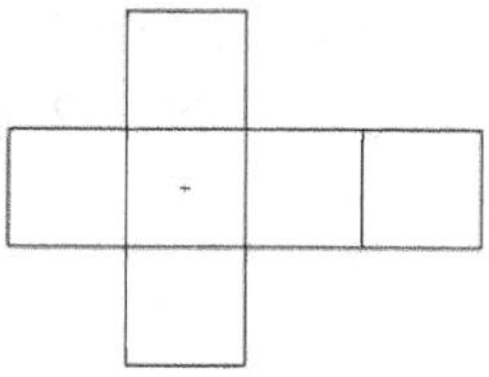

图 3-119　创建 6 个正方形实例

“3D 旋转工具”用来控制实例在三维空间中绕 x、y 和 z 轴旋转，产生三维透视效果。其中红色为 x 轴控件，绿色为 y 轴控件，蓝色圆圈为 z 轴控件。橙色的自由变换控件可以控制对象同时围绕 x 与 y 轴旋转。用“3D 旋转工具”按住控件的中心点，可以拖动控件到其他位置。控件中心点位置发生变化的时候，会对 3D 旋转的效果产生影响。

(4) 选择工具栏中的“3D 旋转工具”，然后单击最上边的正方形(因为正方形没有填充，所以需要单击笔触部分才能选择)，此时会出现圆形的 3D 旋转控件。将鼠标指针放在中心圆点上，将其拖动到正方形下边缘中心。再将鼠标指针放在红色 x 轴上段，并拖动，使其沿顺时针方向转动 90°，则该正方形在 x 轴上产生旋转效果，如图 3-120(a)所示。如果担心刚才用鼠标进行操作不精确，可以打开“变形”面板，直接在“3D 旋转”和“3D 中心点”参数中进行如图 3-120(b)所示的设置。其中，“3D 中心点”用来设置 3D 旋转控件的中心点位置；“3D 旋转”用来设置对象沿着 x、y 和 z 轴旋转的度数。

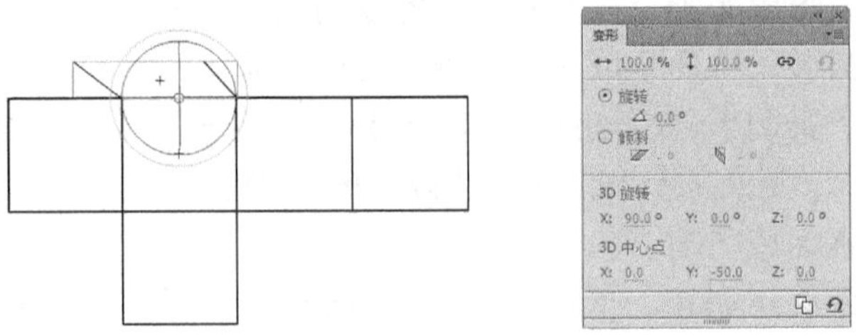

(a)　　(b)

图 3-120　对最上边的正方形进行 3D 旋转变换

(5) 用“3D 旋转工具”单击最左边的正方形，将旋转中心移动到右边线中心，再将鼠标指针放到绿色的 y 轴上，并拖动，使其沿逆时针方向转动 90°，如图 3-121(a)所示。刚才的操作也可以通过直接在“变形”面板中设置“3D 旋转”和“3D 中心点”参数来实现，如图 3-121(b)所示。

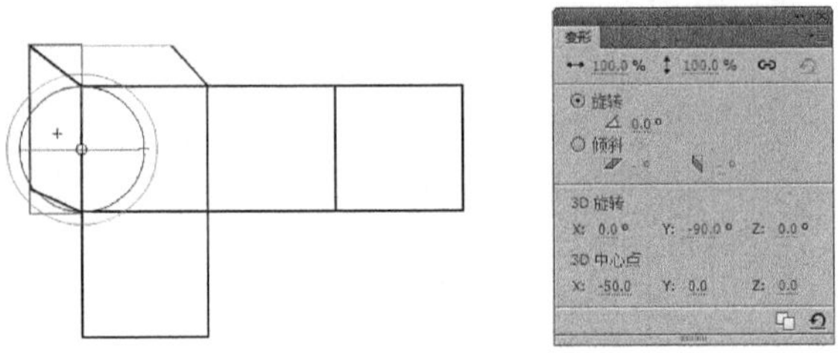

(a)　　(b)

图 3-121　对最左边的正方形进行 3D 旋转变换

(6) 用“3D 旋转工具”单击最下边的正方形，将旋转中心移动到上边线中心，再将鼠标指针放到红色的 x 轴上，并拖动，使其沿逆时针方向转动 90°或沿顺时针方向转动 270°(最后达到的效果是一样的)，如图 3-122(a)所示。可以直接在“变形”面板中设置“3D 旋转”和“3D 中心点”，如图 3-122(b)所示。

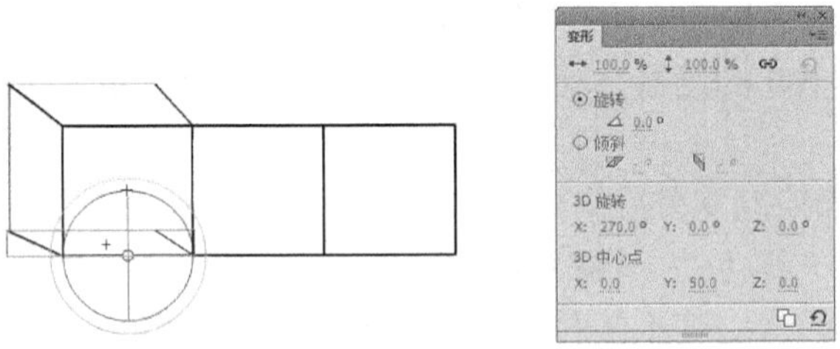

(a)　　(b)

图 3-122　对最下边的正方形进行 3D 旋转变换

(7) 用类似的方法变换从右向左的第二个正方形，即将旋转变换中心移动到其左边缘中点，沿 y 轴旋转 90°，如图 3-123 所示。

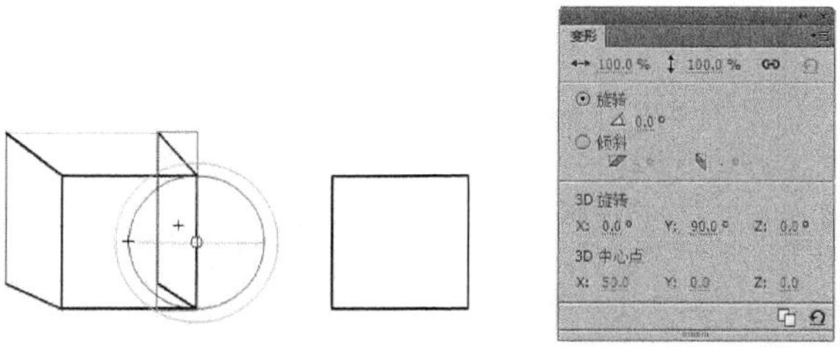

(a)　(b)　(c)

图 3-123　对从右向左的第二个正方形进行 3D 旋转变换

(8) 最后剩下最右边的正方形，它的变换相对来说要复杂一些，我们可以分为两个步骤来进行。首先用“3D 旋转工具”单击该正方形，将变换中心调整到右边缘中点；然后对 y 轴进行 90°的变换，如图 3-124 所示。

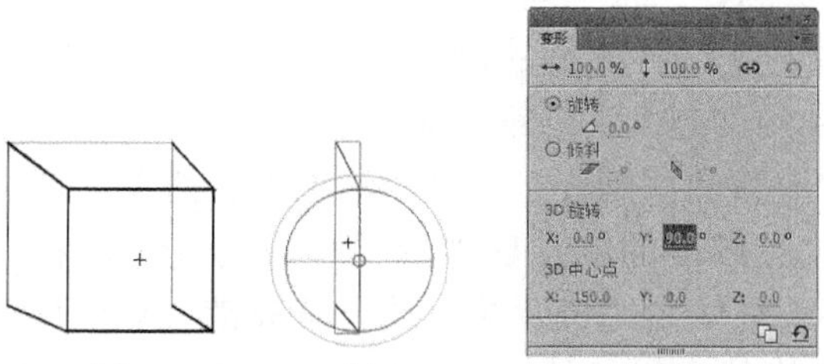

(a)　(b)　(c)

图 3-124　最右边正方形的第一步变换

(9) 继续将当前旋转控件的中心移动到第一个正方形的右边缘中点，对 y 轴进行 180°变换，如图 3-125 所示。至此，6 个正方形的面就拼成了一个立方体模型，我们可以看到立方体框架的透视效果。

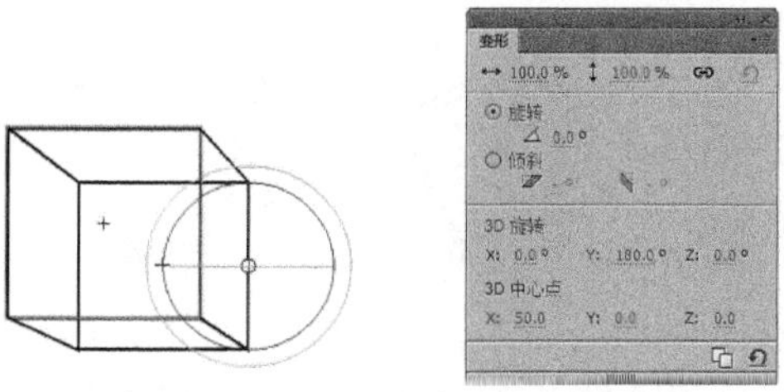

(a)　(b)

图 3-125　完成第 6 个面的变换

(10) 退出对立方体的编辑窗口，回到主时间线。在舞台上创建一个立方体元件实例。此时，除了用“选择工具”可以移动对象之外，我们还可以用“3D 平移工具”来调整立方体在舞台上的位置。

用“3D 平移工具”单击单个影片剪辑元件实例，实例上将会出现平移控件，即 x、y 和 z 三个轴线，如图 3-126(a)所示。其中红色的为 x 轴，绿色的为 y 轴，z 轴在 x 与 y 轴相交的黑色圆点上。这时候，只要选择“3D 平移工具”将鼠标指针放到 x 轴的箭头上，鼠标指针的右下角出现“x”标志，就可以在 x 轴上移动实例对象，此时 y 轴箭头变成灰色，以保证只在 x 轴上移动对象，如图 3-126(b)所示。同样的，可以在 y 轴上平移对象，如图 3-126(c)所示。如果将鼠标指针放到坐标轴的实心黑色点上，鼠标指针的右下角出现“z”标志，则可以在 z 轴上平移对象，如图 3-126(d)所示，此时 x 与 y 轴都将变暗。

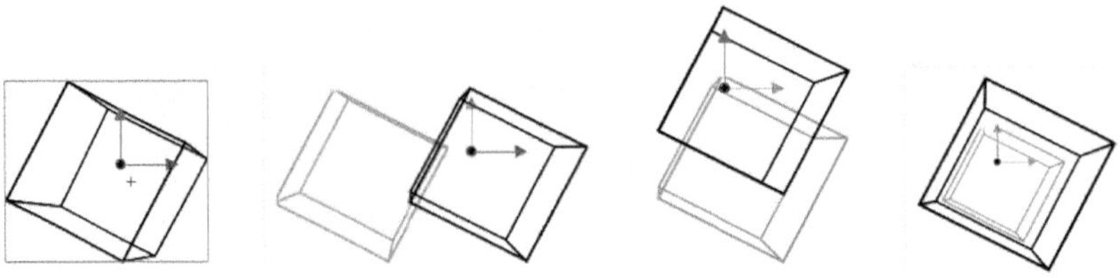

(a)　(b)　(c)　(d)

图 3-126　在 x、y 和 z 轴上平移对象

对于由影片剪辑元件实例所构造的 3D 模型，我们还可以在“属性”面板的“3D 定位和视图”中进行 3D 属性设置，包含的选项如图 3-127 所示。

x、y、z 轴用来设置实例在三维空间中的坐标。

我们还可以设置影片剪辑元件实例的透视角度。图 3-128(a)的透视角度为 30°，而图 3-128(b)的透视角度为 100°。透视角度越大，透视感越强。

我们也可以设置 3D 平移中实例在 z 轴上的消失点，消失点是所有平行于 z 轴的直线在无限远处的透视交点。消失点默认的位置是舞台中心，这时候如果对影片剪辑元件实例进行 z 轴上的 3D 平移，其将朝着消失点的位置缩小或者背离消失点的位置放大。图 3-129 是正在设置消失点的示意图，其中横线和纵线的交点是当前设置的消失点位置。

(11) 在图层 1 第 1 帧中通过 3D 平移调整好立方体的位置之后，在时间线第 1 帧上右击，执行“创建补间动画”命令，选择“选择工具”并拖动将补间区间向右移动到第 80 帧。将播放头移动到第 80 帧，并用“3D 平移工具”和“3D 旋转工具”修改立方体在舞台上的位置和角度。最后用“选择工具”修改对象在舞台上的运动路径，如图 3-130 所示。

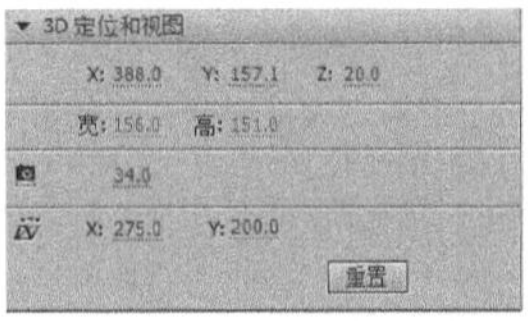

图 3-127　“3D 定位和视图”包含的选项

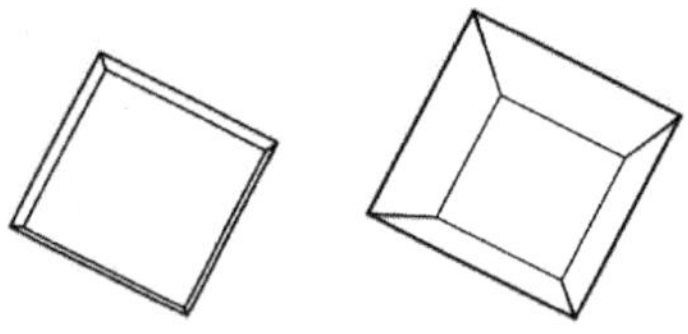

(a)　(b)

图 3-128　不同透视角度对比

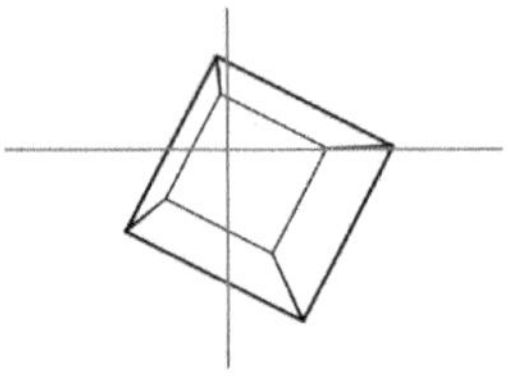

图 3-129　正在设置消失点

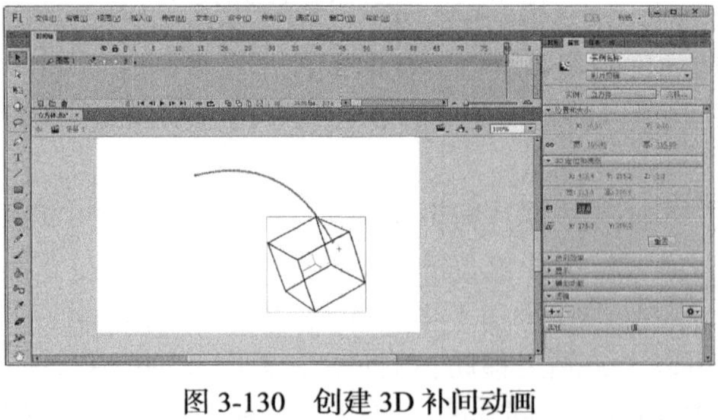

图 3-130　创建 3D 补间动画

(12) 测试动画，则产生如图 3-131 所示的 3D 立方体旋转运动效果。

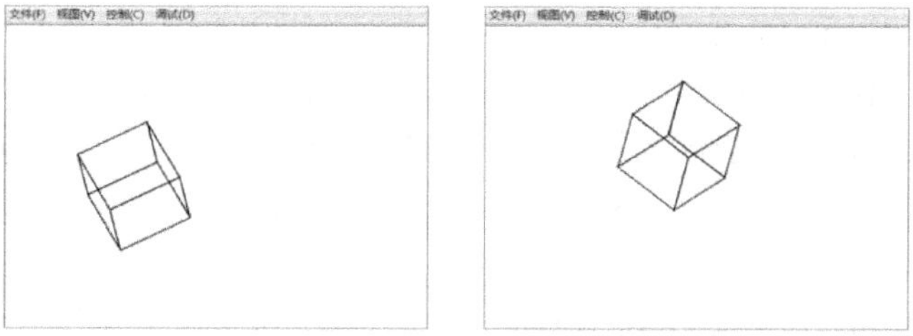

(a)　　(b)

图 3-131　3D 立方体旋转运动效果

在制作 3D 动画时需要注意，因为我们在构建 3D 模型的时候，各个面的上下层叠关系是固定的，所以包含多个面的对象会有一定的动作范围限制，如果超过这个范围，填充面的层叠关系就有可能与真实运动状况相背离，从而发生动画效果的混乱。刚才的例子中，因为各个面都只有笔触而没有填充，所以并没有出现这个问题。一个立方体盒子在如图 3-132(a)所示的 3D 视角下看起来是正确的，因为各个面的层叠关系和这个视角是合适的；而在图 3-132(b)中，当各个面的层叠关系和 3D 视角不合适的时候，最后的 3D 效果看起来就是错误的。

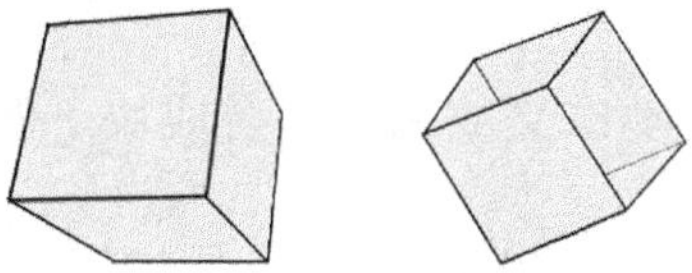

(a)　　(b)

图 3-132　各个面的层叠关系对 3D 视角的影响

3.6　ActionScript 3.0 脚本基础和应用

ActionScript 是 Flash 的脚本编写语言，能够为影片增加交互功能。ActionScript 由不同类型的元素组成，如动作、运算和对象等，这些元素编写在一起以构成脚本。它和其他高级语言一样，拥有语法、变量、函数等。ActionScript 的使用显著增强了动画的魅力和交互性，创作者不仅能够让浏览者控制影片的播放，还能创作出复杂的 Flash 游戏。

ActionScript 的版本从 Flash 5 中的 1.0 到 FlashMX 中的 2.0，又到 Flash CS3 中引入的 3.0，经历了一个逐步发展完善的过程。在 Flash CC 中，放弃了对 1.0 和 2.0 版本的支持，而只支持 3.0 版本。

在本节中，我们将简单介绍 ActionScript 3.0 的基本语法和应用方式。

3.6.1　ActionScript 3.0 基本语法简介

ActionScript 3.0 是一种面向对象的语言，下面我们将分析关于面向对象的语言的几个基本术语。

类：用来创建用以定义新类型对象的一种数据类型，一系列相互之间有关联的数据集合称为一个类。

实例：由某个类创建的对象。一个类可以产生很多个属于这个类的实例，而每个实例都会包含对应类的所有属性和方法。

属性：对象的特征定义。

方法：对象可以调用的函数。

ActionScript 中包含数十个类，它们提供了基本数据类型、自定义错误和事件，以及几种加载外部内容的方法。除了 ActionScript 3.0 已经提供的类之外，用户也可以编写自定义类。实例将继承类的所有属性和方法。例如，MovieClip 类(影片剪辑类)的实例拥有该类的_height、_rotation、_totalframe 等属性，以及 gotoAndPlay、loadMovie、startDrag 等方法。

下面我们将简单介绍 ActionScript 3.0 的基本语法。

(1) 点语法。

点语法是在 Flash 5 中引进的，使得 ActionScript 看上去类似于 JavaScript。点语法用于表明与对象或影片剪辑元件相关联的属性和方法，以及用于标识影片剪辑、变量、函数或对象的目标路径。点号的左边可以是影片中的对象、实例或时间线，右边则是与左边元素相关的属性、目标路径、变量、函数，甚至是另外一个对象。例如：

```
myClip._visible=0;
```

在这个例子中，名称为 myClip 的影片剪辑通过使用点语法将_visible 属性设置为 0，也就是不可见。

(2) 大括号。

大括号“{ }”用来将事件、类定义或函数组合成块。例如，在下面的代码中，我们用大括号来定义函数所包含的语句：

```
function d_onDown(event: MouseEvent): void{
 d_mc.startDrag();
}
```

(3) 圆括号。

圆括号“()”用来为函数分配参数，或者设置表达式中操作的顺序。例如：

```
Function myfunction(name,age){
…
}
```

(4) 分号。

ActionScript 3.0 语句以分号“;”字符结束，这样可以提高代码的可读性。

(5) 注释。

注释是一种使用简单易懂的句子对代码进行注解的方法，编辑器不会对注释进行求值计算。可以在代码中使用注释来描述代码的作用或描述返回到文档中的数据。注释可帮助用户记住重要的编码决定，并且对其他任何阅读代码的人也有帮助。注释必须清楚地解释代码的意图，而不是仅仅翻译代码。如果代码中有些内容阅读起来含义不明，则应添加注释。

如果要插入单行注释，可以用双斜杠线开头。例如：

```
//返回第 1 帧播放
gotoAndPlay(1);
```

如果要插入多行注释，可以在开头添加/*，在结束的地方使用*/。

另外，在编写脚本程序的过程中，要涉及常数、变量、表达式和函数等知识，现简介如下。

(1) 常数。

常数就是其值固定不变的数据，如键盘按键代码、数学常数，或者会用到的某个固定数值等。

(2) 变量。

变量是用来存储信息的单元，可以存储数值、逻辑值、对象、字符串以及 URL、运算结果、影片剪辑等。

① 变量的声明。在使用变量之前，首先应该声明变量，并完成其初始化。这个工作一般放在动画的第 1 帧来完成。例如：

```
//声明变量 value，并设置初始值为 0
var value=0;
```

② 变量的类型。变量主要有三种类型，分别是逻辑变量、数值变量和字符串变量。变量在使用的过程中可以用特定的函数来实现类型的转换。

③ 变量的作用域。变量的作用域是指识别变量的区域和可以引用变量的区域。变量的作用域决定了它是否可以用于影片的其他部分。变量的作用域主要有三种：全局变量和函数对于文档中的所有时间线和作用域均可见；时间线变量可用于该时间线上的任何脚本；本地变量在声明它们的函数体内可用。

(3) 表达式和运算符。

表达式是用一个或多个运算符将数值、变量、函数连接成的算式。ActionScript 3.0 中的运算符主要有算数运算符(“+”、“−”、“*”、“/” 和 “%” 等)、字符串运算符(主要是 “+” 合并符)和比较运算符(“<”、“>”、“≤” 和 “≥” 等)。

表达式有数值表达式、字符串表达式和逻辑表达式三种。数值表达式由数字、数值型变量和算数运算符组成，如 344+67 和 i++等。字符串表达式是由字符串运算符将字符串和字符串变量连接而成的表达式，如 wel+come。逻辑表达式用来判别执行指定动作时所应具备的条件是否成立，由逻辑运算符和数值表达式组成，如 x≥y。

(4) 函数。

函数是一种能够完成一定功能的代码块，可以在影片的任意位置重复使用。函数在 ActionScript 3.0 中具有非常重要的作用，如果要充分使用脚本语言，对函数的了解是必不可少的。

ActionScript 3.0 中包含很多类别的函数，如其中最为常见的播放控制类函数。这个类别的函数包括 play()、stop()、gotoAndPlay()、gotoAndstop()等，用来控制影片的播放、停止等动作。

除了 ActionScript 3.0 中已经提供的函数之外，还可以自定义函数来使用。如果发现某段用来实现特定功能的代码需要经常使用，就可以考虑将其建立为一个函数。

在使用函数之前，应该定义函数，下面的函数定义给出了定义函数的基本语法：

```
function traceMe(yourMessage: String){
 Trace(yourMessage);
}
```

定义函数时要注意函数名必须是合法的。定义好函数之后就可以在需要用该函数的地方调用它了。调用时必须将函数所需要的所有参数传递给它，如果参数不够，将会引起错误。

(5) 语句。

和其他大部分高级语言一样，ActionScript 3.0 中能使用的语句也包括顺序语句、条件语句和循环控制语句。

一般来说，声明语句、赋值语句、函数调用语句等都属于顺序语句，它们将按照顺序来逐条执行。条件语句主要包括 if 语句；而循环控制语句主要包括 for 语句、do…while 语句等。它们的语法结构和其他高级语言中的情况基本相同，此处不再赘述。

3.6.2　动作面板的使用

在 Flash 中添加脚本的工作都是在“动作”面板中完成的。利用“窗口”菜单可以打开“动作”面板，该面板如图 3-133 所示。

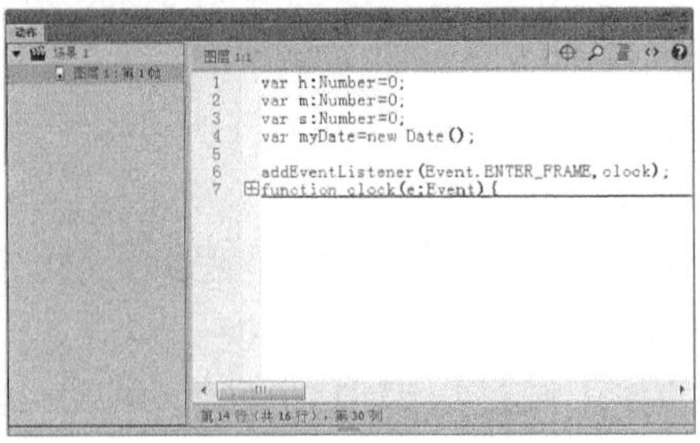

图 3-133　“动作”面板

“动作”面板包含脚本导航和脚本的编辑窗口、工具栏三个部分。

1) 脚本导航

脚本导航位于“动作”面板的左边，可以确定一个脚本在用户影片中的位置并且立即在脚本的编辑窗口中调用它。

2) 脚本的编辑窗口

“动作”面板右部的窗口就是脚本的编辑窗口。它能完整地显示所有脚本，也是用户编写动作脚本的地方。

3) 工具栏

工具栏位于“动作”面板的右上方，其中包含的按钮如下。

“插入实例路径和名称”：单击可以弹出“插入目标路径”对话框，在其中选择要引用的对象的路径。

“查找”：可以在脚本中查找替换指定的内容。

“设置代码格式”：对选定的代码进行格式设置。

“代码片断”：单击可以打开“代码片断”面板(图 3-134)，直接使用 ActionScript 3.0 已经提供的代码片断。该面板中提供了为影片添加动作效果、时间线控制、动画效果等多种代码片断，双击某个片断，就可以将相应的代码添加到脚本的编辑窗口中。例如，在如图 3-134 所示的例子中，我们首先选择舞台上一个命名为 ball 的影片剪辑元件实例，然后执行“代码片断”面板中的“动画”|“淡入影片剪辑”命令，则支持 ball 实例产生淡入效果的代码就会自动出现在脚本的编辑窗口中，并提供了相应的注释。非常明显，使用代码片断可以为动画效果的创建带来很多方便。

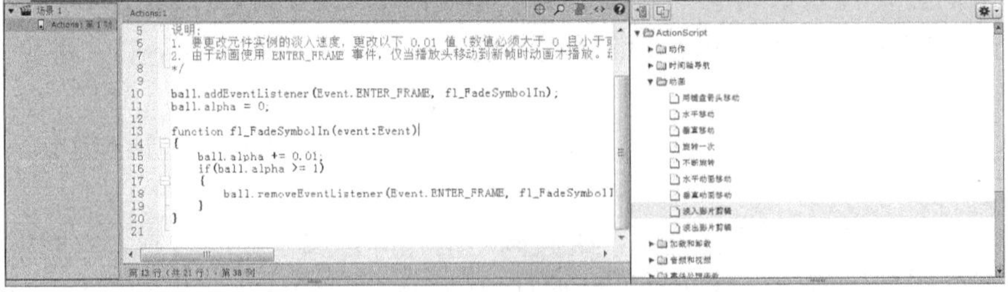

图 3-134　“代码片断”面板

3.6.3　添加脚本

在 ActionScript 3.0 中，代码可以添加到关键帧上。我们在“时间线”面板中选择要添加代码的关键帧，此时“动作”面板的脚本导航中会给出当前的位置标记，然后在脚本的编辑窗口中编辑代码就可以了。

代码可以自己编写，也可以使用 3.6.2 节提到的“代码片断”功能。对于代码片断要注意的是，如果即将添加的代码片断是针对特定按钮元件实例或者影片剪辑元件实例的，那么需要首先选择这个实例，并且在“属性”面板中对该实例命名，然后才能双击“代码片断”面板中要添加的内容。

关键帧上添加代码之后，该帧在时间线上会出现一个“a”标记，说明这个帧是包含有脚本的。关键帧上的代码一般来说会在动画播放到该帧，也就是播放头进入该帧的时候得到执行，但事件处理代码会在指定事件发生的时候才能得到执行。

1) 事件

事件是指动画播放过程中发生的动作，包括系统事件和用户事件。例如，播放头播放到某个帧就属于系统事件，命名为 Event.ENTER_FRAME，即系统事件类中的“进入帧”事件。用户事件是用户在动画播放过程中进行的交互行为，如单击按钮，这个事件命名为 MouseEvent.MOUSE_DOWN，即鼠标事件类中的“单击”事件。此时，被单击的按钮称为事件源。

2) 事件处理函数

事件处理函数是当特定事件发生之后要执行的响应代码，我们以函数的形式对其定义。

下面我们来介绍事件处理代码的编写方法。事件处理代码包括事件源、事件和响应三个要素，同样添加到关键帧上，编写时遵循以下基本结构：

```
Function eventResponse(eventobject: EventType): void{
//事件侦听器代码
}//定义事件处理函数
eventSource.addEventListener(EventType.EVENTNAME.eventResponse);
//为事件源和事件添加事件侦听器
```

这个基本结构可以解释为，先创建一个为响应事件而执行的函数或者类方法，也就是事件处理函数(侦听器函数)，然后通过调用事件源的 addEventListener()方法在事件目标中注册侦听器函数。当事件源发生了 EVENTNAME 表示的事件，将执行 eventResponse 函数中的代码。

3.6.4　ActionScript 应用实例

下面我们通过一个例子来分析脚本的应用。

实例：影片播放控制。

在本例中，我们将为影片添加一个封面，封面中提供一个“播放”按钮，单击“播放”按钮之后影片才会继续播放，否则会一直停在封面上。

(1) 新建一个 ActionScript 3.0 文档。在图层 1 第 1 帧上绘制自己喜欢的图形作为封面内容，并输入“三维立方体旋转动画”的字样，如图 3-135(a)所示。

(2) 执行“文件”|“导入”|“打开外部库”命令，在弹出的对话框中选择我们在 3.3.2 节中创建的按钮元件，则该元件的“库”面板在当前文件窗口中打开。我们将库中的 button 元件拖动到舞台上，创建一个实例，如图 3-135(b)所示。

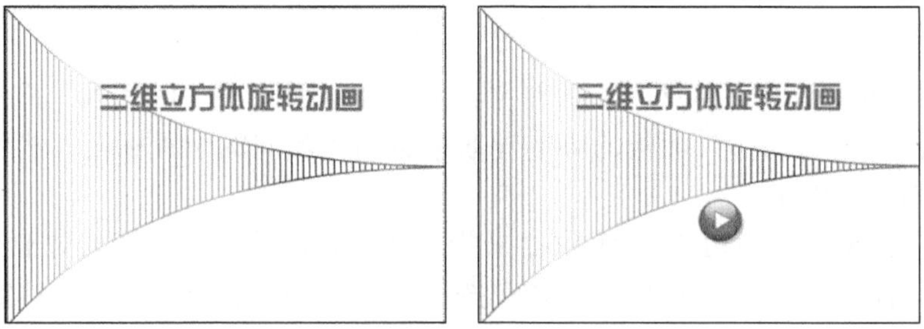

(a)　　(b)

图 3-135　编辑封面内容

(3) 单击按钮元件实例，在“属性”面板中将其命名为 playMovie，如图 3-136 所示。

图 3-136　为按钮元件实例命名

(4) 打开 3.5.3 节中创建的立方体旋转动画 FLA 文件。选择图层 1 的所有帧，然后执行右键菜单中的“复制帧”命令。在本例文件的图层 1 第 2 帧上执行右键菜单中的“粘贴帧”命令，则三维立体动画的所有帧就被复制到了当前文件的图层 1 中，如图 3-137 所示。同时，所需要的元件也会复制到当前文件的库中，如图 3-138 所示，该文件的库中包含 3 个元件。

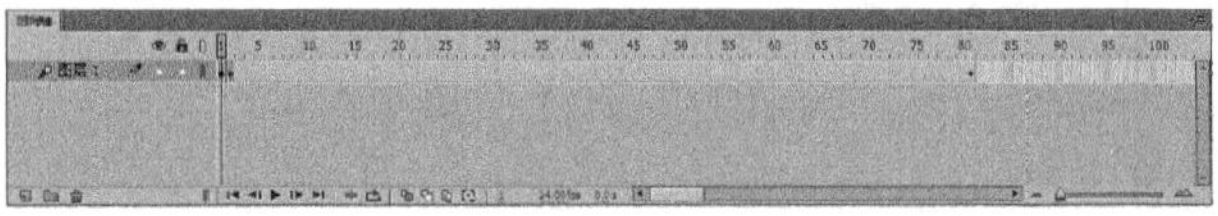

图 3-137　“粘贴帧”执行之后的时间线

图 3-138　“库”面板示意图

(5) 在“时间线”面板中选择图层 1 的第 1 帧，打开“动作”面板和“代码片断”面板，在“代码片断”面板中执行 ActionScript|“时间线导航”|“在此帧处停止”命令，在“动作”面中出现“stop();”代码和相关注释，如图 3-139 所示。这个代码的作用是将动画在第 1 帧上停止播放，以等待用户单击播放按钮。此时的时间线如图 3-140 所示，Flash CC 自动新建了一个 Action 图层，用来放置脚本，Action 图层的第 1 帧上出现了一个“a”标记。

(6) 在图层 1 第 1 帧上选择 playMovie 按钮元件实例，在“代码片断”面板中执行 ActionScript|“事件处理函数”|“Mouse Click 事件”命令，则在“动作”面板中自动添加了对 playMovie 实例的 Mouse Click(单击)事件进行处理的函数，如图 3-141 所示。

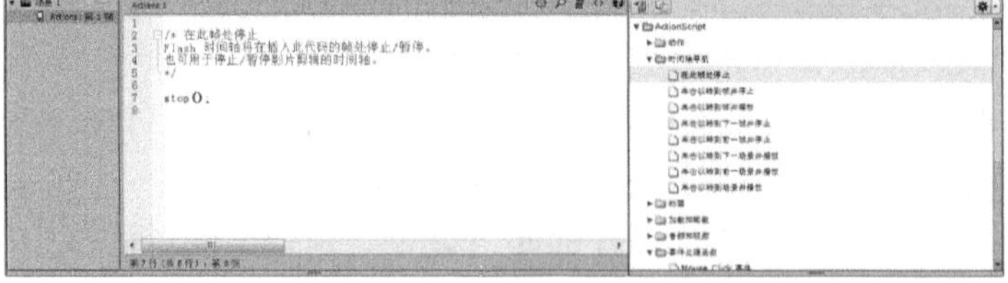

图 3-139　插入用于停止播放影片的代码

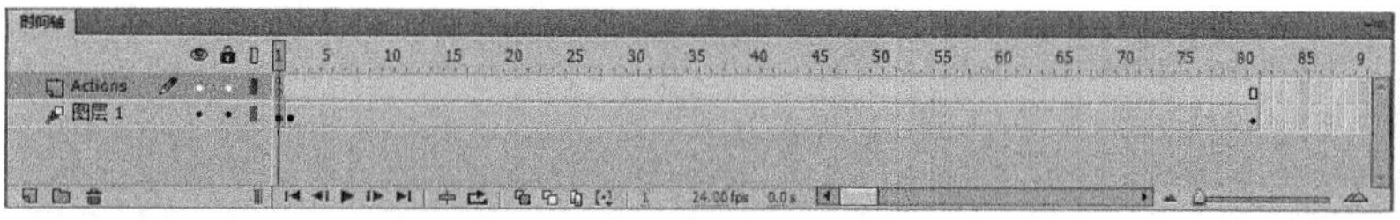

图 3-140　添加代码之后的时间线

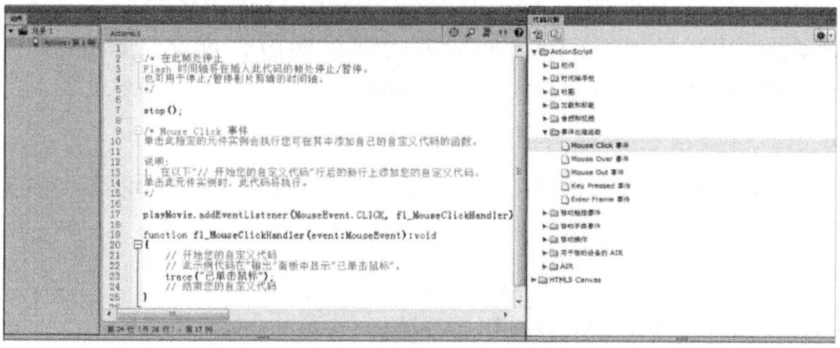

图 3-141　利用代码片断为 playMovie 实例添加事件处理函数

(7) 在“动作”面板的脚本的编辑窗口中提示“开始您的自定义代码”的地方输入“gotoAndPlay(2);,”如图 3-142 所示。这行代码的作用是将播放头跳转到当前场景的第 2 帧中开始播放。

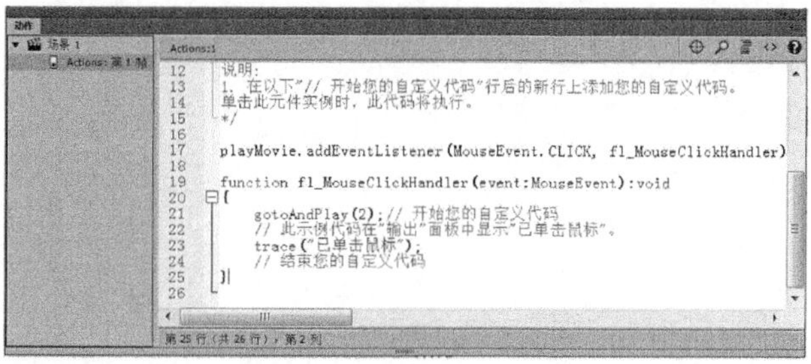

图 3-142　添加自定义代码

(8) 测试动画，则动画会停在第 1 帧封面上，用户在“播放”按钮上单击之后，才会进入第 2 帧，开始播放三维立方体旋转动画的内容。

本 章 小 结

对于 Flash 这样一款有着丰富功能和广泛应用的软件来说，短短的一章当然无法展示它能够带给我们的所有惊奇。在这一章里，我们只能对 Flash 的主要功能做一个简要的介绍，包括它的界面构成、绘图功能、元件和实例应用、逐帧动画、补间动画和交互式动画的创建，以及引导层动画、遮罩动画和 3D 动画。掌握了这些技能，已经可以创建富有动态效果的广告、课件、情景动画等常见的 Flash 作品。

思 考 题

1. 在 Flash 中能输出哪些类型的文件？

2. Flash 有哪两种绘图模式？它们各自的特点是什么？
3. 什么是 Flash 中的绘图纸外观功能？它能够对动画的创建起到什么作用？
4. Flash 的内部元件有哪些类型？分别说明它们的特点。
5. 哪些类型的音频文件能够导入 Flash 中使用？
6. 在 Flash 中制作按钮元件时，需要分别编辑按钮的哪些状态？
7. 如果希望动画的背景音乐能在动画结束后继续播放，那么应该如何设置背景声音？
8. Flash 中能为哪些类型的对象制作补间动画？
9. 如果要对文本对象执行形状补间，应该如何处理？
10. 什么称为遮罩动画？发挥你的想象，举出一些遮罩动画能够产生的效果。
11. 简述 3D 消失点的概念。
12. 用 Flash 提供的 3D 功能，能构造球体模型吗？
13. 在 ActionScript 3.0 中，事件处理代码是如何编写的？
14. 为元件创建实例之后，这些实例的哪些属性可以独立设置？

第 4 章　音频处理——Adobe Audition CC 的应用

本章主要介绍了 Adobe Audition CC 软件的发展历史、启动与退出等基本操作，以及如何利用此软件，如何对音频文件进行录制、裁剪及多轨混音等一系列操作。本章通过图文并茂的方式，详细地说明了每个部分所需要掌握的知识点，以及具体实例在计算机上的操作步骤。

4.1　Adobe Audition CC 软件的发展历史

Adobe Audition CC(简称 Adobe Audition)是一款专业音频编辑和混合软件，它可以提供先进的音频录制、混合、编辑、控制和效果处理功能。该软件最多混合 128 个声道，可以编辑多个音频文件，创建回路时可使用 45 种以上的数字信号处理效果。无论录制音乐、无线电广播，还是为影片配音，它都可以轻松胜任。目前，该软件的最新版本为 Adobe Audition CC。

Adobe Audition 既具有专业软件的全方位功能，又比其他专业软件更容易掌握，其前身是大名鼎鼎的 Cool Edit 软件。下面简要介绍它的发展历史。

1997 年，美国 Syntrillium 公司正式发布了一款多轨音频制作软件，名字是 Cool Edit Pro(取“专业酷炫编辑”之意)，版本号为 1.0。

1999 年，Syntrillium 公司正式发布 Cool Edit Pro 的 1.2 版本，并免费为老用户提供升级包。升级后的 Cool Edit Pro 可以运行在 Windows 98 或 Windows NT 的平台上，带有 30 种以上的效果器，其中绝大多数效果器支持实时的效果预听。在接下来一年多的时间里，Syntrillium 陆续发布了几个插件，丰富了 Cool Edit Pro 的声效处理功能，并使它开始支持 MP3 格式的编码和解码。后来，其又使用过 Cool Edit 2000 的名字。

2002 年，Cool Edit Pro 发布了一个很重要的新版本，即 2.0 版。除了界面变得更漂亮以外，它开始支持视频素材和 MIDI 播放，并兼容了 MTC 时间码，另外还添加了 CD 刻录功能，以及一批新增的实用音频处理功能。也正是从 2.0 版开始，这款在欧美业余音乐音频界已经颇为流行的软件，开始被中国的广大多媒体用户所注意。

Cool Edit Pro 因其“业余软件的人性化”和“专业软件的功能”，继续扩大着它的影响力，并最终引起了著名的媒体编辑软件企业 Adobe 的注意(就是出品 Photoshop、Premiere 等著名软件的公司)。

在 2003 年，Adobe 公司收购了 Syntrillium 公司的全部产品，并将 Cool Edit Pro 的音频技术融入了 Adobe 公司的 Premiere、After Effects、EncoreDVD 等其他与影视相关的软件中。同时，当时的 Cool Edit Pro 也经过 Adobe 的重新制作，然后重命名为 Adobe Audition，版本号为 1.0，后来又改为 1.5，开始支持更专业的 VST 插件格式。

2006 年，Adobe Audition 升级至 2.0 版。这一次，Adobe 对软件的界面结构和菜单做了较多的调整，使它变得更加专业。但是，这款软件平易近人的传统仍然被保持下来，所以，不但老用户很快接受了新版本，而且更多的音频初学者也被这次改版吸引到 Audition 的用户群体中。

2007 年，Adobe Audition 升级至 3.0 版。新功能包含 VSTi(虚拟乐器)支援、增强的光谱编辑，重新设计的多轨用户界面、新音效和一些无须支付技术使用费的循环片段。

2011 年，Adobe Audition CS5.5 作为 Adobe Creative Suit 5.5 中替代 Soundbooth 的一个组件发布。它可以运行在 Windows 和 Mac OS X 上。

2012 年，Adobe Audition CS6 作为 Adobe Creative Suit 6 的一个组件发布。此版本除了依然可以运行在 Windows 和 Mac OS X 上。

2015 年开始，Adobe 公司开始以 CC 为软件的版本号进行命名，Adobe Audition CC 版本中，除了依然可以运行在 Windows 和 Mac OS X 上，还增加了很多新功能。

(1) 操作更便捷、直观；专门为电影，录像和广告工作流程进行了优化。

(2) 简化工作流程，让软件的生产速度更快；先实时剪辑伸展，再实时无损伸展剪辑；预览更改和设置，并呈现更高质量的结果；调整速度和音高的 Varispeed 模式。

(3) 强大的音高修正功能，手动或自动修正音高错误。

(4) 更多新效果，通过新的效果 Pitch Bender、Generate Noise、Tone Generator、Graphic Phase Shifter 和 Doppler Shifter 等进行音效设计。

(5) 更高效的工作面板，参数自动化，简化元数据和标记板，支持直接导入高清视频播放等。

由于目前国内的个人计算机中，Windows 操作系统仍占据着很大的比例，因此本章余下的内容，将默认以 Windsows 操作系统为背景，解释和说明 Adobe Audition 的各项操作与功能。

4.2　Adobe Audition 基本操作

4.2.1　Adobe Audition 的启动与退出

1. Adobe Audition 的启动

在 Adobe Audition 安装完成后，桌面上会出现如图 4-1 所示的图标，双击它，启动 Adobe Audition。

在启动的过程中，系统桌面会显示如图 4-2 所示的效果。

图 4-1　Adobe Audition 的桌面快捷方式

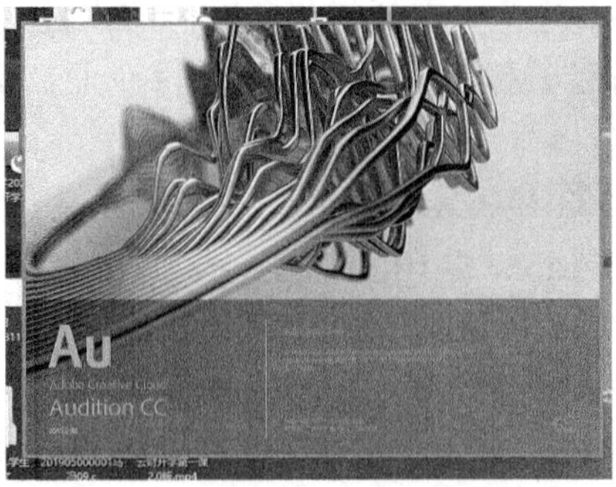

图 4-2　Adobe Audition 的启动界面

启动后，若出现如图 4-3 所示的提示，则表示当前安装的 Adobe Audition 尚不能支持对 QuickTime 文件格式的编辑。若要解决此问题，可到苹果公司的官方网站 http://www.apple.com.cn/quicktime/download/，下载最新的 QuickTime 软件，如图 4-4 所示。将 QuickTime 安装完成后，再启动 Adobe Audition CC，就不会出现图 4-3 的提示了。

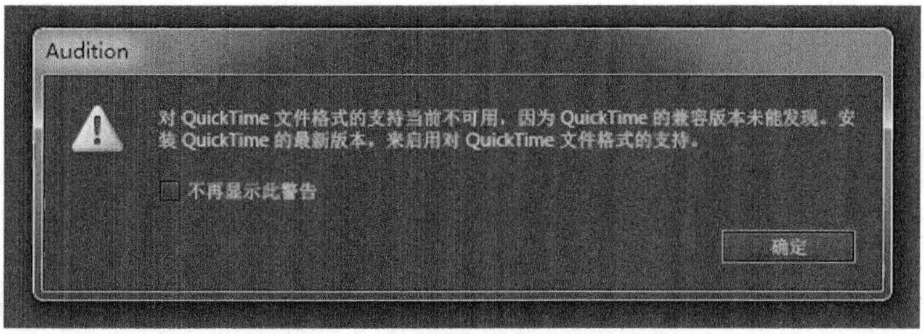

图 4-3　QuickTime 文件格式提醒

图 4-4　QuickTime 下载界面

当然，如果确定自己暂时不会编辑到 QuickTime 文件格式的音频文件，可以在如图 4-3 所示的界面上选择“不再显示此警告”，并单击“确定”按钮，以跳过安装 QuickTime 的步骤。

Adobe Audition 启动后的主界面如图 4-5 所示。

图 4-5　Adobe Audition 主界面

2. Adobe Audition 的退出

Adobe Audition 的退出和大部分的 Windows 软件的退出一样，有两种通用的方法。一种是执行“文件”|“退出”命令；另一种是单击 Adobe Audition 主界面右上角的“关闭”按钮(红色小叉)即可。

4.2.2 打开和保存音频文件

想要对音频进行编辑操作，首先要学会打开音频文件。执行“打开”命令，Adobe Audition 几乎可以打开所有音频格式的文件。下面介绍打开和保存一个音频文件的操作。

1. 打开音频文件

启动 Adobe Audition 后，执行“文件”|“打开”命令，选择“音乐.mp3”选项，如图 4-6 所示(本章中所有用到的素材和实验结果文件，均可在附带的光盘相应章节的目录下找到)。

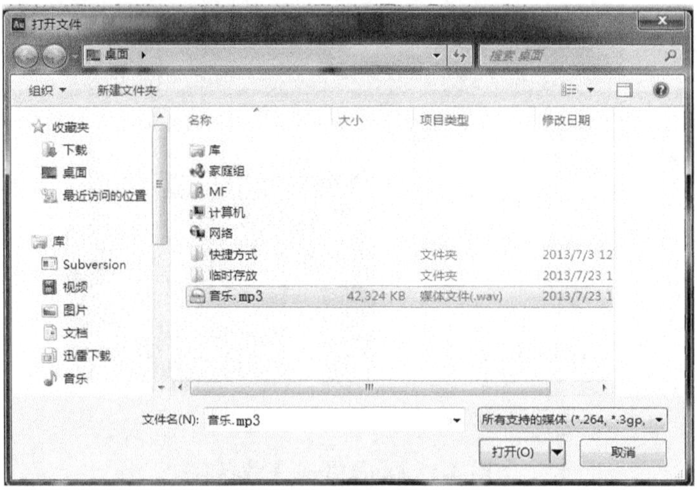

图 4-6　打开文件(一)

单击“打开”按钮后，出现如图 4-7 所示的效果。

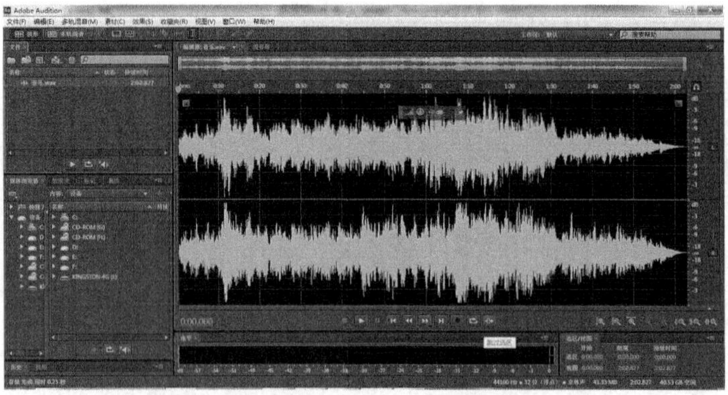

图 4-7　文件打开后的主界面(一)

如果发现一些文件格式不能执行“打开”命令直接打开，用户可以尝试执行“文件”|“导入”命令，将文件导入软件中。如果打开和导入都不可以，则表明该文件格式不能在 Adobe Audition 中打开，此时需要通过第三方软件转换后，再使用 Adobe Audition 打开。

2. 保存音频文件

保存音频文件，大致分为两种情况。一种是将当前编辑后的效果保存到当前文件自身。此时，只需要执行“文件”|“存储”命令即可。另一种是将当前编辑后的效果保存到另一个文件中，此时执行“文件”|“另存为”命令，在弹出的“另存为”对话框中选择相应的文件类型、保存地址，设置文件名等信息后，单击“确定”按钮即可。

4.3　Adobe Audition 实例操作

4.3.1　录制音频

此部分以录制一段诗朗诵为例，讲解如何利用 Adobe Audition 录制一段音频。

(1) 执行“文件”|“新建”|“音频文件”命令，在弹出的“新建音频文件”对话框中设置文件名为“录制诗歌音频”。图 4-8 为新建音频文件。

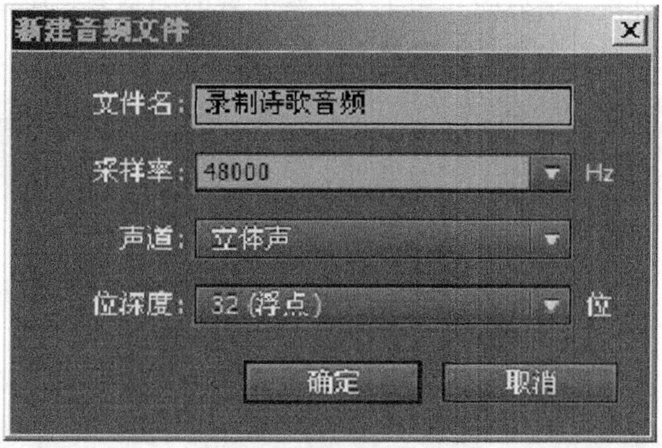

图 4-8　新建音频文件

(2) 确定将麦克风插入计算机声卡的麦克风插口。双击托盘区的“喇叭”图标，执行“选项”|“属性”命令，在“混音器”下拉列表框中选择带有“Input(输入)”字样的选项，不同声卡设置不尽相同，选择下面的“麦克风音量”。图 4-9 为调整录音设备。

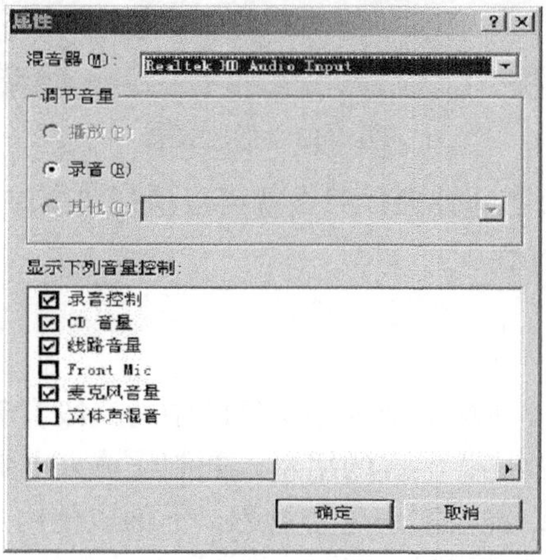

图 4-9　调整录音设备

(3) 在“录音控制”面板中，把麦克风音量的滑杆上的滑块往上拖动，提高麦克风录音时的音量。图 4-10 为调整录音音量。

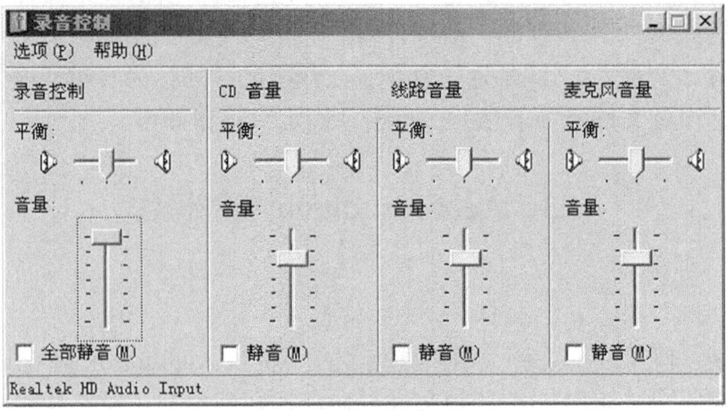

图 4-10 调整录音音量

(4) 返回 Adobe Audition 主界面，单击走带控制器的“录制”按钮，快捷键是 Shift+空格键。图 4-11 为开始录制。

图 4-11 开始录制

(5) 对准麦克风，大声朗读希望录制的内容，此时在 Adobe Audition 主界面上，可看到录制过程。

(6) 录制完成后，再次单击“录制”按钮，停止录制。图 4-12 为停止录制。

图 4-12 停止录制

(7) 单击走带控制器的“播放”按钮(空格键)，播放录音。图 4-13 为播放录音。

图 4-13 播放录音

(8) 如果觉得已经达到预期的效果，那么就可以执行“菜单” | “存储”命令来保存当前录制的音频，并结束录制的全过程。

4.3.2 音频的裁剪

有时候，我们可能会比较喜欢某个音频文件的中的一段音频，或许可能会想着把这段音频分离出来，做某些特定的用途，如制作成来电铃声或短信铃声等。使用 Adobe Audition 可以轻松实现这个过程，下面以使用 Adobe Audition 对一个音频文件进行裁剪为例，说明如何将某个音频文件中的一部分分离出来。

(1) 执行“文件”|“打开”命令，打开之前用过的“音乐.mp3”文件，如图 4-14 所示。系统主界面会显示如图 4-15 所示的效果。

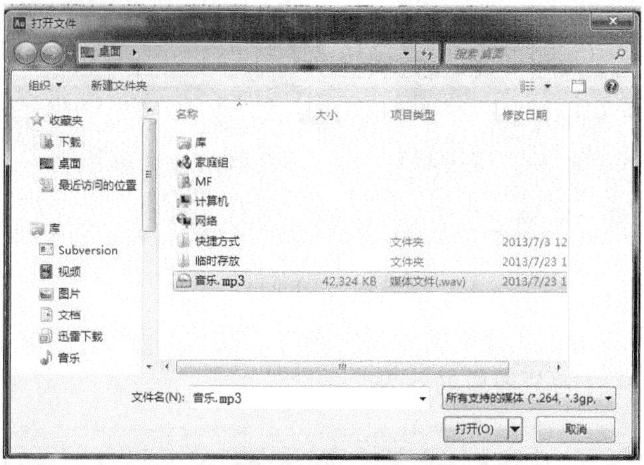

图 4-14　打开文件(二)

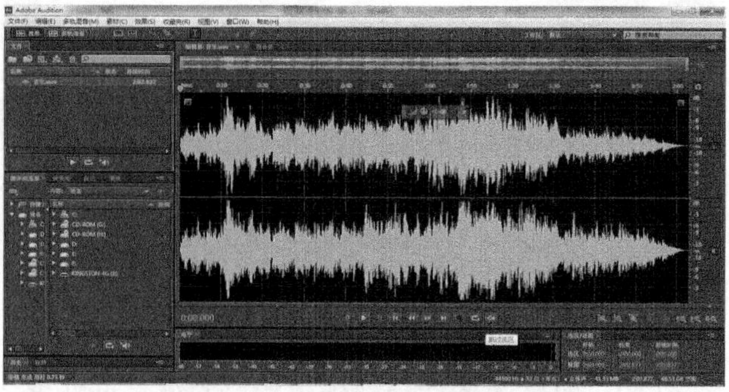

图 4-15　文件打开后的主界面(二)

(2) 拖动“编辑器”面板上的黄色小滑块，或者单击“编辑器”面板上的黄色小滑块所在的行，选择准备分割的音频的开始位置。图 4-16 为时间轴标签。

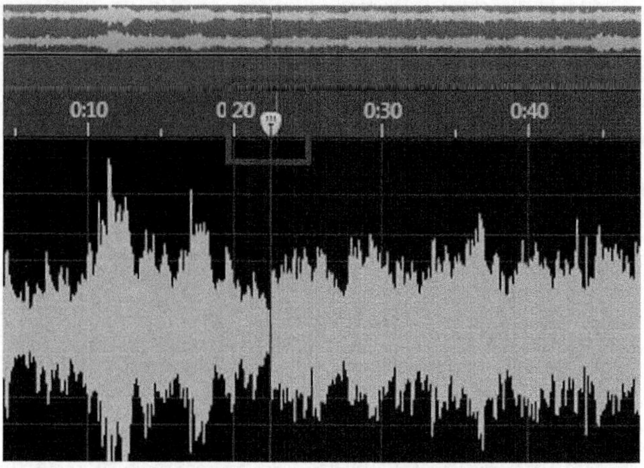

图 4-16　时间轴标签

(3) 将鼠标指针放开始位置所在的红色竖线上，拖动红色竖线，一直拖动到希望编辑的音频片段的结尾位置，如图 4-17 所示。

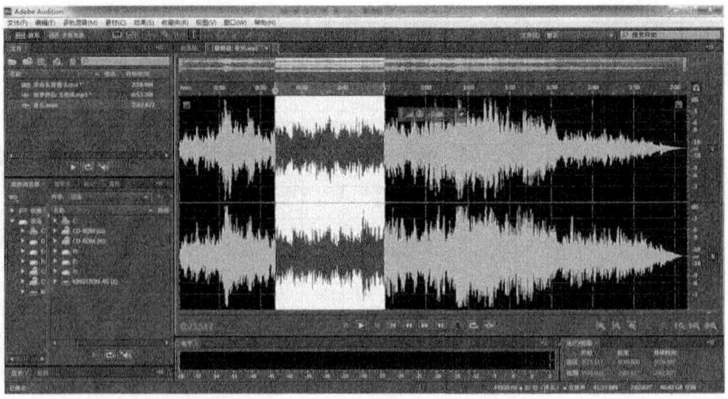

图 4-17　选取音频片段

(4) 在选取范围内右击，在弹出的菜单中选择“裁剪”，则编辑器界面上会仅留下刚刚选择的那部分音频。图 4-18 为裁剪后的效果。

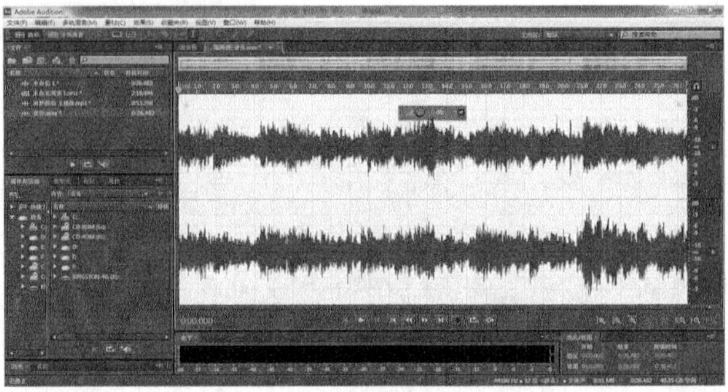

图 4-18　裁剪后的效果

(5) 执行“菜单” | “存储”命令来保存当前编辑后的音频，即完成了将特定部分从某个音频文件中分离出来的全过程。

4.3.3　多轨混音

有时候，我们可能希望给某个旁白音频添加上适当的背景音乐，或者将多个音频的效果混合在一起，使用 Adobe Audition 可以轻松地实现多轨混音的效果。下面以给一个诗朗诵配上背景音乐为例，说明 Adobe Audition 的多轨混音操作过程。

(1) 启动 Adobe Audition 后，单击其界面上的“多轨混音”按钮，会弹出一个“新建多轨混音”对话框。保持所有的参数为默认值，直接单击“确定”按钮，如图 4-19 所示。

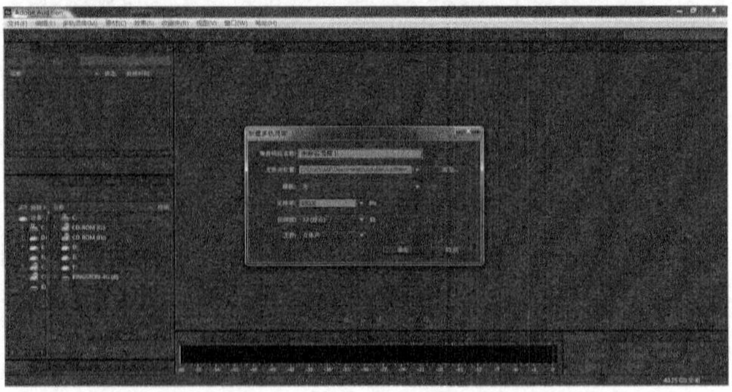

图 4-19　新建多轨混音

(2) 执行“文件”|“导入”|“文件”命令，选择“回乡偶书.mp3”和“步虚词.mp3”两个选项，并单击该界面上的“打开”按钮。图 4-20 为选择多个文件。

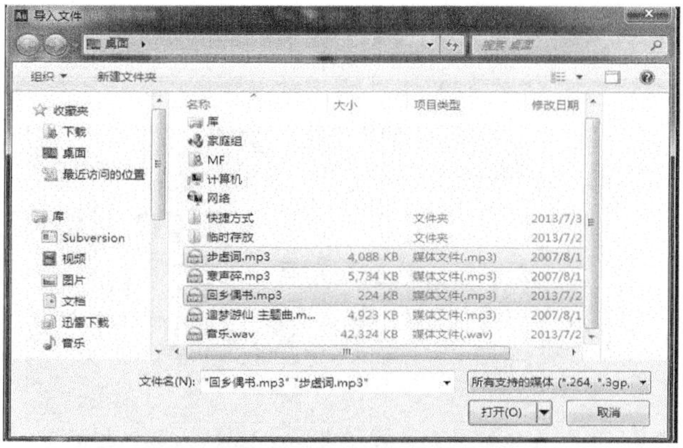

图 4-20　选择多个文件

(3) 在该主界面的左侧“文件”标签下，会显示出刚刚导入的两个音频文件。分别拖动“回乡偶书.mp3”和“步虚词.mp3”两个文件到右侧“编辑器”标签下的轨道 1 和轨道 2 中。在将“回乡偶书.mp3”拖入轨道 1 中时，系统会提示“此音频文件的采样率和当前建立的多轨混音文件采样率不同，是否要转换”。直接单击该界面上的“确定”按钮即可。拖动完成后的效果，如图 4-21 所示。

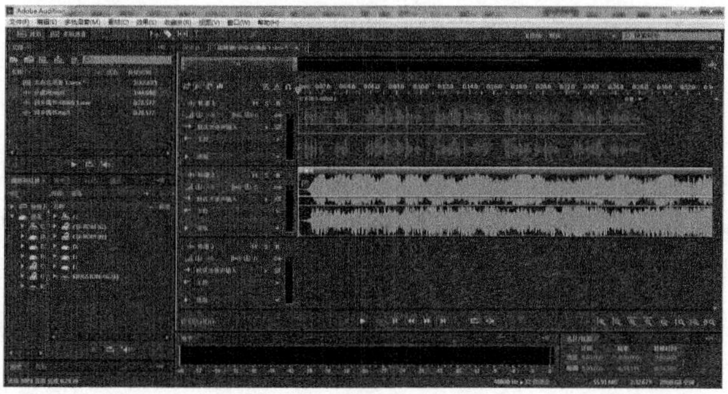

图 4-21　导入多个音轨

(4) 将两个轨道的时间处理成一样长。向右拖动“编辑器”标签下的水平滚动条，直至看到轨道 2 的结束为止，如图 4-22 所示。将鼠标指针放在轨道 2 的结尾位置，它会变成一个红色的“】”形状，向左拖动，直至轨道 2 和轨道 1 有一样的长度。

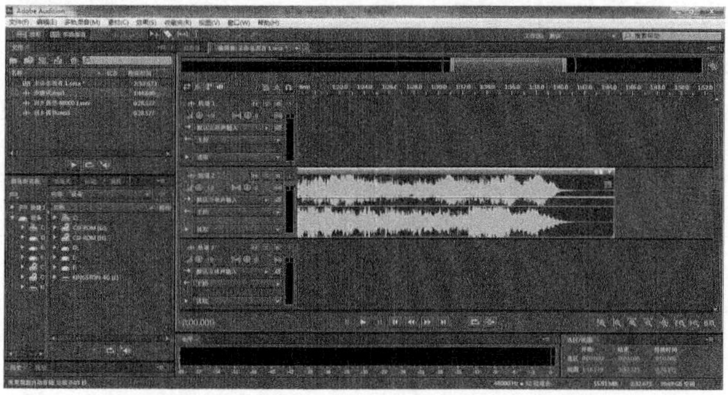

图 4-22　水平滚动条拖到轨道 2 尾部

(5) 导出音频。如果希望将当前处理的效果保存成一般的 MP3 格式文件，那么就需要执行“文件” | “导出” | “多轨缩混” | “完整混音” 命令，在弹出的 “导出多轨缩混” 对话框中，选择文件的格式为 MP3，文件名填入 “回乡偶书(带背景音乐)”，单击 “确定” 按钮即可。图 4-23 为导出多轨混音。

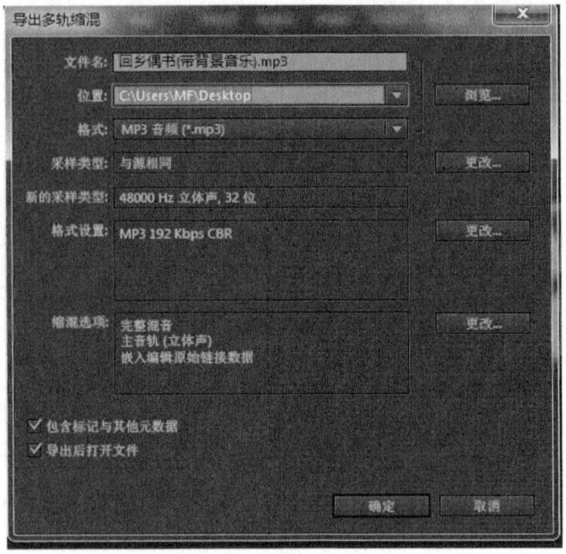

图 4-23　导出多轨混音

本 章 小 结

本章从 Adobe Audition 软件的发展历史开始介绍，后续逐步说明了 Adobe Audition 的启动、退出以及如何应用此软件，如何对音频文件进行录制、裁剪及多轨混音等一系列操作。最后，以实例的方式，详细地说明了每个部分在计算机上的操作步骤，以此来巩固和加强同学们对相关知识点的认识和掌握。

思　考　题

1. 若 Adobe Audition 软件安装好后，在启动时，弹出尚不能支持对 QuickTime 文件格式编辑的提示对话框，那么需要如何解决？

2. 如何利用 Adobe Audition 软件来录制音频？

3. 如何利用 Adobe Audition 软件来实现左、右不同声道的混音效果？

第 5 章　视频剪辑——爱剪辑的应用

本章介绍了一款易用、强大的视频剪辑软件——爱剪辑，使用它可以快速、高效地剪辑制作自己的视频作品。本章主要介绍了添加视频、音频、字幕的方法，以及添加各种特效的方法及案例。

5.1　概　　述

爱剪辑软件不需要太多的视频剪辑基础，不需要理解复杂的专业词汇，提供直观易懂的剪辑方式。它支持各种视频与音频格式，提供丰富的文字特效、风格效果、转场特效、卡拉OK 效果、MTV 字幕和专业的加贴图、加相框以及去水印功能，使用普通的主流配置计算机，就能高效地剪辑高质量的画面，令清晰的视频生动地呈现。

在爱剪辑的官网 http://www.aijianji.com/index.htm，单击“立即下载”，可以下载爱剪辑软件，将该软件安装到计算机中，就可以使用该应用程序了。双击桌面的“爱剪辑”快捷图标，就可以进入爱剪辑编辑器窗口。

5.1.1　认识操作界面

爱剪辑的操作界面主要包括选项卡区、视频预览框、特效列表、视频片段以及参数面板等，如图 5-1 所示。

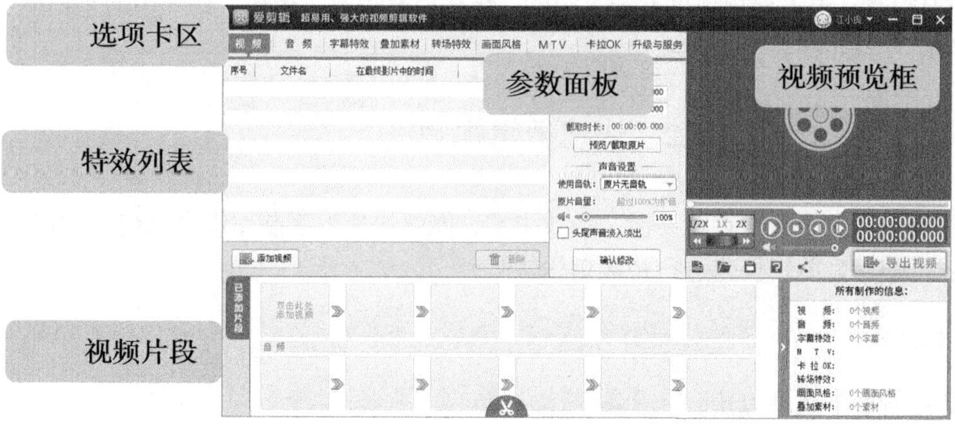

图 5-1　爱剪辑操作界面

(1) 选项卡区：包括“视频”、“音频”、“字幕特效”、“叠加素材”、“转场特效”、“画面风格”、MTV、“卡拉 OK”和“升级与服务”九个选项卡。

(2) 视频预览框：显示当前对视频剪辑的效果。

(3) 特效列表：列出当前可以使用的特效。

(4) 视频片段：添加要剪辑的视频片段，显示在这个区域。

(5) 参数面板：用于自定义所选效果的不同参数。

5.1.2 工程文件的基本操作

爱剪辑进行视频剪辑工作的文件称为工程文件，可以保存视频素材、图像素材、音频素材、字幕以及特效等操作的参数信息，工程文件的格式为*.mep。

工程文件的基本操作包括创建新制作、打开已有制作、保存所有设置，单击视频预览框左下角的相应按钮，可以选择工程文件操作的相应命令。图 5-2 为创建新制作。

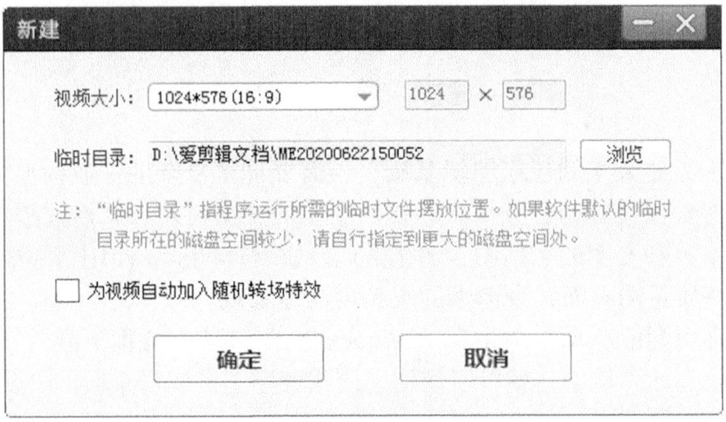

图 5-2 创建新制作

(1) 创建新制作：一般启动爱剪辑后，会自动创建新制作，或者单击视频预览框左下角的“创建新制作”按钮。

(2) 打开已有制作：单击视频预览框左下角的“打开已有制作”按钮(*.mep)。

(3) 保存所有设置：单击视频预览框左下角的“保存所有设置”按钮，在弹出的对话框中设置文件的保存路径及文件名。

5.2 快速剪辑视频

爱剪辑操作简便，剪辑方式直观易懂，特效丰富，能够快速上手制作出自己满意的视频。按照如下步骤就可使用爱剪辑快速进行视频剪辑。

1. 添加视频片段

添加视频片段有如下两种方法。

(1) 打开视频文件所在文件夹，直接拖动视频文件到爱剪辑“视频”选项卡。

(2) 在软件主界面顶部单击“视频”选项卡，在视频片段上方单击“添加视频”按钮；或者双击 “已添加片段”列表的“双击此处添加视频”，即可快速添加视频。

使用这两种方法添加视频时，均可在弹出的文件选择框对要添加的视频进行预览，然后进行选择即可。

2. 分割、剪辑视频片段

用上述两种方法添加视频片段时，都可以弹出“预览/截取”对话框(图 5-3)，在该对话框中首先用带左箭头的“拾取”按钮，快速拾取当前视频的开始时间和结束时间，可截取视频片段，然后选择“确定”。还可以选择“魔术功能”标签，对视频制作快进、慢动作、定格画面的功能。

图 5-3　“预览/截取”对话框

在视频预览框中，单击时间进度条上的“向下”按钮，或者按下 Ctrl+E 键，打开时间轴，将时间进度条定位到需要分段的时间点，单击“剪刀”按钮，就可以将视频快速分段。

分割后的多段视频，出现在“已添加片段”列表，选择要删除片段的缩略图，单击片段缩略图右上角的“叉”，将不需要的片段删除，即可实现剪辑视频。

使用时间轴剪辑视频片段时，使用的快捷键如下。

(1) “+”：放大时间轴。

(2) “–”：缩小时间轴。

(3) 上下方向键：逐帧选取画面。

(4) 左右方向键：5s 微移选取画面。

(5) Ctrl+K 或 Ctrl+Q：一键分割视频。

3. 添加音频

在“音频”选项卡中单击“添加音频”按钮，在弹出的下拉列表中，根据自己的需要选择“添加音效”或“添加背景音乐”，即可快速为要剪辑的视频配上音效或背景音乐。图 5-4 为截取音频片段。

图 5-4　截取音频片段

同时，爱剪辑还支持提取视频的音频，作为台词或背景音乐，并可实时预览视频画面，方便快速地提取视频某部分的声音(如某句台词)。

4. 添加字幕

剪辑视频时，经常需要为视频添加字幕，使剪辑的视频表达情感或叙事更直观。爱剪辑提供了大量的常见字幕特效，以及大量独具特色的好莱坞高级特效，还能通过“特效参数”面板的个性化设置，实现更多特色字幕特效，让用户发挥创意，轻松制作具有好莱坞大片视觉效果的作品。

在“字幕特效”选项卡右上角视频预览框中，将时间进度条定位到要添加字幕的时间点，双击视频预览框，在弹出的对话框输入字幕内容，然后在左侧“字幕特效”列表中，选择喜欢的字幕特效，如图 5-5 所示。

图 5-5　为视频加字幕

5. 为视频叠加贴图、相框或去水印

爱剪辑的叠加素材功能包括加贴图、加相框、去水印。

(1) 加贴图：为视频添加如滴汗、省略号、大哭等有趣的贴图元素。该软件提供了很多的贴图素材，以及各种一键应用的特效。使用方法：首先单击“叠加素材”选项卡的“加贴图”标签，单击“添加贴图”按钮，在弹出的“选择贴图”对话框中选择要叠加的贴图，如图 5-6 所示；然后在特效列表中选择要使用的特效，在视频预览框中观看效果。

图 5-6　为视频加贴图

(2) 加相框：爱剪辑提供了众多精致漂亮的相框，只要一键应用即可，无需美术功底，无须专门制作。使用方法：单击“叠加素材”选项卡的“加相框”标签，单击“添加相框效果”按钮，选择为当前片段还是指定时间段添加相框，在视频预览框中观看效果，如图 5-7 所示。

图 5-7　为视频加相框

(3) 去水印：爱剪辑提供了所见即所得的多种去水印方式，让水印去得更加简单和干净。使用方法：单击“叠加素材”选项卡的“去水印”标签，单击“添加去水印区域”按钮，选择为当前片段还是指定时间段去水印，在参数面板选择去除方式，在视频预览框中观看效果，如图 5-8 所示。

图 5-8　为视频去水印

根据自己的需要，可在“叠加素材”面板应用恰当的特效，使我们剪辑的视频更具美感、趣味性。

6. 添加转场特效

恰到好处的转场特效能够使不同场景之间的视频片段过渡更加自然，并能实现一些特殊的视觉效果。在“已添加片段”列表，选择要添加转场特效的视频片段缩略图，在“转场特效”选项卡的特效列表中，选择要添加的转场特效，然后单击“应用/修改”按钮即可。爱剪辑提供了数百种转场特效，使得剪辑视频发挥创意更加自由。而一些常见的视频剪辑效果，在爱剪辑中一键应用即可实现，如图 5-9 所示。

图 5-9　在视频片段间添加转场特效

7. 添加画面风格

画面风格包括美颜、人像调色、炫光特效、画面色调、常用效果、新奇创意效果、镜头视觉效果等。巧妙地添加画面风格，能够使我们的视频更具美感和个性化，还能拥有独特的视觉效果。

在“画面风格”选项卡的“画面风格”列表，选择需要添加的画面风格，在“画面风格”列表左下方单击“添加风格效果”按钮，在弹出的对话框中选择为当前片段还是指定时间段添加画面风格。图 5-10 为使用画面风格中漩涡后的效果。

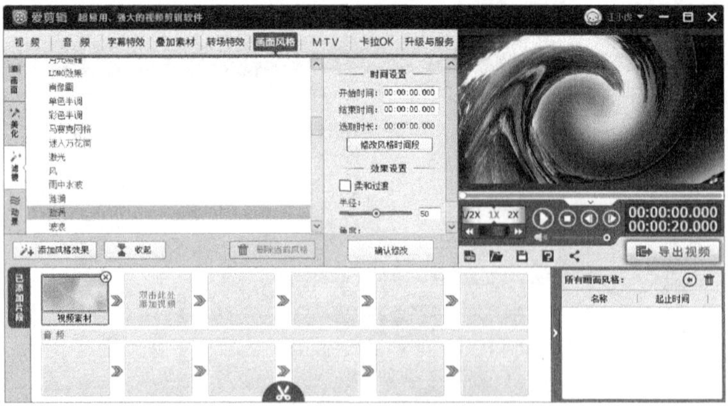

图 5-10　使用画面风格中漩涡后的效果

8. 添加 MTV 字幕或卡拉 OK 字幕

如果剪辑的是一个 MV 视频，我们还需要为视频添加 MTV 字幕或卡拉 OK 字幕。只需要一键导入音乐匹配的 LRC 或 KSC 歌词文件即可。如果下载的 LRC 或 KSC 歌词文件不匹配，可以在“MTV”或“卡拉 OK”选项卡的“特效参数”面板，通过设置歌词时间功能进一步调整。爱剪辑自带了大量的炫目特效，不仅从传统的手工打点输入制作字幕的繁杂操作中解放出来，还能更简单、快速地制作酷炫字幕特效。

使用方法：在“MTV”或“卡拉 OK”选项卡“歌词”列表左下角，单击“导入 LRC 歌词”按钮或“导入 KSC 歌词”按钮即可。为视频添加 MTV 字幕如图 5-11 所示。

图 5-11　为视频添加 MTV 字幕

9. 保存所有的设置

在剪辑视频过程中，我们可能需要中途停止，下次再进行视频剪辑，或以后再对视频剪辑设置进行修改。此时我们只需要在视频预览框左下角单击“保存所有设置”(快捷键 Ctrl+S) 按钮，将我们的所有设置保存为扩展名为.mep 的工程文件，下次通过打开已有制作的“打开”按钮，加载保存好的. mep 文件，即可继续视频剪辑，或在此基础上修改视频剪辑设置。

10. 导出剪辑好的高清视频

视频剪辑完毕后，单击视频预览框右下角的“导出视频”按钮即可。导出视频时，需要设置合适的比特率，一般 720P 的 MP4 推荐设置到 3500Kbit/s 以上为最佳，不要因为不恰当的设置造成渣画质，浪费了这么多炫目特效。调整完毕，我们只需要静待片刻，一个亲手制作的、令人赞叹的作品就出炉了。

5.3　制作进阶效果

通过爱剪辑提供的编辑功能、字幕特效、叠加素材、转场效果、画面风格等，可以制作出效果丰富、流畅华丽的视频。

5.3.1　字幕效果设置

1. 应用字幕特效

选择视频预览框中要添加字幕特效的字幕，使其处于带方框的编辑状态，在“字幕特效”

选项卡中“出现特效”“停留特效”“消失特效”的相应列表中，选择喜欢的字幕特效应用。

爱剪辑还能通过个性化设置，实现更多视觉效果。在参数面板的“特效参数”面板中，通过逐字出现、逐字展示、逐字消失等的选择和取消，就能使同一字幕特效选项具有不一样的视觉效果。

2. 设置字幕字体、颜色、阴影等样式效果

在参数面板的“字体设置”面板，可对字幕的字体、大小、横排或竖排排列方式、字幕颜色、阴影、描边、透明度等进行设置，自由调整出更富个性的字幕样式(图 5-12)。

图 5-12　设置字幕样式

3. 调整字幕位置

选择字幕，使其处于可编辑状态后，通过拖动自由调整字幕位置，同时，也可通过上下左右方向键，精准到一个像素来调整字幕位置。

4. 设置字幕特效的持续时长和速度

在参数面板的“特效参数”面板，可对字幕的特效时长进行设置，该设置决定了字幕特效速度：特效时长越短，字幕特效速度越快；特效时长越长，字幕特效速度越慢。同时，该设置决定了字幕持续时长。例如，“出现时的字幕”的特效时长为 1s，“停留时的字幕”的特效时长为 1s，“消失时的字幕”的特效时长为 1s，则该字幕持续时长为 3s。

5. 修改字幕出现时间

想要修改字幕的出现时间怎么办？通过按 Ctrl+X 键将字幕剪切，在视频预览框的时间进度条上，选择正确的时间点，通过按 Ctrl+V 键，将字幕粘贴到新的时间点即可。

6. 快速保持不同时间段的字幕位置、样式等完全一致

如果我们需要保持各个时间段的字幕各项设置一致，如位置、字体、大小、阴影、描边等，通过按 Ctrl+C 键和按 Ctrl+V 键(复制和粘贴)即可。将第一个字幕设置好，按 Ctrl+C 键将该字幕复制，在视频预览框时间进度条上，选择另一个字幕的出现时间点，按 Ctrl+V 键粘贴该字幕，此时已将第一个字幕所有设置粘贴到新的时间点，双击该时间点，在弹出的文本框中，输入新的字幕内容即可。

7. 索引及修改字幕特效

如果添加了许多字幕，需要快速索引字幕，并对其进行修改。我们可在“字幕特效”面板右下角“所有字幕特效”面板，看到我们为整个视频添加的所有字幕特效。在该面板选择需要修改的字幕特效，软件会进行自动定位。在视频预览框，会出现带可编辑框的字幕，在“字幕特效”列表中，该字幕应用的字幕特效处于选择状态，在“字幕特效”列表旁，我们可在“字体设置”和“特效参数”面板对字幕特效参数进行修改。

8. 删除字幕特效

索引到需要删除的字幕特效后，在“所有字幕特效”列表右上角单击“删除”按钮删除字幕特效即可。

实例：制作滚动字幕。

(1) 添加字幕内容。选择“字幕特效”选项卡，把视频预览框的时间进度条上的时间点移动到末尾，双击视频预览框，添加字幕内容。在“字幕特效”列表右侧“字体设置”面板中对片尾字幕的字体、大小、颜色等进行个性化设置，并可在视频预览框中，通过拖动字幕的方框调整字幕位置。

(2) 选择特殊滚动类字幕特效。确保在视频预览框中，片尾文字内容处于带方框的可编辑状态后，在“字幕特效”面板左上角“出现特效”的“字幕特效”列表中，在“特殊滚动类”面板，选择向上滚动字幕或向左滚动字幕等效果。

(3) 调整字幕特效时间和速度。在“字幕特效”列表右侧“特效参数”面板，在“出现时的字幕”的“特效时长”处，设置片尾字幕持续时间。同时，字幕持续时长决定了滚动速度：字幕持续时间越长，滚动越慢；字幕持续时间越短，滚动越快。图 5-13 制作滚动字幕。

图 5-13　制作滚动字幕

实例：制作文字动画。

(1) 添加字幕内容。在该界面顶部选择“字幕特效”面板，双击视频预览框，在弹出框输入字幕内容，分别为 YNUFE、nnnnnnn、Y。

(2) 设置字幕参数。在右侧的视频预览框中选择字幕，设置字幕的字体、大小、颜色等参数，nnnnnnn 的字体设置为 Wingdings，显示为一排小方块；Y 的字体设置为 Webdings，显示为一个爱心。

(3) 设置字幕特效。YNUFE 出现特效：逐字呈现Ⅱ(模糊)，一排小方块出现特效：逐字呈现Ⅳ(模糊)，一个爱心出现特效：向右逐字入列(模糊)。图 5-14 为制作文字动画。

图 5-14　制作文字动画

实例：制作动景特效。

(1) 添加字幕内容，然后复制粘贴两次，这样就在同一时间点快速生成了三个字幕。

(2) 选择“缤纷秋叶”特效(可以下载选择更多特效)。

(3) 效果设置：设置透明度 100%。字幕字号调得越大，特效也会越明显。图 5-15 为制作动景特效。

图 5-15　制作动景特效

5.3.2　贴图和相框效果设置

1. 对添加的贴图进行详细设置

添加贴图回到主界面后，此时右上角视频预览框里，贴图已处于带方框的可编辑状态，我们可以通过可编辑方框，实现放大、缩小、旋转、变形、移动以及删除贴图。编辑贴图时，涉及的快捷键如下。

(1) Esc 键：将贴图一键居中或复原。

(2) 上下左右方向键：对贴图位置进行精准到 1 个像素的调整。

(3) Shift+Esc 键：等比例智能缩放自动居中。

(4) 九宫格定位框+Shift 键：通过“叠加素材”面板中央的贴图设置处的九宫格定位框，可快速定位贴图位置。默认摆放位置会离视频画面边缘适当距离。当同时按下 Shift 键时，摆放位置则会紧靠视频画面边缘。

在左侧“加贴图”面板的特效列表中，选择要为贴图添加的特效。在特效列表和视频预览框中间，我们可在“贴图设置”面板进行个性化的设置。图 5-16 为对贴图进行详细设置。

图 5-16　对贴图进行详细设置

2. 索引及修改已添加的贴图

在“叠加素材”面板右下角“所有叠加素材”面板，可以看到我们为整个视频叠加的所有素材。在该面板中选择需要修改的贴图项，软件会自动定位到贴图修改处。在特效列表中，要修改的贴图应用的特效已选择，我们可选择其他特效，或在“贴图设置”面板进行修改，并在视频预览框中通过可编辑框对贴图修改调整。

3. 删除已添加的贴图

如果贴图不需要了，需要删除，那在“所有叠加素材”面板选择需要删除的贴图，单击该面板右上角的“删除”按钮即可。

4. 对添加的相框进行详细设置

在“相框”列表和视频预览框中间的“相框设置”面板中，我们还可以对相框的“开始时间”、“结束时间”、“透明度”和“淡入淡出”等进行个性化的设置。图 5-17 为对相框进行操作。

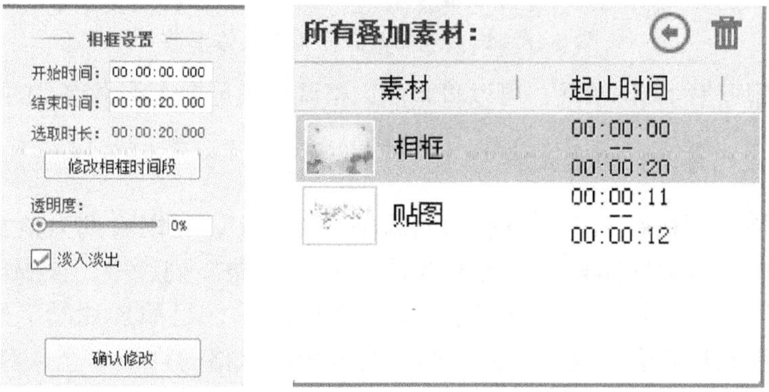

(a)　(b)

图 5-17　对相框进行操作

5. 索引及修改已添加的相框

在“叠加素材”面板右下角“所有叠加素材”面板，可以看到我们为整个视频叠加的所有素材。在该面板中选择需要修改的相框项，软件会自动定位到相框修改处。在“相框”列表中，要修改的相框显示为“已应用”，在“相框”列表旁，可以在“相框设置”面板进行修改。

6. 删除相框

如果需要将已添加的相框删除，那在“所有叠加素材”中索引到需要删除的相框后，在“所有叠加素材”面板右上角单击“删除”按钮，或在“相框”列表下方单击“删除相框效果”按钮即可。

5.3.3　画面风格效果设置

1. 为视频中某一时间段添加画面风格

在“画面风格”选项卡的“画面”“美化”“滤镜”“动景”相应面板下，双击要添加的画面风格，在弹出的“选取风格时间段”对话框中，设置要添加画面风格的时间段即可。

2. 设置画面风格具体参数

添加画面风格后，在“画面风格”列表右侧，我们会看到画面风格时间设置、效果设置等的具体参数，我们可以在这里进行设置，并单击底部的“确认修改”按钮即可。图 5-18 为设置或修改画面风格具体参数。

图 5-18　设置或修改画面风格具体参数

通过调节画面风格的具体参数，可以将画面风格调至满足个人剪辑需要的效果。

3. 索引或修改已添加的画面风格

在“画面风格”面板右下角“所有画面风格”面板中，可以看到为整个视频所添加的所有画面风格。在该面板中选择某一画面风格后，“画面风格”列表中，该画面风格会处于选择状态，“时间设置”和“效果设置”会显示详细设置信息，“已添加片段”列表中，应用该画面风格的第一个视频片段会高亮，以便我们了解该画面风格的详细信息并对其进行修改。

4. 删除画面风格

如果不需要某画面风格，那在“画面风格”面板右下角“所有画面风格”面板中，选择该画面风格，单击该面板右上角的“删除”按钮即可。

实例：制作转场效果。

(1) 裁剪出过渡的画面片段。为了实现快速切换的视觉冲击效果，把视频裁剪成时长不超过 1s 的画面片段。

(2) 添加滤镜。界面顶部选择“画面风格”面板，左侧切换到“滤镜”标签，然后在下方的“已添加片段”列表处，选择步骤(1)中裁剪好的片段，并在“画面风格”列表下方选择“为当前片段添加风格”，即可一键应用画面风格里的各种滤镜效果。

(3) 滤镜参数：

① 布艺效果(选择“柔和过渡”，时长：1.0s)；

② 晶莹光斑(选择“柔和过渡”，时长：1.0s)；

③ 镜中像(时长：1.0s)；

④ 雨中水波(时长：1.0s)。

图 5-19 为制作转场效果。

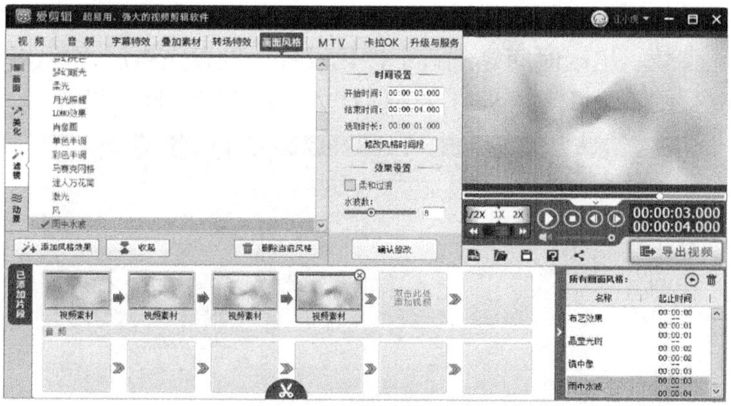

图 5-19　制作转场效果

实例：制作水波片头。

(1) 添加视频片段，然后给视频添加画面风格滤镜中的“磨砂玻璃”和“喷枪画”特效，“磨砂玻璃”特效的“扩散程度”设置为 10，“喷枪画”特效的“喷洒程度”设置为 70。

(2) 给标题字幕“美丽的春天”添加字幕特效的出现特效为“波浪”特效，特效时长设置为 5s；添加消失特效为“酷炫动感放大”特效，特效时长为 0.2s。

(3) 添加画面风格滤镜的“动态水流”特效，特效时长设置为 5s。图 5-20 为制作水波片头。

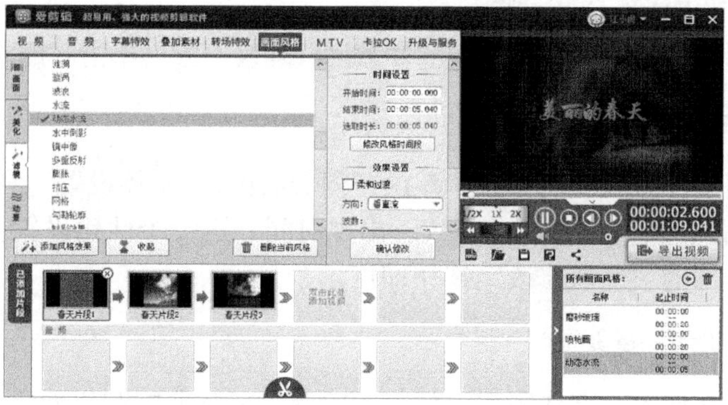

图 5-20　制作水波片头

5.3.4 MTV 字幕和卡拉 OK 字幕效果设置

1. 编辑 MTV 歌词字幕并进行个性化设置

导入 LRC 歌词文件后，“歌词”列表中部会出现“请选择您要执行的操作”，根据自己的需要，单击“直接应用”或“编辑歌词”按钮即可。

如果歌词不需要修改，那我们可以单击“直接应用”按钮，一键快速应用歌词。如果歌词有误需要修改，那么爱剪辑还为用户提供了快速编辑歌词功能。选择“编辑歌词”选项，即可在“歌词列表”面板对歌词重新编辑。编辑完歌词后，在“歌词”列表右下角，单击“下一步”按钮，并根据自己需要，选择“保存并应用”(即原 LRC 歌词文件会同步为当前修改的内容)或“直接应用”(原 LRC 歌词不做修改)选项。

在“歌词”列表右侧，我们可在“字体设置”和“特效参数”面板，对歌词的字体、位置、颜色、字号、特效、出现时间等进行个性化设置。设置完毕后，单击“字体设置”面板底部的“确认修改”按钮即可。图 5-21 为对 MTV 字幕进行个性化设置。

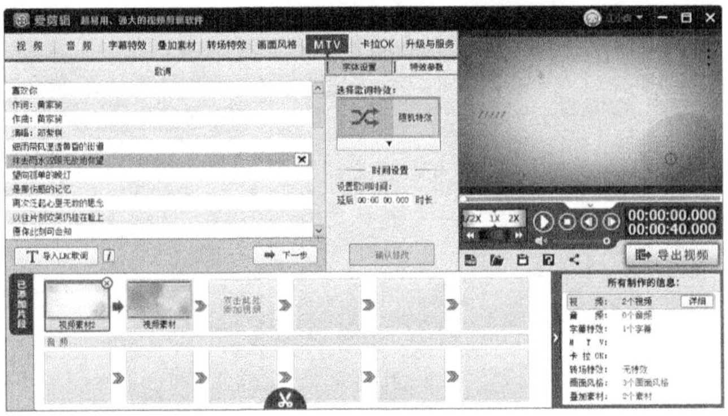

图 5-21 对 MTV 字幕进行个性化设置

2. 将 MTV 歌词一键延后

如果 LRC 歌词文件本身存在制作上的货不对版，或歌曲响起之前插入了一段视频，我们需要将 MTV 歌词延后，那么在“特效参数”的“时间设置”中，在“延后”文本框中设置需要延后的时长即可。

3. 删除已添加的 MTV 歌词字幕

如果之前操作有误，那在 MTV 面板的“歌词”列表下方，单击“删除歌词”按钮即可。

4. 设置卡拉 OK 歌词字幕特效

导入 KSC 歌词文件后，我们可在“歌词”列表右侧，“字体设置”和“特效参数”面板，对歌词的字体、位置、颜色、字号、特效、出现时间等进行个性化设置。设置完毕后，单击“字体设置”面板底部的“确认修改”按钮即可。

5. 将卡拉 OK 歌词一键延后

如果 KSC 歌词文件本身存在制作上的货不对版，或歌曲响起之前插入了一段视频，我们需要将卡拉 OK 歌词延后，那么在“特效参数”的“时间设置”中，在“延后”文本框中设置需要延后的时长即可。

6. 删除已添加的卡拉 OK 歌词字幕

如果卡拉 OK 歌词字幕添加有误，需要删除，那么在“卡拉 OK”面板的“歌词”列表右下角单击“删除歌词”按钮即可。

本章小结

本章主要介绍了使用爱剪辑添加视频、音频、字幕的方法，以及添加各种特效的方法及案例。

思考题

1. 认识爱剪辑的操作界面，掌握文件的基本操作方法。
2. 如何对视频进行分割和截取？
3. 怎么利用文字特效制作动画文本？
4. 怎么利用贴图功能制作电子相册？
5. 怎么让 MTV 字幕和视频匹配？

第 6 章　多媒体技术与虚拟现实技术

本章主要基于多媒体技术与虚拟现实技术相结合，较深入地分析虚拟现实技术的概念、组成、发展状况，详细描述了虚拟现实系统硬件设备与常用软件，并以 Unity3D 软件为例介绍了具体的设计原理与制作方法。

6.1　虚拟现实概述

6.1.1　虚拟现实技术的认识

随着科技飞速发展，现代虚拟现实技术领域不断涌现出新概念产品、新思维与新装备，不断改变着人们原有的工作和生活方式，改变着人们的认知方法与传统理念。虚拟现实技术是 20 世纪末发展起来的一门综合性的信息技术。它以一种基于可计算信息的沉浸式交互环境，采用了以计算机技术为核心的现代多种高科技设备协同生成的具有逼真效果的视、听、触觉一体化的虚拟环境。

1. 虚拟现实技术概念

随着多层次的计算机软、硬件技术的飞速发展，虚拟现实技术在科学计算、可视化设计、建筑设计、产品设计、教育、培训、工业、医疗和娱乐等方面起着越来越重要的作用，并且必将给人们的生活、学习和工作带来更多的新理念、新内容、新方式和新思考。什么是虚拟现实技术呢？虚拟现实技术，是以计算机技术为依托形成的给人们多种感官刺激的虚拟环境，人们能够与其实现交互沟通，从而产生置身于相应真实环境中的虚幻感与沉浸感，实现身临其境的感觉的技术。从应用分析，虚拟现实技术具有下列意义。

(1) 模拟环境的科技呈现：由人主导，并在计算机管控下形成具体的模拟环境与感知识别，从而有效地提供人与物质世界之间进行自然交互的呈现(图 6-1)。

(2) 工程与应用：主要广泛应用于教育培训、环境模拟、系统仿真等方面。

(3) 虚幻抽象：具体表现为“假作真时真亦假，无为有处有还无”的虚幻现实体验(图 6-2)。

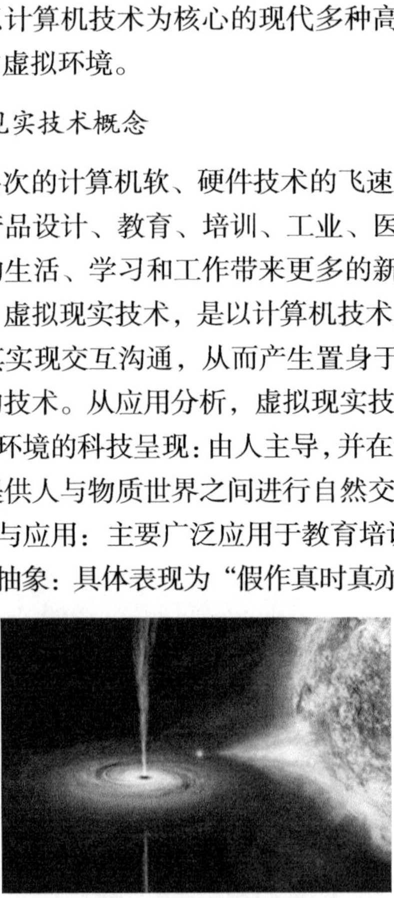

图 6-1　科学界黑洞

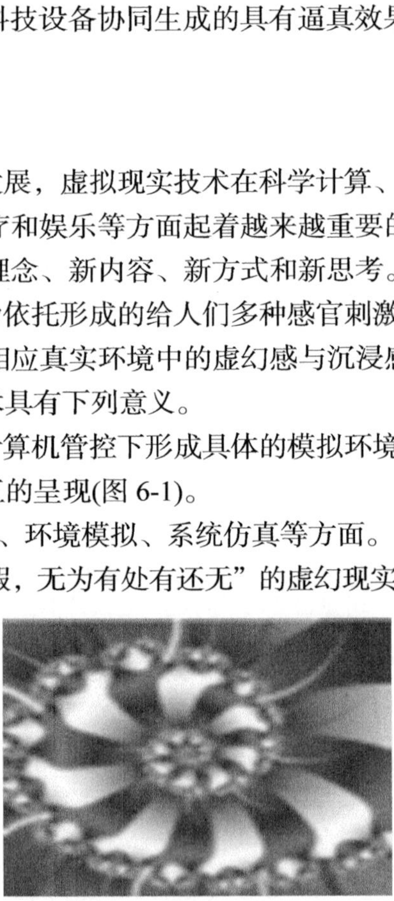

图 6-2　抽象的高维空间

2. 虚拟现实技术的主要特征

虚拟现实技术的主要特征如下。

(1) 交互性：参与者借助专用的三维交互设备与虚拟环境之间以自然的方式进行交互，形成比平面图形交互方式更加丰富的形式。

(2) 沉浸性：又称临场感，指虚拟环境给参与者带来身临其境的体验。它基于人类的视觉、听觉、触觉、味觉等，并结合人们的生理与心理特点，由计算机产生逼真的三维立体图像，使参与者仿佛置身于真实的客观世界环境中。

(3) 想象性：VR 技术使人们从被动转为主动接受事物，通过从定性和定量集成的环境中，以感性认识和理性认识为出发点实现主动探寻信息，进而产生认知上的新创意与构想。

(4) 交互性：通过使用专门的输入和输出设备，对人们的自然感知对虚拟环境内物体的可操作程度及从虚拟环境得到反馈的自然程度。

总之，虚拟现实技术的应用，极大地改进了人们利用计算机进行数据分析处理的方式，并且，伴随着其在众多不同领域的应用，推动并产生了巨大的经济效益。

6.1.2　虚拟现实系统的分类

虚拟现实系统的主要目标就是要实现产生真实的体验和自然的人-机交互。根据其交互性和沉浸性的程度，以及相应的体验环境范围大小。VR 系统主要分成四大类：桌面虚拟现实系统、沉浸式虚拟现实系统、增强虚拟现实系统和分布式虚拟现实系统。

(1) 桌面虚拟现实系统：一套基于普通 PC 设备架构的虚拟现实系统，它利用中低端的图形工作站产生虚拟场景。人们可应用跟踪器、数据手套、力反馈器、三维鼠标等输入设备，实现虚拟现实技术的多感知性、沉浸性、交互性、真实性等的有效体验。

(2) 沉浸式虚拟现实系统：可提供完全沉浸的体验，使人们有一种置身于虚拟环境之中的感觉。它利用头盔式显示器或其他设备，把参与者的视觉、听觉和其他感觉综合形成一个虚拟的感觉空间，使得参与者产生一种身临其境、全身心投入和沉浸其中的感觉。常见的沉浸式系统包括头盔式显示器系统、投影式虚拟现实系统、远程存在系统等。

(3) 增强虚拟现实系统：主要是借助计算机图形技术和可视化技术形成不存在的虚拟对象，并通过传感技术将虚拟对象按位置要求精准地置于真实环境中，借助显示设备将其与真实环境融为一体，并呈现给用户一个感官效果真实的新环境。它具有虚实结合、实时交互和三维架构的特点，即把真实环境和虚拟环境组合在一起，这既可减少对构成复杂真实环境的计算，又可对实际物体进行操作，真正达到亦真亦幻的虚拟境界。

(4) 分布式虚拟现实系统：结合远程网络实现，可提供异地多用户同时参与的分布式虚拟环境。在这个环境中，位于不同物理环境位置的人们通过网络相连接同时参加一个虚拟现实环境，通过计算机与其他人进行共享信息，以达到协同工作的目的。

6.1.3　虚拟现实技术与多媒体技术之间的关系

虚拟现实技术是以计算机为主，综合利用三维图形技术、多媒体技术、仿真技术等诸多技术实现的，其中，多媒体技术为虚拟现实技术提供技术条件。

目前，随着数字媒体技术的快速发展，多媒体技术应用现代通信技术处理文字、声音、图形、图像等信息，使抽象的信息变成可感知、可管理、可交互的信息。在设计工作中，将多媒体技术和虚拟现实技术相结合，形成逼真的三维仿真环境，让人产生身临其境的感觉，从而可以很直观地看到生动逼真的虚拟现实与景观，实现了由二维设计向三维虚拟现实的可视化发展，为人们提供了可视化空间信息服务。

可见，将多媒体技术与虚拟现实相结合，形成多媒体的虚拟现实技术，会进一步把多媒体技术的发展与应用推向一个更加全新的技术应用高度。

6.1.4　虚拟现实技术的主要应用领域

虚拟现实技术继承了现有计算机仿真技术的优点，以最低的成本模拟实现现实环境和功能，具有高度的灵活性，可模拟相关的事件，并且，由于虚拟现实系统可重复使用，可突破环境限制，在实际中广泛应用于教学实验(图 6-3)、新药研究、DNA 模拟、实验室作战模拟、数字化沙盘推演、虚拟实验、虚拟销售与管理、虚拟展现城市的规划方案(图 6-4)等方面。

图 6-3　虚拟展现规划方案

图 6-4　虚拟墙式投影显示

6.2　虚拟现实的关键技术

虚拟现实是一种以计算机技术为核心技术体系构建的现代高科技的虚拟环境，特别是基于数字全息技术实现了用计算机模拟取代光学衍射来实现物体再现，实现了全息图的记录、存储、处理和再现全过程的数字化。虚拟现实系统强调实物虚化、虚物实化和高性能的处理，在技术实现方面，虚拟现实的关键技术主要包括以下几个方面。

6.2.1　视觉交互技术

在虚拟现实系统中，视觉感知主要是依赖于人头部方位的跟踪，即当人头部发生运动时，系统显示给人的景象也会随之发生改变，从而实现实时视觉显示。但在现实世界中，人们可在不转动头部的情况下，仅仅通过移动视线来观察一定范围内的物体，在虚拟现实系统中，将视线的移动作为人-机交互方式，此技术不但可以弥补头部跟踪技术的不足，使交互更为直接，同时在复杂的场景中实时生成立体图形(图 6-5)。

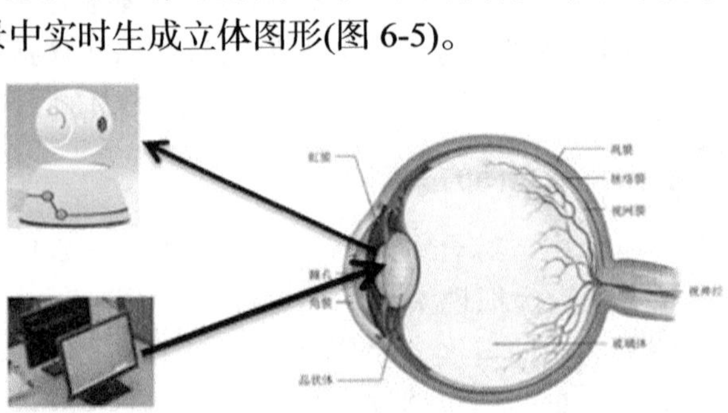

图 6-5　虚拟视觉交互技术原理图

在其设计与应用过程中，要想营造虚拟环境，首先要从最直观的视觉入手实现。目前，常用的视觉交互技术实现主要包括虚拟现实头显、双目全方位显示器、CRT 终端-液晶光闸眼镜、大屏幕投影-液晶光闸眼镜、CAVE 洞穴式虚拟现实显示系统、智能眼镜等。

6.2.2 听觉交互技术

音频技术中无论单声道、多声道、杜比环绕技术，还是 3D 音频技术，都具有独特的技术特征。但是，在真实的场景中，声音是构成画面真实感的必要条件，如何实现虚拟现实技术对声音产生“声”临其境的处置效果，成为听觉交互技术研究重点。在设计过程中，要依照人-机之间以语言的方式进行相关信息交换，并根据人类的生理听觉机制，给计算机配上“发声器官”和“听觉神经”。当参与者对计算机“说话”时，计算机将所说的话转换为命令流，就像从键盘输入计算机命令一样简单，包括虚幻引擎、杜比音效等，均可通过虚拟现实系统的音效技术来实现更具方位感的声效体验，较好地增强了虚拟现实沉浸感。

6.2.3 触觉交互技术

触觉交互技术主要是让人们通过触觉来感知被显示的物体的形状、纹理以及柔软性等特性，将人与虚拟世界的交互过程推向听觉、视觉与触觉相融合。目前，具有触觉再现功能的多媒体终端在电子商务、教育娱乐、视障人群等领域具有非常重要的应用前景。而触觉交互技术的力反馈方式以及相关的力反馈设备是实现触觉交互技术的关键。应用中，力反馈设备的工作流程包括：测量人们手指、手或手臂的运动并模拟其施力细节；计算手等对物体的作用力和物体对手等的反作用力；将反作用力施加到人们手指、手腕、手臂等肢体上，从而实现触觉交互。

6.2.4 嗅觉交互技术

嗅觉交互技术是虚拟现实系统的重要组成部分，它能够使人们在虚拟环境里闻到逼真的气味，可极大地增强虚拟环境里的感知性、沉浸性和交互性。虚拟嗅觉交互技术在数字博物馆、科学馆、沉浸式互动游戏和体验式教学等应用方面，具有其他虚拟感知不可替代的作用，通常在设计过程中与视觉联合使用。

6.2.5 脑机接口技术

脑机接口技术是一种新的人-机接口技术，该技术是一种涉及脑神经科学、信号检测、信号处理、模式识别等多学科的交叉技术。脑机接口技术是一种不依赖于正常由外围神经和肌肉组成的输出通路的通信系统，其技术可分为大脑生理学和电子信号分析、处理与人-机交互两个部分，其原理主要是通过一定的技术手段检测大脑皮层下的神经元的活动情况，并采集其中的特征信号，通过对这些特征信号进行分类识别，可分辨出引发脑电波变化的动作(图 6-6)。

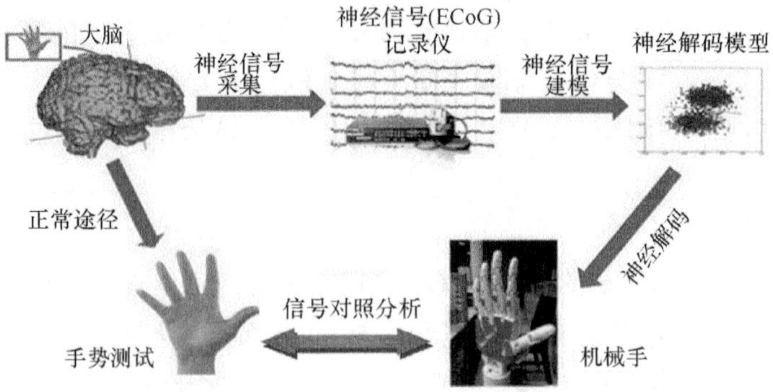

图 6-6　脑机接口技术原理示意图

6.3　虚拟现实系统的组成及软硬件设备

6.3.1　虚拟现实系统的组成

虚拟现实系统主要包括专业图形处理计算机、应用软件系统、数据库、输入设备、输出设备等(图 6-7)。

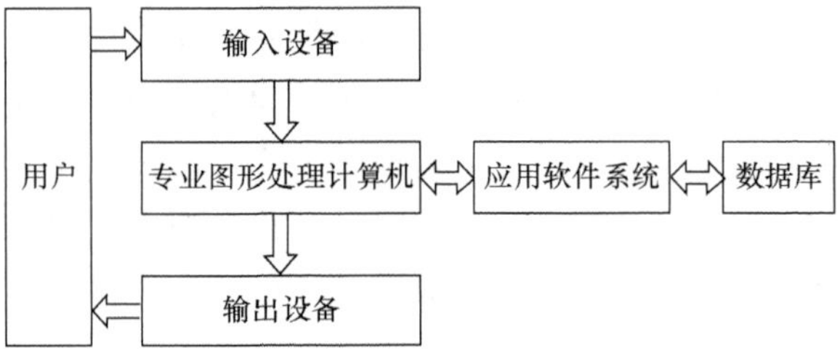

图 6-7　虚拟现实系统的组成

(1) 专业图形处理计算机：计算机在虚拟现实系统中处于技术核心，主要负责从输入设备中读取数据，并实现访问相关的数据库，实现实时计算，确保实时更新虚拟状态，并反馈给输出设备。

(2) 应用软件系统：实现虚拟现实系统应用的关键，它提供了工具包和场景图，主要完成虚拟世界中对象的几何模型、物理模型、行为模型的建立和管理，并实现三维场景的实时绘制以及虚拟世界数据库建立与管理等。

(3) 数据库：用来存放整个虚拟世界中所有对象模型的相关信息。在虚拟世界中，场景需要实时绘制，大量的虚拟对象需要保存、调用和更新，所以需要数据库对对象模型进行分类管理。

(4) 输入设备：虚拟现实系统的输入接口，其功能是检测相关的输入信号，并通过传感器将其输入计算机中。

(5) 输出设备：虚拟现实系统的输出接口，是对输入的反馈。输出设备以不同的感觉通道(包括视觉、听觉、触觉)反馈出来。输出设备除了包括屏幕外，还包括声音反馈的立体声耳机、力反馈的数据手套以及大屏幕立体显示系统等。

6.3.2　常用的虚拟现实系统的硬件设备

虚拟现实硬件指的是与虚拟现实系统领域相关的硬件产品，是虚拟现实系统解决方案中用到的硬件设备。现阶段虚拟现实系统中常用到的硬件设备大致可以分为四类。

(1) 建模设备，如 3D 扫描仪(图 6-8)，也称为三维立体扫描仪，是融合光、机、电和计算机技术于一体的高新科技产品，主要用于获取物体外表面的三维坐标及物体的三维数字化模型。随着三维扫描技术的不断深入发展，三维影视动画、数字化展览馆、服装量身定制、计算机虚拟现实仿真与可视化等应用三维扫描仪来创建实物的数字化模型。

(2) 三维视觉显示设备：如大型投影系统(如 CAVE)、头盔式显示器等。虚拟现实头显(如头盔式显示器，见图 6-9)，是利用人的左右眼获取信息差异，引导人们产生一种身在虚拟环境中的感觉的一种头盔式显示器。双目全方位显示器(BOOM)是一种偶联头部的立体显示设备，是一种特殊的头部显示设备。CAVE 虚拟现实系统是由三个面以上(含三个面)硬质背投影墙组成的高度沉浸的虚拟演示环境(图 6-10)，配合三维跟踪器，人们可以在被投影墙包围的系统中近距离接触虚拟三维虚拟环境。

图 6-8　3D 扫描仪

图 6-9　头盔式显示器

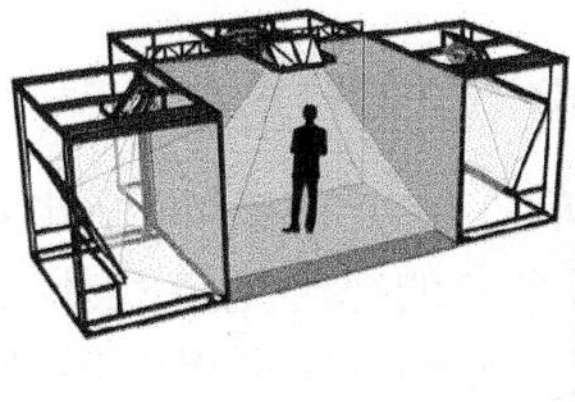

图 6-10　CAVE 虚拟现实系统

(3) 声音设备，如三维的声音系统，虚拟现实系统中的语音识别装置，主要用于合并其他参与者的听觉与视觉。三维声音不是立体声的概念，而是由计算机生成的、能由人工设定声源在空间中的三维位置的一种合成声音。这种声音技术不仅考虑到人的头部、躯干对声音反射所产生的影响，还对人的头部进行实时跟踪，使虚拟声音能随着人的头部运动产生相应的变化，从而能够得到逼真的三维听觉效果。

(4) 交互设备，包括位置追踪仪(图 6-11)、数据手套(图 6-12)、3D 输入设备(三维鼠标)、动作捕捉设备、眼动仪、力反馈设备(图 6-13)等。

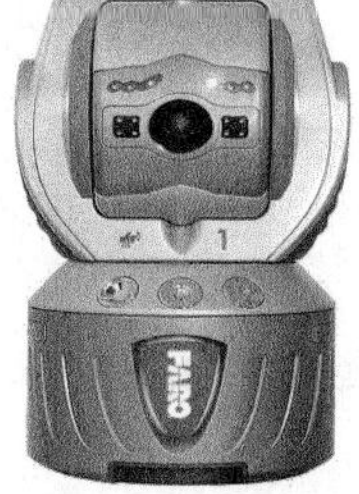

图 6-11　位置追踪仪

图 6-12　数据手套

图 6-13　力反馈设备

6.3.3　常用的虚拟现实系统的软件

虚拟现实软件是广泛应用于虚拟现实制作和虚拟现实系统开发的一种图形(图像)三维处理软件。常用虚拟现实软件的主要如下。

(1) Unity3D：不仅仅是一个开发平台，更是一个独立的游戏引擎，也是目前最专业、最热门、最具前景的游戏开发工具之一。它整合了很多开发工具的优点，从 PC 到 MAC 再到 Wii 甚至到移动终端，都能看见 Unity3D 的应用。

(2) Virtools：一款功能丰富的多平台三维游戏引擎，也是最早、被最多人用于制作虚拟现实游戏的开发工具之一。

(3) Nibiru 虚拟现实游戏平台：国内首家主打虚拟现实游戏的游戏平台。它采用 VR 设备物理的方式，直接利用手机的运算和传感器。任何一个智能手机，只要装上 Nibiru 平台及其 Nibiru 授权的梦境系列眼镜，就可以体验沉浸式游戏了。

(4) Quest3D：一个快速高效的实时 3D 建构工具，相比于传统的图像编辑工具，Quest3D 的颠覆之处在于能在实时编辑环境中与对象互动。它是一个完整的、稳定的、可视化的及图形化的编辑软件。Quest3D 还能处理所有数字内容的网络、数据库、互动逻辑及 AI。

6.4　Unity3D 软件的应用

6.4.1　Unity3D 软件的特色

Unity3D 软件是一个由 Unity Technologies 开发的，能轻松创建可视化、实时三维动画等互动内容的多平台的综合型游戏开发工具。它将计算机生成的虚拟物体或关于真实物体的非几何信息层层叠加到真实世界的场景之上，从而实现了对真实世界的增强。Unity3D 软件主要技术特色如下。

(1) 支持多种格式导入。Unity3D 软件整合了 3DS Max、Maya、Lightwave、Collade 等多种文件格式，技术内涵包括 Mesh、Vertex、Colors、骨骼动画等，拓宽了创作的资源应用范围。

(2) 高性能的灯光照明系统。Unity3D 软件提供高性能的灯光照明系统、动态实时阴影、HDR 技术、光羽和镜头特效等。

(3) AAA 级图像渲染引擎。Unity3D 软件渲染底层支持 DirectX 和 OpenGL。内置的 Shader 系统具有简单易用、灵活、高效等特点，可支持大型游戏所需的运行性能。

(4) 完善的专业开发工具。Unity3D 软件包括 GPU 事件探查器、可插入的社交 API 应用接口、专业级音频处理 API，为创建丰富通真的音效效果提供了强大的技术支撑。

(5) 高效率的路径寻找与人群仿真系统。Unity3D 软件可快速建构三维场景导航模型 (NavMesh)，用以标定导航空间的分界线。

(6) 逼真的粒子系统。Unity3D 软件具有高质量的粒子系统内置的 Shuriken 粒子系统，可以快速创建如下雨、火焰、灰尘、爆炸、烟花等效果。

(7) 强大的地形编辑器。Unity3D 软件可以在场景中快速创建强大的地形，如树木、地表岩层、青草地等。

(8) 智能界面设计。Unity3D 软件应用可视化模式轻松实现建构模型，并提供直观的图形化程序接口。

(9) 单机及在线游戏发布。Unity3D 软件支持从单机游戏到大型联网游戏的开发，结合 Legion 开发包和 Photon 服务器的完美解决方案，可轻松创建大型的多人网络游戏。

(10) TeamLicense 协同开发系统。TeamLicense 可以安装在任何 Unity3D 软件里，新增的界面可以方便地实现团队之间的协同开发。

(11) Substance 高写真动态材质模块。Substance 是一个功能强大的工具，通过任何的普通位图图像，直接生成高品质的游戏设计专用材质，为 DCC 工具或游戏引擎提供高级的渲染效果。

(12) 可视化脚本语言 u。Unity3D 软件具有可视化脚本语言 u，其具有良好界面，并且具有整合性高、功能强大、修改容易等特点。

6.4.2 Unity3D 软件的基本应用

1) 下载与安装软件(图 6-14)

登录 Unity3D 官网：www.Unity3D.com，单击右上角的 Get Unity3D，选择下载个人版，下载安装程序，安装程序会从服务器下载安装包，下载完成安装程序之后，启动安装程序。

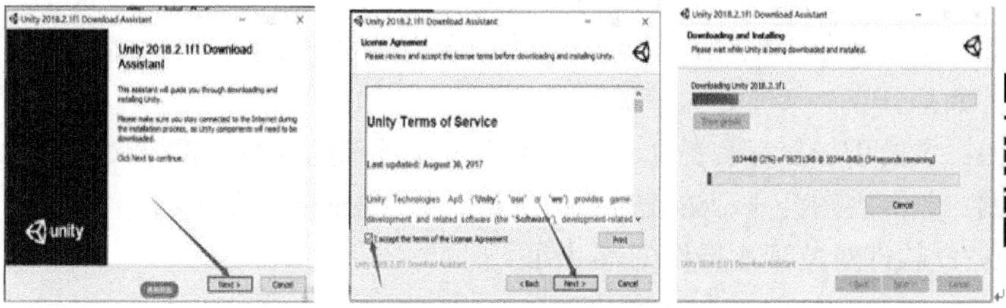

图 6-14　Unity3D 软件下载与安装

2) Unity3D 软件基本操作

(1) 启动软件，即可进入下列窗口界面(图 6-15)。窗口界面中包括导航菜单栏、工具栏、场景视图、游戏视图、层次视图、项目视图、监测视图等。

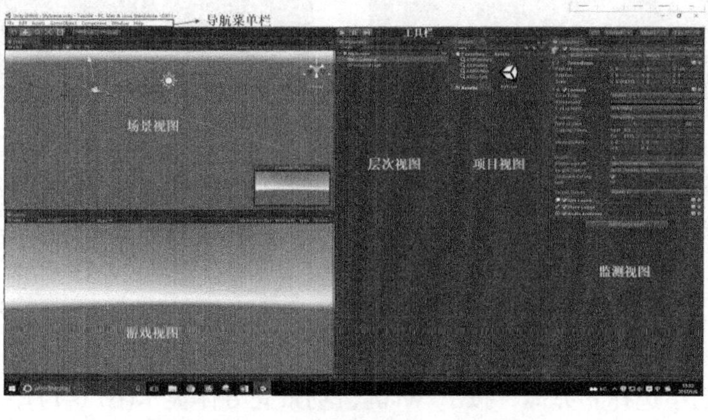

图 6-15　Unity3D 软件窗口界面构成

(2) Unity3D 软件导航菜单栏构成与作用。

File——用于场景的创建和保存、工程的创建和保存、程序的打包发布等。

Edit——主要包含复制、粘贴、删除、查找等基本编辑操作，还包含软件偏好设置(Preferences)和工程设置(Project Settings)等功能。

Assets——用于创建、导入、导出素材等功能。在技术实现时，Unity3D 的外部插件都可通过导入 unitypackage 的方式来完成。

GameObject——用于创建游戏对象以及针对相关对象的属性进行设置。

Component——用于为游戏对象添加各种组件等。对于一个游戏对象，如果添加了某个组件，它就具备了某种属性或者功能。

Window——主要实现对工作界面的设置。

Help——主要实现获取在线帮助。

(3) Unity3D 软件的工具栏。主要实现对场景中的对象进行操作，如旋转、平移、缩放等。工具栏包含控制游戏运行、暂停、按帧运行的按钮。在工具栏右侧包含实现账户、显示层设置、窗口布局等操作控制。

(4) Unity3D 软件的视图及作用。

场景视图：创建和操作的空间。任何游戏物体都存在于场景中。场景视图是为开发者提供便利所设置的，可以通过其从各个角度去观看游戏对象的设置效果。

游戏视图：最终程序运行时显示的画面，也是直接为人们呈现的画面状况。

层次视图：提供场景中的任何对象，名称显示在这个区域，从而可清楚地识别各个物体之间的关系，如是分立关系还是父子关系等。

项目视图：主要用于保存资源文件，也可实现将外部的资源(如图像等)置于该区域中。

监测视图：监测视图会显示游戏对象的组件，如 Transform 等。

(5) Unity3D 软件对象基本操作(图 6-16)。

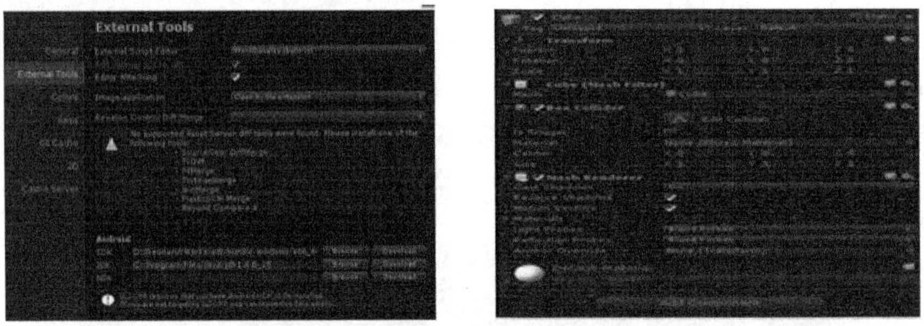

图 6-16　Unity3D 软件对象基本操作

创建工程并创建场景后，即可开始设计任务。默认情况下，场景中已经有 MainCamera 和 Directional Light 等对象。

3) 实例分析

现在以一个 Cube 为例来学习旋转、平移、缩放等基本操作。执行 Hierarchy|Create|3D Object|Cube 命令，就能创建一个立方体。

当在场景视图中选择立方体，按下 W 键，场景立方体显示(图 6-17)，拖动带颜色的箭头即可控制它的位置。按下 E 键，并拖动带颜色的圆环，可以控制物体旋转(图 6-18)。按下 R 键，拖动带颜色的方块，可以控制它的缩放(图 6-19)。

图 6-17　场景视图按下 W 键

图 6-18　场景视图按下 E 键

图 6-19　场景视图按下 R 键

本 章 小 结

本章主要基于多媒体技术和虚拟现实技术的结合，翔实地分析了虚拟现实技术的概念、组成、发展状况，常用的虚拟现实系统的硬件设备与软件，并以 Unity3D 为例介绍了相关设计和制作的基本方法。

思 考 题

1. 什么是虚拟现实技术?其主要特征是什么?
2. 请分析说明虚拟现实系统中主要的硬件设备与软件，并举例说明。

参 考 文 献

安德鲁 · 福克纳, 康拉德 · 查韦斯, 2020. Adobe Photoshop CC 2019 经典教程(彩色版)[M]. 董俊霞, 译. 北京: 人民邮电出版社.

安继芳, 侯爽, 2019. 多媒体技术与应用(微课版)[M]. 北京: 清华大学出版社.

李薇, 倪世一, 2017. Photoshop CC 自学魔法书[M]. 北京: 人民邮电出版社.

刘玉红, 侯永岗, 2016. Flash CC 动画制作与设计实战从入门到精通(视频教学版)[M]. 北京: 清华大学出版社.

吕云, 王海泉, 孙伟, 2019. 虚拟现实——理论、技术、开发与应用[M]. 北京: 清华大学出版社.

马克西姆 · 亚戈, 2020. Adobe Audition CC 经典教程[M]. 2 版. 赵阳光, 译. 北京: 人民邮电出版社.

史创明, 秦雪, 彭雪, 2018. Adobe Audition 音频编辑案例教学经典教程(微课版)[M]. 北京: 清华大学出版社.

王贤坤, 2018. 虚拟现实技术与应用[M]. 北京: 清华大学出版社.

张泊平, 2017. 虚拟现实理论与实践[M]. 北京: 清华大学出版社.

张伟, 2016. 不能说的秘密: Photoshop 人像摄影后期高端修饰与调色圣经[M]. 2 版. 北京: 电子工业出版社.

赵娟, 王晓卓, 2018. Flash 动画设计与制作[M]. 北京: 清华大学出版社.

赵阳光, 2017. Adobe Audition 声音后期处理实战手册[M]. 北京: 电子工业出版社.

周玉姣, 2018. Audition CC 全面精通——录音剪辑+消音变调+配音制作+唱歌后期+案例实战[M]. 北京: 清华大学出版社.

朱治国, 缪亮, 陈艳丽, 2020. Flash Action Script 3.0 编程技术教程[M]. 北京:清华大学出版社.

附录：多媒体技术简史

在这里，从图形界面、多媒体开发接口与语言、光存储、多媒体硬件与系统、压缩编码标准、网络与标记语言等几个方面来介绍多媒体技术的发展简史。

图形界面：

1950 年 MIT 的林肯实验室推出 CRT 显示器。

1963 年 Douglas Engelbart 发明鼠标，1968 年他公开演示视窗与人-机界面、超媒体和群件。

1972 年 Alan Kay 设计出面向对象的 Smalltalk 语言，首创下拉式菜单，提出 GUI 概念。

1973 年施乐 Xerox 公司的 PARC 研究中心推出具有图形用户界面(键盘+显示器 / 鼠标+位图)的原型机 Alto。

1984 年 Apple 公司推出 Macintosh(Motorola 6800)，在微机中引入图形界面；1987 年 8 月 Apple 公司在 Mac 中引入超级卡 HyperCard 系统，使其成为多媒体计算机。

1985 年 MIT 推出 X-Window(UNIX 的图形界面)。

Microsoft 于 1985 年 11 月推出 Windows 1.0(PC 的图形界面)，1990 年推出 Windows 3.0，1992 年推出多媒体操作系统(MOS)Windows 3.1，1995 年推出 32 位的 MOS Windows 95，1999 年推出具有流媒体功能的 MOS Windows 2000，2001 年推出功能强大的 MOS Windows XP，2006 年推出具有 3D 用户界面且以人为本的操作系统 Windows Vista(远景)。

多媒体开发接口与语言：

1992 年 7 月 SGI 公司推出 OpenGL，后来改由 OpenGL ARB(Architecture Review Board 架构委员会)负责。

1995 年 5 月 Web3D 联盟推出 VRML(Virtual Reality Modeling Language，虚拟现实建模语言)，1998 年 VRML 成为国际标准 VRML97(ISO/IEC 14772)。

1995 年微软公司推出 Windows 操作系统的多媒体开发接口 DirectX。

1996 年微软公司随 DirectX 2.0 推出 Direct3D。

1998 年 Sun 公司随 Java 2(JDK 1.2)正式推出 Java 3D。

2001 年 OpenGL ARB 推出了 OpenML(Media Library，媒体库)标准。

2001 年 W3C 推出 SVG(Scalable Vector Graphics，可伸缩矢量图形)，它是一种基于 XML 的二维图形(动画)的描述语言标准。

2004 年由 Web3D 联盟提出的(用来替代 VRML 的)X3D(eXtensible 3D 可扩展三维)成为国际标准(ISO/IEC 19775)。

光存储：

1981 年 Philips & Sony 推出 CD-DA。

1985 年 Philips & Sony 推出 CD-ROM。

1993 年 JVC、Philips、Matsushita、Sony 联合推出 VCD。

1995 年 9 月 Philips & Sony / Toshiba & Time Warner 推出 DVD。

1999 年 10 月中国开始研制高密度激光视盘系统 EVD，2005 年 2 月 23 日 EVD 成为中国电子行业推荐性标准，EVD 采用 DVD-9 介质和新压缩算法，实现了高清晰度达 1920×1080i 的视频编码与回放。2008 年底推出支持 1920×1080p、具有多种数字化接口、含新的版权保护技术 EVD Mark 的升级版 HD-EVD。

2002 年 2 月索尼等 9 个公司提出蓝光盘 BD(Blu-ray Disc)，单层 25GB/双层 50GB/四层 100GB/八层 200GB。

2002 年，以东芝和 NEC 为首的 DVD 论坛提出 HD DVD(High-Definition DVD，高密度 DVD)，单层 15GB/双层 30GB/三层 45GB。2008 年 2 月 19 日东芝公司宣布放弃 HD DVD。

2006 年，NVD(Next-GenerationVersatile Disc，下一代通用盘) 正式推出，NVD 是华中科技大学武汉光电国家研究中心联合上海国家光盘应用国家工程中心、武汉光谷高清技术有限公司等单位共同开发的一种新一代红光高清视盘机。NVD 光盘容量现已实现单面双层 12G(于 2008 年 6 月升至 15G)，可实现 1920×1080 高清播放。而 NVD 的最大亮点在于其将网络下载、视频录放和碟机播放三大功能合而为一，支持家庭网络多媒体共享，同时支持 USB 数码设备的互联共享。

2007 年 DVD 论坛通过了由清华大学光盘国家工程研究中心在 HD-DVD 的基础上提出的 CH-DVD(China High Definition DVD，中国高清晰 DVD)标准。CH-DVD 对 HD-DVD 标准进行了三项改动：采用了中国自主知识产权的 FSM 调制解调码，采用简化的导航系统，采用中国自主知识产权的音视频压缩标准 AVS。2007 年 9 月 7 日，由清华大学光盘国家工程研究中心牵头，TCL、海尔、步步高、清华同方等 19 家中方和微软、东芝、美国华纳等 12 家外方共同参与，在北京正式成立了中国高清光盘产业联盟。

多媒体硬件、系统与组织：

1985 年 Commodore 公司推出世界上首套多媒体系统 Amiga。

1986 年 4 月 Philips & Sony 推出多媒体系统 CD-I。

1987 年 3 月 RCA 公司推出交互式数字视频 DVI 系统。

1987 年由美国的 AdLib 公司为电子游戏软件设计了第一块微机使用的声卡；1989 年新加坡华人沈望傅的创新公司(Creative Lab. Inc.)开始推出声霸卡(Sound Blaster)系列，成为 PC 的事实标准。

1989 年 Intel 将购得 DVI 技术商品化，推出 Action Media 750 系统(IBM PS/2)。

1990 年 11 月 Philips、Sony、Microsoft 等 14 个公司成立多媒体市场协会。

1991 年 11 月 Microsoft 公布多媒体计算机 MPC1 标准，1993 年 5 月 MPC2，1995 年 6 月 MPC3 (MPC = 传统 PC + 声卡/喇叭 + CD-ROM 驱动器)。

1993 年 8 月召开首届多媒体国际会议。

1997 年 1 月 Intel 公司推出包含多媒体扩展指令的 CPU Pentium MMX。

1998 年 9 月 AMD 公司推出含三维动画条指令的 K6-2 3D Now!。

压缩编码标准：

1986 年 CCITT 与 ISO 成立 JPEG，1991 年公布静态图像压缩标准 JPEG(ISO/IEC 10918)，2000 年 12 月公布 JPEG 2000(ISO/IEC 15444)。

1988 年 MPEG(Moving Picture Experts Group，运动图像专家组)成立，该机构于 1992 年推出 MPEG-1 (ISO/IEC 11172)，1994 年推出 MPEG-2 (ISO/IEC 13818)，1998 年推出 MPEG-4 (ISO/IEC 14496)，2001 年推出 MPEG-7 (ISO/IEC 15938)，2001 年推出 MPEG-21 (ISO/IEC 21000)。

1996 年 10 月 W3C 推出静态图像编码标准 PNG。

2003 年 5 月 MPEG 与 ITU-T 的 VCEG(Video Coding Experts Group，视频编码专家组)共同成立的 JVT(Joint Video Team，联合视频组)推出了一种新的视频编码标准 H.264/AVC(Advanced Video Coding 先进视频编码)(ITU-T H.264、ISO/IEC 14496-10)。

2006 年 2 月 22 日中国公布先进音视频编码国家标准 AVS(Audio Video coding Standard，音视频编码标准)的视频部分(GB/T 20090.2—2006)。

网络与标记语言：

1983 年因特网的前身 ARPANet 启用 TCP/IP 协议集。

1989 年 Tim Berners-Lee 提出 HTML/HTTP，创立万维网 Web；1994 年他又牵头成立万维网联盟 W3C。

1993 年初，Marc Anderressen 与 Eric Bina 合作开发出支持内嵌图像的网页浏览器马赛克(Mosaic)；1994 年 10 月 Anderressen 等创办的网景公司 Netscape 推出了 Navigator 浏览器；1995 年网景公司的 Brendan Eich 发明了 JavaScript，为网页浏览器提供了脚本功能和动态能力；1995 年微软公司购得马赛克技术，并在此基础上开发出 IE(Internet Explorer，因特网探索者)浏览器，随 Windows 95 免费推出。

1998 年 2 月 W3C 推出 XML；接着 W3C 又推出基于 XML 的系列应用标准，如 SMIL(多媒体集成，1998 年 6 月)、XHTML(网页描述，2000 年 1 月)、SVG(二维矢量图与动画，2000 年 9 月)等。